# 现代酒店服务质量管理

张玉玲　主编

清華大学出版社
北　京

## 内 容 简 介

本书编者在深入研究新时代文化和旅游融合发展期的酒店质量管理新特点的基础上，编写了本书。本书分为“基础知识篇”“体系实施篇”“团队建设篇”和“创新发展篇”，共四篇13章，内容重在实用和适用，秉承酒店服务质量管理是酒店管理的核心这一理念，为酒店的管理者和一线服务人员，特别是未来学习者，提供通俗易懂的理论和简单易行的提高服务质量的工具。

本书不仅适合作为职业教育教材供相关专业教学使用，也适合酒店从业人员阅读，以及注重质量管理的在职人员参考。



**图书在版编目(CIP)数据**

现代酒店服务质量管理 / 张玉玲主编．--北京 ：清华大学出版社，2024.12.
(高职高专旅游大类专业新形态教材)．--ISBN 978-7-302-56396-9
Ⅰ．F719.2
中国国家版本馆 CIP 数据核字第 20246RF646 号

**责任编辑**：刘士平
**封面设计**：傅瑞学
**责任校对**：刘　静
**责任印制**：杨　艳

**出版发行**：清华大学出版社
**网　　址**：https://www.tup.com.cn，https://www.wqxuetang.com
**地　　址**：北京清华大学学研大厦 A 座　　**邮　　编**：100084
**社 总 机**：010-83470000　　**邮　　购**：010-62786544
**投稿与读者服务**：010-62776969，c-service@tup.tsinghua.edu.cn
**质量反馈**：010-62772015，zhiliang@tup.tsinghua.edu.cn
**课件下载**：https://www.tup.com.cn，010-83470410
**印 装 者**：三河市天利华印刷装订有限公司
**经　　销**：全国新华书店
**开　　本**：185mm×260mm　　**印　　张**：20.25　　**字　　数**：483 千字
**版　　次**：2024 年 12 月第 1 版　　**印　　次**：2024 年 12 月第 1 次印刷
**定　　价**：59.00 元

---

产品编号：100020-01

# 本书编写人员

张玉玲　主编

曹福荣　董亚荣　参编

# 主编简介

张玉玲，女，高级工商管理硕士。现为中国国际商会文化和旅游产业委员会顾问、专家组组长；国家对外文化贸易基地人才培训专家。曾先后在北京新北方旅游产业发展有限公司、北京新旅佳苑国际酒店管理有限责任公司、北京东方文化资产经营公司及东方文化集团、中国对外文化集团公司等单位任职。从事群团工作、商业企业、旅游与酒店业综合经营与管理、星级酒店经营与管理、质量管理和ISO 9000质量管理体系认证等工作26年，从事旅游业和文化产业经营管理15年，先后在北京旅游学院、北京经济管理职业学院、首都师范大学科德学院、北京大学经济学院、清华大学旅游与酒店业经营与管理研究生班担任客座教授。曾获中国饭店业优秀经理人、优秀女企业家和首都三八红旗手等荣誉称号。

研究方向为酒店经营管理、服务质量管理、旅游与文化产业管理模式策划、文化产业与文化贸易项目开发与策划等，先后讲授旅游业综合经营与管理、现代酒店管理模式与管理实务、现代酒店全面质量管理、中高层管理者的核心价值与核心竞争力、企业文化与战略管理、文化格局与产业模式、文化和旅游主题酒店经营与管理等专项培训与讲座课程。曾为三十余家星级饭店及文化与旅游企业做策划、培训及项目指导。2008年，《现代酒店服务质量管理》在北京大学出版社出版。其他代表作有：《与世界同步，和时代同行——美国、日本旅游企业研究》《佳苑管理实务》《“一带一路”文明互鉴工程的前景与可行性分析》《文化与金融的有效对接——发挥政府引导资金的作用》等论文和著作。

# 序　一

酒店管理一直是人们关注和研究的一个热点。从某种意义上讲，一个国家或地区酒店的服务质量，代表了其经济和社会发展的完备程度，是地区综合素质的集中体现。伴随着人们消费水平的提高，传统意义上的酒店“住宿”，已远不能满足人们对酒店服务的功能需求，而以康乐、休闲、商谈、会务等为代表的更加综合多元化的酒店服务，已成为现代酒店服务业的核心。面对巨大和多元的市场需求，如何更好地满足顾客需求，特别是提升现代酒店的服务质量，是当前我国酒店行业发展面对的重要议题。质量是企业核心竞争力的基础，也是企业的生命。服务质量管理过去是、现在是、将来仍然是当代酒店管理的核心。

本书作者基于多年旅游与酒店管理领域的探索和实践，潜心钻研，曾在2008年出版过这本深受读者喜爱的教材。实操性强的特点早已在作者的上一版教材中得到了体现，新版教材强化了这一特色，基于理论指导、案例引导和方法主导，紧紧围绕着现代酒店服务质量管理工作的实际操作，结合最新案例，进一步充实了标准、模式、工具等内容，为管理者和一线服务人员提供了简便易行的提升服务质量的指南。

本书除了对质量管理中最为关键的要素——如何建立有效的质量管理体系，如何与时俱进地运行质量管理工作，如何建立一支高质量的管理团队，如何运用质量评价方法对产品质量进行审核、实施认证、检验与分析、合理控制质量成本，以及在质量管理中有效发挥领导者的作用等方面提供了重要参考思路以外，还增加了许多新的内容，如质量管理与“匠心精神”、酒店服务质量精细管理基本模板参考、“文旅融合”，以及作为“文旅融合”的最佳载体——“高品质酒店”在当代业界的探索与追求等。作者将自己对“文旅融合”的深度思考和实践总结呈现在新版教材之中，体现出一种坚定的“文化自信”，这是我最欣赏的内容之一。作者强调指出，“文旅融合”是建立起旅游发展、文化自信、国家认同、民族复兴这四者之间逻辑关系最为重要的方式之一。我认为，这一观点对于酒店管理走系统化质量管理之路至关重要。可以说，这些内容有助于人们认识新时代酒店服务质量管理的内涵、特点及其方式；有助于新时代文化和旅游酒店业改善管理；有助于增强技术创新能力、提高产品及服务质量的国际竞争力；有助于全面提升当代酒店管理者的职业修养与员工的质量意识；有助于文化和旅游酒店业质量管理工作者按书索骥，找到适合的解决方案。

本书作者从事行政管理，商业、旅游和酒店业、文化产业经营管理长达四十年，有着丰富的实战经历和管理经验，对文化和旅游产业有着自己独到的研究心得和实践感悟。她曾在北京大学、清华大学等高校担任过课程的客座教授；获得过“中国饭店业优秀经理人”“优秀女企业家”“首都三八红旗手”等荣誉称号。看到她此次推出新的研究成果，我真是为她高兴。同时，我也相信，广大读者能够从这本教材的阅读中，受到启迪，得到收获。

孙祁祥<br>北京大学博雅特聘教授<br>北京大学经济学院原院长

# 序　二

我很高兴为张玉玲老师写一篇序文，纳入由她主编的《现代酒店服务质量管理》新著。

张老师多年来担任商业企业、旅游业、文化贸易企业高层管理者，特别是作为酒店业的管理者和教育者，一直从事现代酒店质量的管理与教学，积累了丰富的经验，造诣很深。我们与她相交多年，将其在商业、旅游业、文化业所取得的成绩看在眼里，对其在酒店服务质量管理方面的执着和热情甚为欣赏。今天，《现代酒店服务质量管理》一书再次出版，既是她在"文旅融合"发展的今天，深入思考，不懈努力的新成果，也是她对中国文化和旅游业的一份新贡献。

本书旨在推进文化和旅游酒店行业在新时代开启质量管理与运行新航程，呈现出以下四个特点。

其一，以应用、实用为主旨。本书对质量管理的理论不作全面、系统、深入的展开，而是以实操和适用性人才的培养目标为准绳，筛选和汇总具有实际应用价值的内容进行编写。

其二，强调实践能力的培养。在本书的编写过程中，每章都选入质量管理的实际案例作为引导，力求实现"书中怎么写，实际怎么做"的原则，为使用者借鉴案例为己所用提供模板，使其受到启示，从而提高了分析和解决实际问题的能力，体现了编者的良苦用心。

其三，在编写中对质量管理中导入的新理念和新方法，如"顾客满意指数测评""六西格玛管理"等也予以介绍。这些内容已经成为企业质量管理活动的热点，成为推进质量工作的新的理念和新的号召力，必将推动饭店专业人员和高校学生以创新精神投入提高质量的实践活动。

其四，突出"文旅融合"发展酒店质量管理的新思想。本书重在实用和适用，使酒店服务质量管理是酒店管理的核心这一理念获得读者的普遍认同，并在此前提下，为酒店的管理者和一线服务人员提供了通俗易懂的先进理论和简单易行的实用工具。作者力求通过新增和调整的内容，阐述作者对新时代"文旅融合"发展的深入思考，以及作为"文旅融合"的最佳载体的"高品质酒店"在当代业界的探索与追求，因此更具有时代性和引领作用。

本书可读性强，应用面广，它的创新与新时代、国际化、标准化紧密结合。为此，我乐于为之作序推荐。我相信任何从事文化和旅游酒店业经营管理、质量管理的同行与相关专业的高校学生都会对此书爱不释手。

借此书出版之际，向辛勤工作在酒店和餐饮行业的全体人员表示诚挚的问候，向所有支持和关心中国饭店协会工作的社会各界人士表示衷心的感谢！

中国饭店业协会创会会长<br>韩明

# 序　三

伴随着大众旅游时代的到来，广大消费者休闲、度假的需求与日俱增，而现代酒店业正处于供给侧结构性改革的关键时期，不仅酒店设施、设备、产品质量要适应消费者需求，服务质量更应满足消费者日益提高的诉求。

如何提升酒店服务质量？如何转型升级取得佳绩？这是摆在酒店从业者面前亟须关注的重要课题。恰逢此时，本书作者对本书初版内容进行精心修改，赋予其新的亮点与活力。综观全书，确有业内同仁和广大读者学习、借鉴之用。

本书具有三个突出亮点。

第一，立意明确，谋篇独到。

本书立意明确，以质量管理是酒店服务的永恒主题为主旨，始终围绕现代酒店如何进行质量管理，取得最佳绩效进行阐述。

在谋篇布局方面，勇于打破"经院式"教材模式，未循规蹈矩按历史沿革、基本概念、基础理论等逐一陈述，而是从广大读者需求出发，密切结合现代酒店质量管理实际，以案例引入的方式，通过对其剖析、总结，循序渐进地阐述酒店质量管理的示范经验，以及相关概念、理论、方式、方法等，使读者有范例可见、有经验可鉴、有理论可学。

第二，与时俱进，不断创新。

主编张玉玲老师基于现代酒店战略发展的需要，注重"转变思想，转化思维方式，与时俱进地学习与创新"，从新时代、新时期、新发展出发，撰写了第十二章文旅融合——当代酒店的新追求；不仅引用国家关于文化和旅游融合发展的新政策、新法规、新精神，而且通过理论、案例、实务、方法等进行阐述，提出"酒店的核心应该是服务文化""满足顾客需要，适合顾客文化需求，确保文化让酒店产品更有内涵"等卓有见地的观点。

第三，深入浅出，通俗易懂。

本书主编长期从事酒店经营服务、酒店管理公司管理和文化创意、文化交流等工作，并受聘于国内著名高等院校任客座、讲座教授，具有十分丰富的实践经验，在酒店管理、文化管理工作中取得了骄人业绩。在现代酒店服务质量管理中，她深知企业所急、所想、所需。因此，书中阐述，力求做到理论深入浅出、通俗易懂，以适应业内同仁和广大读者实际需求。

本书的问世，对于推进现代酒店业践行"工匠精神"，提升企业核心竞争力，对于推进酒店健康发展，取得良好社会效益，将产生有益的参考、借鉴作用。

谨写此为序。

全国旅游标准化技术委员会委员
北京联合大学旅游学院原副院长
冯冬明　研究员

# 前言

“回归原点，创新思维”，是本书出版的初衷。2008年，我曾出版过《现代酒店服务质量管理》一书，此次再版基于新时代文化和旅游融合发展的背景，完善并更新了大量内容。人们在研究一个创新课题时，常常发现，其思维方式应当是回到问题的本源：看看这个问题是怎么来的，能不能解决这个问题、回避这个问题或进行适当的预处理。本次再次出版的研究基点是，试图再做“回归原点”的研究与实践探索。因为当年创作此书的初衷，对于今天酒店经营管理的实践，仍具有现实意义和内在的延续性。尽管在角度上有差距，尽管字义有相同与不完全相同之处，但其原理和当代酒店经营管理在实践上仍有着容易对照的规律，可以让编者和同行管理者、研究者的视野再次扩展开来，进入创新的蓝海。同时，ISO 9000族标准与六西格玛管理文化的导入、与时俱进地学习与创新、时代召唤的“匠心精神”“文旅融合”成为当代酒店的新追求、精细管理的务实操作等，也是本书新的写作视角与新的思考。

近二十年来，中国旅游与酒店业有了可观的发展与变化，本书再版既保留了仍然可使用的内容，也有调整，以做到与时俱进。经综合考量，本书把原有的篇章调整为“基础知识篇”“体系实施篇”“团队建设篇”，并增加了“创新发展篇”，全书共四篇13章，丰富充实了各章节与当下实务结合的内容。无论从时代发展角度，还是从大学及学生未来就业需求角度来看，本书都需要做必要的调整与完善。本书从时代思考、新政策法规、操作模式等方面，着重通过理念、案例、实务（含图示）、内容归纳、理论提升等多角度扩展补充，既为学生在毕业后初涉行业提供指导，也为在职行业管理人员提供理论与实操便利。

原国家旅游局政策法规司司长、现任国家文化和旅游部国际交流与合作局党委书记、一级巡视员满宏卫，北京旅游学院原常务副院长冯冬明，国家质检中心及机构的相关同志，热情地为我提供了文化和旅游业最新国家政策法规与行业标准、“质量管理体系”的国际和国家标准；国内文化和旅游业界同行关于“文旅融合”发展的思想交流与碰撞，为我再版本书及新增章节提供了有益的借鉴。参编曹福荣、董亚荣老师的包容与支持，以及我的酒店业老同事所提供的案例，对我而言，无疑是极为宝贵的鼓励，是我出版此书的精神动力和坚强后盾。他们的深厚情谊让我的肩上多了一份沉甸甸的责任。

让我们为新时代“文旅融合”发展共同努力，这部书将是我们这种努力的一个小小的例证！

张玉玲

2024年10月1日

# 目 录

# 第一篇

# 基础知识篇

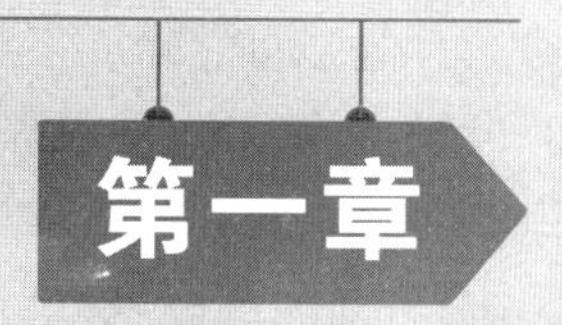


# 质量与质量管理概述

改革开放以来，国际酒店集团进入中国的步伐加快，国内酒店业竞争日益激烈。虽然国内酒店业近年已努力打造并建立起自己的酒店品牌，但如何在当今国际化、全球化的发展中提升与国际品牌酒店管理集团竞争的能力，仍然是摆在国内酒店业面前的突出问题。解决该问题的核心是继续解决国内酒店管理品质问题，而管理品质的核心是质量管理，它是确保酒店业品质的关键。本章将从与质量和质量管理相关的基本术语、体系概念及质量管理发展历程等方面一一介绍，使学习者掌握质量及质量管理的基本知识，为后续学习酒店质量管理、操作技能及其全面运用等内容，奠定基础。

## 第一节 与质量和质量管理相关的术语及体系概念

近年来，越来越多的企事业组织将质量纳入组织高效运行体系，并将取信于顾客视为延长企业生命周期的重要手段。以下将探讨与质量和质量管理相关的术语及体系概念。

### 一、质量概述

#### （一）质量及相关术语

从 ISO 9000 标准中学习“质量”术语，以建立对质量定义的总体概念的认识。质量是客体的一组固有特性满足要求的程度。质量可使用形容词来修饰，以表明固有特性满足要求的程度。其固有特性满足要求的程度越高，其“质量”

越好；反之，“质量”越差。这里涉及如下相关术语和需要把握的总体概念。

1. 客体

客体是指可感知或可想象的任何事物。质量是“客体”本身包含的一组固有“特性”，客体概念的内涵很大，不仅仅是产品和服务，也可以是过程、人员、组织、体系、资源。凡是可以单独描述的事物，或者可以感知的物质状态，或者能够想象的期望或梦想，都是客体。

2. 固有及其特性

固有是指存在于客体（可感知或可想象到的任何事物）内本来就有的，尤其是那种永久的特性。特性是指可区分的特征。不同客体的固有质量特性是不一样的，如物理的特性（如机械性能），感官的特征（如气味、噪声和色彩等），行为的特征（如礼貌），时间的特征（如准时性、可靠性），人因工效的特性（如生理的特性或有关人身安全的特性、飞机的最高速度）。就一般硬件产品而言，其固有特性通常包括安全性、可靠性、耐用性、可维护性、可维修性等；就一般服务而言，其质量特性包括可靠性、响应性、保证性、移情性、有形性等，这些将在如下质量特性中详述。

3. 要求

要求是指明示的、通常隐含的或必须履行的需求或期望。这里需要理解五个层面：一是“通常隐含的”是指组织和相关方的惯例或一般做法；二是指经明示的要求，如在成文信息中阐明；三是特定要求，可使用限定词表示，如产品要求、质量管理要求、顾客要求、质量要求；四是要求可由不同的相关方或组织自己提出；五是为实现较高的顾客满意度，可能有必要满足那些顾客既没有明示，也不是通常隐含的或必须履行的期望。可以看出，质量不仅包括客体预期的功能和性能，而且涉及人们对其价值和利益的感知，与传统的“符合性质量”“实用性质”不同，基本反映了现代质量观念。

### （二）质量特性

质量特性是指实际产品、过程或体系与要求有关的固有特性。简言之，质量特性是与“要求”有关的、客体的固有特性。早期，质量概念所描述的对象大多仅仅局限于产品（一般多指工业产品），后又逐渐延伸到了服务，而如今则不仅包括产品和服务，还扩展到组织，以及它们的结合，表现为：一是“固有”意味着本身就存在的，尤其是那种永久的特征；二是赋予客体的特性不是它们的质量特性。除此之外，还有两种质量特性可以通晓，以便于在实践中区分对待，具体如下。

1. 以体现产品质量为主要特征的质量特性

以体现产品质量为主要特征的质量特性可以体现产品使用时的客观要求，对反映产品质量主要特性的技术经济参数做了明确规定。质量概念的关键是“满足要求”。这些“要求”必须转化为有指标的特性，作为评价、检验和考核的依据。由于顾客的需求是多种多样的，所以反映质量的特性也应该是多种多样的。一般情况下，以体现产品质量为主要特征的质量特性通常有以下几点。

(1) 经济性。由于术语“要求”汇集了价值的表现，价廉物美实际上反映的是人们的价值取向，物有所值，就是表明质量有经济性的特征。虽然顾客和组织关注质量的角度是不同的，但对经济性的考虑是一样的。

(2) 广义性。在质量管理体系所涉及的范畴内,组织的相关方对组织的产品、过程或体系都可能提出要求,而产品、过程和体系又都具有固有特性,因此,质量不仅指产品质量,也可指过程和体系的质量。

(3) 时效性。由于组织的顾客和其他相关方对组织的产品、过程和体系的需求和期望是不断变化的,如原先被顾客认为质量好的产品,会因为顾客要求的提高而不再受到顾客的欢迎,因此组织应不断地调整对质量的要求。

(4) 相对性。组织的顾客和其他相关方可能对同一产品的功能提出不同的要求,也可能对同一产品的同一功能提出不同的需求。需求不同,质量要求也就不同,只有满足需求的产品才会被认为是质量好的产品。

2. 软硬件产品的质量特性

随着质量管理在企业管理中的地位越来越重要,质量严重地影响着一个企业的存亡。不同类别的产品,其质量特性的具体表现形式也不尽相同。例如,硬件产品、软件产品的质量特性,以及服务的特性均不相同。下面将分别介绍。

(1) 硬件产品的质量特性

① 性能。性能通常是指产品在功能上满足顾客要求的能力,包括使用性能和外观性能。

② 寿命。寿命是指产品能够正常使用的年限,包括使用寿命和储存寿命两种。使用寿命是指产品在规定的使用条件下完成规定功能的工作总时间。一般来说,不同的产品对使用寿命有不同的要求。储存寿命是指在规定储存条件下,产品从开始储存到规定的失效的时间。

③ 可信性。可信性是用于表述可用性及其影响因素(可靠性、维修性和维修保障性)的集合术语。产品在规定的条件下和规定的时间内,完成规定的功能的能力称为可靠性。对机电产品、压力容器、飞机和那些发生质量事故会造成巨大损失或危及人身、社会安全的产品,可靠性是使用过程中主要的质量指标。维修性是指产品在规定的条件、时间、程序和方法下进行维修,保持或恢复到规定状态的能力。维修保障性是指按规定的要求和时间,提供维修所必需的资源的能力。显然,具备上述"三性"时,必然是一个可用,而且好用的产品。

④ 安全性。安全性是指产品在制造、流通和使用过程中保证人身安全与环境免遭危害的程度。世界各国对产品安全性都给予了最大的关注。

⑤ 经济性。经济性是指产品寿命周期的总费用,包括生产、销售过程的费用和使用过程的费用。经济性是保证组织在竞争中得以生存的关键特性之一,是用户日益关心的一个质量指标。

(2) 软件产品的质量特性

① 功能性。功能性是指软件所实现的功能,即满足用户要求的程度,包括用户陈述的或隐含的需求程度。功能性是软件产品的首选质量特性。

② 可靠性。可靠性是软件产品的最重要的质量特性,反映软件在稳定状态下,维持正常工作的能力。

③ 易用性。易用性可以反映软件与用户之间的友善性,即用户在使用软件时的方便程度。

④ 效率。效率是指在规定的条件下,软件实现某种功能所耗费物理资源的有效程度。

⑤ 可维护性。可维护性是指软件在环境改变或发生错误时，进行修改的难易程度。易于维护的软件也是一个易理解、易测试和易修改的产品，可维护性是软件又一个重要的特性。

⑥ 可移植性。可移植性是指软件能够方便地移植到不同运行环境的程度。

## 二、质量管理体系概述

质量管理体系涉及的术语和定义诸多，在此重点介绍酒店质量管理中涉及较多的基本术语，其他列表可在 ISO 9000 质量管理体系标准中查询。

### （一）质量管理体系的概念

质量管理体系是指组织建立质量方针、质量目标及实现这些目标的一组相互关联或相互作用的要素。简言之，质量管理体系是在质量方面指挥和控制组织的管理体系。

质量管理体系要素规定了组织结构、岗位和职责、策划、运行、方针、惯例、规则、目标、理念，以及实现这些目标的过程。它将资源与过程结合，以过程管理的方法进行系统管理，根据企业特点选用若干体系要素加以组合，一般包括与管理活动、资源提供、产品实现，以及测量、分析与改进活动相关的过程，可以理解为质量管理体系涵盖了从确定顾客需求、设计研制、生产、检验、销售、交付之前全过程的策划、实施、监控、纠正与改进活动的要求，一般以文件化形式，成为组织内部质量管理工作的要求。接下来介绍质量管理体系的相关术语。

### （二）质量管理体系主要术语

产品和服务、顾客和顾客满意度是质量管理体系的主要术语，特做重点介绍。

1. 产品和服务

产品和服务，同属输出，同为过程的结果，其区别是“是否与顾客接触”。

（1）产品

根据《质量管理体系——基础和术语》(GB/T 19000—2016)的界定，产品是指在供应者和顾客之间未发生任何必要交易的情况下，可以实现产品的生产，或组织能够产出的输出。具体可理解为以下四点。

① 在供方和顾客之间未发生任何必要交易的情况下，可以实现产品的生产。但是，当产品交付顾客时，通常包含服务因素。

② 通常产品的主要要素是有形的(如组件或流程性材料)。

③ 硬件是有形的，其量具有计数的特性(如轮胎)。流程性材料是有形的，其量具有连续的特性(如燃料和软饮料)。硬件和流程性材料通常被称为货物。软件由信息组成，无论采取何种介质传递，通常是无形产品并能以方法、论文或程序(如计算机程序、移动电话应用程序、操作手册、字典、音乐作品版权、驾驶执照等)的形式存在。

④ 产品可以是预期的(如提供给顾客)或非预期的(如污染或不愿有的后果)。

在酒店业，产品指有形的产品和无形的服务，包括酒店的硬件设施和全体员工参与服务的工作过程。

（2）服务

根据《质量管理体系——基础和术语》的界定，服务是至少有一项活动必须在组织和顾客之间进行的组织的输出。

通常，服务的主要要素是无形的；服务包含与顾客在接触面的活动，除了确定顾客的要求以提供服务外，可能还包括与顾客建立持续的关系（如银行、会计师事务所或公共组织、学校、医院等）；服务的提供可能涉及如在顾客提供的有形产品（如需要维修的汽车、酒店客房设施）上所完成的活动，在顾客提供的无形产品（如为准备纳税申报单所需的损益表）上所完成的活动，无形产品的交付（如知识传授方面的信息提供、酒店提供从入住到离店有顾客参与的现场感知过程），为顾客创造氛围（如在酒店建筑的整体环境体验）等。通常，服务由顾客体验。

2. 顾客及顾客满意

（1）顾客

顾客（即《质量管理体系——基础和术语》中所说的顾客（Customer））是指或实际接收为其提供的，或按其要求提供的产品或服务的个人或组织，包括消费者、受托人、最终使用者、零售商、内部过程的产品或服务的接收人、受益者和采购方。顾客可以是组织内部的或外部的。

在酒店业，顾客是酒店所提供产品的接受者，即接受产品的组织或个人，包括组织外部的顾客，也包括组织内部的顾客。

（2）识别自己的顾客

组织要识别自己的顾客，必须清楚是谁“接受”自己的产品或服务。“接受”是指能够或实际接受，可分为直接接受和间接接受，因而顾客可分为“直接顾客”和“间接顾客”。按“接受”产品或服务的时间顺序，可将顾客分为“流失的顾客”“当前的顾客”和“潜在的顾客”；按“接受”产品或服务的所有者情况，可将顾客分为“内部顾客”和“外部顾客”。因此，如果一个组织不能充分识别自己的顾客，而只是满足部分顾客的需求和期望，就可以肯定该组织很难取得持续的成功。

（3）顾客满意及特点

顾客满意是顾客对其期望已被满足的程度的感受。在产品或服务交付之前，组织有可能不知道顾客的期望，甚至顾客也在考虑之中。为了实现较高的顾客满意，可能有必要满足那些顾客要求之外的，既没有明示，也不是通常隐含或必须履行的期望。顾客对期望已被满足的感受包括至少两个方面：一是对所获得的产品和服务符合性的应用价值的实际感受；二是获得产品和服务的过程的心理价值的感受。顾客是否满意必须是顾客的亲自亲身体验，尤其是对服务的体验，组织不能去推测。没有顾客抱怨、投诉并不意味着顾客满意，顾客不发表意见或表示无所谓，也不表明顾客是满意的，其满意的内容不仅仅限于产品的试用物或各种服务，即使规定的顾客要求符合顾客的愿望，也不一定确保顾客满意，顾客满意是满足程度的感受。程度可加修饰词，表示等级和水平的高低，如很满意、满意、一般、不满意和很不满意等感受，有较强的主观性。组织可以在礼貌态度、形象和为改进所做的努力等方面给顾客更好的感受，以增强顾客满意。

3. 质量管理体系其他基本术语名称

为了更好地学习和实践质量管理，如下简要介绍《质量管理体系——基础和术语》（GB/

T 19000—2016,见表 1-1)中质量管理体系的相关术语名称。

**表 1-1　质量管理体系——基础和术语**

| 序号 | 类　别 | 条数 | 术语名称 |
|---|---|---|---|
| 1 | 有关人员的术语 | 6 | 最高管理者、质量管理体系咨询师、参与、积极参与、技术状态管理机构、调解人 |
| 2 | 有关组织的术语 | 9 | 组织、组织环境、相关方、顾客、供方、外部供方、调解过程提供方、协会、计量职能 |
| 3 | 有关活动的术语 | 13 | 改进、持续改进、管理、质量管理、质量策划、质量保证、质量控制、质量改进、技术状态管理、更改控制、活动、项目管理、技术状态项 |
| 4 | 有关过程的术语 | 8 | 过程、项目、质量管理体系实现、能力获得、程序、外包、合同、设计和开发 |
| 5 | 有关体系的术语 | 12 | 体系、基础设施、管理体系、质量管理体系、工作环境、计量确认、测量管理体系、方针、质量方针、愿景、使命、战略 |
| 6 | 有关要求的术语 | 15 | 客体、质量、等级、要求、质量要求、法律要求、法规要求、产品技术状态信息、不合格、缺陷、合格、能力、可追溯性、可信性、创新 |
| 7 | 有关结果的术语 | 11 | 目标、质量目标、成功、持续成功、输出、产品、服务、绩效、风险、效率、有效性 |
| 8 | 有关数据、信息和文件的术语 | 15 | 数据、信息、客观证据、信息系统、文件、成文信息、规范、质量手册、质量计划、记录、项目管理计划、验证、确认、技术状态纪实、特定情况 |
| 9 | 有关顾客的术语 | 6 | 反馈、顾客满意、投诉、顾客服务、顾客满意行为规范、争议 |
| 10 | 有关特性的术语 | 7 | 特性、质量特性、人为因素、能力、计量特性、技术状态、技术状态基线 |
| 11 | 有关确定的术语 | 9 | 确定、评审、监视、测量、测量过程、测量设备、检验、试验、进展评价 |
| 12 | 有关措施的术语 | 10 | 预防措施、纠正措施、纠正、降级、让步、偏离许可、放行、返工、返修、报废 |
| 13 | 有关审核的术语 | 17 | 审核、多体系审核、联合审核、审核方案、审核范围、审核计划、审核准则、审核证据、审核发现、审核结论、审核委托方、受审核方、向导、审核组、审核员、技术专家、观察员 |

# 第二节　质量管理先驱到质量管理的发展

## 一、质量管理先驱

在质量管理发展的长河中，开启质量管理先河的人应首推管理巨匠威廉·爱德华兹·戴明（William Edwards Deming）和约瑟夫·莫西·朱兰（Joseph Moses. Juran），他们可谓质量管理的先驱，是为此做出卓越贡献的大师。

### （一）威廉·爱德华兹·戴明

提起威廉·爱德华兹·戴明（William Edwards Deming），凡是对质量管理略有涉猎者，几乎没有人未听过他的大名，因为他是全球最具知名度的质量管理大师，被称为"现代质量管理之父"。他对世界质量管理发展做出的卓越贡献享誉全球。作为质量管理的先驱者，戴明的学说始终对国际质量管理理论和方法产生着极其重要的影响。

戴明 1900 年出生于美国艾奥瓦州，1928 年获耶鲁大学数学物理学博士。他虽然是耶鲁大学的数学物理学博士，早年却以统计抽样专家的形象活跃于管理界。后来与质量管理专家沃特·A. 休哈特（Walter A. Shewhart）共事之后，他才逐渐转向质量管理的专门领域。戴明虽未跟随休哈特学习，但承袭了他坚信"质量管理是企业成功的关键"的理念，而且与休哈特共同致力于研究提升质量管理效率的技巧。

虽然质量管理的统计技术对质量管理制度产生了革命性的影响，但早年戴明在美国的名气却远不及休哈特。早在 20 世纪 50 年代，戴明就曾经告知美国企业经营者产品质量的重要性，无奈在当时美国工业界订单应接不暇的盛况下，企业经营者对他的忠告充耳不闻，让他颇感气馁。在未受国内重视的情况下，戴明来到日本讲学。他在日本工业界担任讲师和顾问，并以全面质量管理之下的"日本制造"征服全球。在历经一年的授课后，戴明的质量管理哲学令日本人钦服。在日本科技联盟的有效宣传与推动下，日本全国掀起了一股质量管理热潮。从那时开始，日本将每年 11 月定为"质量管理月"。日本人的好学，使戴明的思想在海外扎根，而日本人追求荣誉、不落人后的决心，更使这一套质量管理思想成为日本企业成功的重要基础。1956 年裕仁天皇为他颁发二等瑞宝奖。1980 年，即戴明 80 岁那一年，当时全世界因日本企业在国际舞台上的优异表现而钦羡不已，掀起一阵日本管理热潮。在 NBC 电视公司适时播出《日本能，我们为什么不能?》（*If Japan Can，Why can't We?*）的纪录片之后，美国企业经营者才注意到这位促使日本拥有一流产品质量，被日本人尊为"质量之神"的学者。戴明的管理理念在美国刮起了一阵质量革命的旋风，大幅度提高了美国的生产力与竞争地位，戴明也同时赢得了"第三波工业革命之父"的美誉。1987 年，里根总统为他颁发国家技术奖。他享寿甚高，逝于 1993 年 12 月。戴明终年游走世界各地进行演讲，每年有上万人前来听讲。为了纪念他早年对日本工业发展的贡献，日本科技联盟以他的名字设立了戴明奖。"戴明品质奖"（Deming Prize），现在仍是日本品质管理的最高荣誉。丰田汽车主席当年领取日本管理最高奖——“戴明奖”时，声泪俱下：“没有一天我不想到戴明博士对于丰田的意义！”至今，在丰田公司东京总部的大厅里依然悬挂着戴明的画像。

1. 戴明的“质量管理十四要点”

戴明数十年的演讲内容可以归纳为“质量管理十四要点”(Deming's 14 Points)。这十四要点集中体现了戴明的质量与管理的主要思想。所以有人说：戴明管理思想的核心就是提高管理生产效率的“质量管理十四要点”。戴明学说简洁易明，其“质量管理十四要点”成为20世纪乃至当今全面质量管理(total quality management，TQM)的重要理论基础。其质量管理的重要理论概括如下。

(1) 创造产品与服务改善的恒久目的

最高管理层必须从短期目标的迷途中归返，转回到长远建设的正确方向。也就是把改进产品和服务作为恒久的目的，坚持经营，这需要在所有领域加以改革和创新。

(2) 采纳新的哲学

绝对不能容忍粗劣的原料，不良的操作，有瑕疵的产品和松散的服务。

(3) 停止依靠大批量的检验来达到质量标准

检验其实是等于准备有次品，但把次品检验出来已经太迟，且成本高效益低。正确的做法是，改良生产过程，杜绝残次品。

(4) 废除“价低者得”的做法

价格本身并无意义，只是相对于质量才有意义。因此，只有管理当局重新界定原则，采购工作才会改变。公司一定要与供应商建立长远的关系，并减少供应商的数目。采购部门必须使用统计工具来判断供应商及其产品的质量。

(5) 不断地及永不间断地改进生产及服务系统

在每一次活动中，必须降低浪费和提高质量，包括采购、运输、工程、方法、维修、销售、分销、会计、人事、顾客服务及生产制造。

(6) 建立现代的岗位培训方法

培训必须是有计划的，且必须建立于可接受的工作标准上。必须使用统计方法来衡量培训工作是否奏效。

(7) 建立现代的督导方法

督导人员必须让高层管理者知道需要改善的地方。管理者得知后，必须采取相应的行动。

(8) 驱走恐惧心理

所有同事必须有胆量去发问，提出问题或表达意见。

(9) 消除不同部门之间的壁垒

每一部门都不应独善其身，而需要发挥团队精神。跨部门的质量圈活动有助于改善设计、服务、质量及成本。

(10) 取消面向一般员工的口号、标语和数字目标

激发员工提高生产率的指标、口号、图像、海报都必须废除。因为这些往往是在一般员工控制范围之外，因此这些宣传品只会导致反感。虽然无须为员工定下可计量的目标，但企业本身却要有这样的一个目标：永不间歇地改进。

(11) 取消工作标准及数量化的定额

定额是把焦点放在数量上，而非质量上。计件工作制更不好，因为它鼓励制造次品。

(12) 消除妨碍基层员工工作顺畅的因素

任何导致员工失去工作尊严的因素都必须消除,包括不知何为好的工作表现。

(13) 建立严谨的教育及培训计划

由于质量和生产力的改善会导致部分工作岗位数目的改变,因此所有员工都要不断接受训练及再培训。一切训练都应包括基本统计技巧的运用。

(14) 创造一个每天都推动以上 13 项的高层管理结构

戴明的"管理十四要点"可概括为方向、系统和文化,即具有明确的方向,然后建立系统,以驱动行为,并用相应的文化保证系统更好地运作。

2. 戴明的 PDCA 循环及工具

戴明最早提出了 PDCA 循环的概念,它应用了科学的统计观念和处理方法,所以又称为"戴明环"。PDCA 循环是能使任何一项活动有效进行的一种合乎逻辑的工作程序,在质量管理中得到了广泛的应用。P、D、C、A 四个英文字母所代表的意义如下。

P(Plan):计划。计划包括方针和目标的确定及活动计划的制订。

D(Do):执行。执行就是具体运作,实现计划中的内容。

C(Check):检查。检查就是要总结执行计划的结果,分清哪些对了,哪些错了,明确效果,找出问题。

A(Action):行动(或处理)。行动是对总结检查的结果进行处理,对成功的经验加以肯定,并予以标准化,或制定作业指导书,便于以后工作时遵循;对于失败的教训也要总结,以免重现。对于没有解决的问题,应提交下一个 PDCA 循环去解决。

作为质量管理推动工作、发现问题和解决问题的有效工具,戴明质量管理理论还有以下典型的模式,被称为"四个阶段""八个步骤"和"七种工具"。

(1) 四个阶段

"四个阶段"是指 P、D、C、A 循环,即按计划、执行、检查、行动分为四个阶段。

(2) 八个步骤

第一步,分析现状,发现问题。

第二步,分析质量问题中的各种影响因素。

第三步,分析影响质量问题的主要原因。

第四步,针对主要原因,采取解决的措施。

第五步,执行,按计划的要求去做。

第六步,检查,把执行结果与要求达到的目标进行对比。

第七步,标准化,把成功的经验总结出来,制定相应的标准。

第八步,把没有解决或新出现的问题转入下一个 PDCA 循环去解决。

其中强调,在第五步"制定解决措施"前,要回答以下问题:为什么要制定这个措施?要达到什么目标?要在何处执行?由谁负责完成?什么时间完成?怎样执行?

(3) 七种工具

"七种工具"是指在质量管理中广泛应用的直方图、控制图、因果图、排列图、关联图、分层法和统计分析表。

3. 戴明质量管理理论的其他阐述

戴明认为,产品质量是一种"以最经济的手段,制造出市场最有用的产品"的手段。他不停地给日本人灌输"质量散布在生产系统的所有层面"的观念，指出质量不良的责任，有85%以上可归咎为管理不当。因此，高阶层应与操作员一起学习质量的概念，运用统计技术。

戴明将生产过程中引起变异的原因分为"特殊原因"(special cause)和"共同原因"(common cause)两大类。前者在本质上属于局部性的，来源可能是特定的一群操作员、特定的机器或特定的局部环境等，这些特殊原因可以由操作员或主管采取行动解决。如果特殊原因未能消除，则未来所生产的产品质量将无法预测。但共同原因则是系统或制度上发生的缺失，共同原因的解决只能由管理者采取行动，才有可能矫正过来。这种分类法可凸显质量与管理者责任之间的关联性，促使质量问题由技术层次提升为管理问题。所以他认为，工人是在"系统中"工作，管理阶层则是在"系统上"运作(operators work in the system, management work on the system)。他强调，质量管理制度的施行应采取"强硬"手段，要求普遍性的接受，彻底改变员工的行为与认知。这些观念不但成了日本质量管理制度的基本精神，也影响了日后其他质量管理大师的思想。

戴明学说反映了质量管理的全面性，说明了质量管理与改善并不是个别部门的事，而是需要由最高管理层领导推动才可奏效。戴明全面质量管理学说的核心可以概括为八个方面：高层管理者的决心及参与；群策群力的团队精神；通过教育来增强质量意识；质量改良的技术训练；制定衡量质量的尺度标准；对质量成本的分析及认识；不断改进活动；各级员工的参与。

戴明有一句颇富哲理的名言："质量无须惊人之举。"对于不愿意听他的意见的企业管理者，戴明还有一句名言："你大可不必如此做，没人强迫你(贵公司)生存下去(You don't have to do this, survival is not compelled)。"他平实的见解和骄人的成就之所以受到企业界的重视和尊重，就是因为实践证明了若能系统地、持久地将他的这些观念付诸行动，几乎可以肯定能在全面质量管理上取得突破。

### (二) 约瑟夫·M. 朱兰

约瑟夫·M. 朱兰被公认为20世纪最伟大的质量管理思想家，是举世公认的现代质量管理的领军人物。他出生于罗马尼亚，1912年随家人移民美国，1917年加入美国国籍，曾获电器工程和法学学位。在其职业生涯中，他做过工程师、企业主管、政府官员、大学教授、劳工调解人、公司董事、管理顾问等。朱兰对于战后日本的经济复兴和质量革命有着重要的影响。1979年，朱兰创办了"朱兰学院"，主要从事质量管理的培训、咨询和出版活动。进入20世纪90年代后，朱兰仍然担任学院的名誉主席和董事会成员，以90多岁的高龄继续在世界各地从事讲演和咨询活动。他获得的荣誉包括12个国家的专业协会和名誉团体所授予的三十余枚勋章、会员资格、名誉会员资格等。作为管理咨询师，他将大部分时间都用于演讲、研究、写作和质量管理咨询。

朱兰关于质量管理的著作有很多，其中《朱兰质量手册》被公认为当代质量管理领域中研究和实践的集大成之作，是名副其实的最为权威的著作。该书为奠定全面质量的理论基础和基本方法做出了卓越的贡献。在半个多世纪中，这本手册一直是质量管理领域中最具有影响力的出版物之一，被人们誉为"质量管理领域中的圣经"。《朱兰质量手册》将企业经营的动态环境的特征概括为"六个C"，即change(变革)、complexity(复杂性)、customer demands(顾客需求)、competitive pressure(竞争压力)、cost impacts(成本冲击)和constraints

（约束因素）。这些因素显著地影响着组织实现其经营目标的能力。

朱兰还成立了"朱兰研究院"和"朱兰基金会"，帮助创立了"美国玛尔科姆·鲍德里奇国家质量奖"。朱兰所倡导的质量管理理念和方法始终深刻影响着全球企业界及世界质量管理的发展。《管理突破》及《质量计划》是他的经典之著。他在82岁高龄时发表了一篇著名论文《质量三部曲》，其副标题为"一种普遍使用的质量管理方法"，这就是被世界各国广为推崇的"朱兰三部曲"，即由质量计划、质量控制和质量改进三个过程组成的质量管理，每个过程都由一套固定的执行程序来实现。

朱兰还最早把帕累托原理引入质量管理。帕累托(Pareto)是19世纪意大利的社会学家，他利用图表显示了80%与20%的关系，提出了国家财富的80%掌握在20%的人手中这一著名论断。朱兰由此创造出著名的"80/20"原则，也称"二八法则"。他尖锐地提出了质量责任的权重比例问题，并依据大量的实际调查和统计分析认为，在所发生的质量问题中，追究其原因，只有20%来自基层操作人员，而恰恰有80%的质量问题是由于领导责任所引起的。在国际标准ISO 9000中，与领导责任相关的要素所占的重要地位，在客观上证实了朱兰的"80/20"原则所反映的普遍规律。

1. 朱兰的生活质量观

朱兰认为，现代科学技术、环境与质量密切相关。他说："社会工业化引起了一系列环境问题的出现，影响着人们的生活质量。随着全球社会经济和科学技术的高速发展，质量的概念必然拓展到全社会的各个领域，包括人们赖以生存的环境质量、卫生保健质量，以及人们在社会生活中的精神需求、满意程度等。"朱兰的生活质量观反映了人类经济活动的共同要求：经济发展的最终目的是不断地满足人们日益增长的物质文化生活的需要。

2. 朱兰和质量革命

朱兰理论引导了西方管理领域中的又一次革命。随着质量管理范围的扩大，我们会看到更多日新月异的变化。过去质量被认为是一个厂区的问题，现在已经扩展到了办公室、仓库。从行业来说，很多非制造业，像卫生、教育、政府机构等也在开展质量管理。

3. 朱兰的质量管理论

朱兰的质量管理理论的主要贡献有两大方面：一是朱兰发表了《质量三部曲》一文，提出了被世界各国广为推崇的"朱兰三部曲"；二是他的《管理突破》一书，阐述了他的"突破历程"。

(1) 简述朱兰的"质量三部曲"

三部曲包括质量计划、质量控制和质量改进三个步骤，成为质量管理的经典模式。

① 质量计划

质量计划即对整个产品生产制度环节的设计，朱兰非常强调质量计划的重要性，并将其放在质量管理模式的首要位置上。

质量计划的制定要从认识质量差距开始，看不到差距，就无法确定目标。而对这种差距的寻找，要从顾客的满意度入手，追溯到生产设计和制造源头，这样才能使存在的问题清晰化。现实中存在的质量差距主要包括理解差距、设计差距、过程差距和运作差距。为了消除上述各种类型的质量差距，并确保最终的总质量差距最小，朱兰列出了设计计划的六个步骤：一是确定要讨论的项目；二是确定该项目的目标客户；三是通过调查了解客户的实际需要；四是根据客户的要求与反馈来开发项目中的产品；五是设计该产品的生产流程；六是根据工作运行情况制订控制计划及其中的调控过程。

② 质量控制

质量控制即制定和运用一定的操作方法，以确保各项工作过程按原设计方案进行并达到目标的过程。在开始设计好计划后，管理者还需要知道什么时候需要采取什么样的措施，以纠正质量问题。质量控制并不是优化一个过程，而是对计划的执行过程，如果在质量控制中发现了需要优化的地方，就必须回过头去调整计划，或者将其转入下一步的质量改进过程。

对于质量控制，他同样列出了七个步骤：一是要先选定需要控制的对象；二是要配置好各种测量设备；三是对于不同的阶段确定出不同的测量方法；四是建立起可供参照的作业标准；五是科学判断操作的正确性；六是分析实际情况与标准的差距；七是针对找出的差距采取行动。

③ 质量改进

质量改进是指管理者通过打破旧的平稳状态而达到新的管理水平的过程。具体分为7个步骤：一是证实某个环节确实有改进的必要；二是确立专门的改进项目，并设立项目组；三是让领导者参与对项目组织的指导；四是进行组织诊断，确认质量问题的产生原因，并要求关联部门注意；五是积极地、迅速地采取补救措施；六是在可控制与可操作的条件下，验证补救措施的普遍适用性；七是在新的水平上进行控制，保证已经取得的质量成果。质量改进同质量控制性质完全不一样。

在上述三个环节中，朱兰强调，质量控制是要严格实施计划，而质量改进是要突破计划。质量计划类似于规划预算，质量控制类似于成本控制和费用控制，而质量改进类似于减少成本和提高利润。其中，质量计划是质量管理的基础，质量控制是实现计划的需要，而质量改进则是质量计划的一种飞跃。

(2) 朱兰“突破历程”说

朱兰提出，为了获得产品的合用性，需要进行一系列的工作活动。也就是说，产品质量是在市场调查、开发、设计、计划、采购、生产、控制、检验、销售、服务、反馈等全过程中形成的，同时又在这个全过程的不断循环中螺旋式提高，所以也称为质量环或质量螺旋(quality spira)。国际标准ISO 8402已经为质量环(quality loop)定义：“从识别需要到评价这些需要是否得到满足的各个阶段中，影响质量的相互作用活动的概念模式。”

而在质量环的基础上，朱兰又对自己的三部曲进行了深化与展开，详细阐述了质量提高的过程，这一过程又被称作突破历程，其更加强调质量管理的操作性和有效性。综合朱兰的基本学说，实现质量突破的历程有以下七个环节。

① 突破的取态

管理层必须证明突破的急切性，然后创造环境使这个突破实现。要去证明此需要，必须搜集资料说明问题的严重性，而最具说服力的资料莫如质量成本。为了获得充足资源去推行改革，必须把预期的效果用货币形式表达出来，以投资回报率的方式来展示。

② 突出关键的少数项目

在众多的问题中，找出关键性的少数项目。利用帕累托法分析，突出关键的少数项目，再集中力量优先处理。

③ 寻找知识上的突破

成立两个不同的组织去领导和推动变革，其中一个可称为“策划指导委员会”，另一个可称为“诊断小组”。策划指导委员会由来自不同部门的高层人员组成，负责制订变革计划、指出问题原因所在、授权作试点改革、协助克服抗拒的阻力，以及贯彻执行解决方法。诊断小组则由质量管理专业人士及部门经理组成，负责寻根问底。

④ 进行分析

诊断小组的任务是研究问题的表征、提出假设，以及通过试验来找出真正原因。另一个重要任务是裁决不良产品的出现是操作人员的责任还是管理人员的责任（如果是操作人员的责任，必须同时满足以下条件：操作人员清楚地知道他们要做的是什么，有足够的资料数据知道他们所做的效果，以及有能力改变他们的工作表现）。

⑤ 决定如何克服对变革的抗拒

变革中的关键任务是必须明了变革的重要性。单是靠逻辑性的论据是绝对不够的，必须让有关部门参与决策及制定变革的内容。

⑥ 进行变革

所有要变革的部门必须通力合作。每一个部门都要清楚地知道问题的严重性、不同的解决方案、变革的成本、预期的效果，并预估变革对员工的冲击及影响。必须有足够的时间去酝酿及反省，并进行适当的训练。

⑦ 建立监督系统

变革推行过程中，必须有适当的监督系统定期反映进度及有关的突发情况。正规的跟进工作异常重要，足以监察整个过程并解决突发问题。

突破历程不仅是一个系统的行动过程，也是朱兰对自己学说的一个总结。在提出质量计划、质量控制与质量改进的三部曲之后，他还对其进行了深化与展开，详细阐述了质量提高的各个环节与整个过程，提高了质量管理的有效性，也使得质量管理更具有操作性。朱兰关于质量管理的思想也对日后出现的六西格玛质量管理等思想产生了深远影响。

### （三）其他质量管理学家

除了戴明、朱兰等世界著名质量管理大师外，美国、日本的其他质量管理学家对质量管理的理论和方法的发展，也做出了不同程度的贡献。

1. 阿曼德·费根堡姆

1961 年，美国通用电气公司质量管理部部长阿曼德·费根堡姆（Arnold Vallin Feigenbaum）出版了《全面质量管理》一书，是质量管理具有里程碑意义的重大事件。由此，全面质量管理的概念风靡全球。费根堡姆几乎是与戴明、朱兰同时代的质量管理大师，后因在 1983 年出版的《全面质量管理》中提出全面质量管理（total quality management，TQC，也称全面质量控制）而再度出名。这一理念是从市场调查到设计、生产、检查、出厂等，所有部门都实行质量管理，并由质量管理的技术人员起骨干作用。全面质量管理强调必须体现两个思想：即“预防为主、不断改进的思想”和“为顾客服务的思想”。全过程的质量管理就意味着全面质量管理要“始于识别顾客的需要，终于满足顾客的需要。”费根堡姆的这套思想虽然诞生于美国，却没有在美国推广，而是在日本发扬，使战后的日本迅速从东方崛起，成为一个经济大国，创造了举世瞩目的奇迹，也使全面质量管理的思想在质量界产生了不可忽视的影响。他提出，为了生产具有合理成本和较高质量的产品，以适应市场的要求，只注意个别部门的活动是不够的，需要对覆盖所有职能部门的质量活动进行策划。

2. 石川馨

TQC使日本企业的竞争力极大地提高，其中，轿车、家用电器、手表、电子等大批产品占领了国际市场，因此促进了日本经济的极大发展。日本企业的成功，使全面质量管理的理论在世界范围内产生巨大影响。石川馨和田口玄一就是同期著名的质量管理学家。石川馨因著有《质量控制指南》一书而闻名。

(1) 石川馨质管圈

石川馨提出，在公司内部应有一个单独部门，由非监督人员和领导人组成，他们自发研究如何改进他们工作的有效性。在美国，质管圈通常是以正式员工的组织形态组织的，然而质管圈在日本却是非正式员工的组织。日本的管理者只是咨询或顾问。

(2) 石川馨图

因果图又叫石川馨图(图1-1)，也称为鱼刺图、特性要因图等。它是利用“头脑风暴法”，集思广益，寻找影响质量、时间、成本等问题的潜在因素，然后用图形形式来表示的一种十分有用的方法，它揭示的是质量特性波动与潜在原因的关系。

因果图特征及如何应用因果图见本书第六章酒店质量管理评价模型。

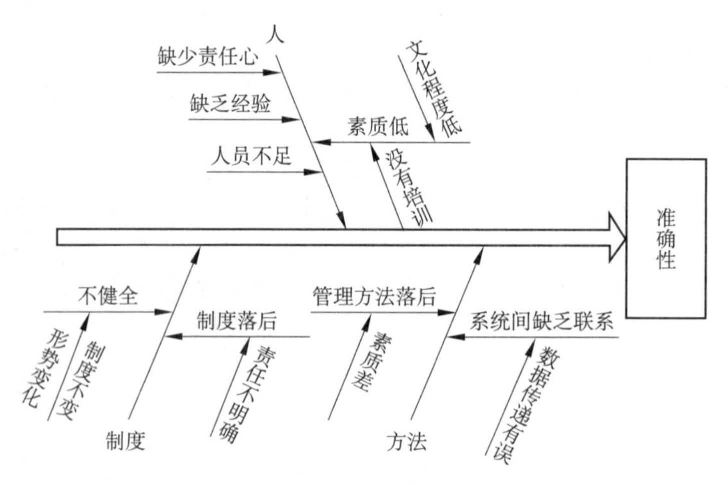


**图1-1 石川馨图**

由图1-1可以看到，影响准确性的条件主要有制度、方法及人。其中，制度落后是制度中的关键原因，制度不健全包括形势变化、制度不变；制度落后还包括责任不明确。影响准确性的人的因素，主要表现为素质低下，而造成素质不高的原因是文化程度低或未经培训，缺少责任心或经验不足；人手不够时也会出现问题。作为方法对准确性产生影响主要是由于方法的落后或是系统间缺乏有机联系。

如果无法确定多种因素，以及因素间的因果关系，是很难解决复杂问题的。因果图可以帮助我们确定并解释这些关系进而解决问题。

3. 田口玄一

同一时期的日本质量管理大师还有田口玄一，他曾三次荣获戴明奖，时任美国供应商协会(the American Supplier Institute)执行总裁。他因开发了设计实验过程优化的田口玄一方法而出名。

(1) 田口损失函数

田口玄一把质量损失定义为“产品性能差异度及所有可能产生的负面影响，如环境破坏和运作成本”。换句话说，质量损失是由产品差异及产品使用中所带来的有害副作用造成的。

这一原则表明，每次偏差都会导致经济损失按几何级数上升。利用田口损失函数将质量特性与成本联系起来，是质量工程学所取得的重大进展，也可使节省成本的设计能力迅速提高。

在生产过程中，每个部件都会稍有偏差，数个存在偏差的部件加在一起，就会造成很大影响。但传统观点认为，只要部件的误差不超出工程容差和产品规格所规定的范围，就不会产生有害影响。关于这点，田口玄一的观念与传统观点正好相反。因此，按规格设计，从整体上来说会对产品质量和利润产生消极的影响。

田口损失函数在实际运用中可为企业节省大量资金。福特公司(Ford Motor Co.)将其在传动系统装配线上应用后，减少了产品误差，从而使产品质量得到提高。ITT 公司 18 个月内则借此方法节省了约 6 000 万元。

(2) 线上和线下质控

田口玄一的线上(on-line)和线下(off-line)质控法(统称田口法)采用一种独特方式减少产品差异。其线上质控法是指在生产环境中，保持目标价值和有关该目标变量的技巧，其中包括统计控制图表等方法。线下质控法则包括市场调查、产品开发和流程开发。这是田口法的独到之处，认真抓好这个方面最能提高产品质量，因为最终产品的质量，主要取决于产品的设计和生产流程。

其线下质控法涉及设计或质量工程因素，包括三个要素。系统设计，即为产品挑选整个系统或配置。该流程一开始需要脑力激荡，以期找出尽可能多的不同系统。然后，必须利用完备的工程知识对这些系统逐一评估。最终确定系统时，应选择以最佳技术和最低成本来满足顾客需求的设计。参数设计，即找出生产流程中影响产品变异的主要变量，并建立一套参数标准，从而确保产品性能尽量不出变异。容差设计，即确定哪些因素对最终产品的差异影响最大，并为这些因素建立最终产品规格所要求的适当容差。运用田口法，可从经济角度决定容差。

(3) 田口质量观

田口玄一的质量观涉及整个生产职能，共有以下五个要点。

① 在竞争性市场环境下，不断提高产品质量、削减成本，是企业的生存之道。

② 衡量成品质量的一个重要标准，是产品对社会造成的一切损失。

③ 改变产前实验的程序，从一次改变一个因素到同时变化多个因素，提高产品和流程的质量。

④ 改变质量定义，由“达到产品规格”改为“达到目标要求和尽量减少产品变异”。

⑤ 通过检查各种因素对产品性能特色的非线性影响，可以减少产品性能(或服务质量)的变化。任何对目标要求的偏离都会导致质量的下降。

4. 20 世纪这一时期产生的质量管理方法和技术

在 20 世纪这一时期产生的质量管理方法和技术包括以下几种。

JIT(just in time)是指准时化生产,强调时间管理。

Kanben(为日语读法,中文称"看板")在这里是指"看板"生产,是一种管理工具,是着重及时的进度记录工具。上面所说JIT强调时间管理,其生产方式是以降低成本为基本目的,在生产系统的各个环节全面展开的一种使生产有效进行的新型生产方式。在生产系统中,JIT又采用了"看板"管理工具,犹如巧妙连接各道工序的神经一样发挥着重要作用。

Kaizen(为日语读法,意为改进,改善)是指企业通过听取工人意见和分析研究等方法,不断改善经营管理。在这里是指质量改进,着重于质量的持续提高等。

纵观质量管理的历史,质量大师各具特色,后浪推前浪地推动了质量文化的不断发展。

1979年,英国的国家质量管理标准BS 5750——将军方合同环境下使用的质量保证方法引入市场环境。这标志着质量保证标准对整个工业界都会产生影响。1980年后,质量运动在许多国家展开。中国、美国、欧洲等许多国家和地区都设立了国家质量管理奖,以激励企业通过质量管理提高生产力和竞争力。在中国,全面质量控制(TQC)被引入生产企业,许多企业的高层领导开始关注质量管理。全面质量控制作为一种战略管理模式进入企业。但是由于历史的原因,全面质量控制也像其他活动一样,被作为一种运动,最后无疾而终。

## 二、质量管理的发展阶段

20世纪足以令人类骄傲,人类在征服自然、探索未来方面取得了无数重大成就。质量管理的发展是在以"加工机械化,经营规模化,资本垄断化"为特征的工业化时代,也可以说,质量管理的发展,按照所依据的手段和方式来划分,大致经过三个阶段。

### (一)质量检验阶段

20世纪初到20世纪30年代前。美国出现了以泰罗为代表的"科学管理运动",最初的质量管理表现为检验活动与其他职能分离,出现了专职的检验员和独立的检验部门。人们开始了对产品的严格检验,将质量管理的责任由操作者转移到工长,进而由"工长的质量管理"发展到"检验员的质量管理"。这一阶段质量管理的主要特征是"事后检验把关"。在这一阶段,人们对质量管理的理解还只限于质量的检验。也就是说,通过严格检验来控制和保证转入下道工序和出厂的产品质量。一是操作者的质量管理。20世纪以前,产品的质量检验,主要依靠手工操作者的手艺和经验,对产品的质量进行鉴别、把关。二是工长质量管理。1918年,美国出现了以泰勒为代表的"科学管理运动",强调了工长在保证质量方面的作用。于是执行质量管理的责任就由操作者转移到工长。三是检验员的质量管理。1940年,由于企业生产规模不断扩大,这一职能由工长转移到专职检验员。大多数企业都设置了专职的检验部门,配备专职的检验人员,用一定的检测手段负责全厂的产品检验工作。专职检验的特点为"三权分立",即有人专职制定标准;有人负责制造;有人专职检验产品质量。这种做法的实质是在产品中挑废品、划等级。这样做虽然在保证出厂产品质量方面有一定的成效,但也有不可克服的缺点:其一,出现质量问题容易扯皮、推诿,缺乏系统的观念;其二,只能事后把关,而不能在生产过程中起到预防、控制作用,待发现废品时已经成为事实,无法补救;其三,对产品的全数检验,有时在技术上是不可能做到的(如破坏性检验),有时在经济上是不合理、不合算的(如检验工时太长、检验费用太高等)。随着生产规模的不断扩大和生产效率的不断提高,这些缺点会越发凸显。

## (二)统计质量控制阶段

20 世纪的 30 年代到 50 年代。1931 年,休哈特《工业产品质量的经济控制》的正式出版开始了统计质量控制阶段。第二次世界大战美国军工生产的质量需要,促进了统计质量管理的应用和大力推广。单纯的质量检验不能适应战争的需要,因此,美国组织了数理统计专家在国防工业中去解决实际问题。这些数理统计专家在军工生产中广泛应用数理统计方法进行生产过程的工序控制,产生了非常显著的效果,保证和改善了军工产品的质量。后来又把它推广到民用产品之中,这给各个公司带来了巨额利润。这一阶段的特点是利用数理统计原理在生产工序间进行质量控制,预防产生不合格品并检验产品的质量。在方式上,责任者也由专职的检验员转移到由专业的质量控制工程和技术人员。这标志着质量检验由事后检验变为以预测质量事故的发生并事先加以预防为主。战后许多民用工业及除美国外的其他国家的企业也陆续推行统计质量管理。这一阶段的主要特征是"依赖统计方法,限于制造和检验部门"。1930 年,道奇和罗明提出统计抽样检验方法,并提出"平均出货质量界限"和"不合格率容忍界限"的概念。20 世纪 40 年代,美国贝尔电话公司应用统计质量控制技术取得成效;美国军方物资供应商在军需物品中推进统计质量控制技术的应用;美国军方制定了战时标准 Z1.1、Z1.2、Z1.3——最初的质量管理标准。三个标准以休哈特、道奇和罗明的理论为基础。由于这个阶段过于强调质量控制的统计方法,人们误认为"质量管理就是统计方法,是统计学家的事情",因而在一定程度上限制了质量管理统计方法的普及推广。

## (三)全面质量管理阶段

最先起源于 1958 年,美国军方制定了 MIL-Q-8958A 等系列军用质量管理标准,因在 MIL-Q-8958A 中提出了"质量保证"的概念,而在西方工业社会产生影响。20 世纪 50 年代至 90 年代,全面质量管理的理念开始孕育,后来在一些工业发达国家开始推行。20 世纪 60 年代后期,日本又有了新的发展。这一阶段的主要特征是"数理统计方法与行为科学相结合,注重人在管理中的作用,全面、全方位参与管理"。所谓全面质量管理,就是企业全体人员及有关部门同心协力,把专业技术、经营管理、数理统计和思想教育结合起来,建立起产品的研究设计、生产制造、售后服务等活动全过程的质量保证体系,从而用最经济的手段,生产出用户满意的产品。该阶段的基本核心是强调提高人的工作质量,保证和提高产品的质量,达到全面提高企业和社会经济效益的目的;基本特点是从过去的以事后检验和把关为主转变为以预防和改进为主,从管结果变为管因素,把影响质量的诸因素查出来,抓住主要矛盾,发动动员、全部门参加,依靠科学管理的理论、程序和方法,使生产的全过程都处于受控状态;基本要求是,要求全员参加的质量管理,范围是产品质量产生、形成和实现的全过程,是全企业的质量管理,所采用的管理方法应是多种多样。它是在统计质量控制的基础上进一步发展起来的,重视人的因素,强调企业全员参加,全过程的各项工作都要进行质量管理。它运用系统的观点,综合而全面地分析研究了质量问题。它的方法、手段更加丰富、完善,从而能把产品质量真正地管理起来,产生更高的经济效益。当今世界各国的大部分企业都在结合各自的特点,运用着全面质量管理,各有所长、各有特点。

## 思考题

1. 怎样理解质量及特性?
2. 你了解多少有关质量及与其相关的术语?
3. 质量管理大师戴明和朱兰的质量管理主要论述有哪些?
4. 其他质量管理先驱的贡献有哪些?
5. 简要说明质量管理的发展阶段。

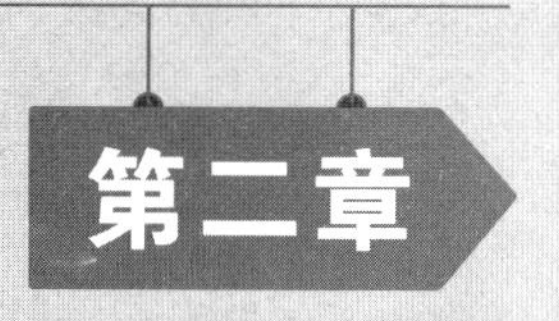


# 酒店服务质量管理

酒店服务质量管理、酒店质量管理、酒店全面质量管理是不同的概念。因中国酒店业服务质量与国际知名酒店管理集团存在着巨大差距，即服务质量管理水平的差距，所以本书及本章将重点阐释酒店服务质量管理。酒店服务质量管理，实际上是对服务的使用价值的管理，它构成了酒店日常管理的中心工作，是酒店质量管理和全面质量管理的核心部分，是质量管理体系的一个部分。酒店服务质量管理一般包括建立质量政策、质量目标、质量计划、质量控制、质量保证、质量改善等。本章作为本书的重点之一，其所述仅为概念，有关详述将在后续章节中逐层展开。这里将从酒店服务质量管理的内涵与特点、什么是酒店高职业化产品和全面质量管理的成功案例等方面，把理论和案例相结合，实现综合阐述，使学习者学有对照，深度理解酒店服务质量管理。

## 第一节　酒店服务质量管理的内涵与特点

本书第一章已就与质量有关的术语进行了讲述。为了与后续体系建立与运行等内容相衔接，本章第一节将对酒店服务质量及其管理的概念、内涵与特点，以及酒店全面质量管理进行阐述。

### 一、酒店服务质量管理

#### （一）酒店服务质量及其管理的概念

所谓酒店服务质量，是指酒店以其所拥有的设备、设施为依托，为顾客提供的服务在使用价值上适合和满足顾客物质和精神需要的程度。

所谓酒店服务质量管理，是指从酒店系统的角度出发，把酒店作为一个整体，以最优服务和产品为目标，以它们的质量为管理对象，运用一整套质量管理体系、手段和方法进行的全时制、全空间、全员额、全过程的管理活动。

### （二）酒店服务质量管理的内涵

正如本章开篇所说，酒店服务质量管理实际上是对服务的使用价值的管理，它构成了酒店日常管理的中心工作，是酒店管理的核心部分。对此，可以从以下几方面理解。

1. 质量管理是酒店管理的重要组成部分

质量管理是酒店所有管理工作的一个重要组成部分，它不能代替其他管理，如营销管理、采购管理、人事管理等。但由于质量在市场竞争中尤为重要，又由于质量是酒店内各个部门和全体员工努力的结果，是酒店整个工作和管理水平的综合体现，因而质量管理成为酒店管理工作的重点和中心环节，以质量求效益，也就成为一家酒店发展所必经的途径。

2. 制定基本方针是质量管理的职能

酒店有各方面的管理职能，其中，制定和实施质量方针是质量管理的管理职能。如果我们清楚质量方针的概念，并按照要求制定了酒店的质量方针，那么实施质量方针的主要活动，就是建设一个酒店的质量体系并使其有效地运作。

3. 管理者承担质量管理结果的责任

酒店的产品或服务的质量直接面对市场、面对社会、面对顾客，质量的好坏关系到酒店的生死存亡。因此，质量管理的职责是由该酒店的最高管理者来承担的，不能把这种职责推卸给副职、助手或其他人，也不能推卸给质量管理部门。当然，最高管理者可以委托其他人或部门来承担具体的质量工作，并使之承担相应的质量职责。

4. 质量管理过程涉及每位员工

质量是和酒店内每位员工密切相关的，他们的工作都直接或间接地影响着产品或服务的质量。因此，为了获得所期望的质量，必须要求酒店内所有成员都积极参与质量管理活动，不断改进和提高质量水平。同时，每位成员也都承担着与自己工作相关的质量职责。

5. 质量管理是一项全局性和系统性的活动

质量管理是一项全局性和系统性的活动，涉及酒店内的各个部门，也涉及酒店外相关的其他组织和顾客，是一个相互关联、相互作用、全面的系统工程。因此，酒店中所有部门都承担着相应的质量管理职责，这些职责在每一个部门的工作程序文件中都应该加以明确的规定。

由于酒店产品的质量在很大程度上取决于服务人员的即席表现，而服务人员的这种表现又很容易受到他们情绪波动的影响，因此酒店产品的质量具有很大的不稳定性。为了塑造良好的市场形象，提高顾客对酒店的选择率，酒店的经营者们也开始对酒店实行越来越严格的质量管理。

## 二、酒店服务质量管理的特点

现代酒店服务质量管理中的质量概念是一个完整的、有机的整体概念，它具有系统性和全面性的特征。酒店要用系统论的思想与方法来认识、处理质量问题，不能仅限于结果，而要全面抓过程控制、工作质量，以保证服务产品质量。酒店服务质量管理不仅要对质量进行把关，防止向顾客提供不合格的服务，还要做好质量的过程控制，确保服务的每一个环节都无差错，预防不合格的服务产生。酒店质量工作的行为，不能只是少数职能部门、职能人员的行为，而应该成为整个企业全员参加的总体行为。酒店质量工作的指导思想，不能停留在对质量的“治标”层面上，而应确立“标本兼治、狠抓根本”的方针。

### （一）酒店服务质量管理的综合性

与生产单一产品的工业企业不同，酒店的产品呈多样性。这些产品既涵盖了衣食住行这种人们日常生活中最为基本的内容，同时也包括办公、通信、娱乐、休闲等更高层面的活动。所以，有人曾以“一个独立的小社会”来形容酒店。

酒店产品的这种多样性特点，决定了其在质量管理过程中要面面俱到，不能有所疏漏，酒店的服务质量应该有自己的强项和特色，但不能有明显的弱项和不足，否则就要影响服务质量的整体水平。

### （二）顾客对服务质量认定的主观性和一次性

尽管酒店自身的服务质量水平基本上是一个客观的存在，但是由于可以理解的原因，顾客对它的认定很可能带有一定的，或是较大的主观成分。我们不能无视顾客对酒店服务质量的认识，否则就会逐步地失去市场。我们也没有理由要求顾客必须对酒店的服务质量作出与客观实际相一致的评价，这实际上是根本办不到的。我们更不应该去指责顾客对酒店的服务质量的评价存在偏见，尽管这种“偏见”时有发生。相反，我们必须有意识地用实际行动去引导顾客，影响顾客或是去改变顾客。

顾客对酒店服务质量认定上的主观性，往往来源于其对酒店服务质量认定的一次性，而这种一次性更多地表现为初次性，即第一次的印象。第一次有了良好的印象，即便日后小有不快，仍可予以谅解；初试不爽，日后弥补也难，而且很可能由此而失去了补救的机会。如一个顾客在酒店全过程（即办理入住手续、在店消费等）均没有问题，但在结账时，因新员工上岗操作不熟练，又没有“师傅”带班，造成顾客结账用了 15 分钟，结果顾客大为不满。所以，在某种程度上，可以认为“酒店的无形服务没有较好和较差之分，只有好的和差的结果”。

### （三）服务质量内容的关联性

以提高酒店服务质量为目的的努力需要实行综合治理，采取“标本兼治”的方针，切忌“头疼医头，脚疼医脚”。酒店服务质量的一个突出特点是每个项目之间都有着很强的关联性。一个最终形成的良好的服务质量，是由众多因素构成的，缺一不可。

这种关联性从大的方面反映在酒店部门，从小的方面反映在酒店的部位。市场部是酒店诸多部门中综合性较强的部门之一，但是这个部门在推广市场时表现出来的服务质量在很大程度上都依赖于与其他各个部门的配合。例如，前厅部办理入住手续、电话服务，餐饮部的饮食服务、财务部的清算手续、保安部的安全保卫与工程部设备的正常运转等各方面的配合。

同样，酒店为了改善某一餐厅的服务质量的工作也绝不仅仅局限于餐饮部一个部门的努力，它涉及装修改造和设备的正常运转（工程部），餐厅厨房用具的采购（供应部），员工的招聘和培训(人力资源部),市场的推广(市场部),清洁卫生工作(客房部),等等。在保证服务质量系统正常运转的过程中,任何一个因素的缺陷都可能使服务质量出现残次品,而一个好的服务质量必须是以各个子系统之间的协调为基础的。这就是在酒店业要特别提倡“团队精神”和树立“酒店是一盘棋”思想的原因。

### (四)取决于客我双方的感情融洽程度

在现实生活中,人们恐怕都有这种体会:当矛盾出现在两个平时感情基础良好的人之间时,双方比较容易取得相互的谅解。相反,同样的问题若出现在平时不很融洽的人之间,就很容易小题大做或是借题发挥。这种生活常识也同样适用于酒店和顾客之间的关系。

酒店工作的实践告诉我们,无论作出何种努力,服务质量方面的问题还是可能存在于任何时间和任何空间。所不同的是问题数量和层次。我们承认了这种客观现实,就应该积极地采取措施使出现的服务质量方面的残次品,不会在酒店和顾客之间形成严重的后果。最有效的办法,就是力争在平时就尽可能建立起良好、和谐的客我关系,使顾客能够谅解酒店工作中的一些小的失误。

### (五)把握分寸是服务质量的灵魂

酒店的服务是人对人的服务,高明的服务者并不是一味地、不分对象地表现自己的“热情”,而不考虑这种“热情”在服务对象那里会产生怎样的效果。

热情是服务的基本要求,但自然才是服务应达到的更高境界。要做到自然,就必须把握分寸。不要让顾客在接受服务的同时感到别扭;不要向顾客提供他本来并不希望和过剩的服务;也不要由于我们的服务而干扰顾客的正常活动;最好是让顾客在不知不觉中享受我们的服务。

酒店的顾客来自不同的国家,他们有着不同的文化背景和生活习惯,酒店为他们提供的服务应该充分考虑到这些不同,尽量用符合他们自身习惯的方式进行服务,不要不及,也不应过分。

酒店既是服务的场所,也应该是文化的场所。因此,酒店的服务也就有了有文化和缺少文化的区别。毫无疑问,优质服务或高职业化服务应该是一种有文化的服务。

### (六)服务质量对员工素质和积极性的依赖程度

酒店服务质量对员工素质和情绪的依赖程度是众所周知的。和其他企业比较,酒店员工呈现年纪偏轻,受教育程度偏低的特点,这也是酒店业服务质量容易波动的重要原因之一。随着酒店业竞争的日趋激烈,酒店的管理者们对于人事管理的认识也在不断深化,传统的人事管理正在向更高层次的人力资源开发过渡,具体表现在以下几个方面。

1. 培训为员工的个人发展提供了一种可能性

培训工作在整个酒店的工作中的分量日趋加重,用于培训的投入不断加大,培训工作已经不再仅仅是保证员工上岗前的必要条件,它同时也成了一种福利,即培训为员工的个人发展提供了一种可能性。

2. 员工的生活和工作条件的改善被提到空前的高度

很多酒店在改善员工的住宿、交通、就餐、淋浴、工作环境等条件方面作了巨大投入。这些举措，一方面，加大了酒店自身的吸引力，强化了在劳动力市场上的竞争能力；另一方面，也使在岗员工能够以愉悦的心情和高昂的精神投入服务工作中去。

3. 更加强调企业“以人为本”

员工的意见、呼声和切实的困难，已经可以同顾客的要求一样受到酒店领导层的重视，员工已不再仅仅作为酒店完成服务工作的手段，在某种程度上已经成为酒店工作的目的。

4. 人事管理工作的科技含量加大

首先，“人力资源”概念的诞生已经使酒店的管理人员开始用批判的眼光去审视传统的、带有被动意义的“人事管理”的概念。虽然仅仅是几个字的变化，但立足点已经完全不同。其次，各种考核、测评机制的建立，使得人员的选拔、评估的盲目性减少，科学性增加。这就为提高服务质量提供了有效的人力保障。

酒店服务质量的竞争，归根到底是劳动力素质的竞争。满意的顾客是满意的酒店的必要条件，而满意的员工则是满意的顾客的基础。

## 三、了解酒店全面质量管理

### （一）酒店全面质量管理概述

全面质量管理也就是全面的质量控制。酒店的全面质量管理是酒店全体员工和各个部门同心协力，综合运用现代管理理论、专业技术和科学方法，通过全过程的优质服务，全面满足酒店需求的管理活动。酒店全面质量管理概述包括酒店有形产品和无形服务等几个方面。

根据服务质量的基本含义，酒店产品作为服务产品，其功能质量的重要性要远远高于技术质量，即服务质量主要取决于顾客的感受和认识。当顾客觉得酒店的服务满足了他的需求甚至超过他的预期时，他会对酒店的服务质量评价较高，酒店因此会被评价为高质量的酒店；反之，如果顾客的实际感受达不到他的预期值，他对酒店服务质量的评价就会降低，甚至极端不满。可以看出，酒店服务质量主要取决于顾客的满意程度，具有极大的主观性。

同有形产品一样，酒店的服务质量也可以分为技术质量和功能质量两个方面。顾客在酒店中对酒店提供的技术质量和功能质量的感知和满足程度，通常以四个方面为基础。

1. 酒店的设施质量

酒店的设施质量是指酒店的建筑物和内部设施的规格和水平，它应与酒店的等级、规模相适应，包括酒店的服务项目的多少，设备的完好程度、舒适程度、方便程度和安全程度。

2. 酒店的实物产品质量

酒店的实物产品质量是指酒店提供的餐饮和购物品的质量，包括实物产品的花色品种多寡、质量好坏、外观颜色是否新颖和价格的合理程度等。

3. 酒店的环境质量

酒店的环境质量是指酒店所处的自然环境和人际环境的水准。自然环境包括酒店的内外部自然风景、绿化布局是否美丽幽雅、具有艺术魅力。人际环境是指酒店的服务人员、管理人员和顾客三者之间的相互人际关系是否友好、和谐。

4. 酒店的劳务质量

酒店的劳务质量是指酒店员工对顾客提供服务时表现的行为方式，它可以适应也可以超越酒店的等级规格，是酒店服务质量的本质体现，包括服务人员的气质、服务方式、服务技巧、服务效率、礼节仪表、语言风度、职业道德、团队精神等方面。

需要注意的是，设施质量和实物产品质量构成了酒店服务的技术质量，也可称为有形质量。酒店的技术质量高低是可以衡量和容易衡量的，有客观的衡量标准。例如，酒店前厅和客房的装饰、面积、家具、照明度、温度、湿度、噪声度；餐厅菜品的色、香、味、形、器程度等，都可以用十分具体、详细、量化的技术质量规定和等级标准去检验测量。技术质量是顾客感受到功能质量的前提和基础，因为它主要提供的是物质方面的感受，直接影响顾客的第一印象。劳务质量和环境质量构成了酒店服务的功能质量，也可称为无形质量。酒店功能质量的高低，虽然也有一定的客观衡量标准，但是在更大程度上依赖于顾客的主观感受，它一方面可以衡量，另一方面却常常难以衡量。诸如服务的方式、技巧、效率，服务人员的体态、仪表，可以按照星级酒店评定标准或酒店制定的服务标准、服务程序检查、衡量。然而，即使按照相同的服务标准、服务程序提供的服务，也会因为顾客的兴趣、爱好、国籍、职业、地位、年龄、家庭、收入水平、受教育程度、文化背景等多种不同因素，而产生不同的功能质量。另外，功能质量也会因为每个员工提供服务时的心理状况、情绪、观念、所处环境而随时变化。因此，功能质量的测定颇带主观色彩，常常因人、因地、因时而异。

## （二）酒店全面质量管理的基本点

第一，应以顾客的物质需求和精神需求为依据。

第二，以顾客满意为标准。

第三，以服务专业技术和各种适用的科学的方法为手段。

第四，以全员参加为保证。

第五，以最好的社会效益和经济效益为目的。

第六，以服务的实际效果、顾客的实际感受为最终评价。

总之，酒店全面质量管理的基本点，要致力于提供使顾客满意的高职业化服务。

人们喜欢借用“木桶理论”来解释实行全面质量管理的必要性，即一只由长短不一的木条拼装成的木桶，它的盛水量取决于最短的那根木条的长度。

对此，每一个人可能都有所体会。当你下榻一家酒店，享受了优质的客房服务，众多的美味佳肴，总经理的特别关照，服务员热情周到的照料时，一切都是那么美好，那么值得回味。但在离开酒店时却不小心因设施码放不当导致摔伤，带着这个十分不美好的记忆，你也许从此再也不愿回到这家酒店了。餐饮部接待一位重要来宾，经理反复检查，员工高度重视，厨房的出品好，服务员的服务也好，餐厅的环境幽雅，价格公道，只是最后结账员重复计算了一道菜的价格，引起了顾客的强烈不满，用经理自己的话来讲，叫作“前功尽弃”。顾客的摔伤和那计算错了的账单成了高高的木桶中最为短小的那根木条。避免“短木条”出现的有效措施，就是实行对酒店服务质量的全面质量管理。这种全面质量管理，简称“三全一多”，其特征将在第四章酒店质量管理体系的建立中进行详述。

# 第二节　酒店高职业化产品

## 案例 2-1

### 微笑的魅力

一家酒店，住进了一位新加坡客人。他外出时，有一位朋友来找他，要求进他房间去等候，由于客人事先没有留下话，总台服务员没有答应其要求。新加坡客人回来后十分不悦，跑到总台与服务员争执起来。公关部年轻的李小姐闻讯赶来，刚要开口解释，怒气正盛的客人就指着她鼻子尖，言辞激烈地指责起来。当时李小姐心里很清楚，在这种情况下，勉强作任何解释都是毫无意义的，反而会使客人的情绪更加激动。于是她默默无言地看着他，让他尽情地发泄，脸上则始终保持一种友好的微笑。一直等到客人平静下来，李小姐才心平气和地告诉他饭店的有关规定，并表示歉意。客人接受了李小姐的劝说。没想到后来这位新加坡客人离店前还专门找到李小姐辞行，激动地说："你的微笑征服了我，希望我有幸再来酒店时能再次见到你的微笑。"

李小姐今年 23 岁，在酒店工作三年，先后当过迎宾员、餐厅服务员、前台服务员及主管，后来当上酒店的公关小姐。她从小就爱笑，遇到开心的事就禁不住大笑，有时自己也不知道为什么会笑起来。记得刚来时在酒店与一位客人交谈，谈到高兴时竟放声大笑起来，事后她受到领导的批评教育。这使她明白了，在面对客人的服务中，笑必须根据不同的场点、场合掌握分寸，没有节制的乱笑无疑会产生不良后果。

微笑，一旦成为从事某种职业所必备的素养后，就意味着不但要付出具有实在意义的劳动，还需付出真实的情感。李小姐深深感到，微笑服务说来容易做到难。谁能保证每天心情都愉快？又有谁能保证每天上班 8 小时始终都呈现最佳状态？但是职业要求让李小姐做到了常带微笑。每当她走上工作岗位，总是让新的一天从微笑开始，在微笑服务中倾注一份真诚的情感，让微笑感染每一位客人的心灵。

上述感动外籍客人的故事便是高职业化服务的成功案例。微笑，已成为一种被各国宾客所理解的世界性欢迎语言。世界各个著名的饭店管理集团如喜来登、希尔顿、假日等有一条共有的经验，即作为一切服务程序灵魂与指导的"十把金钥匙"中最重要的一把就是微笑。美国著名的麦当劳快餐店老板曾经这样描述："笑容是最有价值的商品之一。我们的饭店不仅提供高质量的食品饮料和高水准的服务，还免费提供微笑。"当然，微笑必须以高职业化服务为基础。下面举一个反面事例。

一次，一个西欧旅游团深夜到达某酒店，由于事先联系不周，客房已满，只好委屈他们睡大厅。全团人员顿时哗然，扬言要敲开每一个房间，吵醒所有宾客，看看是否真的无房。此时，客房部经理却向他们"微笑"着耸耸肩，表示无可奈何，爱莫能助。这使宾客更为不满，认为经理的这种微笑是一种幸灾乐祸的"讥笑"，是对他们的污辱，便拍着桌子大声喝道："你再这样笑，我们就要揍你！"这使这位经理十分尴尬。后来在翻译人员的再三解释下，客人的愤怒才慢慢平息。

显然，这样的“微笑”离开了发自内心和高职业化服务，与微笑服务的本意南辕北辙。微笑服务是酒店接待服务中永恒的主题，是酒店服务时时刻刻不能放松的必修课，它包含着丰富的精神内涵和微妙的情感艺术：热忱、友谊、情义、信任、期望、诚挚、体谅、慰藉、祝福，等等。

## 一、舒适和微笑是酒店最有价值的“产品”

在这里，我们不去阐述人们普遍认为的“优质服务”。因为，对于优质服务，每家对外服务企业都有自己的理解。而这里突出的将“舒适和微笑”作为酒店业最有价值的“产品”，有别于其他服务行业普遍意义的优质服务，它是一种高职业化服务。

### （一）深刻理解酒店最有价值的“产品”

在酒店业，对于最有价值的“产品”，有的把它理解为“微笑服务”，有的理解为“周到服务”，有的认为是“宾至如归的服务”，还有的认为是“一种超值服务”，如此种种，都有其切实可取的一面。美国旅馆和汽车旅馆协会主席 WP. 费希尔认为：“优质服务是指服务人员正确预见顾客的需要和愿望，尽量提高顾客的消费价值，使其愿意与酒店保持长期关系。”这种学究式的解释只从管理者的角度出发，恐怕难以让服务员记住它、理解它。然而，希尔顿先生说：“如果我是一个旅游者，愿意住陈旧而有笑脸的饭店，不愿意住设施很好但没有笑脸的饭店。”笔者也用“酒店每平方米都要产生价值，员工的每一次高质量服务都能赢得一个回头客”来比喻酒店最有价值的“产品”。用酒店业语言表达：宾客是我们的衣食父母，宾客的需求、期望甚至满意度都包含在酒店的舒适和微笑服务之中。因此，人们常说“微笑是通往国际交流的语言”“宾客满意是对我们的最佳奖赏”，这一阐释成为国际酒店业行动的有效指南和酒店业高职业化服务的象征，对于中国酒店业来说具有借鉴意义。

一般来讲，只有酒店的实际质量高于客人的期望质量时，客人才会感到满意，只有在前者远远高于后者时，才会让客人感到非常满意，即人们常说的“惊喜的感觉”。非常满意是指酒店服务员在恰当的时机、用恰当的方式，满足了客人此时此刻处于最强烈需求点的、需求后的心理感受。只有非常满意才能使“头回客”变成“回头客”，使“回头客”变成“忠诚顾客”，并通过良好的口碑再为酒店带来新客户。

### （二）追求“舒适和微笑”的最高境界

如果简单地把“顾客就是上帝”或“顾客第一”作为最佳服务的原动力，把顾客与酒店之间的融通距离无形中拉远，就会导致服务内涵的空洞。怎样才能在短时间内使客人与酒店的情感关系迅速达到高潮呢？其实，服务不是简单的服务技巧和操作规范，而是产生于顾客在其他地方的某种“失落感”恰恰在你的酒店找回；是基于酒店深层文化底蕴的厚积薄发，以及每个员工情感的自发行为。因此，满足顾客精神方面的需求有时比物质需求更为重要，这才是酒店服务管理者追求的最高境界。

1. 发自内心的微笑

不发自内心的微笑就像插在花瓶里的花，没有了来自根的养分，终将枯萎。如果缺少对本职工作发自内心的热爱，缺乏对客人由衷的关怀，就不可能注意到客人的一举一动，也就不可能提供周到、超值、个性化的服务，那样微笑也成了"虚情"或"假意"，"宾至如归"就容易落成一句空话。

2. 舒适体现在细节关怀

舒适，集中体现为酒店的硬件产品和为客人提供服务的舒适度，不是以一些宏大、惊人、高雅的动作来取悦少数"VIP"客人，而是体现在一些让客人能从骨子里切肤感受到酒店对自己的悉心关怀和至高尊重(详见下文"细节决定成败")的细节里。包括在客房和酒店环境等硬件设施上，是否关注到顾客的需求，如床和卫生间坐便器的舒适度；大堂环境布置的舒适度和愉悦感受等。在软件服务上，体现细节关怀，如由大堂副理亲自引领每位入住的客人到房间，让客人感受到"VIP 的礼遇"；总经理给首次入住的客人发去由其亲自签名的问候卡，以表达"对客人的尊重"；服务用品均用纸、藤、竹、木等材料盛装，体现了"环保"和"健康"的主题；客房部每天向住客房派送"天气预报"卡，关爱客人的"出行安全"；在铺好的床单上添放两只枕头，以便客人"随卧而安"，享受到家的舒适与随意；餐饮注重菜品的个性化和精品化等。

3. 站在顾客角度想问题

在酒店服务中强调"客人永远是对的"，强调的是当客人对酒店的服务方式、服务内容产生误会或对酒店员工服务提出意见时，酒店员工应首先站在客人的立场上看问题，从理解客人、尽量让客人满意的角度来解决问题。另外，强调"客人总是对的"，主要是指酒店员工处理问题的态度要委婉，富有艺术性，当错误确实是在客人一方，或客人确实是对酒店员工的服务产生了误会时，酒店员工应当通过巧妙的处理，维护客人的自尊心。特别是在有其他客人在场时更要如此，不能让其他客人觉得某一位客人判断有误或是非不明。当然，如果客人出现严重越轨或违法行为，这一原则则不适用。

## 二、训练有素的员工是酒店最佳"产品"的象征

最佳国际酒店十条标准中的第一条是"最佳酒店要有一流的服务，一流的服务标准"。这里所说的"一流的服务"多指舒适和微笑，以及"训练有素的员工"通过服务过程给顾客带来的体验和感知。这样的服务有两种：一种是认真的、规范化、有程序的服务；另一种是有感情的综合服务。后者最受欢迎，其区别在于内心热情程度的不同。而提供有感情的综合服务需要员工用心并训练有素，由此得出，优良的员工会使酒店生辉，增强酒店吸引宾客的魅力，这也是国际酒店业把训练有素的员工作为"高职业化服务"和酒店最佳"产品"象征，从而使酒店步入最佳酒店行列的重要意义所在。

**案例 2-2**

### 是什么让邢先生如此不快

邢先生等一行五人来 H 酒店参加一个大型研讨会，在前台登记入住，他们被安排在 638、640 两个房间。与此同时，武先生、李先生登记入住，也是参加本次会议，但此时没有干净房间。武先生很不高兴地当着许多顾客的面在大堂接待台前对接待员大声嚷着："我几天

前就预订了房间，为什么没给我安排房间？我需要马上进房休息，下午还要开会。”接待员反复解释不通，只好把大堂经理叫来“援助”。大堂经理解释说：“对不起，我们昨天晚上客满，现在有房间，但顾客刚离开没有打扫干净，请原谅，我马上帮您协调。”大堂经理边安慰，边迅速与参加同一会议的638、640房的顾客商量，将638房先让给武先生、李先生，安排邢先生入住尚未打扫的640房间。

邢先生将行李放在640房间后外出，但先前发给邢先生的638房卡和早餐券未能及时收回，所以邢先生当晚11:00后回到酒店仍以为自己住在638房间，而几次去开门一直没有打开，直到武先生开门后，邢先生才发现此房有人。邢先生来到大堂，气愤地向大堂经理投诉：“我上午入住时就和那位先生换了房间，前台为什么不把我的钥匙换成新的？让我很没面子。”大堂经理向顾客致歉，迅速更换新钥匙，安抚顾客回到640房间休息。

上述案例表明酒店服务质量出了问题。其症结在于程序的衔接不当与没有执行复核程序。

前章所述，酒店业是以出售有形的设施和无形的服务为主要产品的特殊行业，因此在对酒店进行好、中、差的评价时，也应从它的设施及服务质量两个方面对照标准进行评价。这里所说的酒店的最佳产品是“高职业化服务”，下面将就“高职业化服务”阐述两个重点。其中，本节或后续篇章中，“顾客”“宾客”“客人”是同一个概念，都是为了适应特定语境时的表达。

### （一）细节决定成败

根据如下服务特性、酒店服务的质量特性及对其产生的结果的阐释，可以了解细节服务及成败的重要性。

1. 服务的特性

（1）无形性

无形性是指服务的抽象性和不可触知性。服务作为无形的活动，不能像实体产品那样展示在顾客的面前，既看不见，又摸不着，不易在头脑中成形，因而顾客对服务质量的评价往往取决于自己消费后所获得的满意程度，主观随意性较大。

（2）储存性

服务是“一个行动，一次表演，一项努力”。它只存在于被产出的那个时点，“生产”一旦结束，服务作为产品也就不存在了。即一旦在限定的时间内丧失服务的机会，服务便不再复返。

（3）同步性

服务的生产和消费过程在时间和空间上同时并存，具有不可分割性。顾客是参与其中的，必须在服务的过程中“消费服务”。因此，服务质量是顾客对服务过程和服务结果的总评价。

（4）异质性

异质性即可变性或波动性。即使是同一种类型的服务也会因服务人员、顾客及环境的不同而不同，难以始终如一地提供稳定、标准化的服务。由于不稳定的服务会给顾客带来不公平的感觉，因此，提高服务的稳定性是服务组织提高质量的重点，也是难点。

2. 酒店服务的质量特性

酒店服务的质量特性一般包括以下七个方面。

（1）功能性

酒店的功能就是为宾客提供生活工作或社会交际等最基本的条件。功能性包括酒店建筑设备、设施环境及各种服务项目。功能性是服务质量特性中最起码、最基本的一个方面，没有基本的服务功能，就不能称为酒店。因此，酒店设备设施的完善是实现功能性的条件。

（2）时间性

时间性对于服务工作至关重要。现实社会中，人们将时间比作金钱。酒店的服务能否在时间上满足宾客的需求，是服务质量优劣的表现。时间性这一特点强调为宾客服务要及时、准确和省时，即服务的高效率。

（3）安全性

安全是客人关注的首要问题。酒店的服务人员在为宾客服务的过程中，必须充分保证宾客的生命和财产不受威胁、危害和损失，身体和精神不受到伤害；酒店的机械设备完好运行，食品和环境干净卫生，这些都是服务质量中有关安全性的重要方面。

（4）经济性

经济性是指宾客入住酒店之后，其费用开支与所得到的服务是否等值，价与值是否相符。酒店服务的价值标准是用尽可能低的支出为客人提供高质量的服务。

（5）舒适性

宾客住进酒店，其各种设施要适应客人的生活要求和习惯。舒适性包括适用、舒服、方便、整洁、美观和有序，是环境、设施的适宜性。

（6）文明性

文明性属于精神需求。在酒店，宾客一般都希望在自由、亲切、尊重、友好、理解的气氛和良好的人际关系中，享受精神文明的温馨。文明性是服务质量特性中一个极其重要的方面，它充分体现了服务工作的特色。科学、环保、文化是文明性的集中体现。

（7）魅力特性

酒店的魅力和必须特性，主要体现在其豪华、独特及主题性上。豪华酒店不仅要有时代感，还需要用艺术来点亮酒店的魅力，更需要用员工的精致服务展示酒店的魅力。主题酒店也称为特色酒店，是以某一特定的主题，以及特定的文化氛围来体现酒店的建筑风格和装饰艺术，让顾客获得富有个性的文化感受。同时将服务项目融入主题，以个性化的服务取代一般化的服务，让顾客获得快乐、知识和刺激。从中不难看出，酒店不再是单纯的住宿、餐饮设施，而是内涵丰富、意味深远的乐园；客户不再是为产品和服务付账，而是为自己的愉快买单。历史、文化、城市、自然，以及地域故事等，都可成为酒店借以发挥的主题。

3. 酒店服务直接产生的结果

在酒店业，其服务就是为了满足顾客的需要，酒店和顾客之间接触的活动，以及酒店内部活动所产生的结果，就是服务直接产生的结果。

（1）在酒店与顾客的接触中，酒店或顾客可表现为人员或设备。从酒店方面，可以是前厅或餐饮服务员，也可以是网络平台等。从顾客方面，可以是顾客本人，也可以是顾客的行李、物品、汽车等。

(2) 在酒店与顾客的接触中,顾客的活动对于服务的提供是必不可少的。如顾客的预订活动、与顾客有关的协调活动等。

(3) 有形产品的提供或使用可构成服务提供的一个部分,如会议设施、康乐设施等。

(4) 服务可与有形产品的制造和提供相联系。

在酒店业,服务是伴随着酒店与顾客之间的接触而产生的无形产品。服务可以是对属于顾客的有形或无形的产品所施加的活动,如有形产品(酒店餐饮部提供的食品等的饮食)或无形产品(适宜的温度、清洁或安全)的提供;还可以是某种气氛或感觉的创造(优美的钢琴演奏、背景音乐、文化氛围)。

4. 酒店服务的特征

(1) 服务的对象是具有感情色彩的人,人们的需要和期望是多样的。

(2) 服务通常是无形的,顾客在接受服务之前不可能对服务的质量和服务的价值做出精确的判断和评价。

(3) 服务通常是"不可贮存的",服务的提供和消费通常是同时进行的。

(4) 服务通常是"一次性的",如果服务发生了问题或事故,不可能通过重复来消除已发生的问题或事故,只能做某种补偿。

(5) 服务通常是"不可预测的",顾客的出现一般是随机的,酒店难以预先知道将发生什么情况。

(6) 服务的质量更依赖于服务者的素质。

(7) 由于顾客的经历、背景、性别、文化程度等的不同,顾客对服务的评价常会带有个人色彩。

### (二) 酒店的"素质"决定输赢

顾客选择一个酒店,多是从"综合素质"去考虑的,是对环境、氛围、服务等各方面的一个综合考评。在这里,我们也可以把"素质"提升到"品质"高度来认识。"品质"可理解为"品位"与"质量"的结合,较之质量,它更能体现酒店的灵魂和服务的整体水平。酒店应努力为顾客营造出"物超所值"的消费观,让他们不仅消费到服务,还能消费到尊崇、关爱、荣耀等"附加值"。当今时代,顾客选择酒店,更看重酒店的品质。

为此,酒店的"素质"即酒店产品质量,其有形设施要方便、舒适、安全;无形服务要友好、好客、相助。酒店的"素质"决定其输赢。以下将着重介绍酒店无形服务在"综合素质"中的作用和地位,进而认识酒店的"素质"决定输赢的意义。

酒店无形服务质量是顾客可以体验和感知到的,并反映在酒店对客服务的效果上。通常表现为五个特性:有形性、可靠性、响应性、保证性和移情性。SERVQUAL 量表(表 2-1)表现了这五个特性的具体内容。

**表 2-1 SERVQUAL 量表**

| 要素 | 组成项目 |
|---|---|
| 有形性 | 1. 有现代化的服务设施<br>2. 服务设施具有吸引力<br>3. 员工有整洁的服装和外表<br>4. 企业的设施与他们所提供的服务相匹配 |

续表

| 要　素 | 组成项目 |
|---|---|
| 可靠性 | 5. 企业对顾客所承诺的事情都能及时地完成<br>6. 顾客遇到困难时，能对顾客表现出关心并提供帮助<br>7. 企业是可靠的<br>8. 能准时地提供所承诺的服务<br>9. 正确记录相关的服务 |
| 响应性 | 10. 不能指望他们告诉顾客提供服务的准确时间※<br>11. 期望他们提供及时是不现实的※<br>12. 员工并不总是愿意帮助顾客※<br>13. 员工因为太忙以至于无法立即提供服务，满足顾客的需求※ |
| 保证性 | 14. 员工是值得信赖的<br>15. 在从事交易中能使顾客放心<br>16. 员工是有礼貌的<br>17. 员工可从企业得到适当的支持，以提供更好的服务 |
| 移情性 | 18. 企业不会针对不同的顾客提供个别的服务※<br>19. 员工不会给予顾客个别的关怀※<br>20. 不能期望员工会了解顾客的需求※<br>21. 企业没有优先考虑顾客的利益※<br>22. 企业提供的服务时间不能符合所有顾客的需求※ |

注：1. 问卷采用 7 分制，7 表示完全同意，1 表示完全不同意，中间分数表示不同的程度。问卷中的问题随机排列。
2. ※表示对这些问题的评分是反向的，在数据分析前应转为正向得分。

## 第三节　全面质量管理的成功范例——里兹·卡尔顿饭店公司

里兹·卡尔顿饭店公司是在世界各地开发和经营豪华饭店的一家管理公司。这个公司于 1983 年成立，当时美国 W. B. 约翰逊物业公司买下了波士顿里兹·卡尔顿饭店和里兹·卡尔顿饭店商标在美国的独家拥有权。如今这家公司经营着北美、中美、欧洲、亚洲和澳大利亚的 30 多家饭店和度假地。

质量管理始于公司总裁、首席经营执行官与其他 13 位高级经理，他们组成了公司的指导委员会和高级质量管理小组。他们每周会晤一次，审核产品和服务的质量措施、宾客满意情况、市场增长率和发展、组织指标、利润和竞争情况等。每位经理要将其四分之一的时间用于与质量管理有关的事务。具体来说，公司遵循下列五条指导方针、黄金标准。

### 一、里兹·卡尔顿公司全面质量管理的指导方针

里兹·卡尔顿饭店公司全面质量管理的指导方针（five tenets of total quality management)包括以下五个方面。

### (一) 对质量承担责任

对质量承担责任(commitment to quality),即把质量放在第一位,要求由一种公司文化来支持这一理念,只有公司最高领导层能培育这种文化。因此,全面质量管理的第一步是要求最高领导层承担质量管理的责任、培育重视质量的文化,特别是公司的总裁、首席执行官。

### (二) 关注顾客的满意度

关注顾客的满意度(focus on customer satisfaction),由于顾客关心质量,因此每一家公司必须建立它的质量标准。成功的全面质量管理公司必须十分清楚地知道它们的顾客到底需要什么,始终满足并超越顾客的需要与期望。

### (三) 评估组织的文化

评估组织的文化(assess organizational culture),从公司各层人员中选出一组人来考察公司的文化行为,集中于评估公司文化与全面质量管理文化的相适合性。这一评估可能需要花几个月的时间来完成,结果将帮助管理层强化公司的优势,克服公司的弱点,确定解决问题的先后顺序。

### (四) 授权给员工和小组

虽然质量管理是由上层管理者领导的,但实际工作却是以自下而上的方式进行的。所以应授予员工和小组(empower employees and teams)让他们有解决宾客问题的权力,并培训他们能有效地使用好他们的权力,这可能会涉及重新设计一些工作岗位的要求及管理惯例和政策,以激励员工有效地解决宾客的问题。

### (五) 衡量质量管理的成就

衡量质量管理的业绩与成就(measure quality efforts),是全面质量管理方法中特别要求的一点。这样,就要求建立质量衡量标准,建立信息搜集与分析制度,以便于及时发现问题与解决问题。但要注意,全面质量管理主要依靠的是理性的思考和问题的解决,而不是复杂的统计和其他衡量技术。

## 二、里兹·卡尔顿饭店公司全面质量管理最重要的黄金标准

里兹·卡尔顿饭店公司已经将宾客对产品和服务的要求转变成该公司服务的最重要的黄金标准(The Ritz—Carlton“Gold Standards”),它包括信条、格言、三步服务程序和19条基本准则。这些最重要的黄金标准介绍如下。

### (一) 里兹·卡尔顿饭店的信条(The Ritz—Carlton Credo)

里兹·卡尔顿饭店的信条:对里兹·卡尔顿饭店的全体员工来说,使宾客感受到真实的关怀和舒适是最高的使命。我们保证为宾客提供最好的服务和设施,使他们始终处于有热

情、轻松和优美的环境与气氛中。他们在里兹·卡尔顿饭店的经历将充满愉快和幸福，我们甚至要使宾客未表达的愿望和需要都得到满足。

### （二）里兹·卡尔顿饭店的格言（The Ritz—Carlton Motto）

“我们是为女士和先生提供服务的女士和先生。”（We are ladies and gentlemen serving ladies and gentlemen.）实施互助合作的团队和侧面服务即员工与员工互相联系沟通，创造出一种积极的工作环境。

### （三）三步服务程序（Threes Steps of Service）

（1）热情和真诚地问候宾客，如果可能的话，做到使用宾客的名字问候宾客。

（2）预期和满足宾客的需要。

（3）亲切地送别，热情地说再见，如果可能的话，做到使用宾客的名字向宾客道别。

### （四）里兹·卡尔顿饭店的基本准则（The Ritz—Carlton“Basics”）

（1）要做到使每一位员工都知道、认同和履行饭店的信条。

（2）全体员工都应该遵循三步服务程序。

（3）所有员工都要成功地完成培训证书课程，以保证他们懂得如何在自己的岗位上履行里兹·卡尔顿饭店的标准。

（4）每一位员工都要掌握制订在每一份战略计划里的有关他们的工作范围和饭店目标。

（5）所有的员工都要知道他们的内部宾客——同事，和外部宾客——顾客的需要。这样就可以保证按照他们的期望来提供产品和服务。并要注意使用宾客所喜欢的便笺来记录宾客的需要。

（6）每一位员工都要不断地认识整个饭店存在的缺点，这些缺点可以称为“比佛先生”（Mr. BIV），即错误（mistakes）、重复做的工作（rework）、损坏（breakdowns）、无效率（inefficiencies）和差距（variations）。

（7）任何员工接到顾客投诉以后应该接受投诉并进行处理。

（8）全体员工要保证使投诉的宾客立即得到安抚。要快速行动，立即纠正问题，并要在处理好问题以后的20分钟内再打一个电话向宾客核实一下问题是否已经解决，并达到使宾客满意的程度。要做一切你可能做的事。“绝不要失去顾客。”（Do everything you possibly can never to lose a guest.）

（9）要用宾客问题一览表（Guest—Incident Action Forms）来记录和处理宾客不满意的每一件小事。“每一位员工被授权去解决和防止问题的重复发生。”（Every employee is to resolve the problem and to prevent a repeat occurence.）

（10）遵循清洁卫生标准是每一位员工的责任。

（11）“要微笑，因为我们是在舞台上表演。”（Smile，We are on stage.）要使用适当的语言与宾客沟通。例如使用下列语言：“早晨好”（Good Morning），“行”（Certainly），“我高兴这样做”（I am be happy to）和“我乐意这样做”（my pleasure）。

（12）在工作场所内外，每一位员工都要成为自己饭店的大使，始终说积极的话语，不应有消极的评论。(Always talk positively. No negative comments.)

(13) 要陪同顾客到饭店的一个区域去,而不是仅指明到那个区域去的方向。

(14) 每一位员工都要掌握并能回答顾客询问的有关饭店的信息,如不同设施的经营时间等。要始终先介绍饭店内的零售、食品和饮料设施,然后介绍饭店外的有关设施。

(15) 接听电话时要注意礼节,要做到铃响三下应答,并伴随着微笑。在需要时,要对打电话者说:“请您拿着电话等一会好吗?”不要筛选电话,在可能的情况下要尽量接通电话。

(16) 制服要干净整洁、没有污点,要穿合适、干净、擦亮、安全的鞋子,佩戴好自己的名牌。要以自己的容貌为骄傲,遵循所有的修饰标准。

(17) 每一位员工都要十分清楚在紧急情况下自己的角色作用,知道在火灾等危险情况下的反应程序。

(18) 当发现存在危险情况或设备受到损坏,需要各种帮助时,应该及时通知主管。要注意节约能源,维护、保养好饭店的财产、设备。

(19) 保护好里兹·卡尔顿饭店的财产是每一位员工的职责。

## 三、为确保高质量服务所采取的措施

为了提供良好的服务,里兹·卡尔顿饭店制定了一个挑选录用与培训员工的程序,以保证所录用的员工符合饭店的要求。

### (一) 挑选录用与培训员工

员工被挑选录用后,将参加两天的新员工的入店教育,熟悉公司的文化,然后参加内容广泛的岗位培训,合格者将被授予工作岗位证书。另外,里兹·卡尔顿的价值观将通过每天的工作总结评价不断得到强化。饭店也经常对工作杰出者进行表彰,评估表彰的依据是在入店教育、岗位培训和工作岗位证书上所说明的工作要求与标准。

### (二) 帮助员工以最快速度解决顾客问题

为了确保宾客的问题能迅速得到解决,饭店要求员工一发现问题就要进行处理,而不管问题或投诉是什么类型。所有员工都被授权立即采取使宾客得到安抚的行动。并且饭店规定,不管一个员工的正常工作责任是什么,如果其他员工在处理宾客投诉或对宾客要求做出反应时要求他给予帮助,他必须给予帮助。

确保高质量的服务与膳宿设施主要依赖于每一位员工。里兹·卡尔顿饭店每年都要调查了解员工理解与符合工作质量标准的情况。饭店要确保每一员工都认识到:为宾客提供杰出的服务是最先要做的事。在1991年举行的一次对员工的调查中发现,99%的员工都认识到了这一点,虽然在过去的三年里已经增加了3 000名新员工。

### (三) 详细的计划管理

在饭店公司的每一层里,从公司领导人到饭店经理到每一位员工,在每一个工作领域里都制订了质量管理的目标和行动计划,这些目标和行动计划都将经过公司指导委员会的审核。另外,在每一家饭店里都指定了一位质量领导人作为饭店质量管理的最终策划人与领导者。为了进一步培养员工的参与性与责任性,每一个工作领域都有三个小组负责制订管理计划,每一个工作岗位都有相应的质量标准和解决质量问题的方法。

制订详细的质量管理计划和每一位经理都参与质量管理的好处在新饭店开业时特别明显。为了保证新饭店开业时的质量完美无缺,里兹·卡尔顿饭店公司往往会制订一个“七天倒计时的管理计划”来协调所有的准备工作。其中,公司总裁和其他高级经理亲自在两天的入店教育课程里教授新员工有关最重要的黄金标准和质量管理方法,并从公司的其他饭店特别选出管理者组成开业小组来负责新饭店的开业工作。

### (四)质量资料

每天的质量情况报告,来自一家饭店720个工作区域所提交的质量资料(Quality Data)。这一报告提供了认识质量问题的早期预警系统。饭店还有季度性的质量总结。饭店将上述资料结合起来,与事先掌握的顾客的期望进行比较来改进服务。通常用一些比率指标来进行分析。例如,不排队办理住店手续顾客的百分比。

从自动化的建筑物、安全系统到计算机化的预定系统,里兹·卡尔顿饭店使用先进技术更好地为宾客服务。例如,每一台计算机里的宾客历史表都记录了24万名重复来饭店居住顾客的需求爱好情况,使饭店能为顾客提供更加个性化的服务。

以上这些质量管理的成果(quality results)和其他以顾客为中心的措施,不仅是为了满足顾客的需要,而且是为了让顾客享有难以忘怀的经历。据一家独立的研究企业对里兹·卡尔顿饭店的调查资料显示,92%～97%的顾客都对里兹·卡尔顿饭店留下了深刻的印象。而且里兹·卡尔顿饭店在1991年一年里,就获得了来自旅行行业的121项质量奖。

## 四、全面质量管理的成功秘诀

帕特里克·梅恩(Patrick Mene)是里兹·卡尔顿饭店公司的质量总监,负责推广和协调公司的全面质量管理工作。

帕特里克·梅恩曾经加入过凯悦饭店(Hyatt Hotels)、威斯汀国际饭店(Westin International)和奥姆尼饭店(Omni Hotels)。他拥有饭店管理方面的全面知识,包括经营、餐饮、管理培训。按照梅恩先生的观点,里兹·卡尔顿饭店全面质量管理成功的秘诀在于:授权、互相合作工作、反馈、供应商也参加全面质量管理工作、人力资源和考核。

全面质量管理的成功秘诀之一,就是授予每一位员工及时解决宾客的问题的权力。梅恩解释说:“我们希望服务员当场立即解决顾客的问题,而不是让问题留到以后让营销总监来解决。我们认为存在一个‘1—10—100’的法则。其含义是:你今天纠正错误可能只需要花费1美元;留到明天去纠正就要花费10美元;如果留到以后去解决就要花费100美元。”

全面质量管理的成功秘诀之二,就是互相合作地进行工作。梅恩说:“我们在每一层都设立质量管理小组来共同发现问题和解决问题,并制定防止它们再次发生的措施。每一个成员都承担责任,管理者像教练员,培训每一个成员掌握如何进行工作的方法。我们甚至将不同部门的人放在一个质量管理小组里,讨论如何改进整个饭店的质量管理工作,以培养大家的互助合作精神。”

全面质量管理的成功秘诀之三,就是要及时反馈质量信息,进行改进。梅恩说:“到1996

年，我们要大大减少循环时间，这是指认识宾客需要到满足这种需要间隔的时间。要实现使宾客成为100%的回头客目标。”

值得注意的是，里兹·卡尔顿饭店不直接以客房出租率这一传统的目标为经营目标，而是以建立最有效率的制度使宾客满意为目标。梅恩先生认为，里兹·卡尔顿饭店公司的逻辑是：高质量的服务与设施，必然会产生良好的财务成果。虽然公司不知道这样做是否会保证获得最高的平均房价和出租率。

全面质量管理的成功秘诀之四，就是要求供应商也加入全面质量管理的行列。里兹·卡尔顿饭店公司对供应商发放证书，只有最能满足公司质量改进需要的供应商才能获得证书。对供应商的考察由采购者、会计员、宾客共同进行，涉及100个问题。

全面质量管理的成功秘诀之五，就是人力资源。梅恩强调人力资源管理人员与经营业务管理人员要融为一体，共同对员工的挑选录用、入店教育、岗位培训和考核评价及发放证书负责。

全面质量的成功秘诀之六，就是考核。梅恩说：“我们要求人们对他们所能控制的事情负责，并依据最重要的黄金标准进行评价。一旦员工被授予了培训合格证书，我们就采用重新确认员工合格证书的方式进行考核，这样就使培训成为一种与认证相结合的持续的过程，培养员工不断进取和完善的精神。”

里兹·卡尔顿饭店公司在质量方面的努力目标是：永远不失去一个顾客。

## 思考题

1. 如何理解酒店服务质量管理的概念、内涵和特点？
2. 酒店全面质量管理的理念和基本点有哪些？
3. 怎样理解酒店高职业化产品和优质服务？
4. 从全面质量管理的成功案例中可以得到哪些启发？

# 第三章 ISO 9000 族标准与六西格玛管理文化的导入

ISO 9000 系列国际质量管理标准(简称 ISO 9000 族标准或 ISO 系列标准)与六西格玛管理法(简称六西格玛,或 6σ,或六西格玛法)是当代组织管理中较为前沿的管理方法。ISO 9000 族标准为组织的质量管理工作提供了一个基础形态,而六西格玛给组织的质量管理工作带来了一个新的垂直的方法体系。两者都为追求质量管理、提升组织竞争力的国家和企业提供了有益的方法和经验。同时,受到认识和适用性等方面的限制,业内和企业对它们的看法和实践也不尽相同。为此,本章将从 ISO 9000 标准与六西格玛法的缘起、发展,以及在酒店业实施的优势与局限等方面进行阐述,供学习者和应用者参考。

## 第一节 ISO 9000 系列国际质量管理标准问世

质量管理的产生和发展经历了漫长的过程,可以说是源远流长。随着社会生产力的发展,科学技术和社会文明的进步,质量的含义也不断丰富和扩展。1987 年版的 ISO 9000 系列标准,很大程度上基于 BS 5750(英国根据本国工业发展的需要,参照 AQAP-1NATO 和英国国防标准,在 1979 年制定和发布了一套 BS 5750 英国国家质量保证标准)。由此,质量管理与质量保证开始在世界范围内对经济和贸易活动产生影响。1994 年,朱兰提出:“即将到来的世纪是质量的世纪。”ISO 9000 系列标准根据与商业环境相适应及不断完善的需要,从 1987 版 ISO 9000 标准到 2015 版 ISO 9001 标准,标准更加完善。现今,已为世界绝大多数国家所采用。第三方质量认证普遍开展,有力地促进了质量管理的普及和管理水平的提高。国际认证质量体系的概念进入中国,国内一些企业开始认识 ISO 9000 族标准。

## 一、ISO 9000 族标准的产生和发展

### （一）质量管理体系标准产生的背景

产品质量的提高，有赖于科学技术的发展和质量管理水平的不断提高。而质量管理的发展是伴随着整个社会生产发展的客观需要而发展的，它与科学技术的进步、经济和管理科学的发展紧密相关。从近、现代质量管理的发展历史来看，国际上大体经历了质量检验、统计质量控制、全面质量管理三个阶段，在质量管理方面，积累了比较丰富的实践经验，形成了比较完善的理论，为质量管理的标准化创造了条件。随着质量管理的发展及市场竞争的日趋激烈，顾客对质量的期望越来越高，并关注供方能否有令人信服的质量保证能力来持续、稳定地提供其需求的产品，这就引发了产品质量认证和质量管理体系的评价。质量管理体系的评价需要以供需双方和第三方共同认证的标准为依据，由此促进了国际的或地区的质量管理体系标准的产生。

### （二）标准化组织及标准的形成

国际标准化组织（International Organization for Standardization，ISO）是标准化领域中的一个国际性非政府组织。ISO 来源于希腊语“ISOS”，即“EQUAL”，意为“平等”之意。ISO 成立于 1947 年，是全球最大、最权威的国际标准化组织，每年一次的全体大会是 ISO 最高权力机构，理事会是 ISO 重要决策机构，其日常办事机构是中央秘书处，设在瑞士日内瓦。ISO 现有 165 个成员（包括国家和地区），中国 1978 年加入 ISO，此后为 ISO 常任理事国，代表中国参加 ISO 的国家机构是中国国家标准化管理委员会（目前由国家市场监督管理总局管理）。ISO 组织的目的和宗旨是：在全世界范围内促进标准化工作的开展，以便于国际物资交流和服务，并扩大在知识、科学、技术和经济方面的合作。其主要活动是制定国际标准，协调世界范围的标准化工作，组织各成员国和技术委员会进行情报交流，与其他国际组织进行交流，共同研究有关标准化问题。

1979 年，ISO 成立了质量管理和质量保证技术委员会（简称 ISO/TC 176），负责制定质量管理和质量保证方面的国际标准。1986 年，ISO 发布了第一个质量管理体系标准：ISO 8402《质量管理和质量保证——术语》。1987 年，ISO 相继发布了 ISO 9000《质量管理和质量保证标准——选择和使用指南》、ISO 9001《质量体系——设计、开发、生产、安装和服务的质量保证模式》、ISO 9002《质量体系——生产和安装的质量保证模式》、ISO 9003《质量体系——最终检验和试验的质量保证模式》，以及 ISO 9004《质量管理和质量体系要素——指南》。这些标准通称为 1987 版 ISO 9000 系列标准。

ISO 9000 系列标准的颁布，得到了世界各国的普遍关注和广泛采用，促使各国的质量管理和质量保证活动统一在 ISO 9000 族标准的基础之上。其系列标准总结了工业发达国家先进企业的质量管理的实践经验，统一了与质量管理和质量保证有关的术语和概念，有助于推动组织的质量管理的国际化，在消除贸易壁垒、提高产品质量和顾客满意程度等方面产生了积极和深远的影响。

### （三）标准的修订和发展

在 1987 年版 ISO 9000 系列标准制定的时期，世界各国的经济发展中占主导地位的是制造行业。因此，该版标准突出地体现了制造业的特点，这为标准的广泛适用带来了一定的局限。然而，随着全球经济一体化进程的加快、国际市场的进一步放开、市场竞争的日趋激烈，世界各国及各类组织都在加强科学管理，努力提高组织的竞争力。这就需要标准能够满足各种类型使用者的需要，要求标准的结构和内容具有更加广泛的通用性，能够适用于各种类型的产品和规模的组织。

为此，ISO/TC 176 于 1990 年决定对 1987 年版的 ISO 9000 系列标准进行修订，分为两个阶段进行。第一阶段在标准结构上不作大的变动，仅对标准的内容进行小范围的修改，由 ISO 在 1994 年发布，包括 ISO 8402、ISO 9000-1、ISO 9001、ISO 9002、ISO 9003 和 ISO 9004-1 等共 16 项国际标准，统称为 1994 年版 ISO 9000 族标准。

ISO/TC 176 在完成对标准的第一阶段的修订工作后，随即启动标准修订战略的第二阶段工作，对标准进行了大规模的修改，于 2000 年 12 月 15 日由 ISO 正式发布了 2000 版 ISO 9000 族标准。从 2005 年起，ISO 相继组织对 ISO 9000、ISO 9001、ISO 9004 标准进行了修订，在 2008 年 11 月 15 日正式发布了 2008 版 ISO 9001 标准。

国际标准化组织致力于国际标准的建立和不断完善的工作原则，根据其有关原则，所有标准都需要定期修订（一般为 5～8 年）以确保标准内容与思路的及时更新能及时反映和充分体现被广泛接受的质量管理实践的科学成果与思想，满足世界范围内标准使用者的需要。2012 年 6 月拟定了新版 ISO 9001 标准的修订目标和设计规范。在设计规范中，其规定的关键目标如下。

（1）为未来 10 年左右的时间提供一系列稳定的核心要求。

（2）把当前的关注焦点继续保持在有效的过程管理上，以期带来希望的结果。

（3）考虑自上次重大修订（2000 年）以来 QMS 实践和技术的变化。

（4）应用 ISO/IEC 导则——第一部分——ISO 增刊附件 SL（以下简称附件 SL），提高与其他 ISO 管理体系标准的兼容和统一。

（5）促进有效的组织实施和有效的第一方、第二方和第三方合格评定。

（6）简化了语言和写作风格，有助于对要求的理解和解释的一致性。

### （四）2015 版 ISO 9001 标准修订的主要变化

根据修订目标，历经 CD、DIS、FDIS 各阶段，ISO 9001：2015 版标准于 2015 年 9 月 23 日发布，较前各版标准的主要变化如下。

1. 完全按照附件 SL 的格式重新进行了编排

附件 SL 是 ISO 联合技术协调小组出具的一个有关管理体系标准的附件，提供了怎样编写管理体系标准的细节，为新的 ISO 系列标准制定和原有标准的修订提供了一个统一的结构和模式，同时也提供了一个统一的文本，目的是方便使用者实施多个 ISO 管理体系标准。但这并不意味组织要调整自己质量管理体系文件的编排格式，新版 ISO 9001 的引言和附件 SL 均说明不要求组织按此结构编写自己的文件。

2. 用“产品和服务”替代了2008版中的“产品”

在2008版标准中,每当提到产品时,实际上也隐含了服务。但是,有许多服务业的组织还没能真正理解,特别是谈到监视、测量时,人们立刻就会想到有形产品,而没有想到无形的服务。在2015版标准中,“产品和服务”已经是两个定义,但在多数场合下,“产品和服务”通常一起使用。由组织向顾客提供的或外部供方提供的大多数输出包括产品和服务两方面。例如有形和无形产品,可能涉及相关的服务,而服务也可能涉及相关的有形或无形产品。

3. 用“外部提供的过程、产品和服务”替代2008版中的“采购”,包括外包过程

在2008版标准中,条款4.1体现了“外包过程”,条款7.4是关于“采购”的。2015版标准统一为“外部提供的过程、产品和服务”,并明确采用统一的要素实施控制,总的目的就是确保对这些外部可提供的过程、产品和服务加以控制,达到所需要的结果。

4. 用“成文信息”替代了“文件化的程序和记录”

在2008版标准中使用的特定术语,如“文件”“形成文件的程序”“质量手册”或“质量计划”等,在2015版中表述的要求为“保持成文信息”。在2008版标准中使用“记录”这一术语表示提供符合要求的证据所需要的文件,现在表述的要求为“保留成文信息”。组织有责任确定需要保留的成文信息及其存储时间和所用载体。

5. 新增加“理解组织及其环境”条款

每一个组织都是不一样的。在设计质量管理体系时,每个组织都要考虑外部的和内部的因素,以及这些因素是否对组织要实现的目标和结果有帮助。这些外部的因素可以包括社会因素、经济因素、政治因素、气候因素,以及关于新技术的可获取性。内部的因素包括如所有权的结构、管理的结构等。组织和组织之间有很大的不同,组织所处的环境是其建立质量管理体系的出发点。

6. 强调“基于风险的思维”这一核心概念

在2015版标准中,识别风险并采取相应措施来减缓风险、降低风险或者消除风险的思想,贯穿整个标准中。以前的版本隐含了基于风险的思维的概念,如有关策划、评审和改进的要求。2015版标准去掉了“预防措施”这个术语和条款要求。但是这个概念不仅依然存在,而且通过应对“风险”得到了加强。由于使用了基于风险的思维,因而在一定程度上减少了规定性要求,并以基于绩效的要求替代,在过程、成文信息和组织职责方面的要求比2008版标准具有更强的灵活性。

7. 新增加“组织的知识”条款

组织的知识是组织特有的知识,通常从其经验中获得,是为了实现组织目标所使用和共享的信息。为应对不断变化的需求和发展趋势,组织应审视现有的知识,确定如何获取更多有必要的知识和知识更新。这是一个特别重要的要求,对转型升级时期的我国企业具有十分重要的意义。

## 二、ISO族标准简介

ISO 9000:2015标准附录B《ISO/TC 176质量管理质量保证技术委员会制定的其他质

量管理和质量管理体系标准》,介绍了与 ISO 9000 相关的标准,旨在为应用 ISO 9000 标准的组织提供支持信息,并为组织选择追求超越其要求的目标提供指南。

### (一) ISO 9000族的主要标准

1. ISO 9000:2015《质量管理体系——基础和术语》

(1) 标准为质量管理体系提供了基本概念、原则和术语,为质量管理体系的其他标准奠定了基础。该标准旨在帮助使用者理解质量管理的基本概念、原则和术语,以便能够有效和高效地实施质量管理体系,并实现质量管理体系标准的价值。

(2) 标准包含七项质量管理原则。针对每一项质量管理原则,通过"概述"介绍每一个原则,通过"理论依据"解释组织应该重视它的原因,通过"主要益处"说明应用这一原则的好处,通过"可开展的活动"给出组织应用这一原则能够采取的措施。

(3) 标准给出了138个术语,分为13个部分,并用较通俗的语言阐明了质量管理领域所用术语的概念。在资料性的附录中,用概念图表达了每一部分概念中各术语的相互关系,帮助使用者形象地理解相关术语之间的关系,系统地掌握其内涵。

2. ISO 9001:2015《质量管理体系——要求》

(1) 标准规定了对质量管理体系的要求,供组织需要证实其具有持续地提供满足顾客要求和适用法律法规要求的产品和服务的能力时应用。组织可通过体系的有效应用,增强顾客满意度。

(2) 该标准规定的所有要求是通用的,适用于各种类型、不同规模和提供不同产品和服务的组织。如果组织确定标准的某些要求不适用于其质量管理体系范围,应说明理由。除非组织所确定的不适用于其质量管理体系的标准要求不影响组织确保其产品和服务合格及增强顾客满意的能力和责任,否则不能声称符合本标准要求。

3. ISO 9004:2009《追求组织的持续成功——质量管理方法》

(1) 该标准通过质量管理的途径,帮助所有复杂、严格,以及不断变化的环境下的组织取得持续成功的成就。一个组织能否获得持续成功,依赖于组织是否有能力长期和均衡地满足顾客和其他相关方的要求和期望。组织通过对环境意识的改进和/或创新的学习和运用,实现组织的有效管理,从而获得持续成功。

(2) 该标准提倡自我评定,把自我评定作为评审组织成熟度的一项重要工作。它包括领导、战略、管理体系、资源及过程几个方面,从而识别组织的优势和劣势,以及任何可以改进和创新的机会。

(3) 该标准所规定的质量管理要求要比 ISO 9001 更宽泛:不仅满足了所有相关方的需求和期望,还为组织进行系统的、持续的绩效改进提供了指南。它与 ISO 9001 是协调一致的,并与其他的管理体系相容。

4. ISO 19011:2011《管理体系审核指南》

(1) 该标准提供了管理体系审核的指南,包括审核原则、审核方案的管理和管理体系审核的实施,也提供了参与管理体系审核过程人员的个人能力评价指南,这些人员包括审核方案管理人员、审核员和审核组。它适用于需要实施管理体系内部审核、外部审核或需要管理审核方案的所有组织。

（2）该标准采用的方法适用于两个或更多的不同领域的管理体系共同审核（称为“结合审核”）的场合。当这些管理体系整合为一个管理体系时，审核原则和过程与结合审核相同。

上述四个 ISO 9000 族的主要标准是一个完整的整体，在附录 B 中明确前三个为核心标准，它们的关系是：以 ISO 9000 的理论为基础；按照 ISO 9001 的要求建立质量管理体系；参照 ISO 9004 的方法持续改进体系的业绩；运用 ISO 19011 审核标准，促进体系的保持和改进。

### （二）ISO 9000 族的其他相关标准

在组织实施或寻求改进其质量管理体系、过程或相关活动的过程中，以下简要介绍的标准（ISO 10000 系列）可以为其提供帮助。

（1）ISO 10001《质量管理——顾客满意：组织行为规范指南》，为组织确定其在满足顾客需求和期望方面的满意程度提供指南。实施该标准可以增强顾客对组织的信心，使组织对顾客的预期更加准确，从而降低被误解和投诉的可能性。

（2）ISO 10002《质量管理——顾客满意：组织处理投诉指南》，通过确认和理解投诉方的需求和期望，并解决所接到的投诉，为组织提供有关投诉处理过程的指南。该标准提供了包括人员培训的开放、有效并易于使用的投诉过程，并且也为小企业提供了指南。

（3）ISO 10003《质量管理——顾客满意：组织外部争议解决指南》，为组织有效和高效地解决有关产品投诉的外部争议提供指南。当投诉不能在组织内部解决时，争议解决是一种补偿途径。大多数投诉没有冲突的过程，可以在组织内部成功解决。

（4）ISO 10004《质量管理——顾客满意：监视和测量指南》，为组织采取增强顾客满意的措施，并识别顾客所关注的产品、过程和属性的改进机会提供指南。这些措施能够增强顾客忠诚，避免顾客流失。

（5）ISO 10005《质量管理体系——质量计划指南》，为组织制订和实施质量计划，满足相关过程、产品、项目或合同要求，形成支持产品实现的工作方法和实践提供指南。制订质量计划的益处在于能使相关人员增加可以满足质量要求并有效控制相应过程的信心，推动其积极参与。

（6）ISO 10006《质量管理体系——项目质量管理指南》，可适用于从小到大、从简单到复杂、从单独的项目到项目组合中组成部分的各种项目，既可供项目管理人员使用，也可供需要确保其组织应用 ISO 质量管理体系相关标准所含实践的人员使用。

（7）ISO 10007《质量管理体系——技术状态管理指南》，帮助组织在整个寿命周期内对产品的技术和行政状态应用技术状态管理。技术状态管理可用于满足本标准规定的产品标识和可追溯要求。

（8）ISO 10008《质量管理-顾客满意——企业-消费者电子商务交易指南》，指导组织如何有效和高效地实施商家对消费者电子商务交易系统（B2C ECT），从而为增加顾客对 B2C ECT 的信心奠定基础，提高组织满足顾客要求的能力，以减少投诉和争议。

（9）ISO 10012《测量管理体系——测量过程和测量设备的要求》，为测量过程管理，以及支持和证明符合计量要求的测量设备的计量确认提供指南。该标准规定了测量管理系统的质量管理准则，以确保满足计量要求。

（10）ISO/TR 10013《质量管理体系文件指南》，为编制和保持质量管理体系所需的文件提供指南。该标准能用于质量管理体系相关标准以外的管理体系，如环境管理体系和安全管理体系。

(11) ISO 10014《质量管理——实现财务和经济效益的指南》,专门为最高管理者制定。该标准为通过应用质量管理原则实现财务和经济效益提供指南,有利于促进组织应用管理原则以及选择持续成功的方法和工具。

(12) ISO 10015《质量管理——培训指南》,为组织解决培训相关问题提供帮助和指南。该标准能在质量管理体系相关标准涉及"教育"与"培训"事宜时提供指南。其所描述的"培训"包括所有类型的教育和培训。

(13) ISO/TR 10017《统计技术在 ISO 9001:2000 国际标准中的应用指南》,依据即使在明显稳定条件下也可观察到过程状态和结果的变量来解释的统计技术。采用统计技术可以更好地利用获得的数据,从而有助于持续改进产品和过程质量,实现顾客满意。

(14) ISO 10018《质量管理——人员参与和能力指南》,提供了影响人员参与和能力方面的指南。质量管理体系取决于胜任人员的积极主动参与,以及这些人员的组织管理方式,对所需知识、技能、行为、工作环境的识别、发展和评价至关重要。

(15) ISO 10019《质量管理体系咨询师的选择及其服务使用的指南》,指导如何选择质量管理体系咨询师及使用其服务,为质量管理体系咨询师的能力评价过程提供指南,帮助组织获得满足其需求和期望的咨询服务。

### (三) 我国采取国际标准的情况

我国对口 ISO/TC 176 技术委员会的全国质量管理和质量保证标准化技术委员会(简称 CSBTS/TC 151),承担着将 ISO 9000 族国际标准转化为我国国家标准的任务。根据《标准化工作指南　第 2 部分:采用国际标准》(GB/T 20000.2—2009),我国标准采用国际标准的程度,分为等同采用和修改采用。1988 年我国发布的 GB/T 10300 系列标准不是等同采用 ISO 9000 系列标准;从 1994 版开始,我国决定等同采用 ISO 9000 族所有国际标准。

1. 等同采用

等同采用是指与国际标准在技术内容和文本结构上相同,或者与国际标准在技术内容上相同,只存在少量编辑性修改。由于我国汉语还不是 ISO/IEC 官方语言,为了适应我国的语言习惯,在采用国际标准时不可避免地要进行一些编辑性修改。

在等同的国家标准和国际标准中,国际标准可以接受的内容在国家标准中也可以接受;反之,国家标准可以接受的内容在国际标准中也可以接受。因此,符合国家标准就意味着符合国际标准,符合国际标准也意味着符合国家标准。

等同采用国际标准的我国标准采用国家标准编号与国际标准编号结合在一起的双编号形式。例如,GB/T 19001—2016/ISO 9001:2015。其中"GB"表示"国家"和"标准"汉语拼音的第一个字母,"T"表示标准为"推荐"性标准。本教程为方便起见,凡是引用标准的地方皆用国际标准编号表示,且凡是没有标注日期的皆为最新版本。

2. 修改采用

修改采用是指与国际标准之间存在技术性差异,并清楚地标明这些差异及解释其产生的原因,允许包含编辑性修改。修改采用不包括只保留国际标准中少量或者不重要的条款的情况。在修改采用时,我国标准与国际标准在文本结构上应当对应,只有在不影响与国际标准的内容和文本结构进行比较的情况下才允许改变文本结构。

修改采用国际标准的我国标准,只使用我国标准编号。

需要说明的是,我国标准与国际标准的对应关系除等同、修改外,还包括非等效。非等效不属于采用国际标准,只表明我国标准与相应国际标准有对应关系,它是指我国标准与相应国际标准在技术内容和文本结构上不同,但它们之间的差异没有被清楚地标明。

## 三、实施 ISO 9000 族标准的意义

ISO 9000 族标准是世界上许多经济发达国家质量管理实践经验的科学总结,具有通用性和指导性。实施 ISO 9000 族标准,可以促进组织质量管理体系的改进和完善,对持续满足顾客的需求和期望、促进国际经济贸易活动、消除贸易技术壁垒、提高组织的管理水平都具有重要意义。

### (一)为持续满足顾客的需求和期望提供了保证

顾客要求产品和服务具有满足其需求和期望的特性,在产品的技术要求或服务规范中有对这些需求和期望的表述。顾客的需求和期望是不断变化的,这就促进组织持续地改进产品、服务和过程,而质量管理体系恰恰为组织改进其产品、服务和过程提供了一条有效途径。因此,ISO 9000 族标准将质量管理体系要求与产品和服务要求区分开来,它不是取代产品和服务要求,而是把质量管理体系要求作为对产品和服务要求的补充,这样为组织持续满足顾客的需求和期望提供了保证。

### (二)有利于增进国际贸易,消除技术壁垒

在国际经济技术合作和贸易中,ISO 9000 族标准被作为相互认可的技术基础,ISO 9000 质量管理体系认证制度也在国际范围中得到互认,并纳入合格评定的程序之中。世界贸易组织/技术贸易协定(WTO/TBT 协定)是 WTO 达成的一系列协定之一,它涉及技术法规、标准和合格评定程序。贯彻实施 ISO 9000 族标准为国际经济技术合作提供了国际通用的共同语言和准则,取得质量管理体系认证,能够证实组织具有稳定地提供满足顾客要求和适用的法律、法规要求的产品和服务的能力,是增强组织参与国内和国际贸易竞争能力的有力武器。

### (三)为提高组织的运作能力提供了有效的方法

ISO 9000 族标准鼓励组织在制定、实施质量管理体系时采用过程的方法,通过识别和管理众多相互关联的活动,以及对这些活动进行系统的管理和连续的监视和测量,实现顾客能接受的产品和服务。此外,质量管理体系提供了持续改进的框架,增加了顾客和其他相关方满意的机会。因此,ISO 9000 族标准为有效提高组织的运作能力和增强市场竞争能力提供了有效的方法。

### (四)有利于组织应对与其环境和目标相关的风险和机遇

为了满足 ISO 9000 族标准的要求,组织需策划和实施应对风险和利用机遇的措施。应

对风险可选择规避风险，为寻求机遇承担风险，消除风险源，改变风险的可能性或后果，分担风险，或通过信息充分的决策保留风险。机遇可能导致采用新实践，推出新产品，开辟新市场，赢得新顾客，建立合作伙伴关系，利用新技术及其他可取和可行的事物，以应对组织或顾客需求。应对风险和利用机遇为组织确保质量管理体系能够实现其预期结果、增强有影响、实现改进结果等方面奠定了基础。

## 第二节 六西格玛管理法的诞生

质量是个长期的话题，即如何用最小的投入获得最大的顾客满意度，从而实现最大的市场占有率，保持客户群的稳定，实现利润最大化。作为一个企业经理人，在高质量和低成本之间你会做出什么样的抉择？在一般人的眼里，高质量意味着成本的增加，这两者之间到底存在一种什么样的关系呢？能不能取得双赢的效果呢？企业家们在这个问题上苦苦地思索着。他们一直探索着在两者间实现平衡的决策，这种探索在管理科学史上留下了光辉的一页。

经过很多公司的不断实践，人们逐渐发现一个奇怪的现象，就是高质量和低成本之间并不存在矛盾，而是可以统一的。揭示这一理论的教程，就是 1987 年摩托罗拉公司创立的六西格玛的管理策略。这一策略从摩托罗拉、霍尼韦尔到整个欧美，乃至全球 500 强企业，由制造业到非生产制造业掀起了一场质量管理的风暴。

### 一、六西格玛的由来和有关定义

#### （一）六西格玛的由来

如上所言，在 20 世纪 80 年代和 90 年代初期，摩托罗拉公司同许多其他美国和欧洲公司一样，面临的是日本公司不断蚕食过去由美国和欧洲公司所占据的市场主导地位的局面。而其中，最重要的原因是日本人可以提供质量更加优良的产品。1987 年，在摩托罗拉公司的通信部门，六西格玛作为一个新的对质量进行突破性改进的方法诞生了。六西格玛对于摩托罗拉公司来说是一个持续地将自己的表现和客户的要求进行比较，并以六西格玛的缺陷率作为改进目标的雄心勃勃的革命性的方法。

摩托罗拉因乔治·费西尔（Georg Fishicher）创立的六西格玛而成为第一个梅尔康·仓瑞居国家质量奖的得主。这个奖是美国国会为表彰和鼓励美国商界在质量上的努力而设立的。随着六西格玛质量策略在摩托罗拉和通用电气公司（简称 GE）获得了巨大成功，六西格玛质量管理理念开始受到世人的关注和普遍认可，六西格玛已成为管理界最为前沿的课题。目前，世界上大多数优秀公司为了获得持续的成功都在实施六西格玛质量策略。

然而，在中国真正了解六西格玛的人并不多。1996 年之前，管理中国的企业及质量管理界关于六西格玛质量策略知之甚少，更谈不上有用其取得成功的中国企业，甚至有人认为六西格玛质量管理水准不可实现，也没必要。但自 2001 年以来，随着通用电气和杰克·韦尔奇（Jack Welch）的书籍在市场上的流行，许多企业家在探寻通用电气成功的秘诀时发现了六西格玛。尤其是韦尔奇掌控通用电气 20 年,使得通用电气长盛不衰。在十多年前市场经济竞争十分激烈的情况下,许多大公司都在走下坡路,但韦尔奇的通用电气近几年的利润却以两位数增长。

### (二)六西格玛的定义

西格玛(σ,是统计学里的一个单位)表示与平均值的标准差,可以用来衡量一个流程的完美程度,具体指每 100 万次操作中发生多少次失误。西格玛的数值越高,失误率就越低。相关的数据可以表示如下:1 西格玛=690 000 次失误/百万次操作;2 西格玛=308 000 次失误/百万次操作;3 西格玛=66 800 次失误/百万次操作;4 西格玛=6 210 次失误/百万次操作;5 西格玛=230 次失误/百万次操作;6 西格玛=3.4 次失误/百万次操作。由此得出六西格玛概念。

### (三)六西格玛质量和六西格玛管理理念

六西格玛质量是过程或产品业绩的一个统计量,是产品和业绩改进趋于完美的一个目标,也是能实现持续领先和卓越业绩的一个管理系统。六西格玛质量可从两方面理解:一是产品质量特性必须满足顾客的需求,使顾客满意和忠诚;二是在此条件下,产品的形成过程和结果避免缺陷,达到六西格玛水平。

六西格玛管理其实是一项以顾客为中心、以数据为基础、以追求几乎完美无瑕为目标的管理理念。其核心是通过一套以统计科学为依据的数据分析来测量问题、分析原因、改进优化和控制效果,使企业在动作能力方面达到最佳境界。因此,六西格玛管理的推进也是一项有序的、科学的方法论。

## 二、六西格玛的质量特征

六西格玛管理法是一种在最大范围内消灭企业生产活动中的不利活动与影响的流程管理方式,它是以客户满意度为核心、围绕着企业运营成本的降低而展开的一系列活动规范。它采用统计学原理与产品质量改进策略,从流程中组织精细化管理,使企业降低成本、降低缺陷率、缩短生产周期,从而从根源上取得市场占有率、提高顾客满意度、提高投资回报率等绩效。其主要特征如下。

(1) 以客户的满意度为核心。寻求客户对产品的满意程度、客户对产品的期望值,不断地为客户提供方便、便利,为企业、客户创造不同的价值。

(2) 以数据为基础,以分析为标准。六西格玛管理法抛弃了经验主义、运用统计学原理,揭开反映在数据背后的事实,又称数据化管理、事实管理。从产品的设计到产品的制造,从产品的改良到产品的服务,都是以数据为先锋、以分析为基础、以结果为导向,是产品革新、服务提升的准绳。

(3) 以预防为主,强调主动性。依据产品的生产、产品的服务将过程中的瑕疵消灭在萌芽状态,主动预防,具有理性化完美主义,不能容忍任何失败的产生,六西格玛管理法提出公司的质量管理水平要不断提高、对可控制的问题要有一定的预防和控制性。

### 三、六西格玛管理文化

中国企业家看到通用电气正是从 1996 年实施了六西格玛的质量策略才有今天的成功，所以一些中国企业家出于职业的本能和好奇，渴望了解六西格玛，而且渴望了解六西格玛的人越来越多。已有一些优秀企业家试图在自己的企业实践六西格玛。目前，大多数中国企业家对这一外来管理理念仍处于观望状态，全面导入六西格玛的企业很少。但是，我们完全可以预料，当中国企业提升基本管理水平之后，在寻求持续发展的过程中，企业管理必将走向精细化，六西格玛管理战略或将成为可行的选择。

目前，还没有任何一家企业可以说是六西格玛的企业。即使杰克·韦尔奇在 1995 年年底称 GE(即通用电气)要在 2000 年成为六西格玛的公司，GE 也并不真是一个六西格玛公司。其中的原因是：首先，六西格玛的表现是和客户的要求相比较的，今天你在满足客户的某个质量关键点上达到六西格玛的水平，明天客户可能会对你有更严格的要求和更多更新的要求，你需要重新努力才能回到六西格玛表现；其次，即使你在客户所有关键点和公司内部的所有关键流程上都已经处于六西格玛的水平，由于无法找到整个公司的表现和各个流程和质量关键点的表现的函数关系，仍然无法判断你是否就是六西格玛的公司，而只能说你在满足客户的质量关键点和关键流程上是六西格玛的表现。

六西格玛衡量质量水平的指标是百万分之 3.4 的缺陷率，即 3.4 DPMO。在这里，我们不再展开解释它的基本术语了，而可以理解为，六西格玛并不是一个我们要达到的目标，而是一个持续改进的方向，它是一种管理文化。

## 第三节 ISO 9000 族标准与六西格玛管理的借鉴与局限

### 一、实施 ISO 9000 族标准与现有旅游行业标准化工作的关系

按照国际标准化组织的定义，所谓标准化工作是指为了追求一定范围的最佳秩序，制定和实现共同使用、重复实施的、有规则的活动。显然，ISO 9000 族标准的实施也可纳入标准化工作的范畴中。然而 ISO 9000 族标准是一种有着广泛阻碍的、通用的国际标准，其阻碍的程度、深度和范围，远非一般的国际标准或者某些国家惯例所能比拟。基于该标准的质量体系、认证制度，其力度和阻碍也远非一般标准的宣贯工作能够比拟。从这个意义上看，ISO 9000 族标准的制度和实施是国际标准化工作的典范。我国旅游行业的标准化工作尽管起步晚，但十多年来取得了较为突出的成绩，现在公布的共有 5 个国家标准，4 个行业标准，正在起草的 17 个标准。标准化工作为开拓旅游行业治理规范、规范旅游市场秩序、提高旅游质量打下了良好的、坚实的基础。旅游行业标准化工作的典型代表，是《涉外饭店星级划分与评定》(以下简称星级标准)的出台与实施。星级制度是一种国际惯例，我们将星级制度采

纳为国家标准，取得了广泛的社会和经济效益。同行业普遍认为，星级标准与 ISO 9000 族标准是互补和互为促进的。两类标准也有它们的相融性和不同侧重点，主要表现在以下几点。

### （一）星级标准更侧重于硬件，ISO 9000 族标准则更侧重于软件

星级划分的依据是酒店的建筑装饰、设施、设备及治理服务水平等方面；ISO 9000 族标准则是一个关于治理的标准。

### （二）星级标准是质量等级标准，ISO 9000 族标准是质量保证的治理标准

星级的划分按设施设备的评定标准、设施设备维修保养评定标准、清洁卫生的评定标准、服务质量的评定标准、来宾意见评定标准五项标准执行，按照满分或得分高低评定星级，是一种定量的等级标准。而 ISO 9000 族标准用于认证目的时体现为质量保证标准。所谓质量保证，是指为了提供足够的信任，表明实体能够满足质量要求，而在质量体系中实施并依照需要进行证实的全部有计划、有系统的活动，ISO 9000 族标准用于组织内部使用时则更多地表现为质量治理标准。所谓质量治理是指明确质量方针、目标和职责，并在质量体系中进行诸如质量策划、质量操作、质量保证和质量改进等环节，是事实上实施的、全部治理职能的所有活动。可见，质量保证和治理标准并不专门针对一定的产品（服务）档次或过程质量的某一水平，而是具体到某组织，要求其提供合同所约定或规范所指示的质量等级要求。

### （三）星级标准是规范型标准，ISO 9000 族标准是治理型标准

星级标准中明确提出了关于设备设施、服务项目、安全卫生、环境要求和服务质量要求，是具体的服务规范。而 ISO 9000 族标准则强调依照组织的 PDCA 循环过程建立起质量体系，通过实施对人、机、料、法、环的操纵，来保证过程或产品的质量。正因如此，ISO 族标准不局限于特定的工业行业或经济部门。

### （四）星级标准是质量状态标准，ISO 9000 族标准关于质量过程标准

在星级评定标准中，关于硬件或软件的要求有具体的规定，如标准 7.3 服务质量保证体系中指出“具有适应本饭店运行的、有效的整体治理制度和作业标准”，但对如何建立治理制度和作业标准则无规定。ISO 9000 族标准则是过程的标准。往常有一种适应的讲法，认为质量体系是由若干要素组成的。这种讲法对于工业企业比较适用，但越来越多的质量治理专家认为，ISO 9000 族标准是关于过程的标准。ISO 9001 的标准的 20 个要素中就包含了 17 个过程。正是有了过程的概念，服务才被定义为产品，为服务业实施 ISO 9000 族标准打下了基础。

### （五）星级标准与 ISO 9000 族标准之间也存在着紧密的联系

虽然星级标准与 ISO 9000 族标准之间有着不同点，但也存在着紧密的联系。例如，就改进质量、提高治理而言，两者的基点是相同的。星级标准中引用了 ISO 9004-2 标准，同时，关于五星级饭店的治理提出了服务质量保障体系的要求。在饭店业实施 ISO 9000 族标准必须重视星级标准，并检查执行的情况，星级标准是企业的质量目标，是过程输入的重要

内容,同时也是服务输出的重要内容。体系所保证的正是星级标准所要求的。

可见,ISO 9000 族标准是通用的标准,事实上实施不能撇开产品的技术标准。就饭店业而言,ISO 9000 族标准的实施能够使星级标准的实施做到系统化、日常化、文件化,便于改进与提高。而星级标准的具体要求能够作为被识别的过程或活动,按 ISO 9000 族标准的要求建立体系文件并加以实施、监督,检查其有效性。可见,ISO 9000 族标准的实施,有利于更好地促进星级标准的实施。

## 二、在酒店业实施 ISO 9000 族标准与六西格玛管理的优势与局限

### (一) ISO 9000 族标准对酒店业产生的影响

从 ISO 9000 族标准适应商业环境及不断完善的需要,到 2015 版 ISO 9001 标准更加完善,现今,ISO 9000 族标准已为世界绝大多数国家所采用。第三方质量认证的普遍开展,有力地促进了质量管理的普及和管理水平的提高。国际认证质量体系的概念进入中国,国内一些企业开始认识 ISO 9000 质量体系。20 世纪 90 年代末,全面质量管理(TQM)成为许多“世界级”企业的成功经验,证明了这是一种使企业获得核心竞争力的管理战略。质量的概念也从狭义的符合规范发展到以“顾客满意”为目标。全面质量管理不仅提高了产品与服务的质量,在企业文化改造与重组的层面上,也对企业产生深刻的影响,使企业获得持久的竞争能力。在围绕提高质量、降低成本、缩短开发和生产周期方面,新的管理方法层出不穷。其中包括:并行工程(CE)、企业流程再造(BRR)等。

21 世纪初,随着知识经济的到来,知识创新与管理创新极大地促进了质量的迅速提高,包括生产和服务的质量、工作质量、学习质量,以及人们的生活质量。质量管理的理论和方法更加丰富,并将不断突破旧的范畴而获得极大的发展。国内一些酒店开始引入 ISO 9000 系列标准,通过各类咨询公司进行相关培训并获得质量认证。但是,大多数国际和国内品牌酒店管理公司仍对此持观望态度。

### (二) 六西格玛管理法在酒店业的借鉴与局限

在酒店业,六西格玛管理工具最大的优点在于它能够通过优化企业流程,根据顾客需求,将酒店的目标进行具体的量化后实施,它能将复杂、宽泛的问题细化、明确化,使酒店目标优质优量地完成。

1. 六西格玛管理法在酒店业的借鉴

(1) 营造一种“顾客满意”的六西格玛酒店文化

六西格玛管理模式的核心理念就是以顾客为关注焦点,要求酒店的一切活动都以顾客为中心,使组织拥有忠诚的顾客、不断扩大市场份额成为可能。推行六西格玛管理模式必须贯彻核心六要素:①以顾客为中心;②基于数据和事实驱动的管理;③聚焦于过程改进;④有预见的积极管理,要求酒店以预防为主;⑤无边界的合作,包括团队合作、供应商合作、客户合作;⑥追求完美,好还要更好,做到了 99%还不行。核心六要素是一种管理的理念和行动,它体现了组织的核心价值观和行为准则,是一种持续满足顾客需求、增加效益的活动,是组织文化的重要组成部分。

(2) 减少流程的缺陷,提高酒店产品的合格率

六西格玛的管理模式要求酒店对每一个活动的全过程进行流程监控。首先,画出过程图;其次,对过程的输入和输出端口就顾客的需求与组织目前的差距、缺陷等进行测量,分析原因,提出改进措施,并进行监控。这样可以减少流程的变异,使整个流程的产出尽可能达到100万个产品操作中仅有3~4个缺陷。六西格玛注重流程的优化,它不仅可以解决酒店内的业务流程问题,而且还可以加强内部的沟通合作,降低了资源的浪费,节约了成本。

(3) 降低员工的流失率,提高人力资源配置的合理性

六西格玛使每一位员工都认识到自己该做什么,并且自己能够怎样更好地去完成某项任务。为了保证酒店产品的质量,六西格玛不仅采用个人利益和酒店利益挂钩的方法,而且还将个人职位的升迁与之联系在一起,这样就可以尽量降低酒店内部人员的更换频率,防止人才的流失,降低人力成本,保证酒店内部人力资源的合理配置,为酒店能够向顾客持续提供高质量的服务打下基础。

(4) 满足顾客的更高要求,实现酒店的持续改进

六西格玛管理模式的核心是持续地改进,不断地创新。21世纪的管理者所面临的最具挑战性的问题不是"如何成功",而是"如何持续地成功"。六西格玛不但告诉我们怎样成功,而且帮助我们保持持续的成功。

2. 六西格玛管理法在酒店业的局限

(1) 六西格玛在中国企业很少成功的原因

为什么六西格玛在中国企业中很少成功推行?2002年9月16日,在第八届亚太质量组织会议期间,全国六西格玛管理推进工作委员会(简称六推委)正式对外宣布成立,标志着六西格玛管理在中国的推进步入有序轨道。至今为止,大约有1 000家企业在使用六西格玛管理,既有大企业、中等规模的企业,也有小企业,主要聚集在制造业和工业企业,围绕生产流程在质量、成本、效益等方面实施。其中,有些企业对六西格玛管理的研究比较深入,对它们而言,六西格玛已经不是一般意义上的做项目,而是成为一种习惯,并且上升为一种理念了。而有些企业还停留在生产流程再造、优化层面上,还有的企业处在更初级的试验阶段。从整体上看,应用六西格玛的企业数量较少,应用层次参差不齐,可以说,六西格玛在中国仍举步艰难,还需要继续推进,使更多的企业认识、应用、实施六西格玛,提高我国整体应用水平和管理质量。

(2) 六西格玛在中国酒店业推广的局限性

酒店业是精细管理的行业,六西格玛正是适应其精细管理的特点,才有在酒店业推行的必然。然而,并非任何一种新办法的推行都十全十美,六西格玛管理的推行同样有其局限性。业界的实践证明在肯定其优质优量的"功绩"后,实施六西格玛会造成"用人过多";按照"人是活的,不是机器"的原理分析,六西格玛管理的执行过程较机械和刻板;大量运用统计以至于成为"统计的奴隶"。这些都为从事实践工作的人们提供了全面认识各种质量管理工具和因地制宜进行改进的依据。

3. 推进六西格玛需从实际出发

六西格玛作为质量管理国际化、专业化的方法,在中国推行要切合中国实际。

(1) 坚持国际化和本土化并重原则

六西格玛管理是外国人创立的管理理论和方法,要在中国的土壤上生根发芽、开花结

果，就要适应中国的环境和条件，也就是要符合中国国情，要关注中国传统、文化、习惯，以及中国社会资源、经济结构等实际情况。一个企业要成功推行六西格玛管理，必须坚持国际化和本土化相结合，根据本企业的生产类型、组织机构、管理基础、营销网络等基本情况，建立推行六西格玛管理的工作体系和工作目标。

（2）坚持务实与循序推进

推进六西格玛管理需持科学的态度，做扎扎实实的工作。通过普及知识、导入原理、典型引路等多种形式导入六西格玛管理。力求实事求是，力戒“江湖式”的夸大其词，既介绍成功典型，也剖析失败案例。唤起企业决策者对六西格玛管理理性的感悟、兴趣和认同，形成真实的企业需求。同时，应当重视学习并借鉴他人的成功经验，融合国内企业长期积累的管理经验和有效管理方法，切忌照搬照抄他人的做法。

（3）探索实践与理论的创新之路

融合、发展、创新，是六西格玛管理本质的要求。创新是六西格玛管理本身的属性，又是推动六西格玛管理中国化的需要，要不断发展丰富六西格玛管理的内容，创新六西格玛管理的理论和方法。六西格玛管理的专家学者和同业领航者应当以更加包容的胸怀、更加广阔的视野，继续吸取国内外各种先进管理理论，促进六西格玛管理的发展。理论研究工作者应深入企业，深入实践第一线，汲取营养，使六西格玛管理理论和方法不断增加中国元素，使之适合中国国情。

### （三）ISO 9000族标准与六西格玛管理的关系

六西格玛管理与ISO 9000标准的关系曾是很多管理界人士疑惑不解的问题，甚至影响到企业对质量管理路径的选择。从20世纪70年代到80年代，摩托罗拉在同日本的竞争中先后失掉了收音机、电视机、BP机和半导体市场，1985年公司面临倒闭。激烈的市场竞争和严酷的生存环境使摩托罗拉的高层领导得出了这样的结论：“摩托罗拉失败的根本原因是其产品质量比日本同类产品的质量差很多。”于是，摩托罗拉开始了六西格玛管理之路。1988年摩托罗拉成为第一个获得颇具影响的马尔科姆·鲍德里奇国家质量奖的公司。经过10年的努力，到1997年，摩托罗拉销售额增长5倍，利润每年增加20%，实施六西格玛管理法带来的节约额累计达140亿美元，股票价格平均每年上涨21.3%。在摩托罗拉获得成功之后，通用电气、联合信号等国际大公司也纷纷采用六西格玛管理法，均取得了可喜的成绩。在这种情况下，许多人认为六西格玛管理法将取代ISO 9000族标准。近年来，中国的一些酒店正在推行六西格玛质量管理理念并付诸实施。国际知名品牌喜达屋（STARWOOD，也译“仕达屋”）酒店集团麾下的数十家国内酒店已经建立六西格玛质量管理体系。例如，北京的长城饭店已在酒店内形成了六西格玛质量管理文化，在国内酒店业开创了质量管理的新时期。

ISO 9000标准与六西格玛管理都是当代组织管理中较为前沿的管理方法之一，优秀的组织在追求卓越经营管理模式时，需正确处理两者之间的关系。

1. ISO 9000族标准为质量管理工作提供基础平台；六西格玛管理法为质量管理工作提供新的、垂直的方法体系

ISO 9001标准有两个作用：一是明确通过满足产品的规定要求达到使顾客满意所必需的质量管理体系最低要求；二是为质量管理体系的评价提供基本标准。ISO 9001标准是组

织建立质量管理体系的要求标准。ISO 9004 标准提供了考虑质量管理体系的有效性和效率两方面内容的指南,可以指导使用者实现持续的自我改进,追求卓越的质量管理绩效,实现顾客和其他相关方满意的更高层次的目标。ISO 9004 是组织进行持续改进的指南标准。在实际工作中,由于 ISO 9000 认证的依据是 ISO 9001,而不包括 ISO 9004,所以大部分组织仅仅使用 ISO 9001。也就是说,实施 9001 标准的组织数量远远超过使用 ISO 9004 标准的数量,即要求标准而不是指南标准在企业中起主导作用。所以说,ISO 9000：2000 版在组织的质量工作中只是起基础性的作用,仅仅为组织架设了一个基础质量平台。ISO 证书只会分 ISO 9001、ISO 9002 及 ISO 9003 三个有关质量保证的标准,不会有 ISO 9000 证书存在。

六西格玛管理法的管理系统是一种通过密切关注顾客、流程管理、流程改进和合理利用数据及事实,实现和维持成功的业务管理的系统。六西格玛管理法是一项以数据为基础,追求完美的质量管理方法。六西格玛管理法的核心是将所有的工作作为一种流程,采用量化的方法分析流程中影响质量的因素,找出最关键的因素加以改进从而达到更高的客户满意度,即采用 DMAIC(确定、测量、分析、改进、控制五个英文单词首字母的缩写)改进方法对组织的关键流程进行改进。而 DMAIC 又由最高管理承诺、有关各方参与、培训方案和测量体系四个要素构成。其中有关各方包括组织员工、所有者、供应商和顾客。六西格玛管理法是对全面质量管理的继承和发展。因此,六西格玛管理法为组织带来了一个新的、垂直的质量管理方法体系。

2. ISO 9000 是组织进入国际市场的“护照”,六西格玛管理法将是组织“定居”国际市场的“绿卡”

当今世界各国在经济方面的相互合作和相互竞争日益增强,国际贸易也随之迅速发展。在激烈的市场竞争中,许多国家为了保护自身的利益,设置了种种贸易壁垒,包括关税壁垒和非关税壁垒。随着贸易保护主义和各国对关税的抵制,保护的天平已从关税壁垒一侧倒向了非关税壁垒,而其中非关税壁垒主要是技术壁垒。为了消除贸易技术壁垒,出口商除应按国际标准组织生产外,还要符合质量认证的要求,即符合产品品质认证和 ISO 9000 质量管理体系认证的要求。所以,取得 ISO 9000 认证证书等于组织得到了进入国际市场的通行证。但是,一个组织如果要想长期、稳定地在国际市场里占有一席之地,仅仅依靠 ISO 9000 认证是不够的。通过 ISO 9000 认证只能证明组织已经具备保证本组织生产或提供的产品或服务达到国际基本标准的能力,但这种能力是否能长期保持下去,还需要组织对本组织生产或提供的产品或服务及组织质量管理体系进行持续改进。因此,组织还需采用一些有效的质量管理方法,以确保组织质量得到持续改进,而六西格玛管理法是众多质量管理方法中较优秀的一种方法。如前所述,国外许多大公司和中小型企业都已经采用六西格玛管理法。为了更好地与国外企业长期合作,我国企业在积极进行 ISO 9000 质量管理体系认证的同时,还应该尽可能在本组织中推行六西格玛管理法,只有这样,才能够在激烈的国际市场竞争中立于不败之地。

综上所述,ISO 9000 族标准为企业实现质量管理的系统化、文件化、法制化、规范化奠定了基础。而六西格玛管理法作为一种现代质量管理理论,还具有更丰富的内涵,尤其包含了企业长期的经营管理战略。它是企业为保证产品质量,综合运用一整套质量管理思想、体系、手段和方法,进行的系统的管理活动。因此,ISO 9000 族标准和六西格玛管理法的正确关系应是相辅相成、互为补充的。对于任何一个组织来说,都应该依据 ISO 9000 族标准建立质量管理体系，进而加强组织质量管理的基础建设工作，同时实施六西格玛管理法，以便推进和加强组织的质量改进工作。

## 三、质量管理的国际化道路任重道远

近些年，国内一些酒店为了提高服务质量，引入了各种质量方法或模式，包括借鉴国内外各优秀酒店的质量管理经验和国际质量标准。根据不完全统计，大约有15%的酒店引进了ISO 9001质量管理体系，其中以四星级以下酒店居多。至于六西格玛质量管理方法，除了个别国际品牌酒店在做初期的推广外，大部分基本还处于不为业界所知的状态。

目前在国内，除了原国家旅游局制定的《旅游饭店星级评定标准》和中国饭店协会制定的《绿色饭店评定标准》(目前已经纳入国家技术监督局的标准之中)外，国内还没有一套类似美国马尔科姆·鲍德里奇国家质量奖的国家级服务质量评价体系。在旅游饭店星级评定标准中，对各星级所必须达到的硬件水平做出了比较详细的规定。而酒店在软件，即在服务方面却只是做出了一般的要求，在管理方面几乎没有要求和标准。同样，在绿色饭店评定标准中，除了必须达到的绿色餐饮、节能环保等量化标准外，在管理方面几乎没有要求和标准。所以，一家超豪华的五星级酒店，其服务也许会名不副实。有些酒店加入了ISO 9000质量认证的行列，通过获得认证来证明自己的质量已经达到国际或国家标准。有的酒店开始推行六西格玛质量文化。但大多数酒店会对各自酒店自行作出质量评价，其依据大致包括酒店自行整理的顾客投诉率情况统计、顾客意见统计、酒店经营收益统计、品牌形象及媒体影响力统计等。国家和地方旅游管理部门或行业协会有时会举行类似质量评价的各种名目的评比活动，由于缺乏科学、客观、规范和公信度很强的统一评价体系和运作模式，所以各酒店之间的质量竞争意识，实际上大都停留在星级、规模及感知的层面上。

在借鉴六西格玛管理的实践方面，国内同行还有很多工作要做，在质量管理国际化方面的路还很长。我们必须清楚地认识到，从更广、更远的时空来评价，今天企业应用六西格玛所取得的进展只是良好的起步和开端。相对于全国数以万计的工业和服务业企业来说，目前推进六西格玛管理的还只是极少数企业。六西格玛管理工作队伍的数量和素质还远不能满足需要。实施六西格玛管理的需求很大，六西格玛管理工作者的用武之地也很大。要使更广大的企业接受并实施六西格玛，取决于能否继续坚持正确的工作方针和方法，取决于六西格玛工作者队伍能否不断扩大、专业知识水平和实践能力能否不断提高。我们要特别重视调查、总结实施六西格玛管理中走了弯路、停滞不前或放弃推进的主客观原因；防止和克服推进工作中的疲劳现象；需要引领和指导同其他先进质量方法的结合与融合；加快培养强有力的人才队伍；形成一个未来的规划；调动各方面的积极性，从而指导ISO族标准和六西格玛管理推进持续发展。

近年来，中国经济已逐步从单纯注重效益开始转向注重内涵式发展、从效益高增长向高质量发展的道路上来，为企业发展提供了质量发展的客观环境。为此，ISO族标准和六西格玛管理作为一种科学的管理理念和模式，如果善加利用，坚持国际化和本土化并重原则、坚持务实与循序推进、走探索实践与理论的创新之路，就可以发挥积极作用，为中国企业走向高质量发展积蓄能量。

## 思考题

1. 简要阐述国际标准化组织及标准的形成。
2. 谈谈你对酒店服务质量管理的内涵和全面质量管理的认识。
3. 怎样理解六西格玛质量管理是企业文化的一部分?
4. 谈谈对 ISO 族标准和六西格玛管理法的借鉴意义。
5. 怎样理解质量管理的国际化道路任重道远?

# 第二篇

# 体系实施篇

# 酒店质量管理体系的建立

任何组织为达到其目标而实施的活动都需要管理,没有管理,一个组织就不可能运行。管理是多方面的,当管理与质量活动有关时,即为质量管理。质量管理是在质量方面指挥和控制组织的协调活动,通常包括制定质量方针和质量目标,以及质量策划、质量控制、质量保证和质量改进等活动。无论其是否经过正式策划,每个组织都有质量管理活动、以实现质量管理的方针目标。要想有效地开展各种质量管理活动,必须建立相应的管理体系,这一管理体系称为质量管理体系。建立酒店质量管理体系,并使其具有适宜性、可操作性和有效性,也是目前酒店业质量管理需着重研讨和解决的课题。本章着重讲述酒店质量管理的理念、质量管理体系的建立及其流程与步骤、质量管理标准与标准化,以及酒店质量管理评价模型等内容,以便于学习者和应用者按图索骥、掌握要点。

## 第一节 解读体系

ISO 9000 族标准确立后,至今已有 70 多个国家将 ISO 9000 族标准与本国的实际结合起来运用,并有约 50 个国家开展了 ISO 9000 质量体系认证,为推动其迅速发展,产生极大的促进和引领作用。《旅游饭店星级的划分与评定》(简称星级标准或本标准),也是在酒店行业质量管理体系的具体体现,它明确了星级酒店划分与评定的条件,为酒店业评定星级奠定了行业标准。目前在酒店行业中,越来越多的酒店都在以这两个体系为基础,建立了自身的质量管理体系,以增加企业在市场的竞争力。为此,我们将从三个方面解读此体系。

## 一、酒店质量管理体系的概念

### （一）酒店质量管理体系的定义

体系是指相互关联或相互作用的一组要素。管理体系是指建立方针和目标并实现这些目标的体系。根据定义替代的原则，质量管理体系可定义为建立质量方针和质量目标，并实现这些目标的一组相互关系或相互作用的要素，也可以概括为在质量方面指挥和控制企业的管理体系。在这一组要素中，每个要素都是质量管理体系的基本单元，既有相对的独立性，又与各个要素之间有相关性，它们相互影响、相互作用。质量管理体系包含四大过程，即管理职责（包括人，财、物、信息等）、资源管理（确认方针目标的组织结构、内部交流、职责权限、内部评审）、产品实现（策划、销售、市场、设计和研发、订购、生产、检验与监测职能的构建）及测量、分析和改进。同时，这又是质量管理体系 PDCA 的循环过程。每一大过程又包含着许多子过程，而每一子过程又由下一层次的子过程组成，从而形成一个有机的整体。

### （二）酒店质量管理体系的特点

质量管理体系的产生和形成为企业带来了活力。20 世纪 90 年代后，酒店行业也开始认识和使用它，而且获得了显著效果。进入 21 世纪后的今天，质量管理体系有了更新的要求。为了使更多的人了解它，使其运用的效果更佳，接下来将介绍一下它的特点。

1. 过程构成

质量管理体系是由若干相互关联、相互作用的过程构成的。每个过程既相对独立，又与其他过程相关联，也就是说由若干的过程组成一个“过程网络”。通常，“过程网格”是相当复杂的，其内部的各个过程之间存在着接口关系和职能的分配与衔接。过程既存在于职能之中，又可跨越职能。质量管理体系就是依据各过程的作用、职能和接口顺序的不同组合形成的一个有机的整体。

2. 客观存在

一个企业只要能正常运行并提供产品，客观上就存在一个质量管理体系。虽然一个企业内可能有不同的产品，这些产品也可以有不同的要求，但是每个企业只应有一个质量管理体系，这个质量管理体系应覆盖该企业所有的质量体系、产品和过程。

3. 文件基础

企业可按 ISO 9001:2015 标准（简称 ISO 9001 标准）的要求建立质量管理体系，并将其文件化，对内是为了让员工理解与执行，对外是向宾客和相关方展示与沟通。质量管理体系文件应在总体上满足 ISO 9001 标准的要求；文件具体内容应反映本企业的产品、技术、设备、人员等特点，要有利于本企业所有员工的理解和贯彻。文件的作用是规范、指导和沟通各项质量活动，使每个员工都明确自己的任务和质量要求，并把保证和提高质量看成是自己的责任。编制和使用质量管理体系文件是具有高附加值的动态活动。

4. 不断改进

随着客观条件的改变和企业发展的需要，质量管理体系也可更改相应的体系、过程和产品，以适应变化了的市场需要。质量管理体系既可以预防质量问题的发生，又能彻底解决已出现的问题，还可以及时发现和解决新出现的质量问题。质量管理体系需要良好的反馈系统和良好的反应机制。

## 二、建立质量管理体系的流程

各种管理都起源于一些企业在一定条件下、一定时期内的成功实践，这些实践经过管理学家的提炼、升华，形成了具有普遍意义的科学。企业运用这些方法时，必须充分考虑到所处的环境、管理方法的特点和需要解决的问题，通过选择和整合，达到预期的效果。为此，在了解建立体系流程前，应先了解一下质量管理体系建立的需求。

### （一）了解质量管理体系建立的需求

由于市场竞争的不断升级和服务对象的日趋成熟，旅游酒店业已步入宾客选择品牌和企业的时代。酒店要想在激烈的市场竞争中站稳脚跟并不断发展壮大，质量管理日显重要。以质量求生存、以质量求信誉、以质量求市场、以质量赢得效益的服务质量观，已在酒店业受到广泛重视。

**案例 4-1**

#### 问题源于什么

张先生经朋友介绍入住市内一家四星级酒店，他对这家酒店咖啡厅的自助餐非常感兴趣。因为在这里做经理的朋友向他介绍过，这家咖啡厅的自助餐是全市最好的，无论从环境、装饰，还是员工服务，当然最主要的是菜食品种及质量。张先生很想体验一下，一是他的朋友是个资深酒店餐饮管理人员，见多识广，他推荐的准没错；二是他最喜欢吃地道的西餐。于是，办理完入住手续后，张先生马上来到了咖啡厅，想品味一下这里的饮品，享受其服务及环境。他一到咖啡厅的过道，就被热情的领位小姐边问候边迎了进去。他要了一杯上等绿水青山茶，服务小姐随之送上了小点心，点心十分合张先生的口味。茶水每杯人民币 98 元，张先生看到讲究透亮的玻璃杯，绿绿的茶叶透着清新，茶香也十分地道，随口说："好茶，谢谢。"服务小姐礼貌地说："如还需要什么，请您随时吩咐。"之后就去招呼别的客人了。当张先生茶喝到杯中 1/2 处时，服务小姐微笑着、非常规范礼貌地走到张先生跟前续满了热水，张先生感觉真的不错。转眼间，开餐时间到了，张先生开始用餐。他对菜食的感觉非常好，但美中不足的是，不知为什么自助餐台上有许多菜没有菜签，一时搞不清菜名，选用时不太方便，且服务小姐撤掉客人用过的餐盘时间间隔有点长。当问到服务员为什么间隔这么长时间时，张先生听到的答复是他们现在太忙了，按规定应当是在客人放置用过的餐盘后的一分钟内撤掉。张先生点了点头表示理解，但对朋友的大力夸奖与推荐打了一点折扣。

第二天，张先生又来到了咖啡厅。这时正值午餐时间，厅内宾客较多，没有领位小姐的热情迎候。张先生入座后，服务小姐问需要什么饮料，张先生又要了一杯绿水青山茶。当茶上来时，他发现杯子换成了不锈钢带盖杯。张先生问："这茶怎么变杯子了？我喜欢昨天那一种透亮的玻璃杯。"服务小姐讲："先生，对不起，那种杯子用完了，只有这个了。"张先生听后感到有点不愉快，喝了两杯茶后开始用餐，发现餐桌上的餐具少了一把叉子，但自助餐台上的菜签今天已都摆齐了。张先生对此咖啡厅的感觉现已形成，您能想到是什么吗？

以下是张先生的感觉、想法与建议。

张先生两次来到咖啡厅，迎宾小姐的接待程序不同，喝茶用的杯子不同，两次用餐的菜签摆放得整齐程度不同。而且第二次用餐时，餐桌上预先备好的餐具还少了一把叉子，此时张先生感到这个餐厅的工作程序及服务标准都有点问题。加之朋友对此餐厅的推荐，使张先生抱有较高的期望值，因此对后来出现的问题比较敏感。最关键的是，两天的服务程序感受不同之处较多，这说明此咖啡厅的管理规范、服务程序与标准还需要用质量管理体系加以完善。张先生感觉这么好的餐厅，这么好的菜食质量，辛苦培育的口碑，如此发展下去会丢失很多客户，使现在的兴旺状况逐渐消失。于是，张先生对他的好友及此餐厅的经理谈了这些问题，并提出了一个既好操作，又见效快的建立质量管理体系的建议。张先生讲："体系建立的过程便是统一管理规范、岗位职责，服务标准重新审定、补充、完善的过程，也是全员增强质量管理意识的过程。许多家酒店现已意识到了这一需求，纷纷开展质量认证体系建立等活动，效果十分明显。"此餐厅经理认为张先生的话非常有道理，感觉自己每天只知道忙营业额，而缺乏质量管理意识，导致服务程序及标准混乱。如果管理规范了，岗位职责统一了，服务标准一致了，质量问题就会减少。于是，他将张先生的建议和自己发现的问题向总经理做了汇报，并就问题进行了全面细致的分析，提出了建立质量管理体系的建议。

此建议很快得到了酒店高层管理者的认可，大家一致认为质量管理体系的建立将对提高酒店的经营管理水平起到积极的作用。总经理决定尽快建立酒店质量管理体系，并要求从酒店高层到员工转变观念，充分认识到质量管理体系对提高酒店管理与服务水平所起到的重要作用。

随着现代科学技术的发展，新产品的不断涌现，产品的复杂程度越来越高，产品质量责任也越来越大，如航空、通信、卫生、核电站等，一旦发生质量问题，其损失将不堪设想。许多产品不仅消费者无法凭借自己的知识经验判断其质量状况，就连生产企业要确定产品产生某些质量问题的原因和责任也非常困难，因为产品的设计和制造要经过很多道工序，任何一个步骤的失误都会导致质量上的问题。上述案例所表达的，正是客户的需求，即如何建立科学、精确的质量保证体系，是明确产品质量责任的最迫切需求。

1. 产品质量责任已成为国际上普遍关注的问题

20世纪60年代以来，产品质量责任已逐渐成为国际上普遍关注的重要问题。20世纪70年代以来，许多国家制定了质量责任法，这些法律虽然有效地解决了产品质量责任的归责和赔偿问题，却没有减少人们对产品质量的担心，而是引发人们更加关心怎样才能稳定可靠地确保产品符合质量要求。因为大家已经认识到如果企业质量管理体系不健全、不完善，管理措施不协调，即使再好的产品也很难保证质量标准的始终如一。另外，随着国际贸易的增加，对企业生产体系进行评价的活动不断增多，建立国际统一的评价企业质量保证能力的质量管理体系标准的需求也随之产生。全球贸易竞争的加剧使顾客对质量的期望越来越高，企业为了在竞争中生存与发展，必须让影响质量和成本的各种因素处于受控状态，这从客观上产生了对质量管理体系的建立、实施与完善的需求。

2. 酒店业供需关系的变化，带来满足和超越宾客需求的期望

20世纪70年代以来，随着酒店业供需关系的变化和市场竞争的日益激烈，经营管理观

念不断更新，酒店组织机构重组，重视员工参与，市场细分和产品定位，企业形象树立和整合营销战略，以及酒店程序化等新的管理方法层出不穷。进入20世纪80年代以来，开始推行全面质量管理的观念。酒店的职能是达到百分之百的宾客满意，因此强调服务质量是关键。酒店要提供宾客满意的服务，不仅要强调服务过程控制，还要建立系统的监控体系及一系列管理手段和组织工作。只有建立服务质量管理体系，运用相应的质量管理方法，才能有效地抓好各环节的管理工作，才能追求“卓越”价值，积极为宾客提供无差错服务，满足和超越宾客的期望。

### （二）建立酒店质量管理体系的步骤

1. 准备阶段

准备阶段是建立酒店质量管理体系的基础阶段。准备阶段主要包括：重点做好和发挥领导作用，以及建立体系的承诺；任命管理者代表；建立组织机构；制订体系建立和实施工作的计划等。

2. 培训阶段

培训阶段是建立酒店质量管理体系并使此项工作顺利开展的关键阶段。培训阶段包括质量体系标准的知识与应用培训、文件编写技能培训、内部审核员培训。

3. 策划阶段

策划阶段是建立质量管理体系的顶层设计阶段，关乎今后执行和实施体系时的方向与操作路径。策划阶段主要包括：明确要求，分析组织现状；明确标准在组织的质量管理体系中的应用范围和程度；确定质量方针和质量目标；确定组织机构和职责；确定质量管理体系过程流程。

4. 实施和改进阶段

实施和改进阶段，也可称为执行与检验阶段。实施和改进阶段主要包括：一是质量管理体系实施前的准备，制定体系，实施计划及体系文件正式颁布，加大宣传力度，实现内部沟通，分层次进行体系文件培训，完善各种基础管理工作；二是质量管理体系的实施，适时监控体系运行效果，不断进行内部审核和管理评审；三是实施持续改进质量管理体系，并检验成果，同步纠偏。

5. 文件编写阶段

文件编写阶段，是认真学习有关体系文件、星评要求和符合逻辑的撰写阶段，是一个重要阶段。文件编写阶段主要包括：一是确定体系文件结构编写方法基本要求及注意事项；二是确定程序文件作业性文件的数量；三是确定体系文件的编写计划并实施；四是审查和批准体系文件。

建立与实施酒店质量管理体系的五个阶段的示意图如图4-1所示。

一个完整地建立程序是建立有效质量体系的基本保证。质量体系是在一个动态的环境中稳定存在的，没有严格的制定程序作为保障是很难产生这样的体系的，全面质量管理也就无从谈起。由于这一阶段是质量管理体系的重要阶段，也是日后执行体系时的遵循依据，所以就质量管理体系文件化可以采取的方法做以下说明。

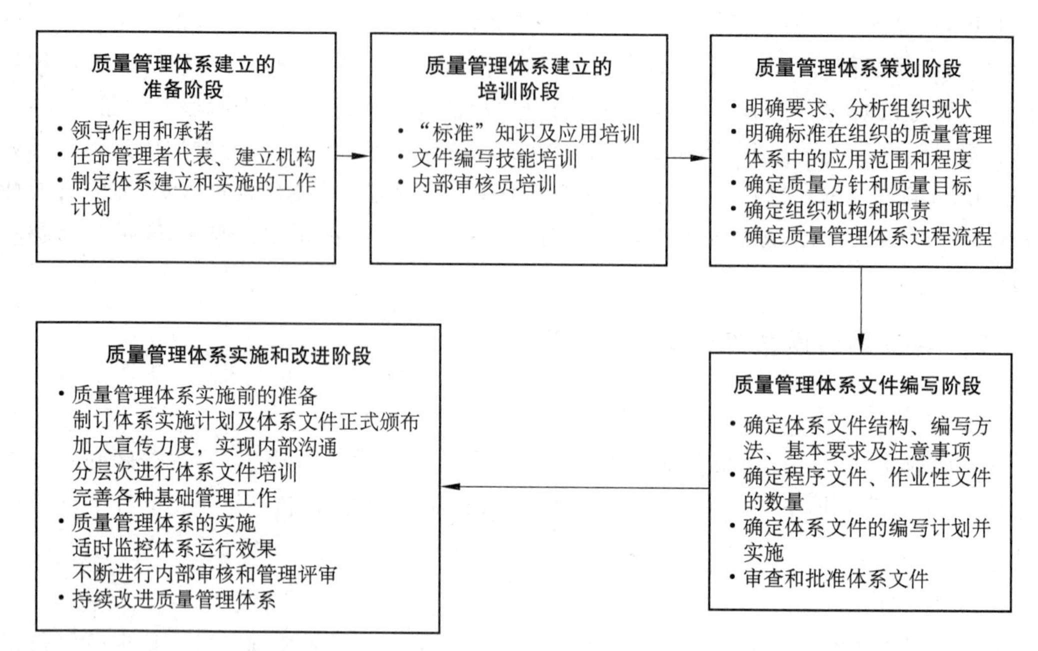


图 4-1　建立与实施酒店质量管理体系的五个阶段

（1）质量管理体系文件的数量和模式

一个酒店编写文件数量的多少，取决于酒店自身的条件和需求，包括产品及过程的复杂程度、规模大小和人员能力等。质量管理体系文件通常可分为三个层次，即质量手册、程序文件和作业文件。

质量管理体系文件应遵循过程方法模式，文件的表达形式可以多样化，建议采用流程图方法，将过程之间的相互顺序和作用，以及信息流和物质流加以直观描述，便于员工理解与执行，文件不需要太多。质量管理体系文件的一般结构如图 4-2 所示。

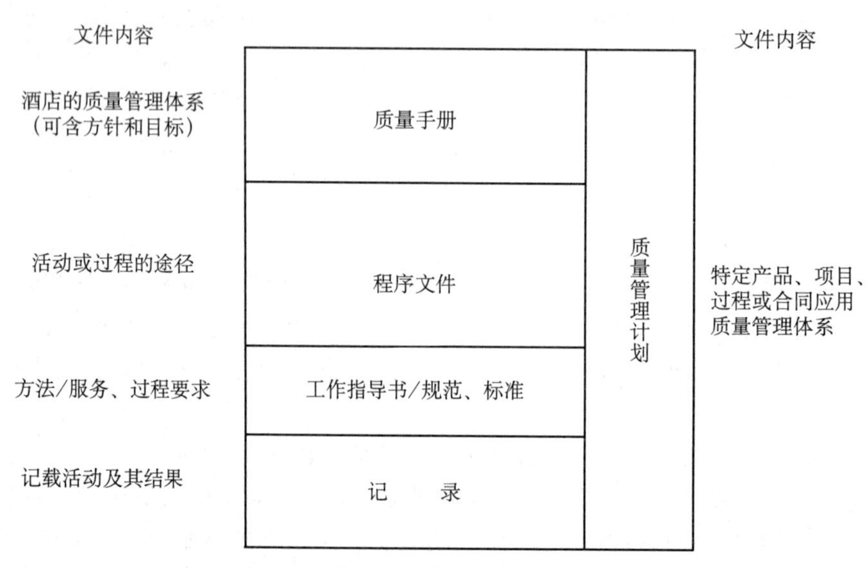


图 4-2　质量管理体系文件的一般结构

（2）质量管理体系文件编写方法

一般先编写质量手册的前半部分，完成酒店机构和人员的确定、部门职责权限的分配；然后整理编写程序文件及工作文件，最后汇总程序文件的相关内容，完成质量手册后半部分的编写。

质量管理体系文件编写完成后，酒店应对文件进行评审，评审中发现的问题应及时修改，文件经酒店高层办公会讨论通过后方可发布执行。

（3）学习质量管理体系文件

在质量管理体系文件正式发布或即将发布而未正式实施之前，认真学习质量管理体系文件对质量管理体系的真正建立和有效实施至关重要。各部门、各级人员都要通过学习，清楚地了解质量管理体系文件对本部门、本岗位的要求，以及与其他部门、岗位的相互关系的要求。只有这样，才能确保质量管理体系文件在整个酒店内得以有效实施。

（4）质量管理体系的运行

质量管理体系运行主要反映在两个方面：一是酒店所有质量活动都在依据质量管理策划的安排，以及质量管理体系文件的要求实施；二是酒店所有质量活动都在证实质量管理体系运行符合要求并得到有效实施和保持。

（5）质量管理体系内部审核

酒店在质量管理体系运行一段时间后，应组织质量检查专职人员对质量管理体系进行内部审核，以确定质量管理体系是否符合策划的安排、是否符合酒店所确定的质量管理体系要求，及其是否得到有效实施和保持。

在内部审核的基础上，酒店的最高管理者应就质量方针、质量目标，对质量管理体系进行系统的评审（即管理评审），以确保质量管理体系持续的适宜性、充分性和有效性。

## 三、建立酒店质量管理体系的内容

服务质量是酒店经营的生命线。加强质量管理，创造服务精品，是酒店营造核心竞争力，使酒店立于不败之地的战略任务。由于市场竞争的不断升级和服务对象的日趋成熟，我们已步入顾客选择品牌和企业的时代。要想在激烈的市场竞争中站稳脚跟并不断发展壮大，就要牢固树立以质量求生存、以质量求信誉、以质量求市场、以质量赢效益、服务质量是企业生命的质量观。所以，策划酒店全面质量管理的要点，要以健全的质量管理体系、完善的质量保证制度和多种质量检查控制的方式方法保证酒店产品质量的有效性，借鉴ISO 9000族标准和星级标准的体系要求，共同建立酒店的质量管理体系内容，提升和关注酒店的服务质量，以优质的服务创造卓越的企业效益。

### （一）制定质量方针

质量方针是一个酒店的最高管理者正式发布的该酒店总的质量宗旨和方向，包括以下方面。

（1）质量方针应与酒店的总方针（如果企业是一个经济实体，则应同企业的经营方针）相一致。

（2）质量方针的制定应参照质量管理原则的要求，结合酒店的实际情况，确定酒店在质量管理工作中远期的发展方向。

(3) 质量方针还应在酒店管理和服务上,为质量目标的展开提供条件。

(4) 质量方针是一种精神,是企业文化的一个组成部分,应与酒店的全体员工的根本利益相一致,体现出全体员工的愿望和追求,为全体员工所理解,便于员工的贯彻执行。

### (二) 质量目标及各目标体系

酒店质量目标和体系的设计应依照各酒店高层或质量管理委员会的要求而定。以下为高星级酒店的目标和体系要点。

1. 质量目标的定义

质量目标是酒店在质量方面所追求的目的。酒店应依据质量方针的要求,制定质量目标并与其保持一致。

(1) 酒店可以在调查、分析自身经营管理现状的基础上,与行业内的先进企业进行比较,制定出经过努力在近期可以实现的质量目标。

(2) 酒店应将质量目标分别在横向上按相关职能(部门或岗位),在纵向上按不同的管理层次加以分解展开。质量目标的这种分解和展开,应同酒店管理上的需要及其复杂程度和产品上的要求与可实现的条件相适应。

(3) 质量目标应当量化,尤其是服务产品目标要结合质量特性加以指标化,以达到便于操作、比较、检查和不断改进的目的。

2. 酒店质量各目标体系

正如本书第一章第一节中有关质量的术语所述,“产品和服务”(或有形产品和无形服务)是质量管理体系的主要术语。因此,无论谈到酒店质量,还是酒店质量目标体系,都离不开这一术语并围绕其展开体系设计。

(1) 酒店产品质量目标要点

酒店产品质量目标要点包括:服务质量是由宾客来评价的,客人应成为酒店关注的中心;满足宾客的需求,首先要发现和了解宾客的需求;既要关注宾客的共同需求,也要关注宾客的个性需求;提高质量是为了增加宾客所获得的价值,但服务需要成本;当宾客的需求与社会利益相矛盾时,酒店只能服从社会、公众的利益;服务一次不到位造成的人或环节的成本浪费必须重视;像对待上司一样尊重宾客,像对待朋友一样理解和关注宾客;服务以提高宾客满意度为准则等。

(2) 服务质量目标要点

一是最佳服务,就是尊重、理解人的服务;二是第一次就把事情做好;三是推动、改善、创新,不可一成不变;四是追求质量就是超越宾客的需求。

(3) 酒店质量目标要点

一是用心服务,指发自内心的服务;二是关注细节,指超越宾客需求;三是追求完美,指卓越和精致、无可挑剔的服务。

(4) 酒店质量目标的分解

酒店及各级质量目标,可分为定量和定性两个方面。定量是指以数量形式存在着的属性,并可以对其进行测量。测量的结果用一个具体的量(称为单位)和一个数的乘积来表示。

例如，宾客满意率高于98%，投诉率低于2%。定性在这里是指通过非定量手段来探究事物的本质，这一概念与定量分析相对应。定性方法在酒店业多表现为常用的质量分析模型"因果分析法"和质量方针等。为此，酒店质量目标一般可分解为四级，即酒店目标、部门目标、分部门(班组)目标和个人目标。

### （三）其他相关体系

1. 酒店服务质量的三条黄金标准体系

酒店产品是指酒店提供的活动、服务和设施。它们必须被设计和经营成具有高品质，并始终能满足宾客的需要和期望的产品。为此，酒店服务质量的三条标准体系是：凡是宾客看到的必须是整洁美观的；凡是提供给宾客使用的必须是安全有效的；员工见到宾客必须是热情礼貌的。

2. 酒店质量管理组织体系

(1) 酒店质量管理委员会

为切实有效地做好酒店的服务质量管理工作，可成立酒店质量管理委员会，全面指导服务管理工作，以强化基础工作，力争以预前控制为目标，健全质量管理组织。

首先，由酒店高层、部门经理、专职人员组成质量管理委员会。其次，确定酒店级质量管理委员会的主要职能，即质量管理委员会负责酒店日常质量管理工作，使酒店的质量达到统一的品质。具体可以包括：每月(季度)召开酒店的质量管理分析会，下发《酒店质量分析报告》；确定酒店质量目标；审视酒店质量管理效果；确定酒店质量控制措施；完善《服务质量评审细则》；为达到管理所制订的质量标准，评审和检查酒店服务质量情况，督导酒店服务质量的提高；组织全店规模的质量管理活动等。

(2) 酒店部门级质量管理小组

酒店服务质量检查小组由酒店质量检查部经理、各部门质量检查员组成，组长由总经理任命，在酒店质量管理委员会的指导下展开日常质量管理与检查工作。

(3) 酒店分部门级质量管理小组

各分部门根据部门级质量管理人员的管理要求，在部门级酒店质量管理小组的指导下展开工作。组长由管理者代表和质量检查部经理或相关部门经理商议任命。

3. 酒店服务质量八步检查程序体系

(1) 以总经理为首进行重点检查。

(2) 专职人员日常全面检查。质检人员除了日常检查、掌握酒店质量状况外，应在专项检查、动态检查上下功夫，寻找典型案例，发现深层问题，体现专业水平。

(3) 值班经理当班检查。值班过程中履行服务质量管理的职责，检查重点内容在次日早会上通报。

(4) 各部门经理日常检查。部门经理对自己所辖范围内的各项工作质量负有直接管理责任，各项检查必须制度化、表单化。

(5) 各分部门对自己所辖区域进行日常质量检查。

(6) 全体员工自我检查。酒店必须培养员工自我检查的意识和习惯，并采取行之有效的形式和方法，激发全体员工参与质量管理的积极性。

(7) 保安人员和值班经理夜间巡查。夜间往往是酒店安全和质量问题的多发期。保安部和值班经理的夜间巡查内容与要求应形成质检日报制。

(8) 宾客进行最终检查。只有宾客认可的服务,才是最有价值的服务。其途径主要有:宾客意见表;每日大堂经理日报记录、值班经理记录所归纳的宾客对于服务质量的有效意见、建议;不定期地邀请业内专业人员暗访,对整个酒店或某个服务区域进行客观、实事求是的评价。

4. 酒店质量管理委员会的服务质量检查体系

酒店质量管理委员会应发挥其专业性强、组织性强的优势,组织对酒店进行整体的检查与评估。

(1) 质量检查活动:酒店质量管理委员会成员平均每人每年单独对酒店至少进行3次检查,并写出评估报告。

(2) 暗访:每年至少一次邀请专业人士出具暗访报告和评分报告,可依据"星级标准"进行。

(3) 上级主管领导质量保证的全面检查:上级主管单位代表对酒店进行全面的检查,由酒店经理或质量检查专职人员进行总结评估。

(4) 宾客调查:每年一次,所用标准可选用星级酒店服务质量标准、旅游涉外酒店星级划分与评定、酒店服务质量评审细则,所用表格可使用本酒店宾客意见征求表。

以上这些检查资料及分数积累,将作为酒店年终质量评定的依据。

5. 酒店质量的分级评定体系(五级考核办法)

例如,服务质量等级的表示如下。

5 客房部　五个星符号/95 分或以上　★★★★★
4 前厅部　四个星符号/90 分或以上　★★★★
3 餐饮部　三个星符号/85 分或以上　★★★
2 销售部　二个星符号/80 分或以下　★★
1 物业部　一个星符号/75 分或以下　★

(低于70分无星符号。)

酒店质量管理委员会,每季度根据检查结果召开质量分析会,对各部门进行质量等级评比。带有3个以上星符号的部门,意味着他们超出了酒店最低的标准。也就是说,部门的星符号越多,服务质量水平就越高。对于星符号持续不降的部门,可以给予其负责人一定的奖励,并推广经验。

低于2个或没有星符号的部门,表示该部门产品品质、设施设备或服务水平等方面存在着较大的缺陷,将被限期整改。同时,根据酒店绩效考核办法,对其负责人予以一定的惩罚,直至达到酒店统一规定的标准要求。

6. 建立酒店质量信息管理体系

质量评价与分析是发现问题、总结规律、实现预前控制的有效手段。为此,建立以下制度是非常必要的。

(1) 质量信息录入制度。各部门对当日发生的质量事故、服务案例、安全巡检及质量情况,必须于次日中午12:00之前录入计算机,并反馈到质量检查专职部门。对未能及时录入信息的部门,按服务质量评审细则之未及时完成工作任务同等处罚。其中,大堂经理日报表的填报尤为重要。大堂经理日报表是保证每月拜访的宾客数量不少于月入住客人总数10%(依酒店用于客房间数及出租率而定)的记载。它完整、详细地记录了在值班期间所发生和处理的任何事项,并将一些特殊的、重要的和具有普遍意义的内容整理成文,在当班期间录入电脑发至所有部门,由大堂经理及时归档的文字。

(2) 分析报告制度。质检部门每月对发生的质量问题进行汇总统计、分类解析、定量说明,并形成质量分析报告。

(3) 实行典型案例通报制度。对具有典型意义的重要事件进行核实调查,并制作成典型案例通报酒店。

(4) 质量分析会制度。每月召开质量分析专题会,对成绩与问题进行评估分析,并提出改进措施。

(5) 质量档案管理制度。质量管理档案是酒店改善服务、提高质量的一项重要的基础工作,由质量检查部门负责。同时监督、指导部门、分部门建立和完善档案管理制度,实行专人专管和定期检查制度,酒店质量管理委员会不定期对各个部门档案进行抽查。

(6) 质量检查的报表及分析制度。

① 酒店质量检查日报表。专职质量检查人员每日抽查各部门质量状况并汇总,分析各部门上报的质检内容,以"5W/1H"为质检报表的基本内容,即When(什么时间检查)、Where(检查哪里)、What(发生了什么,客观描述)、Who(涉及的人)、Why(分析原因,直接和间接原因)、How(怎么办,采取何种措施可避免问题再次发生)。

② 月度质量分析报表及分析。当月酒店有关服务质量的重大事件数据分析包括:当月酒店有效投诉的数量;当月酒店有效投诉部门分布情况;各部门当月与上月有效投诉数量比较;当月宾客意见;典型投诉案例分析;典型优质服务案例分析。

### 7. 酒店服务质量问题的分类监控制度体系

根据酒店产品的特性和服务问题产生的特点可将服务质量问题分为九大类26小项,分述如下。

(1) 工作形象:仪表仪容;姿势规范。

(2) 工作态度:服务态度;责任心。

(3) 服务规范:服务规范。

(4) 服务含量:业务熟练度;员工应知应会;语言能力。

(5) 产品质量:客房质量;食品质量;公共区域卫生质量;设备设施质量。

(6) 酒店环境:人为噪声;施工噪声;外部噪声;温度;异味;蚊虫干扰。

(7) 安全问题:车辆事故;客人物品丢失;失火事件;骚扰电话。

(8) 内部管理:政策性投诉;内部沟通;管理失效。

(9) 员工执纪:员工纪律。

针对以上问题进行归类分析,并对前五类问题进行重点阐述,提出控制目标和方法,供酒店有关部门参考。

### 8. 酒店产品最低标准的识别与监控制度体系

(1) 产品的最低标准(70分以下)

产品的最低标准包括:遇到宾客微笑并主动问候;服务中有良好的服务意识体现;观察

宾客的需要并主动服务；服务程序规范；提供服务快捷、有效；服务中走路举止文雅、职业；在酒店工作中不大声讲话；在本岗位服务中不扎堆聊天；遇有宾客询问本岗位之外的事情准确回答；预计宾客需要，主动为宾客服务等。

（2）酒店设施最低标准

酒店设施最低标准包括：部门设施完好、清洁；严格按设备操作规程使用；定期清洁保养；有维护登记档案；设施时刻处于良好的使用状态中等。

（3）酒店安全最低标准

酒店安全最低标准包括：了解和遵守酒店有关安全消防的规定；了解本工作区域消防器材的摆放位置；熟知本岗位消防安全知识的有关规定；熟练使用消防器材；有灭火、防盗、防食物中毒意识；知道防恶性事故发生的基本常识；知道酒店报警电话、报警程序；树立酒店“安全第一”意识等。

（4）酒店服务质量监控细则

酒店服务质量监控细则包括：管理人员着装仪表；管理人员岗位纪律；管理人员使用礼貌敬语；管理人员巡视检查督导；管理人员围绕酒店中心工作落实酒店质量标准；管理人员管理意识的体现；员工仪表仪容、个人卫生；员工着工服外出办事；员工使用宾客卫生间；员工私乘客人电梯；员工当班时间着工服穿行大厅区域；员工微笑，使用敬语；员工接听电话，使用规范语言；员工扎堆聊天禁忌；总机规范服务；门童规范服务；酒店卫生及规范服务；各办公室卫生；酒店安全设施；酒店设备完好率等。

9. 酒店服务质量提升和教育体系

（1）酒店服务质量提升理念

例如，“超越宾客需求”“工作一分钟，用心六十秒”“为宾客提供‘满意加惊喜’的服务”等。

（2）定期开展酒店服务质量主题教育活动

酒店定期开展质量主题活动，能够强化员工的质量意识，实现质量管理创新，为质量管理工作注入新的活力。

上述具体体系还将根据各组织的不同要求而有所增减。

### （四）质量策划

质量策划是质量管理的一部分，是致力于制定质量目标并规定必要的运行过程和相关资源，以实现质量目标的活动。

（1）根据管理的范围和对象不同，组织内可存在多方面的质量策划，例如质量管理体系策划、质量改进策划及产品开发策划等。

（2）通常情况下，酒店将质量管理体系策划的结果整理成质量管理体系文件，并将特定的服务产品、项目计划结果所形成的文件称为质量策划。

### （五）质量控制

质量控制是质量管理的一部分，致力于满足质量标准要求。质量控制是通过实施质量管理体系的各个环节的活动过程实施控制的，包括质量方针和目标控制、文件和记录控制、设计和开发控制、采购控制、服务运作控制、监测产品控制、不合格程序控制等。

质量控制是为了使质量管理体系过程达到规定的质量要求，是预防不合格产品和服务发生的重要手段和措施。因此，酒店只有对影响产品和服务、体系或过程质量的因素加以识别和分析，找出主导因素，实施因素控制，才能取得预期效果。

### （六）质量保证

质量保证是质量管理的一部分，旨在保证质量得到信任。质量保证是酒店为了提供足够的信任表明体系、过程或产品与服务能够满足质量要求，而在质量管理体系中实施并根据需要进行证实的、有计划和有系统的活动。

（1）质量保证定义的关键词是“信任”，对能达到预期的质量提供足够的信任。这种信任主要是建立在顾客满意度上，如果顾客对酒店没有这种信任，则不会在酒店消费，也不会再次光顾。质量保证是杜绝宾客对酒店不满意评价、投诉，保证回头客的重要措施。

（2）信任的依据是质量管理体系的建立和健康运行。因为这样的质量管理体系对所有影响质量的因素，包括酒店经营、管理与服务，都进行了有效的控制，因而质量管理体系具有持续稳定地满足所规定的质量要求的作用。

（3）ISO 9001:2015 质量管理体系标准与 ISO 9001:1994 相比增加了“顾客满意”等质量管理要求。这并不意味着弱化了对企业持续地保持质量保证能力的要求，相反，在实施 ISO 9001 标准时，对企业的质量保证能力的要求进一步得到了加强。

### （七）质量改进

质量改进是为向本组织及其顾客提供增值效益，在整个组织范围内所采取的提高活动和过程的效果与效率的措施。现代管理学将质量改进的对象分为产品质量和工作质量两个方面，是全面质量管理中所叙述的“广义质量”概念。

质量改进是质量管理的一部分，它致力于增强满足质量要求的能力。当质量改进是渐进的，并且组织积极寻找改进机会时，通常使用术语“持续质量改进”。质量改进的对象是产品或服务质量，以及与它有关的工作质量。质量改进的最终效果是获得比原来目标高得多的产品和服务。质量改进有既定的范围与对象，借用一定的质量工具与方法，满足组织更高的质量目标。

本节所谈到的关于质量管理体系建立及质量管理体系内容的详解，均为酒店建立质量管理体系提供了参考样板。各酒店应根据自身的实际情况，选择适宜的质量体系的内容及实施方式。

## 第二节　酒店标准与标准化

体系建立后，实施全面质量管理的重要内容之一就是质量标准及标准化程序的完善。在目前酒店行业中，应持续进行质量管理标准化，力求酒店管理与服务规范化，岗位实操标准化，追求完美质量标准的量化。

## 案例 4-2

### 为什么这样浪费我的时间

某酒店外币兑换服务台前，一位打扮入时的女士正毫不客气地对服务台内的柜员大声说："你们为什么这样浪费我的时间？"事情是这样的，曹女士来自奥地利，她有一个非常要好的朋友在北京某公司，但已多年未见，她手里只有朋友的地址，没有电话。曹女士想借换钱之时，请柜员帮助找一下电话号码。柜员对她面带微笑，热情相帮，在柜台里看到一本电话册就开始翻找，由于柜员的本职工作没有这项服务，因此他看上去非常慌乱。就这样，柜员找了几分钟后对曹女士说："这有个电话，您试试吧。"曹女士试打了一下，没有通。柜员又给了她另一个号码，还是不通。最后，柜员发现自己查的是个过期而陈旧的电话簿，这时，曹女士的脸色就不好看了。柜员马上说，也许由于这个电话簿太旧了，电话号码变了。于是，他赶紧请旁边商品部的小李帮忙，小李过来又问了一遍曹女士找什么地方的电话。曹女士再次重复后心中十分不满意，这时时间已过了半个多小时。所以曹女士才满脸不悦地大声说："你们为什么这样浪费我的时间？"

大堂经理受理了这个投诉。这个投诉的通报引起了各部门经理的重视，各部门立即制定了几条对本部门各岗位服务标准的要求，要求员工对客人的任何问题都要有问必答，这一岗位工作标准要求与考核挂钩。可过了一段时间，此类情况还是时有发生。你能说出这是为什么吗？

本案例反映出的管理与服务标准环节上的问题如下。

(1) 酒店的管理与服务标准是为达到优质高效而制定的。但如果服务标准超出了本岗位所能承担的范围，那么这个标准就是不适宜的。虽然外币兑换人员非常热情地为客人服务，但由于找电话号码的确不属职责范围内的工作，客人因等待时间过长而进行了投诉。

(2) 部门经理提出的服务标准不切实际，对员工来讲既不可操作，又不易做到。因此，标准失去了严肃性和制约作用。财务部经理应有限度地要求柜员回答客人酒店外部的一般信息问题、常用号码等；同时要让员工明确，当自己遇到不清楚、不常见的信息或疑难问题时，应请相关部门帮助客人解决，如大堂经理、前台接待，他们更专业，处理此类问题更省时，能尽量避免此类情况的发生。

(3) 对客服务应实施首问负责制(即宾客第一个问到的员工，实行责任承诺，不转责，可借力)，不应推给别人导致重复向客人发问，引起客人反感。更重要的是让客人等候时间太长，却未致歉。酒店应对这些问题制定标准并用于考核。

(4) 各部门应随时分类收集、整理存档日常问询信息，根据客人需求，补充制定岗位服务标准。

(5) 加强培训：一是使员工能够交流和分享客人新的需求和信息，不断掌握新内容，提高服务质量；二是如果接受客人的询问，承诺办理，就要守信；三是如何对客人的额外要求进行处理等。

此案例是一个由于员工岗位职责服务标准要求不明确而引起的宾客投诉。标准的确定，首先要具备可行性。如果标准不可操作或难以操作，就会使员工感到茫然不知所措，其结果就会令人失望。

在酒店内，凡与宾客接触并向宾客提供与酒店相关服务的岗位，均要制定管理规范、岗位职责及服务标准，凡与酒店服务相关的实际操作工作，如地毯清洗、设备维修等均要制定作业规范及操作标准。系统、完善的管理规范，是产生有效适宜的操作标准的前提，也是确保有效策划、控制酒店管理过程所需的文件。

## 一、酒店质量管理规范

本部分将着重介绍酒店质量管理规范、酒店服务质量标准、酒店质量管理标准化及标准的种类、内容、级别及相关的评价标准等。

管理规范的定义和涵盖范围如下。

管理规范是阐明管理要求的文件，也是酒店为保证其有效策划与监控管理过程所需的文件。通常包括：管理评审规范、培训管理规范、人力资源管理规范、餐厅卫生管理规范、客房卫生管理规范、员工更衣室管理规范、自动门系统维护与检修规范、酒店服务实现过程的策划规范、宾客投诉处理规范、电话通信管理规范、餐饮服务管理规范、会议服务管理规范、贵宾服务管理规范、商务服务管理规范、物品类洗涤管理规范等。因各酒店设备设施、人员等方面条件，以及对自身要求的不同，其管理规范也是不完全统一的，这里仅供参考。

案例 4-3 向大家提供了一个工作管理规范的范本，通过对物品类洗涤的管理，确保洗涤过程规范统一，达到质量标准。

### 案例 4-3

**物品类洗涤管理规范**

**（一）范围**

本规范规定了物品洗涤管理的职责、程序、内容与要求。

本规范适用于洗衣房对客衣的洗涤过程质量要求。其他物品的洗涤也可以参照执行。

**（二）引用文件**

GB 9663—1996　旅店业卫生标准

GB 37488—2019　公共场所卫生指标及限值要求

LHB 205—2002　质量记录控制程序

**（三）职责**

（1）洗衣房员工负责棉织品及客衣的收发、洗涤、熨烫、烘干。

（2）领班每天负责检查全部洗涤、熨烫物品的质量，确保客衣、棉织品符合 GB 9663—1996 和 GB 37488—2019 要求。

（3）部门经理每日抽查洗涤作业过程质量情况。

**（四）程序**

洗涤服务流程图如图 4-3 所示。

**（五）内容与要求**

（1）布巾室收发工在指定时间内，将客房部、餐饮部、康乐部等部门所需清洗的物品（棉织品、客衣）验收后，送至洗衣房。

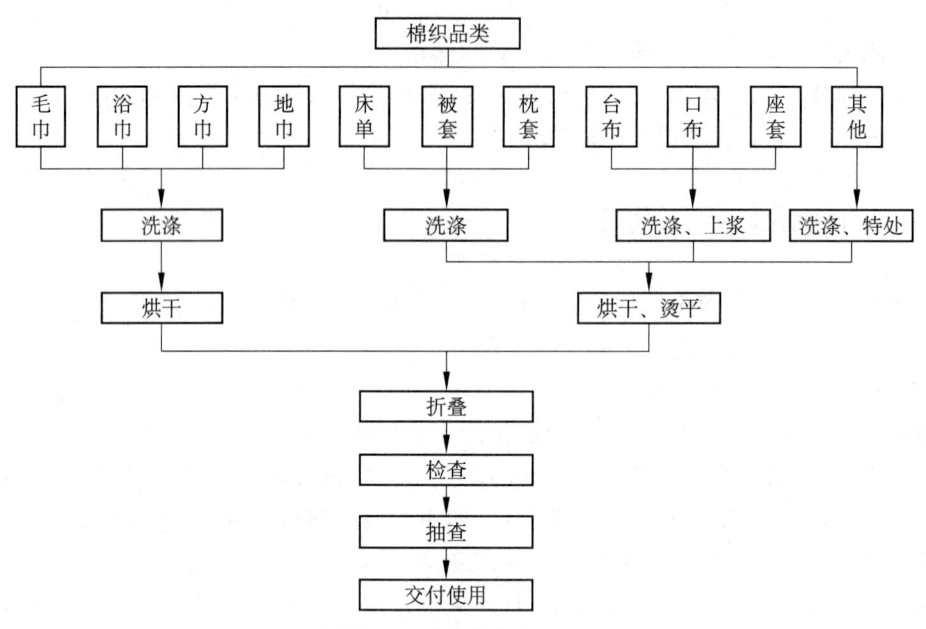


**图 4-3　洗涤服务流程图**

(2) 根据棉织品调换单的记录,对棉织品进行分类、清点、登记,根据洗衣单对客衣进行分类、清点、登记。

(3) 根据客人所填写的洗衣单所注明的洗涤服务要求,对客衣进行分类洗涤。同时,检查客衣有无遗留物品,有无破损或残缺,有无特殊污迹等,并根据客人要求回送时间及时进行洗涤。

① 干洗类:按干洗作业规范操作。

② 水洗类:按水洗作业规范操作。

③ 熨烫类:按熨烫作业规范操作。

(4) 根据棉织品洗涤作业规范可将棉织品分为四类:毛巾、浴巾、方巾、地巾类;床单、被罩、枕套类;台布、口布、座套类;其他类。其中其他类包括酒店窗帘、床罩、毛毯、需特殊处理的物件等。

① 毛巾、浴巾、方巾、地巾类的洗涤,按毛巾类洗涤、烘干、折叠作业规范操作。

② 床单、被罩、枕套类的洗涤,按床单类洗涤、烘干、熨平、折叠作业规范操作。

③ 台布、口布、座套类的洗涤,按台布类洗涤、上浆、烘干、折叠作业规范操作。

④ 其他类的洗涤,根据特殊物件处理作业规范操作。

(5) 领班负责检查客衣、棉织品的洗涤质量;不符合质量标准的物件返工重洗。填写洗衣房领班工作报告。

(6) 部门经理负责抽查客衣、棉织品的洗涤质量;不符合质量标准的物件返工重洗。填写部门经理工作报告。

(7) 布巾室收发工根据客人洗衣单和棉织品调换单在指定时间内给各使用部门。

酒店服务管理规范既是服务质量标准,又是服务过程质量标准,是管理要求的文件。此类文件的多少取决于酒店规模及管理基础,为确保酒店管理过程的有效策划、运行和控制,可采用适宜本酒店标准的格式。

编制酒店管理规范应主要依据 ISO 9000 族标准及酒店服务质量要求，同时依据与酒店相关的法律法规、有关行业管理条例中与服务相关的国家标准、行业及地方标准。

## 二、酒店质量管理标准化

在掌握酒店质量管理标准及标准化之前，有必要了解标准及标准化定义。标准是指为在一定的范围内获得最佳秩序，经协商一致制订，并由公认机构批准共同使用和重复使用的一种规范性文件。标准只以科学技术和经验的综合成果为基础，以促进最佳的、共同效益为目的。标准化是指为在一定的范围内获得最佳秩序，对现实的问题或潜在的问题，制订共同使用的和重复使用的条款的活动。

### （一）酒店质量管理标准及标准化定义

1. 酒店质量管理标准

在酒店质量管理体系中，标准是指管理规范的细化、量化内容，是检验管理规范的实际操作过程。例如，酒店对员工仪容仪表的标准要求，对前厅服务接待员的岗位标准要求等。着店服男员工仪表仪容标准如表 4-1 所示；着店服女员工仪表仪容标准如表 4-2 所示。此案例旨在说明酒店服务标准的模式，同时还要从理论上进一步理解标准的含义。

**表 4-1　着店服男员工仪表仪容标准**

| 项　目 | 按在岗标准着装 |
| --- | --- |
| 鞋 | 黑色，没有显露的破痕，擦亮，无灰尘 |
| 袜 | 没有显露的破痕，黑色，保持平整 |
| 裤 | 没有褶皱，适体，在不系裤带时保持不掉落，裤脚不沾地，站立时袜子不显露出来，着简单黑色皮带 |
| 衬衫 | 领口、袖口无污迹，领口没有显露的破痕，领带、领结及所有扣子应系好，袖口不得长于手，每日更换衬衫 |
| 上衣/马甲 | 没有污迹，没有显露的破痕，熨烫平整，扣子要系好，衣袋里不允许放入杂物以至于看上去有鼓胀的感觉 |
| 名牌 | 擦亮名牌，损坏要及时更换，不得用胶条或皮筋缠绕，佩戴在上衣左口袋连缝处 |
| 头发 | 使用发胶、摩丝或啫喱将头发梳理整齐，有光泽，并保持干净，没有油污及头皮屑，不留鬓角，头发保持自然色，也可染发，染发的颜色要符合规定的色标，以酒红、栗色为主，自然，不宜太夸张；不得染怪异的颜色；头发不得遮盖耳朵，长度不得超过衣领，不梳怪异的发型 |
| 首饰 | 项链不得显露出来（戴在衬衫里面）；允许佩戴一枚简单戒指（食品操作者不在此范围）；不允许在手腕上戴手镯、手链 |
| 面部 | 光洁，胡须要剃干净 |
| 眼镜 | 简单的镜框及干净的镜片 |
| 手指甲 | 不留长指甲，指甲缝无污迹 |
| 口腔 | 无异味 |

表 4-2　着店服女员工仪表仪容标准

| 项　　目 | 按在岗标准着装 |
| --- | --- |
| 鞋 | 黑色，没有显露的破痕，擦亮，无灰尘 |
| 袜 | 适体，没有显露的破痕 |
| 裙子 | 长短适度，没有褶皱 |
| 衬衫 | 领口、袖口无污迹，领口没有显露的破痕，领带、领结及所有扣子应系好，袖口不得长于手，每日更换衬衫 |
| 上衣/马甲 | 没有污迹，没有显露的破痕，熨烫平整，扣子要系好，衣袋里不允许放入杂物以至于看上去有鼓胀的感觉 |
| 名牌 | 擦亮名牌，损坏要及时更换，不得用胶条或皮筋缠绕，佩戴在上衣左口袋连缝处 |
| 首饰 | 只允许佩戴针状及小巧的装饰耳环，针状耳环的直径不得超过一厘米；项链不得显露出来（戴在衬衫里面）；允许佩戴一枚简单戒指（食品操作者不在此范围）；不允许在手腕上戴手镯、手链 |
| 眼镜 | 简单的镜框及干净的镜片 |
| 手指甲 | 不留长指甲，指甲缝无污迹 |
| 口腔 | 无异味 |
| 头发 | 使用发胶、摩丝或啫喱将头发梳理整齐，有光泽并保持干净，没有油污及头皮屑，短发长度不得过衣领，要注意发际线清晰，及时修剪；不留披肩发和马尾辫，过肩的长发应盘起（统一使用酒店发放的发套）；盘头要紧，注意额前、两鬓和脑后不要有飘逸的发丝；头发保持自然色，也可染发，染发的颜色要符合规定的色标，以葡萄红、栗色为主，自然，不宜夸张，不得染怪异的颜色；刘海儿不得长过眼眉 |
| 化妆 | 面部着淡妆，使之呈明朗健康色 |

表 4-1 和表 4-2 为酒店员工仪表仪容标准。下面，从理论上认识一下“标准”的定义。

（1）标准是一种文件，是指对某种活动或其结果做出的规定、导则，或者对某种活动或其结果的特性做出的规定。“规定”是对某种活动或其结果做出的明确的书面要求；“导则”是对某种活动或其结果做出的指导性、原则性的书面要求；某种活动或其结果的“特性的文件”是对该种活动或其结果的“特性”的明确表述或说明。标准的内容、编写格式必须符合规定的标准文件格式。

（2）标准的对象是反复出现的“活动或其结果”。例如，量体裁衣是一种反复出现的活动，尽管宾客不同、所裁衣服不同，但这种活动是反复出现或重复发生的。批量生产的定型产品，在不同时间、不同地点被多次生产出来，其生产过程及其产品都是反复出现或重复发生的。孤立的、偶然的活动或其结果不是标准的对象。

（3）标准以科学、技术和经验的综合成果为基础。对反复出现、重复发生的活动或其结果制订标准是在总结以往经验的基础上进行的，通过应用先进的科学方法和技术手段，使过去成功的经验上升为能普遍应用的方法和原则，使更多的人能够在更广泛的范围内反复地再次获得成功。

（4）标准的制订不是通过法律手段、行政手段或其他强制手段进行的，而是采用民主的方法进行协商，在协商的基础上达成一致，然后经过一个公认机构批准正式出台。标准的批准有规定的程序。

(5) 标准的目的是在一定范围内获得最佳秩序,促进最佳社会效益。

2. 酒店质量管理标准化概念

酒店质量管理的标准化是一项系统工程,它由环环相扣的多个环节组成。员工把良好的服务技能、技巧不折不扣地体现在整个接待服务的全过程、各环节,这就是规范与程序。

酒店质量管理的标准化使整个酒店的工作像工厂的流水线那样井然有序地运转,保证接待工作正常进行。在整个服务中都需要服务员在各岗位、各项目上按标准规范操作,从客人预订房间、机场迎接,到来店后的拉门迎宾、开房、送行李、餐饮服务,直至宾客离店的各道环节,每一步都应使宾客感受到规范周到、连贯完整的服务,这就是标准化服务。不难想象,宾客在购买了一次操作技能不标准、不规范、服务不周的酒店产品后,其抱怨情绪会是多么严重。案例 4-6 是一家高星级酒店在实施质量管理标准化的过程中较成功的经验。

 **案例 4-6**

### 三步、三高的诱惑力

**一、酒店质量管理标准化的第一步——观察、小结、分析**

通过观察、小结、分析,可以发现本酒店、本岗位大量重复的工作中存在着统一的客观规律,从中找出可能应用的标准化方法,以提高酒店的服务质量。观察、小结内容如下。

1. 观察、小结

(1) 日常工作内容:即干什么,明确工作职责。

(2) 工作方法:即怎么干,明确工作程序、操作规范和方法。

(3) 工作要求:即干到什么程度,明确工作标准。

(4) 工作条件:即在什么条件下干,明确工作环境及对各工作岗位的质量要求。

2. 分析

定期召开分析工作会,对专项问题做出专项分析。例如,对服务过程中的问题、管理过程中的问题、设施设备问题的分析,对员工服务及操作的分析,对经营情况及营业指标的分析等。

**二、酒店质量管理标准化的第二步——管理与服务过程设计**

1. 部门工作内容设计

2. 部门工作规范设计

3. 各岗位工作范围、职责及服务标准等的设计

**三、酒店质量管理标准化的第三步——建立酒店质量标准体系**

经过观察、分析,根据管理与服务过程设计的结果之一形成新的管理和工作标准,从而构成酒店标准体系中的"软件"部分。而酒店标准化体系中的"硬件"标准的建立,主要是遵循行业有关通用标准。质量标准的确定应严于国家及行业标准,如管理标准、工作标准应远远精细于国家行业的统一标准要求。

以上质量管理标准化的三步骤案例,为您提供了使酒店管理与服务达到程序化、规范化、标准化的捷径。实践告诉我们,该酒店通过这三步可以达到以下三个新高度。

(1) 理顺了岗位职责,完善了工作标准,改进了服务流程,优化了工作岗位人员的配备,

提高了服务质量。

(2) 建立质量管理体系,使酒店管理与服务工作运行顺畅,整个酒店的日常工作以系统的模式健康运行,降低了成本,大大提高了工作效率。

(3) 通过制订和完善有关经营管理标准和服务标准,推动经营工作,从而提高酒店营业额及利润。

以上关于酒店质量标准及标准化的案例,为我们提供了"标准"及"标准化"的内涵及定义,告诉我们应如何确立酒店质量管理标准,以及质量管理标准化的运行,在酒店质量管理中起到的作用。掌握了这些内容,可使酒店质量管理规范化、标准化,可推进质量全面上升,形成"质量管理标准化"。

### (二) 标准及标准化与酒店质量管理的关系

1. 标准是质量的依据

标准与质量的关系可用一句通俗的话来讲,即"没有规矩,不成方圆"。"规矩"可以看作标准;"方圆"可以看作质量。圆周上的每一点到圆心的距离都相等,矩形的角为90°,这是圆形和矩形的质量特性。圆规和矩尺是画圆形和矩形的工具,不用圆规或矩尺,就不能画出准确的圆形或矩形,即使凭人的感觉和经验做出了圆形和矩形,离开了规矩,其质量特性也无法测量。

因此,标准是质量的依据,没有标准就没有质量。酒店在有形和无形产品质量的标准决定了酒店整体产品的质量,其产品标准的水平决定了酒店质量的整体水平。

2. 质量管理活动是制订标准的基础

标准不是凭空产生的,而是在总结人们过去成功经验的基础上产生的。人们在生产实践中进行的连续不断的质量管理活动,使人们对各种产品、物品、事务、作业的认识不断深化。当这种认识达到普遍认同的程度,标准才能形成。但是这并不意味着标准落后于实践,恰恰相反,新制订的标准总是在现有基础上考虑到未来的发展,具有一定的超前或前瞻性。用先进的标准指导人们的生产和其他社会实践活动,可以促进产品质量、生产过程质量和其他社会活动及其结果的质量达到新的、更高的水平。

3. 质量管理与标准化相互促进

标准是相对固定的,即在一定时期内是固定不变的。如果不用标准的形式把成功的经验固定下来,成功的经验就得不到巩固和推广应用。质量管理活动是不断变化的,当质量管理活动渐进地发展累积到一定程度出现某种飞跃时,质量管理水平就上了一个新台阶。这时,原来的标准已不能适应新形势下的需要,于是就会修订或废止原标准,制定新标准。因此,以制定、发布和实施标准为主要内容的标准化活动贯穿于质量管理活动的始终。标准与质量管理一静一动,动静相宜,相互促进。

### (三) 标准的种类、内容、级别及相关的评价标准

鉴于质量管理的规范化,产生了质量标准,而标准的实际运行又使之形成质量管理标准化。各行各业、方方面面都有一个质量要求,但由于各行各业的标准种类各不相同,因此产生了各类标准、标准的级别及与酒店业相关的评价标准。

1. 标准的种类

（1）我国国家标准按性质分为强制性标准和推荐性标准两大类。强制性标准是根据普遍法律或法规中的唯一性引用，使标准应用成为强迫性的标准。国家有关法律法规赋予了强制性标准的强制性，即利用国家法制强制实施。推荐性标准是建议性、指导性、提倡性的标准。酒店完全按自愿原则自主决定是否采用推荐性标准。通常，酒店的自愿性一方面来自市场和宾客的要求，另一方面来自酒店追求发展和提高竞争力的愿望。酒店一旦采用了推荐性标准，或经商定作为合同条款，那么该推荐性标准就具有了法律上的约束力。

（2）标准按习惯分为技术标准、管理标准和工作标准三类。其一是技术标准，指对标准化领域中需要协调统一的技术事项所规定的标准。对酒店而言，酒店技术标准是对酒店标准化领域中需要协调统一的技术事项所制定的标准。酒店技术标准的形式可以是标准、规范、规则、守则、操作卡、作业指导书等。其二是管理标准，指对酒店标准化领域中需要协调统一的管理事项所制定的标准。其三是工作标准，指对酒店标准化领域中需要协调统一的工作事项所制定的标准。通常，工作标准是关于“人”和“作业”的标准。

（3）酒店标准按对象通常分为基础标准、过程标准、服务标准、检查标准等。基础标准是具有广泛的普及范围或包含一个特定领域的通用规定的标准。过程标准是规定一个过程应符合的要求，以保证其适用性的标准。服务标准是规定一项服务应符合的要求，以保证其适用性的标准。检查标准是管理与服务有关的标准对服务过程及实际状况的检查。

2. 标准的主要内容

在长期的标准化实践中，酒店业逐渐形成了包括以下主要类别和内容的酒店标准。

（1）基础标准。酒店基础标准是关于制定酒店标准的标准，对制定各项技术标准、管理标准和工作标准具有广泛的指导意义。其主要内容有以下几条。

① 标准化工作导则。其包括标准编写的基本规定、标准出版印刷的规定等。这些标准是酒店标准化工作的指导性标准。

② 通用技术语言标准。其包括术语标准，符号、代号、代码、标志标准，技术制图标准等。这些标准是为使技术语言统一、准确，便于相互交流而制定的标准。

③ 量和单位标准。酒店可直接采用关于量和单位的强制性国家标准，也可根据需要选择部分内容，转化为酒店标准。

④ 酒店适用的专业技术导则。

（2）产品标准。产品标准的主要作用是规定产品的质量要求，包括性能要求、适应性要求、使用技术条件、检验方法等。由于酒店内的主要活动最终表现为服务产品，酒店、宾客、最终使用者或消费者的关注焦点集中表现为服务产品质量。因此，产品标准是酒店内所有标准的核心。

产品标准可以是一个标准，也可以由若干个标准组成。为了在不同经济水平或不同使用目的方面使产品满足不同的需要，产品标准可以分等分级。

（3）设计标准。设计标准是指为保证与提高产品设计质量而制定的技术标准。设计的任务是将宾客的期望和要求转化为产品标准，以及相关的材料、工艺等技术标准，进行样品试制和服务试行，并最终完成产品定型。

（4）基础设施和工作环境标准。基础设施和工作环境标准是指对产品质量特性起重要作用的基础设施和工作环境的质量要求制定的技术标准。

(5) 设备和工艺装备标准。设备和工艺装备标准是指对产品服务过程中所使用的通用设备、专用工艺装备、工具及其他生产器具的要求制定的技术标准。

(6) 职业健康安全与环境保护标准。职业健康安全标准是指为消除、限制或预防职业活动中的危险和有害因素而制定的标准,目的在于保护劳动者的身体健康,预防职业病,避免工作中的人身伤害。

(7) 管理标准。管理标准是针对管理事项或管理事务制定的标准。酒店管理标准的主要内容有以下3条。

① 管理体系标准。它通常是指ISO 9000质量管理体系标准、ISO 14000环境管理体系标准和OHSAS 18000职业健康安全管理体系标准。

② 管理程序标准。它通常是在管理体系标准的框架结构下,对具体管理事项的过程、流程、顺序、路径、方法的规定,是对管理体系标准的具体展开。

③ 定额标准。它是指在一定时间、一定条件下,对生产某种产品或进行某项工作消耗的劳动、物化劳动、成本或费用所规定的数量限额标准。

(8) 工作标准。工作标准是针对岗位工作人员作业制定的标准。

3. 标准的级别

根据中华人民共和国标准化的相关规定,我国的标准分为四级:国家标准、行业标准、地方标准和酒店标准。

(1) 国家标准是由国家标准机构通过,并公开发布的标准。

(2) 行业标准是由国家有关行业行政主管部门通过,并公开发布的标准。

(3) 地方标准是在国家的某个地区公开发布的标准。

(4) 酒店标准是对酒店范围内需要协调统一的技术要求、管理要求和工作要求,由酒店制定并由酒店法人代表或其授权人批准、发布的标准。

## 三、建立酒店服务质量标准及标准化的作用

在酒店的服务中,很多工作和任务都是常规性的,对于这些工作和任务,较容易设立详细的规范和标准并且能够有效实施。服务人员也乐于掌握有助于高效率工作的规范和标准,因为这样可以使其抽出更多的时间和精力去做更具有个人特色的、独立的事情,也更能满足顾客的个性化服务需求。酒店要把顾客的需求转化为员工表现的目标和行为准则。

### (一) 建立服务质量标准的作用

1. 有利于评价和弥补服务质量

服务质量的好坏主要是受服务标准的影响,这些标准用于评价和弥补服务质量。因此,要想通过向顾客提供高质量的服务使酒店盈利,就一定要走现代化、标准化、精细化、规范化的道路,而精细化管理的核心就是标准化。要使酒店服务的每一个过程,每一个环节都有标准并严格按标准操作。标准可向服务提供人员显示什么是管理中最为重要的准则,以及哪些行为真正有意义。当服务标准不具体或采用的标准不能反映顾客期望时,顾客感受到的

服务很可能是非常糟糕的。顾客定义的标准与大多数服务工作中定义的常规活动标准不同。顾客定义标准以关键型顾客需求为基础，其需求面向顾客并由顾客衡量。设立这些标准不是为了满足企业的生产力或效率的需要，而是为了满足顾客的期望和优先权。当标准准确反映顾客期望时，顾客得到的服务质量就可能加强。因此，当顾客驱动的服务标准被适当开发并得到有效执行时，它们将在缩小顾客服务体验与顾客期望之间的差距、强化顾客感知质量上，发挥强大而积极的作用。

2. 有利于增强各级管理者和员工的优质服务

(1) 服务质量是酒店经营管理的生命线

这一点早已取得酒店业同仁的共识，但如何加强酒店服务质量管理，创建服务精品，营造核心竞争优势，使酒店在这个快速变动、激烈竞争的市场中处于领先地位，是许多酒店管理者、业内人士一直在研究和探讨的话题。服务标准是酒店规范化服务的必要条件，而服务规范化的程度会影响顾客对服务的期望水平，顾客期望的服务是评价服务质量的基点。期望水平的高低会影响顾客对服务绩效的评价，从而影响顾客感知服务质量的高低。

(2) 优质服务不是简单的服务技巧和操作规范，而是基于企业深层文化底蕴的厚积薄发，以及每个员工情感的自发行为

一些酒店简单地把"顾客就是上帝"或"顾客第一"作为优质服务的原动力，这无形中拉远了顾客与酒店之间的融通距离，导致了优质服务内涵的空洞。其实，优质服务往往产生于客人在其他地方的某种"失落感"恰恰在你的酒店找回了时。因此，满足客人精神方面的需求有时比物质需求更为重要。

3. 有利于企业提高核心竞争力

随着市场经济环境的变化，尤其是随着越来越多国外酒店企业进入中国，我国酒店企业面临的竞争形势日趋严峻，酒店企业要想在激烈的竞争中立于不败之地，就必须提升其核心竞争力。

酒店核心竞争力是历经多年发展以后获得的独特性能力，其中涵盖了在资源管理上、组织协调上、品牌对外影响上、市场营销上、应对外界变化上的能力，以及人力资源管理上的优势。具备此竞争力的根本，在于为消费群体提供其他企业不能有效进行复制的、超过竞争对手的服务品质、产品、文化。因此，应在企业内部及外部寻求更多用于打造酒店核心竞争力的渠道，确保企业能够稳定发展。

### （二）质量管理标准化对酒店发展的作用

1. 酒店标准化管理与服务注重组织与群体观念，注重"掌声四起"的结果

有了酒店服务规范和标准化操作，并不等于有了一流的服务。员工只有把自己的感情投入一招一式、一人一事的服务中，真正把宾客当作有血有肉的人，真正用心帮助他们、关心他们，才能使自己的服务更具有人情味，让宾客从中体会到酒店的服务质量标准。科学规范的服务，是保证优质服务的前提。标准化的操作和娴熟的服务技能是大众所青睐的，它可以赢得大众的欢迎。

2. 标准化是质量管理提升的基石

当今酒店业的发展态势和国际市场的竞争现实，使一些酒店业内专家认识到：在现代信

息社会里，要用质量管理的标准化拼出自己的市场，打入国际酒店业市场，竞争力来源于质量管理标准的水平。纵观我国的酒店业，不少酒店在制定自己的战略目标时强调，放眼全国，打造优势品牌，创出国际国内声誉和影响，赢得酒店集团核心竞争力。质量管理标准化的确立是产生这一结果的基础条件。无论是酒店管理的目标策划、经营管理策划，还是品牌策划，一切都基于质量标准与标准化水平的高低。质量标准化提升才是产品质量的提升，才能够确立自己在市场上品牌的位置。

只有凭借自己良好的产品质量，才能在市场上赢得宾客、获得和扩展自己的品牌，并以产品和质量带来可观的利润。成功酒店的经验告诉我们“一流酒店做标准”，即使自己的管理标准成为该领域的行业标准，自己享受由标准化带来的垄断利润。例如，国内第一家经济型酒店就是价值创新的典范。就我国酒店业而言，只有使其产品标准走向世界，即让世界各国在同行业中认同我国的标准，或者努力使我国的标准上升为国际标准，我国的酒店业才能真正走向世界。

## 第三节 《旅游饭店星级的划分与评定》概述

《旅游饭店星级的划分与评定》(GB/T 14308—2010，下称本标准)用于代替《旅游饭店星级的划分与评定》(GB/T 14308—2003)(下称 2003 版标准)。本章概述是为了让酒店管理者和星级标准的学习者掌握本标准的基本内容，为星级酒店质量管理走向规范化、专业化和国际化创造条件。

本标准由原国家旅游局(现文化和旅游部)提出，由全国旅游标准化技术委员会归口管理。起草单位为：原国家旅游局监督管理司；主要起草人：李任芷、刘士军、余昌国、贺静、鲁凯麟、刘锦宏、徐锦祉、辛涛、张润钢、王建平。本标准所代替标准的历次版本发布情况为：GB/T 14308—1993；GB/T 14308—1997；GB/T 14308—2003。

### 一、本标准的主要变化

本标准规定了旅游饭店星级的划分条件、服务质量和运营规范要求，适用于正式营业的各种旅游饭店。与 2003 版标准相比，其主要技术内容的变化体现在：增加了对国家标准 GB/T 16766、GB/T 15566.8 的引用；更加注重饭店核心产品，弱化配套设施；将一、二、三星级饭店定位为有限服务饭店；突出绿色环保的要求；强化安全管理要求，将应急预案列入各星级的必备条件；提高饭店服务质量评价的操作性；增加例外条款，引导特色经营；保留白金五星级的概念，其具体标准与评定办法将另行制定等方面。

### 二、本标准涵盖的主要内容

本标准主要内容涵盖范围、规范性引用文件、术语和定义、星级划分及标志、总则、各星级划分条件(包括必备条件、设备设施、饭店运营质量)、服务质量总体要求(包括服务质量原则与基本要求)、管理要求、安全管理要求、其他附录(包括本标准的附录A必备检查表、附录B设备设施评分表、附录C均为规范性附录饭店运营质量评价表)10个方面。

## 三、酒店业的三个原则

了解本标准前,有必要知晓酒店业的三个原则。三个原则也称为三性原则,是指酒店经营管理的专业性、酒店氛围的整体性、酒店产品的舒适性。酒店经营管理的专业性是指酒店在建造、装修、经营管理等方面所达到的专业化程度。酒店氛围的整体性,是指酒店在建造和经营管理过程中必须改变过去单纯强调材料的档次和片面追求硬件豪华,重前台轻后台的观念,而应重视设备设施的有效性、方便性,各功能区的平衡协调性,形成酒店整体效果的有机统一。酒店产品的舒适性是指酒店的各种设施与服务产品让客人感到满意。专业性、整体性是基础、是手段,舒适性是目的。

### 旅游饭店星级的划分与评定

1. 范围

本标准规定了旅游饭店星级的划分条件、服务质量和运营规范要求。

本标准适用于正式营业的各种旅游饭店。

2. 规范性引用文件

下列文件对于本文件的应用是必不可少的。凡是注日期的引用文件,仅注日期的版本适用于本文件,凡是不注日期的引用文件,其最新版本(包括所有的修改单)适用于本文件。

GB/T 16766　旅游业基础术语

GB/T 10001.1　标志用公共信息图形符号　第1部分:通用符号

GB/T 10001.2　标志用公共信息图形符号　第2部分:旅游设施与服务符号

GB/T 10001.4　标志用公共信息图形符号　第4部分:运动健身符号

GB/T 10001.9　标志用公共信息图形符号　第9部分:无障碍设施符号

GB/T 15566.8　公共信息导向系统 设置原则与要求　第8部分:宾馆和饭店

3. 术语和定义

下列术语和定义适用于本标准。

3.1　旅游饭店　tourist hotel

以间(套)夜为单位出租客房,以住宿服务为主,并提供商务、会议、休闲、度假等相应服务的住宿设施,按不同习惯可能也被称为宾馆、酒店、旅馆、旅社、宾舍、度假村、俱乐部、大厦、中心等。

4. 星级划分及标志

4.1　用星的数量和颜色表示旅游饭店的星级。旅游饭店星级分为五个级别,即一星级、二星级、三星级、四星级、五星级(含白金五星级)。最低为一星级,最高为五星级。星级越高,表示饭店的等级越高。(为方便行文,"星级旅游饭店"简称为"星级饭店"。)

4.2　星级标志由长城与五角星图案构成,用一颗五角星表示一星级,两颗五角星表示二星级,三颗五角星表示三星级,四颗五角星表示四星级,五颗五角星表示五星级,五颗白金五角星表示白金五星级。

5. 总则

5.1 星级饭店的建筑、附属设施设备、服务项目和运行管理应符合国家现行的安全、消防、卫生、环境保护、劳动合同等有关法律、法规和标准的规定与要求。

5.2 各星级划分的基本条件见附录A,各星级饭店应逐项达标。

5.3 星级饭店设备设施的位置、结构、数量、面积、功能、材质、设计、装饰等评价标准见附录B。

5.4 星级饭店的服务质量、清洁卫生、维护保养等评价标准见附录C。

5.5 一星级、二星级、三星级饭店是有限服务饭店,评定星级时应对饭店住宿产品进行重点评价;四星级和五星级(含白金五星级)饭店是完全服务饭店,评定星级时应对饭店产品进行全面评价。

5.6 倡导绿色设计、清洁生产、节能减排、绿色消费的理念。

5.7 星级饭店应增强突发事件应急处置能力,突发事件处置的应急预案应作为各星级饭店的必备条件。评定星级后,如饭店营运中发生重大安全责任事故,所属星级将被立即取消,相应星级标志不能继续使用。

5.8 评定星级时不应因为某一区域所有权或经营权的分离,或因为建筑物的分隔而区别对待,饭店内所有区域应达到同一星级的质量标准和管理要求。

5.9 饭店开业一年后可申请评定星级,经相应星级评定机构评定后,星级标志有效期为三年。三年期满后应进行重新评定。

6. 各星级划分条件

6.1 必备条件

6.1.1 必备项目检查表规定了各星级应具备的硬件设施和服务项目。评定检查时,逐项打"√"确认达标后,再进入后续打分程序。

6.1.2 一星级必备项目见表A.1;二星级必备项目见表A.2;三星级必备项目见表A.3;四星级必备项目见表A.4;五星级必备项目见表A.5。

6.2 设施设备

6.2.1 设施设备的要求见附录B。总分600分。

6.2.2 一星级、二星级饭店不作要求,三星级、四星级、五星级饭店规定最低得分线:三星级220分,四星级320分,五星级420分。

6.3 饭店运营质量

6.3.1 饭店运营质量的要求见附录C。总分600分。

6.3.2 饭店运营质量的评价内容分为总体要求、前厅、客房、餐饮、其他、公共及后台区域等6个大项。评分时按"优""良""中""差"打分并计算得分率。公式为:得分率=该项实际得分/该项标准总分×100%。

6.3.3 一星级、二星级饭店不作要求。三星级、四星级、五星级饭店规定最低得分率:三星级70%,四星级80%,五星级85%。

6.3.4 如饭店不具备表C.1中带"*"的项目,统计得分率时应在分母中去掉该项分值。

7. 服务质量总体要求

7.1　服务基本原则

7.1.1　对宾客礼貌、热情、亲切、友好，一视同仁。

7.1.2　密切关注并尽量满足宾客的需求，高效率地完成对客服务。

7.1.3　遵守国家法律法规，保护宾客的合法权益。

7.1.4　尊重宾客的信仰与风俗习惯，不损害民族尊严。

7.2　服务基本要求

7.2.1　员工仪容仪表应达到：

a) 遵守饭店的仪容仪表规范，端庄、大方、整洁；

b) 着工装、佩工牌上岗；

c) 服务过程中表情自然、亲切、热情适度，提倡微笑服务。

7.2.2　员工言行举止应达到：

a) 语言文明、简洁、清晰，符合礼仪规范；

b) 站、坐、行姿符合各岗位的规范与要求，主动服务，有职业风范；

c) 以协调适宜的自然语言和身体语言对客服务，使宾客感到尊重舒适；

d) 对宾客提出的问题应予耐心解释，不推诿和应付。

7.2.3　员工业务能力与技能应达到掌握相应的业务知识和服务技能，并能熟练运用。

8. 管理要求

8.1　应有员工手册。

8.2　应有饭店组织机构图和部门组织机构图。

8.3　应有完善的规章制度、服务标准、管理规范和操作程序。一项完整的饭店管理规范包括规范的名称、目的、管理职责、项目运作规程(具体包括执行层级、管理对象、方式与频率、管理工作内容)、管理分工、管理程序与考核指标等项目。各项管理规范应适时更新，并保留更新记录。

8.4　应有完善的部门化运作规范。包括管理人员岗位工作说明书、管理人员工作关系表、管理人员工作项目核检表、专门的质量管理文件、工作用表和质量管理记录等内容。

8.5　应有服务和专业技术人员岗位工作说明书，对服务和专业技术人员的岗位要求、任职条件、班次、接受指令与协调渠道、主要工作职责等内容进行书面说明。

8.6　应有服务项目、程序与标准说明书，对每一个服务项目完成的目标、为完成该目标所需要经过的程序，以及各个程序的质量标准进行说明。

8.7　对国家和地方主管部门和强制性标准所要求的特定岗位的技术工作如锅炉、强弱电、消防、食品加工与制作等，应有相应的工作技术标准的书面说明，相应岗位的从业人员应知晓并熟练操作。

8.8　应有其他可以证明饭店质量管理水平的证书或文件。

9. 安全管理要求

9.1　星级饭店应取得消防等方面的安全许可，确保消防设施的完好和有效运行。

9.2　水、电、气、油、压力容器、管线等设施设备应安全有效运行。

9.3　应严格执行安全管理防控制度，确保安全监控设备的有效运行及人员的责任到位。

9.4 应注重食品加工流程的卫生管理,保证食品安全。

9.5 应制订和完善地震、火灾、食品卫生、公共卫生、治安事件、设施设备突发故障等各项突发事件应急预案。

10. 其他

对于以住宿为主营业务,建筑与装修风格独特,拥有独特客户群体,管理和服务特色鲜明,且业内知名度较高旅游饭店的星级评定,可参照五星级的要求。

## 思考题

1. 酒店质量管理体系建立的必要性是否已被酒店业所认识?
2. 酒店质量管理体系的定义和特点是什么?
3. 建立酒店质量管理体系的内容包括哪些?
4. 请说出三个以上酒店产品质量要点。
5. 如何理解酒店标准及标准化,以及质量管理与标准化的关系?
6. 管理规范与服务标准的区别是什么?
7. 说明质量管理标准化对酒店发展的作用。
8. 星级酒店服务质量标准的基本内容是什么?

# 第五章

# 酒店质量管理体系的运行

质量管理体系是在质量方面指挥和监控企业运营的管理体系。质量管理工作通过质量管理体系的运作来实现。而质量管理体系的有效运行又是质量管理的重要过程。目前，酒店业建立和有效运行质量管理体系，既是酒店内部质量管理的迫切需要，也是满足市场和顾客需求的需要。一个酒店只要正常地经营，就有一个质量管理体系，而它的运行过程就是一个质量管理过程。检验该体系的运行是否适宜、有效、完善，需要得到顾客和员工的反应。酒店通过周密策划建立一个完善的质量管理体系非常重要，但如何使其发挥实际效能，并持续地保持体系的适用性、有效性，培养和保持质量管理人员及员工队伍自觉执行体系的程序，实施有效的运行机制尤为重要。

酒店质量管理体系建立后，健康运行成为关键。本章着重介绍内外接触点的把握、PDCA 质量管理循环法、体系运行的原则、步骤及过程监控方法。

## 第一节 把握提升宾客满意的“手柄”

什么是内外接触点？谁去把握？这是质量管理体系健康运行的重要环节之一。内外接触点就是服务过程中“关键时刻”的闪光点，是由日常服务的提供者把握的。

### 案例 5-1

客人的意外惊喜

一位入住某四星级酒店数日的客人，在他离店的前一天，偶然在大厅里碰到进店时帮助他办理入住手续的前厅接待员刘佳。两人打过招呼后，刘佳问他这几天对酒店的服务是否满意，客人表示之前他也常住这家酒店，这回再次入住感觉各部门的服务都保持得很好，只是对上海菜餐厅的某道菜不太满意，觉得菜的味道不如从前了，可能是换厨师的缘故吧。

就在当天下午4:05，这位客人在前台接待处收到了餐饮部经理的留言邀请，约他“如方便，请于晚6:00在上海菜餐厅共进晚餐”。热情的邀请，加之是自己喜欢的风味菜，使客人感到很高兴。当晚，餐厅特意为他准备了这道菜请他品尝，并诚意征求客人意见，使他感到惊喜。原来，客人说者无心，但接待员刘佳听者有意，当客人离开后，他马上打电话将此情况反馈给了上海菜餐厅经理。客人听明事情的原委，很感动，他没有想到随便说说的话，员工如此用心，部门之间如此相互沟通和补台，有关部门又是如此重视。客人真诚地说：“这件事充分体现出贵酒店员工的素质及对客人需求的重视程度。”

一段时间后，这位客人的助理刘先生打来预订电话，将下半年公司的两次研讨会及80间/夜的客房生意放在该酒店。

此案例表明员工在服务过程中，把握好了“关键时刻”。“关键时刻”是酒店服务质量优劣的直接体现。许多酒店对员工入店培训的一个重要内容，就是对客服务“关键时刻”的案例分析和教育。通过大量的“关键时刻”服务案例的讨论，激励员工在工作中把握“关键时刻”产生的火花。此案例就是一个十分生动的员工“关键时刻”的体现，且无论一线还是二线的员工都有展示机会。

## 一、理解和认识“关键时刻”

“关键时刻”就是宾客与酒店员工面对面相互交流的时刻。酒店每天有几万个这样的“关键时刻”。

酒店就是一个总接触点，到店中的顾客和酒店的员工们在这里进行接触。因为有这种接触，才能有市场，才能有酒店的存在。这些接触就是“关键时刻”，在这些时刻，酒店可以向顾客展示这是一个怎样的星级酒店。

前人创造了这个名词，并将“关键时刻”这个概念变成了一种全新的服务管理方法。他们给“关键时刻”所下的定义超出了宾客与员工面对面相互交流这一范围，将其定义为：“宾客与酒店的任何方面进行接触并对其服务质量产生一定印象的任何时刻。”这是一种与众不同的评价一个企业的方法。随着过程和经验的积累，酒店不断地将宾客与酒店员工进行的接触设计成了服务流程图(图5-1)，以便于理解和使用“关键时刻”。

在酒店管理中的任何服务都可使用服务流程图，这是发挥和提高管理者及员工能力的方法，也是对他们工作的明确授权与支持。酒店用此图培训员工，可使员工模拟感受进入每一个“关键时刻”。员工通过学习，掌握服务程序和服务技巧，树立把握“关键时刻”的意识，懂得如何抓住所有机会使宾客满意，就可以在每一个特定的“关键时刻”，为酒店创造价值。

下面来再看员工接听电话中的“关键时刻”。

问：怎样利用这个服务机会，使客人更感到受欢迎？

答：订餐员说话的语调能使听电话者感到受欢迎的程度。

问：怎样利用这个服务机会，为客人提供更多的信息？

答：员工每次接听电话时都应先说出酒店的名称，有助于宾客对酒店的记忆，并创造一个丰富信息的环境。

问：怎样利用这个服务机会，使宾客感到更加愉悦？

答：如果是节假日，可以考虑在问候的时候，加上节日的祝愿。例如，在新年接听电话时，你可以这样问候对方："某某酒店，新年好！"

问：怎样利用这个服务机会，使宾客感到备受关心并且省去许多麻烦？

答：将房间预订和电话总机的功能结合在一起，可以避免使打电话预订房间的客人等待转接电话或拿着电话等候。

问：抓住细小服务环节了吗？

答：在这个服务机会中，要注意检查宾客要等多久才有人接听电话，标准要求三声内接听，这一点非常重要。如果一个潜在宾客打来电话没有人迅速接听，他很可能就会挂断电话，转而打给酒店的竞争对手预订房间——导致客人的流失和酒店的损失。

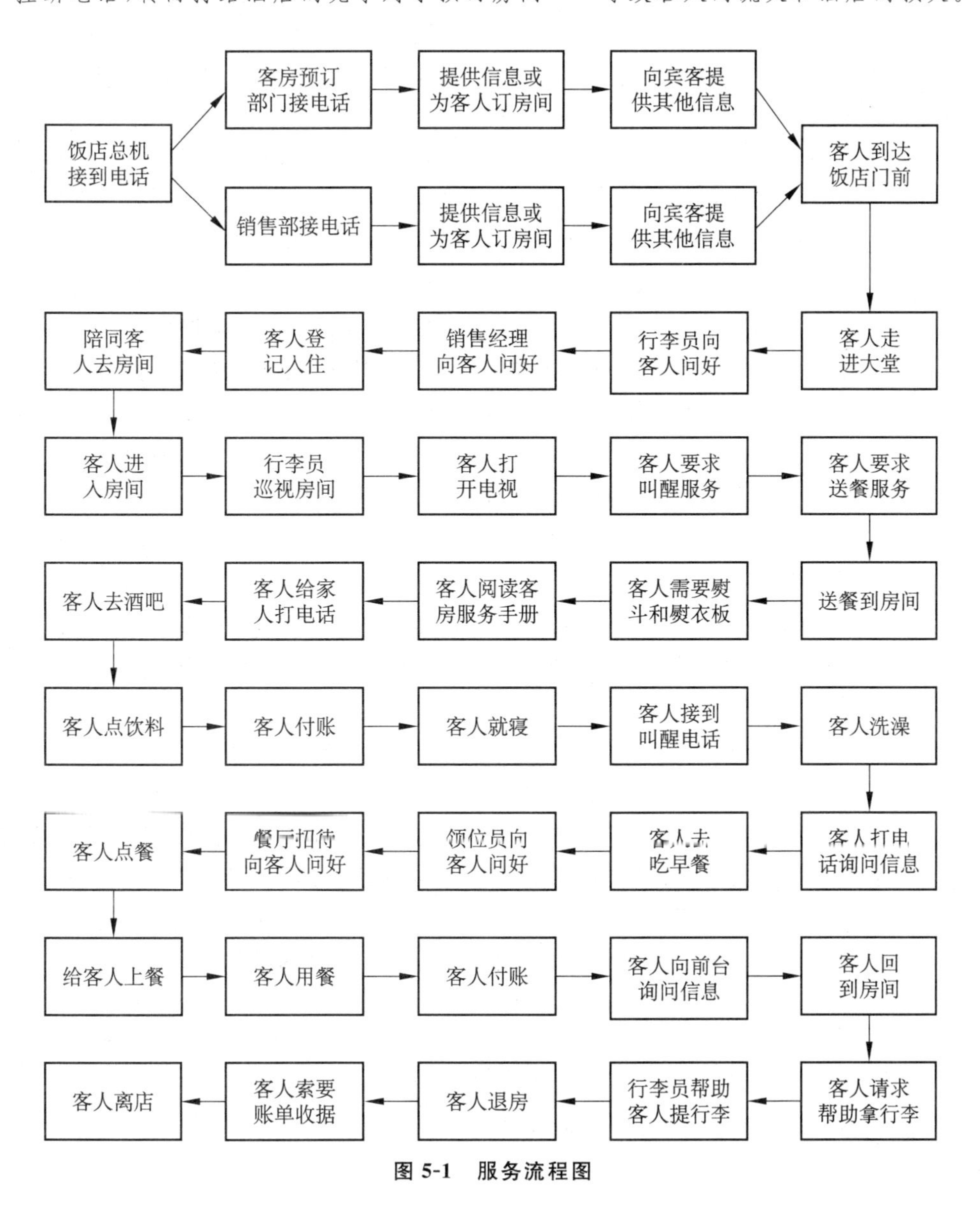


**图 5-1　服务流程图**

服务流程图是酒店提高员工能力,授权和支持员工工作的一种方式,也贯彻和强化了酒店的宗旨——宾客满意。由于这类图对新老管理者和员工来说都是一种培训经历,因此酒店将每天工作中的"过程和地点"联系起来,将酒店员工有机会使宾客感到愉快的时间和地点确定为"关键时刻"。酒店把这些"关键时刻"都看作服务机会,要求管理人员和员工利用好这些机会,把握好每个"关键时刻",使宾客感到满意与惊喜。

## 二、从内部"关键时刻"到"我能行"

内部"关键时刻"是指酒店内的任何人员与酒店的某一方面进行接触的一些特定的情景或相互交流。内部"关键时刻"对内部工作人员的情绪和工作质量产生直接影响。例如,员工到岗位时,看到的是一个室内不通风、地面潮湿且四处是垃圾的更衣室,还是一个干干净净、通风明亮的更衣室?员工走进倒班宿舍时,看到的是一个"临时的"储物间,里面乱七八糟地堆满了杂物,还是像家一样整齐干净?员工的工服配置是干净、及时、得体,还是不得体、不及时,以及开线丢纽扣无人缝补?所有的这些情景都可以被看作内部"关键时刻"。

内部"关键时刻"不仅涉及员工之间、管理者与员工之间的相互接触与交流,还涉及酒店管理者对员工的关注与重视及酒店对员工所需资源的提供等。管理者对员工"关键时刻"的闪光点,会反过来折射出员工为宾客提供服务时"关键时刻"的闪光点。

对管理人员而言,内部"关键时刻"可表现在部门经理对员工的培训、谈话与激励,对员工工作表现的评估,对员工困难的理解和帮助上。例如,客房部经理对新员工客房清洁程序的指导、对新员工微小进步的肯定、对员工特长的发挥、对员工出色表现的奖励等。这些管理者与员工之间的接触与交流,都会有"关键时刻"的闪光点。因此,管理者面对的主要挑战是培养一支积极向上、不断创新、高素质、高技能、有凝聚力的团队。在这个团队中,管理者的角色尤为重要,他们应该是资源提供者、工作协调者、计划实施者、问题解决者、评判指导者、力量凝聚者。这种凝聚力的特征是:每位经理、每位主管和每位员工都能认识到他们在内部"关键时刻"对本酒店、本部门的工作质量所起的作用。这里对管理人员更高的要求是:应具有新型领导者的思维,要充分体现管理者的风范及人格魅力。同时还应培训员工相互服务的意识,为酒店提供优质服务相互补台的意识。这是内部"关键时刻"管理人员与员工的相互关系的反映。

对员工而言,内部"关键时刻"就更多了,可以说存在于酒店日常工作的方方面面,而且绝大部分都发生于员工之间。例如,本节案例中前台服务员与餐饮部的信息沟通;客房部与前厅部共同完成对重要客人的接待所表现出来的相互合作;餐饮部与宴会部员工共同完成一个重大宴会的预订、接待与策划过程中的相互配合;厨师与餐厅服务员的工作接触;宾客需要时的二线与一线的合作等。这些各部门之间、各岗位之间、员工之间、员工与外界合作者之间存在的接触就是"关键时刻",如果在每一"关键时刻"都能相互配合共同努力,那么,酒店的服务质量必定处处是闪光的亮点。

通过对"关键时刻"的研究,我们可以认识到一个酒店的成功需要满意忠诚的宾客。而拥有满意忠诚的宾客需要员工对"关键时刻"的把握。因此,酒店管理者要不断地培训员工,增强他们的服务意识和技能,使他(她)们感到"我能行",能在实际工作中创造出让宾客惊喜的"关键时刻"。NG 酒店用"工作一分钟,用心六十秒"的企业作风,培养员工"用心"做事的意识，保证所提供的任何一项服务都让宾客满意。因而，“关键时刻”处处都是闪光点。

总之，在酒店管理与服务过程中，内外接触的“关键时刻”存在于对客服务始终，只要将这些内外接触的点把握好，并将其都做成“关键时刻”的闪光点，那么这家酒店无疑是一个出色的企业。

## 第二节　质量是持续的过程——实践中的PDCA循环管理法

PDCA循环是一种动态方法，可以在组织内的各个过程及过程间的所有相互作用中实施。组织可以在各层次运用PDCA循环进行管理，如组织的最高管理层、职能管理层、运行层。不同层次的PDCA循环，四个阶段所做的事情是不相同的。在本书前文已提到戴明质量“管理十四点”和PDCA循环管理法（简称PDCA法），这是管理学中的一个通用模型，运用于持续改进产品的质量过程，反映了质量管理活动的规律，也反映了其他管理活动的基本规律。对于酒店业质量管理而言，PDCA法更是一个持续改进的过程和好方法。

### 案例5-2

#### 质量管理不需要轰轰烈烈

有一家由外方经营管理了多年的五星级酒店，刚刚换了中方总经理。这位总经理经历不凡：在机关工作并担任领导职务多年；历任多家国有企业的党务负责人和行政经理；通过自学和在职学习，获得研究生学历。像很多领导一样，新任总经理到任后决定首先要“新官上任三把火”。其中“一把火”就是“狠抓质量”。在位的第一年时间里，他先后采取了多种手段和方法进行质量管理。前半年，酒店建立质量管理机构，成立了质量管理部门，任命质量检查人员，修订各种程序和制度，制定质量检查标准和奖惩细则，组织全体员工培训学习和考试，以及动用各种手段进行广泛宣传动员等。在半年时间里，酒店把质量管理工作搞得“既轰轰烈烈，又扎扎实实”。可是，宾客投诉仍频频不断，员工精神紧张，服务质量未见明显提高。从第七个月开始，总经理决定“改弦更张、改换门庭”，搞ISO 9000质量体系认证。酒店花十几万元重金请了一家咨询公司前来指导：成立机构、任命人员、开展培训、广泛宣传……经过三四个月“既轰轰烈烈，又扎扎实实”的工作后，酒店终于获得认证，把ISO 9000认证证书挂在了总经理办公室的墙壁上。奇怪的是服务质量仍然未见明显提高。第一年快结束的时候，总经理又听说了还有更新、更先进的质量管理体系，该体系的国际声望更高，公信力更强。“是不是可以试一下？”他问部下。

一年后，总经理下台，质量如旧。他的办公室的墙壁上依然挂着ISO 9000认证证书。

“为什么会这样？”又一任总经理到任后问部下。经过了解情况，他知道了原因：酒店多年以来按照既定的、规范的管理模式运行，服务质量一直很好，没有根本性的问题。新任总经理上任伊始，心血来潮。为了搞“政绩工程”，他在还没有了解酒店实际运营的情况下，按照自己以前的经验，大搞运动，做表面文章，搞乱了系统，搅乱了人心，结果适得其反，也属必然。

## 一、质量管理不是运动

通过上述案例可以得出结论:抓质量管理不是搞运动,它需要扎扎实实的过程等多方法的管理。同时,质量管理是需要分层次完成本岗位角色任务的。对最高管理者来说,“策划”是战略层面的策划,涉及组织的当前和未来,包括确定战略方向、建立方针、定义目标、策划并提供资源、定义组织结构等。在“实施”过程中,最高管理者要以身作则,要证实对质量管理体系的领导作用和承诺,支持其他管理者履行自己的职责。“检查”主要是体现“管理评审”,“处置”体现的是“管理评审”的输出。最高管理者要将“管理评审”的结果反馈、整合到有关战略计划和战略方向当中,要确定改进质量管理体系的措施,包括方针目标的修改、提供附加资源等。对于执行层而言,“策划”主要是基于因果关系,对工作中涉及的人、机、料、法、环等因素进行思考或准备。“实施”是按照文件或者没有形成的文件的要求运作。“检查”是确认是否按文件或要求运作,是否存在有任何不好的趋势,是否有更好的方式来完成所做的工作。“处置”,即如果在实施过程中出了问题,执行者会思考我应该怎么做,并应提出改进的建议。

### (一)用过程的方法进行质量管理

最先提出“质量不是目的,而是过程”的是戴明,他还提出了 PDCA 法用来提高产品质量,将 PDCA 法的四阶段运用于企业,即将管理职责、资源管理、产品意识、测量分析和改进,构成一个 P—D—C—A 循环,对此循环的持续改进,又使 P—D—C—A 循环进入一个更高的层次。以此作为改善酒店经营管理的重要方法和质量保证体系运转的基本方式,已被酒店业质量管理普遍认可。

1. 过程的释义

“一组将输入转化为输出的相互关联或相互作用的活动”被称为“过程”。ISO 9000 族标准中讲的过程是建立在“所有工作是通过过程来完成的”这一认识基础上的。过程是由若干相互关联或相互作用的活动构成的,经过策划,在受控的条件下,将输入的要求经过加工转化成输出的结果,是可以产生增值效益的。

2. 过程方法在酒店中的运用

过程是酒店内部进行有效管理的最小单元,由于每个管理层次、管理范围和管理对象的不同,其过程数量、复杂程度和大小也各不相同。各过程之间存在着相互衔接的顺序关系,即某一个过程的输入则是其他过程的输出。例如,服务产品设计过程,是将市场开发过程的输出结果——市场信息和宾客需求作为输入要求;一个大型宴会的成功举办,则是依据输入要求,经过策划、分析和开发等活动,转化而成的输出结果;而这一输出结果——形成的规范和标准等,又成为下一个服务产品运行过程的输入要求。具体可以理解为四个阶段。

(1) P(Plan 计划)——计划阶段主要通过对上一阶段酒店服务活动各环节的认真分析,对酒店的岗位和人员的工作和任务逐个分析与评价,对已出现的质量问题及可能会出现的问题隐患进行认真研究,从而得出对当前酒店整体服务质量水平的评价。在此基础上,制定出本轮酒店服务质量管理活动的目标和要求,即确定酒店在一段时间内服务质量要达到的标准,以及明确酒店服务工作的重点和主要任务,并制订出详细的实施计划。简要说,计划阶段包括分析现状;找出存在问题的原因;拟订措施计划,预计效果等内容。

(2) D(Do 实施)——实施阶段主要是严格执行酒店服务质量管理计划阶段所制订的方案和计划,并做好各种记录,以检查和反馈执行情况。这是计划执行、技术、组织、采取措施等落实阶段。

(3) C(Check 检查)——检查阶段的工作是综合运用各种服务质量检查和考核办法,对酒店提供的产品和服务进行全方位的检查考核,看是否达到预期的服务质量标准和计划目标,哪些措施有效,哪些措施效果不好,成功的经验是什么,失败的教训又是什么,原因在哪里,所有这些问题都应在检查阶段调查清楚。也就是把执行的结果与预定目标对比,检查计划执行情况是否达到预期效果的阶段。

(4) A(Action 处理)——本阶段针对已出现的服务质量问题进行认真剖析,找出问题产生的原因,并制定出解决质量问题的措施,在吸取教训的基础上,总结成功的经验,并将其纳入有关的服务规范中,防止类似的问题再次发生。同时还要对下轮酒店服务质量管理活动中可能出现的新问题进行预测,防患于未然。这个阶段重点在于巩固成绩,把成功的经验尽可能纳入标准,进行标准化,对遗留问题转入下一个 PDCA 循环解决。

综上,无论是戴明环、朱兰质量环、TQM(全面质量管理)、TQ(全面质量控制)、ISO 9000 族标准,还是六西格玛质量管理文化,都把质量管理看作一个不断循环、不断提高和持续改进的过程。

## 案例 5-3

### 一家已经通过 ISO 9000 质量体系认证的酒店

管理者代表(以下简称管代)正在召开内审员会议,讨论即将进行的一年一次的管理评审工作。新任总经理列席会议。各部门的二十余名内审员准备好笔、本记录。

管代:"现在点名。"

员工 A(餐饮部员工)举手发言:"报告,今天餐厅有两场婚宴,就餐人特别多。我们部门的内审员现在正在岗位上,下不来。我代替他参加会议。"

管代:"我怎么不认识你?新来的吗?"

员工 A:"是的,进店一周了。"

管代:"你是内审员吗?"

员工 A:"不是。"

管代:"以前参加过 ISO 9000 的学习吗?"

员工 A:"没有。部门经理让我来听听。"

管代:"好吧。"

员工 B 举手:"报告。我也是代替别人来开会的。我们部门的内审员 3 个月前辞职了。"

管代:"你也是新来的吗?哪个部门的?"

员工 B:"我是工程部的,来了两个月了。"

管代:"你知道什么是内审吗?"

员工 B:"不知道。"

管代:“你知道什么是管理评审吗?”

员工B:“不知道。”

管代:“还有谁是代替者?”

又有几个举手的。管代数了一下,约占参会人数的三分之一。

总经理:“怎么搞的?”总经理疑惑地问管代。

管代尴尬万分,同时心中有些不平:“我也不过是才接替前任管代几个月嘛!”

底下有人议论:“我们不是早已经拿到认证证书了吗?”

总经理:“通过认证就万事大吉了吗?质量认证不是目的。从明天起,我们重新进行ISO 9000质量体系培训,包括管理者代表、内审员和全体员工!真没想到是这样!”

遗憾的是,这类情况的发生在已经通过了认证的酒店并不是少数。

## 案例5-4

### 质量是系统问题

总经理桌子上摆着大堂经理记录本,上面记载的投诉事项如下。

一位宾客23:00来前台办理入住手续时说:“我预订了房间,给我开间房,房间是以我的名字订的。”前台接待员查询计算机后说:“对不起先生,没有查到您的预订。请问您是通过哪里订的?什么时候订的?”宾客很不高兴地说:“我是通过网络公司订的,他们告诉我,房间已经订好了,你们却说没有,这到底是怎么搞的?我累了,我要马上进房间休息,查不到预订是你们的事。”前台再次查询仍未查到:“先生,对不起,还是没有查到。要不您先按门市价入住,等明天我们和网络公司联系后,再给您更改房价,您看可以吗?”宾客说:“你看着办吧。赶快给我开房,我要休息了。”

宾客入住后立即向网络公司投诉,责怪为什么不给他预订房间。网络公司随即投诉酒店未给宾客及时做预订。经查,网络公司于当日22:10将传真发至商务中心,因此时商务中心已下班且停止营业,所以前台人员未及时得到相关预订信息,便告诉宾客没有预订,造成网络公司和酒店被连锁投诉。此类投诉情况已发生过两次。

投诉处理:次日向宾客道歉,处理完毕。

总经理随即批示如下。

(1) 如此处理就算完毕了吗?

(2) 彻底查清真正的原因是什么。

(3) 纠正不等于纠正措施!

(4) 如何避免此类问题再度发生?

(5) 到底是谁的责任?

(6) 为什么已经发生了两次还会再次发生?

(7) 是不是系统出了问题?

以上案例表明,只有纠正而没有纠正措施,就永远不会有真正的纠正;只看到具体问题而看不见系统问题,也不会有真正的提高。

因此,无论是对国内众多ISO质量体系认证中心、咨询公司和质量监督检查部门的调查,还是对已经获得ISO质量体系认证或正在进行六西格玛活动,以及按照自己特定质量体系运行的酒店的调查，人们发现，目前在酒店质量方面最大的问题，就是质量系统的稳定运行和质量的持续改进。质量系统的缺陷，导致酒店服务质量具有不稳定性，可是究其根本的原因，其实是酒店企业文化及其子文化——质量文化的缺失。质量问题是个系统工程，它涉及酒店内部的文化建设、政策制度建设等整个企业建设的方方面面，在第三篇团队建设篇中将对其进行深入阐述。

### （二）用系统的方法进行质量管理

用系统的方法进行质量管理需要掌握以下几个要点。

(1) 建立一个体系，以最有效的方法实现组织的目标。即按系统的方法建立组织体系、工作标准、监察体系、信息反馈、信息分析体系等。酒店质量保证体系如图 5-2 所示。

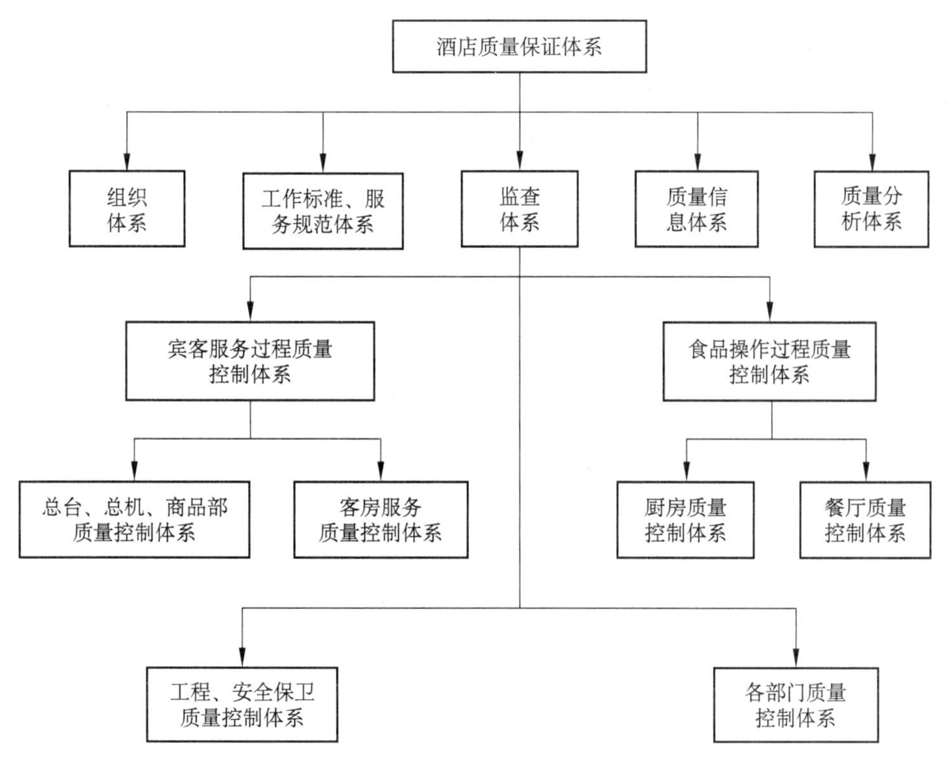


**图 5-2　酒店质量保证体系**

(2) 了解系统过程之间（即工序、环节、接口间）的相互依存关系，如高级会议礼宾服务程序的自动化运作模式。

(3) 确定体系内特定活动的目标及活动运作方式或目标考核方法（根据各自情况确定）。

(4) 通过考核和评估并持续改进。

## 案例 5-5

### 一个改进方案

——某酒店全面质量管理阶段性工作意见

某酒店经过 4 个月的装修和紧张的准备，于 4 月 28 日正式营业。在开业近两个月的时间里，在酒店经营层和全体员工的共同努力下，酒店虽取得了一定成绩，但也暴露出很多问题。例如，员工的业务技能欠佳、管理不到位、有制度不执行、缺乏责任心。酒店要想在同行业中立于不败之地，提高酒店管理水平、对现存问题进行整改是当务之急。为此，针对开业以来出现的质量问题，结合某年度质量工作管理方案，管理层提出了3个月阶段性工作改进意见。

**一、原则与目的**

1. 执行一个模式

即以“星级服务标准”“酒店质量手册”和“员工手册”为基础并保持不变。

2. 坚持两个原则

商务酒店高标准原则；认真、较真、实干的精细管理原则。

3. 达到三个目的

(1) 内强素质，重塑形象。

(2) 全员质量意识明显提高。

(3) 自觉遵守和执行一个标准，两个手册蔚然成风。

**二、组织领导**

组长：总经理

副组长：副总经理

组员：各部门经理

办公室设在酒店质检部，由某人具体负责；各部门依此成立下一级组织架构，领导本部门具体质检工作。

**三、具体工作**

根据开业后出现的质量退化问题，阶段性改进工作分自查和对照、培训和整改、复查和落实3个阶段进行。

(一) 自查和对照阶段(6月18日—6月30日)

此阶段是质量工作的重要环节，重点落实三项工作。

(1) 各部门成立以部门经理为组长，内审员为副组长，各岗位主管或领班为组员的质量整改小组。

(2) 对照《质量管理手册》《星级服务标准》及《员工手册》进行逐条自查，查找工作中没有贯彻和执行的方面，列清项目并分类分析其原因。

(3) 根据自查中没有贯彻执行到位的问题，有针对性地提出执行改进方案和重点改进方案。

(二) 培训和整改阶段(7月1日—7月31日)

此阶段要求各部门要做到边培训、边整改、边检查、给机会，落实各项工作检查和培训整改工作要求。

1. 培训

(1) 开展有针对性的逐级培训。总经理做部门经理培训，部门经理做主管培训，主管做员工培训，参加培训的人数达到100%。4位总经理以服务质量和管理能力、经营管理、人力资源管理与开发为主题开展中高层管理人员培训，以提高各级管理人员的管理能力和综合素质。一线部门利用每日班前例会，对员工进行每周不少于四小时的培训及每周一次的团队建设会，提高员工业务技能和团队凝聚力。

（2）各部门建立月正反案例档案库，实施计时和针对性的案例培训。个案培训由部门负责，跨部门案例由人事部培训。培训效果由人事部和质检部进行考核，定期检查和跟踪，以达到预期目的。

（3）各项抽查达标率达到95%以上，服务差错率与前期相比降低50%。通过两个月自查、互查、培训、整改，将服务质量差错率控制在允许范围内，各部门过失单、质量提高单发生率控制在人员编制的10%以内。

2. 整改

（1）部门内整改。对自查中出现的问题，逐条进行分析。由内审员和部门经理逐项检查，逐项落实整改。

（2）对于互查、综合检查出现的问题，限期整改（客观存在的问题另议方案）。

（3）专项检查整改。质检专职小组检查，实施复查整改。

（4）店级检查整改。对查出问题立即整改。

对以上步骤分别落实后，仍出现的重复性质量问题，可兑现处罚。

（三）复查和落实阶段（8月1日—8月30日）

通过自查和整改，质量得到明显的提高，接下来将进入重点复查及奖惩兑现阶段。

（1）主管经理检查分管部门逐条改进情况，特别是将在平时工作中有制度不执行的问题作为重点检查内容。

（2）实施每周一次综合互查。由管代带队，对所有部门开展拉网式检查（指一个不漏地进行检查），其重点为对质量标准的逐条检查和对履行程序（特别是文字方面及部门间工作接口等）的检查。

（3）实施专项重点复查。一线部门围绕对客服务开展专项检查。内容包括：酒店接待大型会议各部门之间的协调；前厅部根据工作流程为宾客提供快捷的入住方式；餐饮部就厅面服务、本酒店特色菜的开发和菜品品质开展检查；客房部就客房环境卫生及日常工作管理开展检查。二线部门围绕制度落实和执行进行检查。内容包括：财务部围绕日夜审、采购竞标、对一线服务快捷程度等执行情况开展检查；人力资源部就培训质量跟踪、人员招聘和人才储备进行检查；工程部就设备设施的维护及对一线部门的限时维修服务情况进行检查；保卫部就夜间巡查、中控监控内部员工执行制度、现场服务方面的情况进行检查；总办围绕质量管理手册中的制度、程序、档案管理，特别是中高层管理者应执行的各项制度及车辆油耗分析等方面情况进行重点检查。通过专项重点检查，达到真正执行各项制度的目的。

（4）邀请业内专业人员和酒店的忠实客户进行明察和暗访，并聘任服务质量监督员。一方面提升酒店服务质量整体水平；另一方面针对暗访出现的质量问题，兑现部门与个人奖惩办法及酒店相关制度。

通过明察暗访，使宾客投诉率（含一、二线部门）下降20%。

**四、要求**

（1）实行管理者代表、主管经理和部门经理负责制，做到谁主管谁负责，对复查阶段发现的超出允许范围的问题，直接追究责任。各部门每周召开不少于一次的团队建设会议，调动每个员工参与质量改进与对客服务的积极性，加强管理者与员工的沟通、部门间的沟通和协作，营造和谐氛围，共同提高整体质量管理水平，增强各级管理人员和员工的责任心。

(2) 设立奖励基金，评选“优秀团队”和“最佳员工”，以激励先进，树立典型，带动整体素质的全面提升。

(3) 由质检部牵头，分别在7月和7月8日开展“质量月”和“质量无缺点日”的主题活动，开展技术练兵和首席员工竞赛活动，每个部门推出“戴明奖服务质量标兵”和“技术能手”，在员工中树立典范。

(4) 实施质量管理工作持续改进。阶段性质量改进工作不要成为一阵风、走过场，要不断发现问题，分析问题，解决问题，达到持续提高、持续改进的目的。以质量改进阶段性工作为基础，形成经常性制度化工作格局。

按照上述方案，实施一季度后，酒店质量工作有了很大的进步，但仍有个别重复性问题出现，酒店又就此类问题，提出新的改进计划。这就是PDCA循环周而复始、类似行星轮系、阶梯式上升的3个特点，不断解决问题的过程，就是水平逐步上升的过程。

## 案例 5-6

### 一份郑重的质量报告

进入2020年，酒店服务质量管理以“以冬奥促质量，以质量创品牌，以品牌创效益”为原则，全力以赴做好冬奥接待的准备工作，从基础抓起，从细节入手，全面增强员工的服务意识、提高服务质量，现将本月服务质量情况通报如下。

**一、本月检查情况**

(一) 部门自查情况

本月各部门分别围绕绿色酒店和冬奥组委入住接待标准进行自查，共落实整改问题54项。其中客房部针对房间的细节卫生，逐一进行整改落实，将设施问题与工程部及时沟通并加以完善；保安部通过自查，及时纠正了个别保安员在工作中存在的违纪现象，并兑现绩效考核。2020年，酒店增强了各部门冬奥接待工作的紧迫感，为2022年年初正式接待做好了基础准备，要求各部门高度重视自查工作并提高对自查工作的认识。通过自查，本月不合格率与上月相比有所下降。

(二) 互查和抽查情况

本月抽查和互查共纠正不合格项目16项，整改有效率为96%。

(1) 1月由于新人的不断增加，质检部加强基础质量检查，一方面人力资源部加强新员工的培训，另一方面与质检部落实检查培训效果，对员工进行应知应会知识的检查，从而增强各部门员工首问责任制的服务意识。

(2) 为了展现新年新面貌，以及迎冬奥之新形象，质检部加强对员工仪容仪表和着装的检查，及时采取提示与纠正方式，员工的自我检查意识加强，不合格者大大减少。

(三) 体系运行维护情况

本月结合绿色酒店标准，质检部根据绿色酒店测评标准将《无烟楼层实施规范》纳入环境手册，并对《节电、节水、节气制度》进行修改；餐饮部、前厅部、工程部结合标准分别对部门工作手册进行修改完善；财务部严格落实部门手册制定的采购制度，对供应商进行本年度的评估并结合评估对名录进行修改。在各部门内审员的作用发挥下，体系文件得到了有效的维护，确保了它的唯一性和有效性。

（四）绿色酒店测评情况

在各部门的积极努力下，在复评的绿色酒店评估检查中，检查组对酒店从领导到各部门积极配合和认真对待的态度给予很高的评价，对酒店的整体环境反映良好，在酒店的自评分的基础上加到246分，达到“金叶级”国家绿色饭店评分复评标准。但是根据目前酒店状况，各部门还需尽快解决和落实以下工作。

（1）房间配备空气清洁设备、绿色植物及绿色宣传品。

（2）制定2020年酒店环境指标及各部门能源消耗考核制度和奖惩办法。

## 二、本月存在的问题与分析

（1）1月共检查纠正不合格项目17项，与上月相比下降21%。产品质量1项，占8%；服务质量问题6项，占35%；管理问题10项，占71%。管理问题是存在的主要问题。依据质量方案原则对重复出现和简单问题加大扣分力度。

（2）各部门得分如下：

前厅部　6项占35%；本月得分：93.5分

餐饮部　3项占17.6%；本月得分：98分

客房部　4项占23.5%；本月得分：97分

保安部　1项占5.8%；本月得分：99分

物业部　1项占5.8%；本月得分：99分

总　办　1项占5.8%；本月得分：99分

工程部　0项占0%；本月得分：100分

财务部　0项占0%；本月得分：100分

销售部　1项占5.8%；本月得分：99分

人力资源部　1项占5.8%；本月得分：99.5分

（3）存在问题与分析如下。

① 各部门存在对店纪店规检查不到位，员工放松要求的问题。

② 部门经理及内审员对专业工作流程逐级检查不到位。

③ 员工责任心和积极性没有得到发挥，团队建设有待加强。

## 三、宾客信息反馈情况

（1）大堂值班经理征询意见142项：满意率85%。

（2）餐饮部征询宾客意见34项，满意率91.3%。

（3）物业部征询宾客意见106项，满意率94%。

（4）前厅部、客房部征询宾客意见4项，满意率98%。

（5）酒店总满意率91.4%，与上月相比上升0.4%。本月宾客主要意见：房间干燥、温度无法调节。

（6）本月有效投诉2项，具体如下。

① 1月8日客人电话投诉：前厅部由于没有重视客人房卡的退款，延误承诺退款时间，客人感到被欺骗。

② 1月16日电话投诉：前厅部在客人电话咨询查找住店客人时，由于计算机输入错误，没有及时反馈，客人非常不满，强调这种情况在四星级酒店是不应该出现的。

质检部对上述问题情况进行核实，确认为有效投诉，并对处理结果进行验证，得到客人的谅解。

**四、本月奖励榜单**

服务标兵奖二名：保安部　×××　财务部　×××

宾客表扬奖八名：前厅部　××　××餐饮部××　××

×××　×××　×××　×××

微笑奖二名：客房部　×××　财务部　×××

## 二、PDCA循环的四个阶段的运用

在ISO 9000族质量管理体系中，PDCA法无处不用，并在酒店全面质量管理中发挥着重要的作用。下面就其在酒店全面质量管理中的运用做一介绍。

### （一）PDCA法在酒店全面质量管理中的运用

1. 对酒店出现质量问题的分析

以某一酒店为例，住店宾客、酒店员工对前厅部、客房部、餐饮部的服务质量投诉，集中反映在如下问题上。

（1）表现在酒店的硬件设施质量方面的问题：大厅设备设施陈旧；厨房设备设施损坏严重，没能及时修理；餐厅送餐车脏、旧；厨房热菜间温度高、不通风；前厅所用行李车太旧，且运行不畅；中餐厅一个单间的餐桌转盘已破损。

（2）表现在酒店提供的基本产品质量方面的问题：餐厅菜品单调，特色不突出；菜品的质量差，与价格不符；自助餐品种太少；客房清扫不及时，不干净；客房内通风不好，有霉味；客房洗手间标志不清，造成客人的尴尬。

（3）表现在酒店员工服务质量方面的问题：员工见客人不微笑、不问候、不热情；服务速度慢、效率低，客人等候时间过长；员工主动服务意识欠缺；商务中心员工技能差，效率低。

（4）表现在酒店管理质量方面的问题：岗上人员不足，有的岗位员工工作量过大；员工岗位交接班无序，职责不清；缺乏对员工的培训；员工的工作条件较差；员工餐品质量较低；各部门之间配合协调存在问题。

对以上问题的分类、分析，说明酒店的经营管理和服务质量存在严重的问题，已经阻碍了酒店的经营与发展。

2. 解决问题的方法

（1）重申酒店服务质量的内容。一是硬件质量：酒店的建筑物与设备设施的装备和运转水平，它是酒店服务质量的基础条件，如设施设备的质量性能标准等。二是实物产品质量：酒店向宾客提供的客房，餐饮所购物品的质量、种类和价格的合理程度，它是服务质量的重要内容，如酒水、菜品及客房用品的质地等。三是劳务产品质量：酒店服务质量的本质体现和宾客满意程度的最终体现，如酒店员工的技能、效率、员工的态度、职业道德、礼貌、仪表、语言及服务方式等。四是环境质量：客宾在酒店停留期间对酒店的装饰、文化氛围及整体条件的感受，如房间宁静、外景怡人、悦目，宾客居住房间内外的安全，与酒店人员接触亲切、和谐、温馨，酒店位于交通便利的地段、购物方便等。

（2）理解酒店服务质量管理的内涵及在经营管理中的作用。

（3）向宾客提供劳务与实物相结合的综合性产品。酒店的服务质量具有综合性的特点，因此酒店员工应以设施、设备等有形产品为依托提供劳务，满足宾客在物质上和精神上的需要。

（4）运用PDCA法解决问题。为便于PDCA法与实际结合的有效运行，我们总结了四个特点：第一，质量的客观标准与宾客的心理要求和主观感受会产生差距，这反映了质量标准的主观性特点；第二，服务质量的四个方面，即硬件质量、实物产品质量、劳务产品质量、环境质量相互关联，相互依赖；第三，服务质量既存在于每项具体的活动中，又体现于服务结果的那一刻；第四，服务质量依赖于员工素质。员工素质高，服务质量就高，反之则低。

### （二）实施酒店全面质量管理的PDCA

PDCA循环是提高酒店产品质量、改善其经营管理的有效方法，是质量保证体系运转的一种基本方式。按照PDCA循环顺序实施质量管理，如图5-3所示。酒店、酒店的每个部门、分部门，直至各岗位的工作，均有一个PDCA循环，这样一层一层地解决问题，大环套小环，一环扣一环，小环保大环，推动大循环，如图5-4所示。

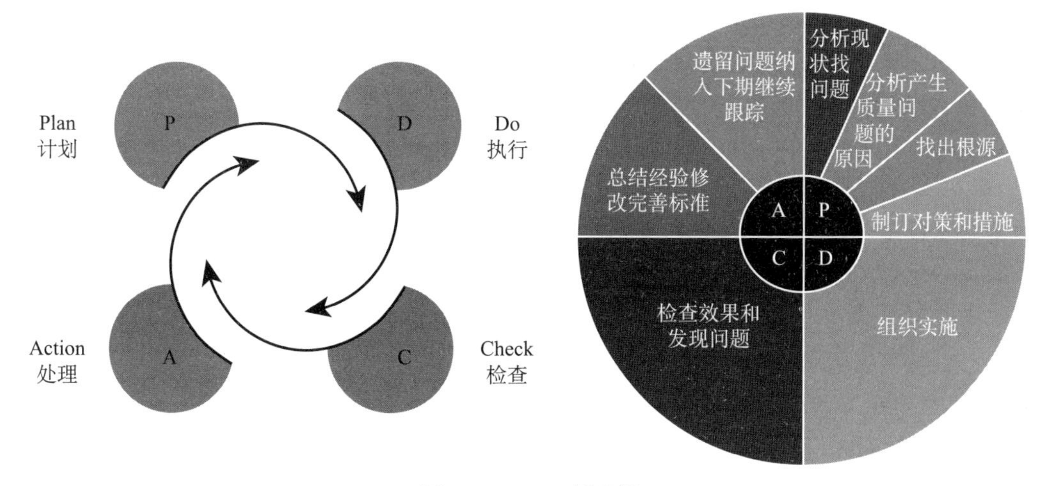


图5-3 PDCA循环圈

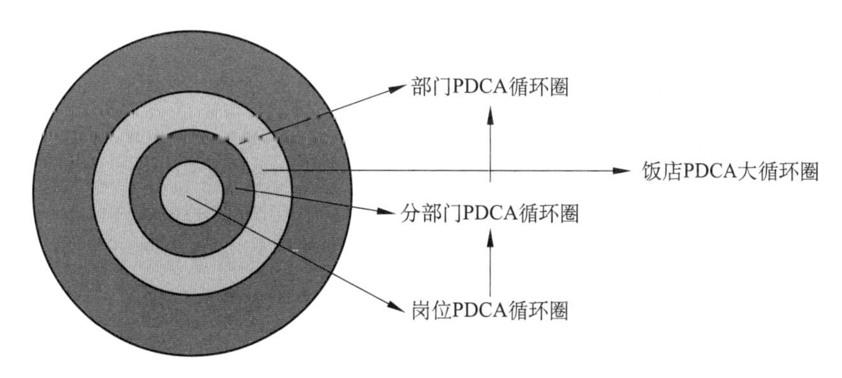


图5-4 环环相扣的循环圈

这里，大环与小环的关系，主要是通过质量计划指标连接起来的，上一级的管理循环是下一级管理循环的根据，下一级的管理循环又是上一级管理循环的组成部分和具体保证。

通过各个小循环的不断转动，推动上一级循环，以致整个企业循环不停转动。通过各方面的循环，把企业各项工作有机地组织起来，纳入企业质量保证体系，实现总的质量预定目标。因此，PDCA 循环的转动，不是哪一个人的力量，而是组织的力量、集体的力量，是整个企业全体员工推动的结果。

酒店全面质量管理不是一次性的管理活动，也不是一劳永逸的工作，而是一个多次循环往复的管理过程。结合本节开篇所述，PDCA 管理方法在酒店实际运用中可从以下四个阶段着手。

1. 酒店质量管理 P(计划)阶段

在这一阶段，应通过市场调研，根据顾客需求及社会要求，确定酒店经营管理总体质量目标要求。

(1) 进行质量问题分析。首先，观察分析现状，找出存在的问题。其中以酒店质量检查记录及宾客反馈意见表为主要参考依据。分别用宾客、社会及酒店的标准水平衡量酒店提供的产品和服务的质量情况，从中找出差距及不足。其次，将观察出来的质量问题分类，找出原因或影响的因素，将这些原因或因素与酒店的实际管理与服务结合起来进行实际运行中的细节分析，从而找出导致产生质量问题的关键因素。再次，分析关键因素的影响，这些关键因素涉及方方面面的问题，要对这些关键因素进行准确的汇总和判断，从而找到质量问题中的重点因素。最后，分析重点因素，找出酒店质量管理中的重点因素后，就要结合酒店总体经营管理目标制定有针对性的改进措施。

(2) 根据分析，确定酒店和部门目标。根据对质量问题的分析，制定酒店经营管理的总方针，确定酒店质量管理的总体目标和部门的具体目标，并制订阶段性实施计划。

(3) 完善标准。在确定质量目标的基础上，补充完善各部门工作规范、岗位职责及量化服务标准，保证规范及标准的可操作性。

(4) 确定实施方案及步骤。确定对各部室工作规范、岗位责任、服务标准的实施方案和步骤，如实施办法、组织形式、考核措施、效果要求、完成时间等。

2. 酒店质量管理 D(实施)阶段

在这一阶段应按前一阶段的既定计划执行。在执行过程中可采取以下措施。

(1) 召开全体员工质量管理工作实施启动大会，自上而下地对酒店全员进行质量管理、服务意识培训，使员工了解质量对酒店的重要作用，强化全员质量管理，增强服务意识。同时加强员工的技能培训，使其达到要求。

(2) 发挥以总经理为总检查官、各部门经理为质量检查官，部门主管为质量检查员的三级质量管理体系的作用，开展人人参与的质量管理活动。

(3) 按计划组织阶段性的优质服务活动，提高员工的质量意识、服务技能，不断激励员工，发挥其主观能动性。

(4) 做好建立员工工作档案、质量检查记录、宾客服务情况跟踪及投诉处理等工作，以此为基础，使质量不断改进与提高。

(5) 加强部门之间的协调与沟通，增强团队合作意识，形成酒店整体性的质量管理与服务氛围。

3. 酒店质量管理的 C(检查)阶段

在这一阶段，将根据酒店经营管理总体目标计划的要求，跟踪实施执行的结果，并做好情况反馈，将执行结果与总体目标相比较，以确定计划实施的具体情况。一是掌握检查方法，包括以总经理为首的不定期抽查，以主抓质量检查工作的高层领导组织的定期检查，以质量管理专职部门实施的日常检查，以部门经理带领的各部门日常自查。二是组织各部门之间相互检查、抽查，重点对一线部门的质量进行现场检查。三是发挥三级质量管理体系的作用，做好从上至下的层层检查。四是对所发现的酒店管理薄弱的部门，重点查，反复查。五是培养员工自我检查的意识，做好个人日常自我检查记录。

4. 酒店质量管理 A(处理)阶段

酒店在认真实施跟踪、检查、反馈这一步骤后，对酒店经营管理总体目标计划的实施状况有了优、劣两方面的明确结果，本阶段将对不同结果展开相应行动。一要对各类质量检查做详细记录、分类、分析，从中找出和发现带普遍性和特殊性的不同问题，找出原因，研究解决的办法，并确定专人按所定标准限期落实。二要在问题分类、分析的基础上，总结成功与失误的经验。好的经验要巩固推广；失误的教训要认真吸取，并制定有效措施避免其再次发生。三要对检查中发现的表现好的部门及个人予以表扬、奖励；对发现的问题较多的部门和较差的员工，要按质量检查惩罚办法，给予适当的批评、教育及处罚，以示质量保证要求的公正性。四要有专人收集酒店质量检查的文字档案。应由专职质量管理部门负责收集、分类、分析、归档，以便用于酒店在准确制定下一步的质量管理目标时做参考。

## 案例 5-7

### 只要方法正确

这家建店八年，位于市内繁华区的星级酒店，近日来生意平平，且总经理频频收到住店客人的不满和来自朋友聊天中对酒店许多方面表示遗憾的提示。这些不满和提示反映在酒店内部管理混乱，部门之间不协调，服务质量不高等方面。总经理非常着急，开始与相关部门经理讨论解决这些问题的方法，其中不少经理谈到运用 PDCA 质量循环圈的方法。

刘先生在这家酒店任总经理助理仅 3 个月，主抓经营部室。他任职以来，平均每天要处理三起左右来自客人和员工的投诉。这天，他又连续接到了几个强烈的投诉。一个是餐饮部经理助理打来的电话，说中餐厅的两个正式员工已经有三天没来上班了，使得在岗员工纷纷抱怨经理给他们增加了许多额外的工作量，正常营业受到影响。另外两个是客人给大堂经理的投诉信。一位客人投诉酒店游泳池的室内温度太低，回去就生病了；另一位客人投诉在商务中心需要帮助时遭受了低质服务。

总经理董涌今年 42 岁，担任这家酒店的总经理两年多，这是他担任的第一个高层管理职位。刘先生是他亲自聘用的助理。刘先生来自五星级酒店，具有旅游酒店管理的大专学历，从事酒店工作十六年，任部门经理六年多，有着丰富的实际工作经验。刘先生将他发现的情况向总经理做了汇报，总经理就此召开了各部室经理的会议，听取刘总助理对酒店目前情况的汇报与分析。刘总助理坦言："我来此时间不长，但大部分时间和精力都花在处理客人投诉和解决员工问题上。"在场的管理人员也有同感，纷纷列举了一些同类问题。前厅部经理讲："每星期都会收到客人投诉，而且不断有员工抱怨。一位客人投诉这么热的天气，客房内没有冰块；有客人想预订机票，打电话给服务中心，服务中心告诉客人找前台，前台说我们酒店没有这项服务，客人非常不高兴。"总经理听取了大家的意见，感觉酒店质量管理工作已到非抓不可的时候了。于是，他当即请质量检查部经理根据所谈问题做出改进方案，并要求首先到餐饮部和客房部这两个“重灾区”进行调研，尽快弄清楚问题存在的源头，并决定一周后的同一时间召开与今天相同范围的汇报会，共同分析、确定解决办法。

质量检查部经理立刻展开工作。为保证问题的真实性，找到关键部位，质量检查部经理分别与部门、部位的经理、主管及员工进行了交谈，并对客人的投诉记录，做出了分析。结果如图 5-5 所示。

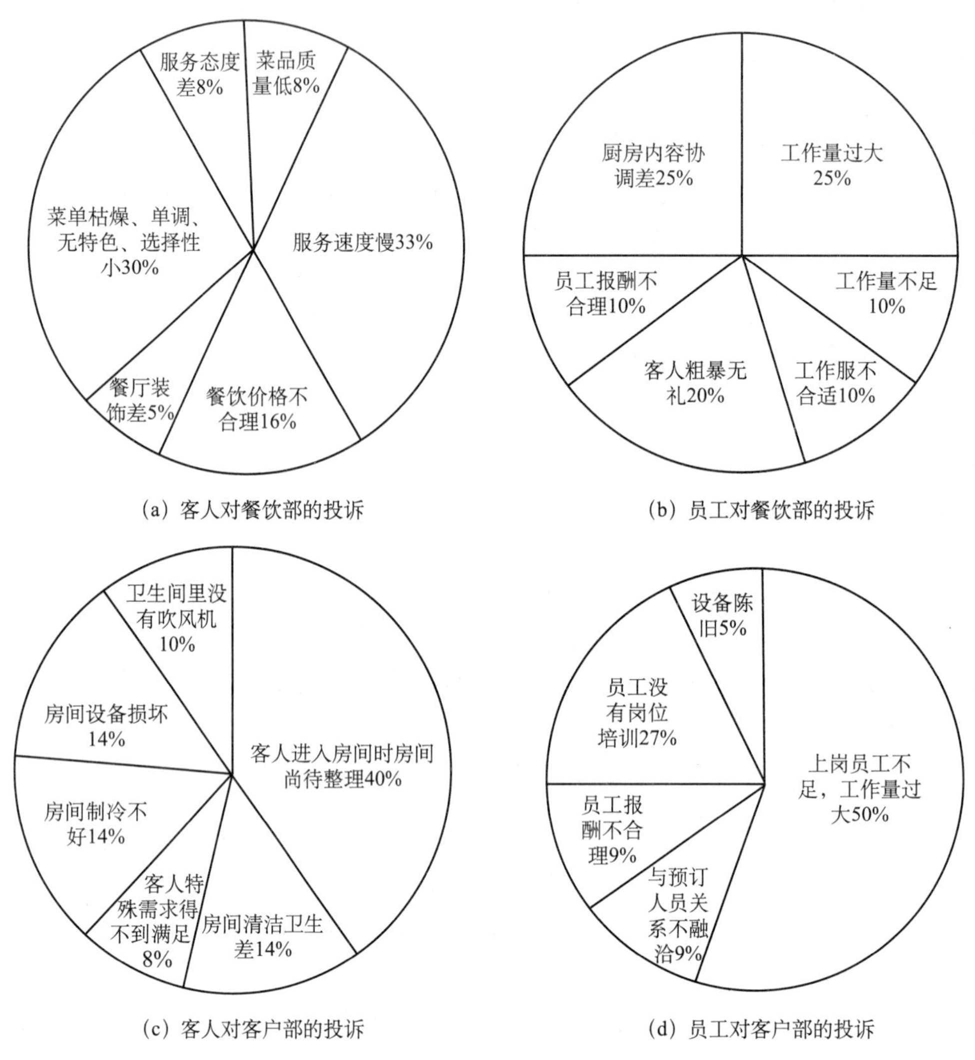


**图 5-5　客人、员工对部门的投诉分析**

质量检查部经理按总经理要求将调查分析的结果如期在部门例会上做了汇报。由于有了案例及量化分析，部门经理们感觉对酒店状态清楚了许多，随后就如何解决这些问题提出了积极的建议。质量检查部经理说：“总经理交给我们这项工作后，我们一是去了兄弟酒店取经；二是学习了一些质量管理的知识。现在许多企业都采用 PDCA 质量管理方法。这种管理方法或系统目的性强，好操作，有实效。酒店可以用它解决管理与服务过程中的质量问题。我们部门已经进行了讨论，建议使用 PDCA 质量管理循环圈。”总经理对这个建议表现出了极大的兴趣，于是要求质量检查部进一步探讨PDCA循环圈的内涵，并要求培训部请专业人员在一周内，对部门经理做PDCA循环管理知识的培训，同时还要求质量检查部在业内聘请一位专家，担任顾问，指导酒店实施服务质量管理PDCA循环，结合酒店的实际情况尽快将PDCA质量管理方法有效运用起来。

这一案例说明，每通过一次PDCA循环，都要进行总结，提出新目标，然后再进行第二次PDCA循环，使质量管理的轮子滚滚向前。由于PDCA循环圈是一个周而复始的过程，每次循环结束，都会有新的问题补充，酒店需要再次计划，实施检查和处理。这四个阶段相互交叉、相互衔接、循环推进，形成了服务质量不断提高的保证圈。所以，PDCA每循环一次，质量水平和管理水平均提高一步。

任何一项质量管理活动都有它的系统运行方法，都应遵循一个科学的工作程序，PDCA质量管理就是由此而产生的。这个PDCA管理循环是全面质量管理的基本方法和程序，对于提高酒店质量管理的有效性及其实践具有十分重要的作用。总而言之，ISO 9000族标准和ISO 9001质量管理体系是适用于大部分企业内部的管理体系，它帮助各类组织通过客户满意度的改进、员工积极性的提升，以及持续改进来获得成功。“人们服务于系统，管理产生系统。”质量管理大师戴明如是说。

## 第三节　酒店质量管理体系运行的制胜之路

酒店质量管理体系的运行，是指酒店在建立质量管理体系，确定质量管理标准文件后，由全体酒店员工，为实现质量方针和质量目标，在各项工作中依照质量管理体系文件要求进行的有效的实施。体系建立后，能否有效健康地运行是确保酒店服务质量及效益的重点。酒店的管理与服务涉及酒店工作的各个环节，只有掌握好体系运行的原则、步骤及监控方法，对每一环节实施到位，质量管理体系的作用才能得以发挥。

### 案例 5-8

#### 为什么会这样

随着旅游酒店业的竞争越来越激烈，许多酒店的高层管理者越来越看重质量检查工作。尽管如此，也有不少酒店对抓质量管理工作仍是说起来重要，做起来次要，忙起来有时就不要了，从而使得服务质量没有保证。某四星级酒店总经理一周内接到了客人两次严重的投诉，心里十分着急，却不明白为什么质量管理体系有了，专职部门设了，可客人投诉还是不减。于是，他请了一位业内资深人士到酒店做暗查，暗访人员以客人身份入住，暗访后写出了报告。当报告送到总经理手中时，这位总经理感到了极大的不安，仅暗访一天的时间就发现了几十个管理与服务中的基础问题，例如：

客人下出租车没有门童拉车门；

门童没有见面的迎候语；

前台接待人员没有热情问候，只询问客人入住简单程序，缺乏推销意识；

前台接待人员英语交流水平差；
前台接待台内竟然有手机响了；
早上叫送餐半个小时后才到；
餐厅用餐点菜后服务员不重复菜名；
玻璃杯有水渍；
服务员不能及时收掉客人用过的自助餐盘；
客房洗手池面盆有大裂缝；
洗浴喷淋水流量太小，浴缸把手生锈；
电热水壶内水垢太厚；
客房内小冰箱有冰结；
客房枕套上有个小洞；
服务员做客房卫生见到客人时无问候语；
自厨房通往餐厅的闭门器失灵，门不能自动关闭；
房间内没有送餐服务价格表等。

专业人员暗访发现的问题，绝大部分属服务质量中的基础问题。当通告到酒店中层管理人员时，很多人员也都感到不可信，认为我们不会存在这么多如此低级的错误。但这却是实际存在的问题。这次暗查出的问题极大地触动了酒店的各层管理者。

该案例说明了酒店质量管理体系的建立并不能代替质量管理体系的运行，它在运行中任何环节出现问题，都会体现在酒店服务质量上。下面将结合这家酒店暗访出的问题进行分析，同时提供解决这些问题的参考方法。

(1) 暗访发现的服务质量问题的分类分析。

服务意识问题：前台接待人员问候不热情，缺乏主动推销意识；服务员撤用后餐盘较慢。

服务程序问题：宾客点菜后，服务人员没有重复菜名；缺少送餐服务价格表。

服务标准问题：客房电热水壶内水垢厚；浴缸把手生锈；叫送餐半个小时后才到；客房内小冰箱内有冰结；玻璃杯有水渍。

设施设备问题：自厨房通往餐厅的闭门器失灵，门不能自动关闭。

语言沟通问题：外语水平低，不符合星级标准。

(2) 针对上述问题分类分析后的建议。

① 完善质量管理体系，增强管理人员的质量管理意识和员工的质量服务意识，检查质量管理体系在各个环节运行中的实际到位情况。同时，暗访中暴露出的许多问题与培训工作有关，针对这些问题，应按质量管理体系中“首先做好培训”这一标准要求，采取灵活多样的方法，提高培训的针对性和实效性。

② 制定一套切实可行的服务质量标准。暗访中发现许多不规范、不到位的问题都是质量标准制定的问题。因此，酒店各部室、部位，应借此发现的问题，对各自的岗位职责、规章制度、工作程序和标准进行修订，使之真正成为酒店管理与服务的指导原则、现行的日常质量检查的准绳。

③ 充分认识质量管理工作与经营管理工作是一回事，质量管理工作是经营管理工作的重要组成部分。质量检查不单是质量检查部门的事，也是酒店各部门共同的事，人人都要树立良好的质量意识，哪个部门的质量出了问题就由哪个部门管理者负责，建立一套质量与管

理、质量与效益挂钩的制度。

上述案例从另一个侧面告诉我们，质量管理体系是一个实实在在的过程实体。其全面运行是靠酒店的全体员工，依据质量管理体系文件的要求共同努力，保持质量管理持续有效的过程。如下，将从精益质量管理、体系运行中的七大原则、运行的步骤、过程控制方法四个方面阐述酒店质量管理体系的制胜法宝。

## 一、精益质量管理是酒店质量管理体系运行的制胜法宝

随着现代各种各样的先进管理思想的发展和应用，精益思想也在质量管理方面获得了发展，并逐渐形成了精益质量管理。精益质量管理是综合了精益思想、全面质量管理、ISO 9000 质量管理体系及六西格玛管理等优秀管理理念而形成的。精益质量管理概述了员工职业化、生产系统化、工序标准化、度量精细化和改进持续化五个方面，同样适用于酒店业全面质量管理理念和运营规则，有其“五大法宝”值得借鉴。

### （一）员工职业化

员工职业化是推行精益质量管理的第一大法宝。精益质量管理将员工职业化放在一个非常突出的位置，这是与精益生产、六西格玛、ISO 9000 体系的一个显著区别。精益质量管理借鉴有关管理革新项目成败经验教训，将员工职业化作为推行精益质量管理革新的首要关键要素。

对生产作业系统而言，员工职业化包括工人的职业化，也包括主管及更高层次人员的职业化。他们虽角色不同，但都对作业系统质量、效率、成本产生影响。员工职业化是精益质量管理的首要关键成功要素，是精益质量管理的一大法宝。

### （二）生产系统化

生产系统化是推行精益质量管理的第二大法宝，是精益质量管理的核心子系统，其研究对象是生产作业系统，系统化的含义就是要从作业系统全局寻求影响质量、效率、成本的全局性关键因素，采用系统化的方法寻求问题的根本解决，以达到作业系统质量、效率、成本的综合改善。

### （三）工序标准化

工序标准化是推行精益质量管理的第三大法宝，工序标准化也是生产系统化的重要组成部分。将工序标准化列为精益质量管理的第三大法宝，是基于工序在生产过程的重要地位。工序是产品形成过程的基本单位，工序质量直接决定着产品的质量和生产效率。工序质量受多方面因素影响，概括起来主要有六个方面，即 5M1E（人、机、料、法、环、测），构成工序标准化的六大要素。

### （四）度量精细化

度量精细化是推行精益质量管理的第四大法宝。度量是六西格玛管理和 ISO 9000 质量体系特别强调的管理要求，在生产管理中常以统计一词表达相关生产结果。度量与统计

是有区别的，度量隐含着与标准的比照，数据结果是处于坐标系中的。而统计则未强调与标准的比照，对偏差常不作深究。

### （五）改进持续化

改进持续化是推行精益质量管理的第五大法宝。持续改进是精益生产、六西格玛、ISO 9000体系共同强调的理念。改进持续化在精益质量管理中起承前启后作用，是度量精细化的延续和要求，如果缺少改进持续化，则度量的作用将削减，而员工职业化、生产系统化、工序标准化则会缺少新的活力和要求，管理将止步不前，甚至于倒退。

精益求精是精益思想的精髓所在，在产品的质量方面，通过不断地对产品质量信息进行整理和分析，找到和消除影响产品质量的各种因素，从而使得产品质量得到持续改进。这在后续的酒店精致服务系列中有所体现。

## 二、质量管理体系运行中的七大原则

ISO 9000族国际标准是各国质量管理和质量保证经验的总结，是各国质量管理专家智慧的结晶。可以说，ISO 9000族国际标准是一本很好的质量管理教科书。在2015版ISO 9001标准中提出了质量管理七大原则。我们可以结合酒店情况，学习、理解、借鉴这七大原则（图5-6），并将其运用于酒店质量管理运行中。

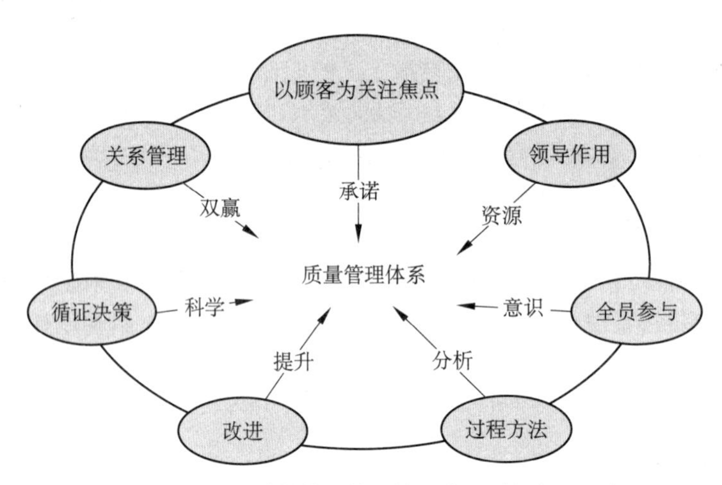


图5-6　质量管理体系的七大原则概括

### （一）以顾客为关注焦点

质量管理的主要关注点是满足顾客要求并且努力超越顾客期望。关注顾客首先要关注、理解顾客要求。顾客要求是组织策划各项活动的出发点，包括明示的、隐含的和法律法规规定必须履行的三个方面。顾客满意是顾客对其期望已被满足的程度的感受，即使规定的顾客要求符合顾客的愿望并得到满足，也不一定确保顾客满意，只有超越顾客的期望才能全面满足顾客要求，增进顾客的忠诚度。

酒店依存于顾客。因此，酒店应当理解顾客当前和未来的需求，满足顾客要求并争取超越顾客期望。顾客是决定企业生存和发展的最重要的因素，服务于顾客并满足他们的需要应该成为企业存在的前提和决策的基础。为了赢得顾客，酒店必须首先深入了解和掌握顾客当前的和未来的需求，在此基础上才能满足顾客要求并争取超越宾客期望。为了确保企业的经营以顾客为中心，企业必须把顾客要求放在第一位。

### （二）领导作用

各级领导建立统一的宗旨和方向，并且创造全员积极参与的条件，以实现组织的质量目标。组织的领导者要确立组织的宗旨，确立组织的发展方向，并使发展方向与组织的宗旨相统一。领导的另一个重要作用就是为全体员工创造一个良好的工作环境及和谐的工作气氛，将员工活动的方向统一到组织的宗旨和发展方向上，使他们为实现组织的目标做出自己的贡献。

领导者确立酒店统一的宗旨及方向。他们应当创造并保持使员工能充分参与实现酒店目标的内部环境。最高领导能够将酒店的宗旨、方向和酒店文化统一起来，创造使员工能够充分参与和实现酒店目标的环境，以现代企业领导"跟我来，看我的，一起干"的领导力、高境界的个人魅力，带领全体员工一道去实现目标。

### （三）全员参与

在整个组织内各级人员的胜任、被授权和积极参与，是提高组织创造和提供价值能力的必要条件。质量管理是通过组织内各职能各层级人员参与产品实现及支持过程来实施的。过程的有效性直接取决于各级人员的意识、能力和主动精神。当每个人的才干得到充分发挥并能实现创新和持续改进时，组织将会获得最大收益。

各级人员均为酒店之本，管理和服务的质量是企业中所有部门和人员工作质量的直接或间接的反映。因此，酒店的质量管理不仅需要最高管理者的正确领导，更重要的是全员参与。只有他们的充分参与，才能使他们的才干为酒店带来最大的效益。为了激发全体员工参与的积极性，管理者应该对员工进行质量意识、职业道德，以及以顾客为中心的意识和敬业精神的教育，使员工感受到自己与企业共同成长，从而激发他们的积极性和责任感。在全员参与过程中，团队合作是一种重要的方式，特别是跨部门的团队合作。

### （四）过程方法

将活动和相关的资源作为过程进行管理，可更加有效和高效地得到一致的、可预知的结果。质量管理理论认为，任何活动都是通过"过程"实现的。通过分析过程、控制过程和改进过程，就能够将影响质量的所有活动和所有环节控制住，确保服务产品的高质量。因此，在开展酒店质量管理活动时，必须要着眼于过程及过程方法，使组织能够对体系过程之间相互关联和相互依赖的关系进行有效控制，以增强组织整体绩效，把活动和相关的活动资源都作为过程管理，才可以更高效地得到期望的、一致的、可预知的结果。

### （五）改进

成功的组织持续关注改进。改进应是一种寻求每一个可用的机会的持续活动，而不应只是等问题发生才露出的改进机会。改进应该是持续的，一个改进过程的结束往往是一个新改进过程的开始。持续改进是不断追求卓越,逐渐消除所提供的产品、服务中的错误和缺陷,以及生产过程的低效率等。

持续改进总体业绩应当是组织的一个永恒目标。酒店质量管理的目标是顾客满意,一方面顾客的需求不断提高,酒店必须要持续改进,才能不断获得顾客的支持。另一方面,竞争的加剧使得酒店的经营处于一种"逆水行舟,不进则退"的局面,因此酒店必须不断改进,才能保持质量的稳定并得以生存。

### (六)循证决策

组织中各级领导的重要职责之一就是决策,决策无时不在进行。在决策过程中,数据和信息是最重要的资源。确保数据和信息足够精确和可靠是决策正确的条件。决策过程不仅需要数据和信息资源,而且还应对这些基于事实的数据和信息进行深入的分析和评价,统计技术是帮助组织正确并准确地分析与评价数据和信息的一个很好的工具。

有效决策建立在数据和信息分析的基础之上。为了防止决策失误,必须以事实为基础。为此要广泛收集信息,用科学的方法处理和分析数据和信息,不能仅凭经验,靠运气。为了保证信息的充实性,应该建立企业内外部的信息系统。坚持以事实为基础进行决策,就是要克服"情况不明决心大,心中无数点子多"的不良决策作风。

### (七)关系管理

随着社会的发展,组织为追求提高效率和优化成本结构,均在积极寻求外部方合作。无论是制造业还是服务业,其分工越来越细,每个组织只完成其生产或服务提供的一部分,大量工作由相关方来完成,包括外部供方。组织应对与相关方的关系进行管理,使之成为良好的战略合作伙伴关系,进而获得持续的成功。

组织与供方是相互依存的,互利的关系可增加双方创造价值的能力。顾客是酒店的衣食父母,酒店的生存与发展源于顾客的信任和满意程度。如何培育客户群,使之变成忠实客户,取决于产品质量是否满足顾客需要。顾客满意,酒店才有效益。同时此效益又可用作对市场客户群的培育。当然,这是在质量管理体系健康运行的前提下,才可能加以维系的过程结果。

综上,ISO 标准是一个完整和综合的体系。其质量管理运行中的七大原则,对酒店的质量管理体系的实际运行有着较高的参考及使用价值。当然,全面质量管理的原则还不仅限于此,还需要进一步的发展。这就需要更高的标准和更高的要求来指导企业的工作。例如,采用六西格玛的质量管理方法和解决方案,就是其中的一种选择。本书作为酒店业质量管理专业书籍,对这一体系只作了简单介绍,而非将所有内容或全面介绍置入其中,喧宾夺主。

## 三、酒店质量管理体系运行的步骤

在第四章质量管理体系建立的案例中,已将此运用置入其中。为了解决和改进质量问题,有必要再简要归纳一下八个步骤在酒店全面质量管理中的运用。

### (一)分析现状,找出问题

强调的是对现状的把握和发现问题的意识、能力,发掘问题是解决问题的第一步,是分析问题的条件。

### （二）分析产生问题的原因

找准问题后，分析产生问题的原因至关重要，可以运用头脑风暴法等多种集思广益的科学方法分析产生问题的原因。

### （三）要因确认

区分主因和次因是最有效解决问题的关键。

### （四）拟定措施、制订计划

以“5W/1H”为质检报表的基本内容，Why：为什么制定该措施？What：达到什么目标？Where：在何处执行？Who：由谁负责完成？When：什么时间完成？How：如何完成？措施和计划是执行力的基础，应尽可能使其具有可操作性。

### （五）执行措施、执行计划

高效的执行力是组织完成目标的重要一环。

### （六）检查验证、评估效果

“下属只做你检查的工作，不做你希望的工作。”IBM的前CEO郭士纳的这句话将检查验证、评估效果的重要性一语道破。

### （七）标准化，固定成绩

标准化是维持企业治理现状不下滑及积累、沉淀经验的最好方法，也是治理水平不断提升的基础。可以说标准化是治理系统的动力。没有标准化，企业就不会进步，甚至下滑。

### （八）处理遗留问题

所有问题不可能在一个PDCA循环中全部解决，遗留的问题会自动转进下一个PDCA循环，如此周而复始，螺旋上升。PDCA循环，可以使我们的思想方法和工作步骤更加条理化、系统化和科学化。

## 四、质量管理体系过程控制方法

### （一）过程方法

按照ISO 9001:2015标准的要求，过程方法是系统地策划质量管理体系所需的诸多过程，识别和确定这些过程的顺序和相互作用，可以将复杂的过程不断地加以简化，为系统管理质量活动提供明确的思路，使过程得到连续的控制，使其获得持续改进的动态循环，使组织的总体业绩得到显著的提高。为使酒店的质量管理体系能够有效运行，必须识别和管理许多相互关联和相互作用的过程。系统地识别和管理所应用的过程，特别是这些过程之间的相互作用,称为“过程方法”。

在谈到过程方法时,会不可避免地谈到 PDCA 方法。可以把 PDCA 方法理解为“过程方法”的具体化,即将过程展开为策划(P)、实施(D)、检查(C)、改进或处理(A)的循环过程。在本书第一篇和本章中,都不断阐述 PDCA 不是一个简单的过程重复,每一次循环都是在一个新的基础上的提升。管理科学发展到今天,已经从管理思想、管理概念提升到了管理标准的层面,为组织的管理和发展提供了科学的管理方法,说明过程方法有许多益处。

(1) 应用过程方法,可以促进质量管理体系的过程实现动态循环改进,从而不断提高效益。

(2) 通过识别酒店内的关键过程,重点过程的后续开发和持续改进,提高顾客的满意程度。

(3) 有利于了解酒店管理服务中所有过程和这些过程相互间的关系,同时更加有效地分配和利用酒店现有的资源。

(4) 管理者可以通过过程方法提出过程的输入要求,对过程的输出结果进行检查并提供必要的资源。应用过程方法,有利于酒店将复杂的管理工作不断简化。简化了的管理过程,便于监控。

### (二) 酒店质量管理体系的过程模式

根据以过程为基础的质量管理模式,组织的管理体系过程主要是由管理职责、资源管理、产品实现、测量分析与改进四个大的过程形成的。在运用以过程为基础的质量管理体系模式(图 5-7)时,应注意以下几点。

(1) 结合酒店的实际情况建立体系,注重过程的实操性和有效性。要强调质量策划的重要性,要明确一切管理应以顾客为关注焦点。最高管理者应在策划阶段做出管理承诺,满足顾客要求和法律法规要求,明确策划阶段的目标要求,为质量方针和质量目标的制定奠定基础。

(2) 突出资源在质量管理体系运行中的重要性,特别要加强识人、用人、育人等环节的人力资源管理工作,确保体系的有效运行。

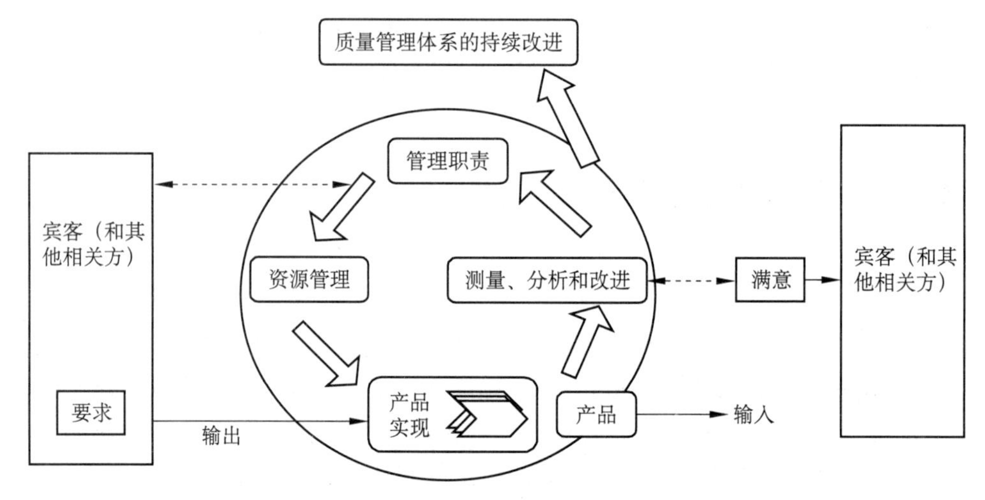


**图 5-7 以过程为基础的质量管理体系图示**

(3) 产品实现过程，涉及两个迭加在一起的过程循环，一个是原有的管理职责、资源管理、产品实现、测量、分析和改进过程循环；另一个是包括市场开发、设计控制、采购、生产和服务提供的过程，这是影响产品质量的关键过程。

(4) 质量管理体系过程检查和处置阶段的要求，来自酒店外部和内部的监控、督察和测量。这一过程的监控和督察体现了酒店对体系、过程和产品的日常监控方式。质量管理体系监控处置过程，提出了对质量改进的要求和方法，包括纠正和预防措施。

### （三）过程策划、控制和运行

1. 过程策划

为使过程的结果满足要求，对过程所需要的活动、步骤、控制方法、设备、材料、人员及职责分工、信息、资料等进行综合考虑安排的活动，可称为过程策划。

过程策划还包括确定过程应开展的活动；相应的资源（设备和材料）要求；配备能胜任工作的员工；明确员工的职责和权限；准备执行的规范、验收标准和文件；对过程结果的测量、分析和改进的安排。

一个复杂过程往往由几个分过程构成，即便一个简单过程通常也是由若干活动或步骤构成的。这些活动相互联系、相互作用，按一定顺序组合在一起，它们之间存在着信息和物质流动，以及控制与运行过程人员职责和权限的分配。酒店可以将工作规范、服务程序与标准以服务过程运行流程图的方式向员工明确表述（参考第三章相关内容），这样既便于员工理解，又利于员工现场操作与控制。

过程策划的结果通常要形成计划类文件，用以指导和控制过程的有效运行。

例如，在酒店内组织一场大型宴会，宴会部经理要依据使用对象的需求及整个宴会的程序步骤、过程细节，对各相关部位、人员、场地、所需材料、布置要求等策划出实施方案，并形成文件，以便于每个大小环节体现的大小过程，能够按统一策划安排运行，达到文件策划要求标准的目的。这个策划文件将指导这一大型宴会的自始至终。

又如，客人电话预订一场宴会，这只是一个已具备确定规范标准的简单过程，操作者根据顾客要求按照规范服务的步骤为顾客做好餐前预订。这之中有接听电话规范、预订过程语言规范、预订后的确认及跟踪宴会落实规范，当然还可以有客人用餐后的反馈规范，这些都应当是实施策划好的文件。

2. 对影响过程中主要因素的控制

过程有大有小，有的简单，有的复杂，这受主、客观因素的影响，各过程的运行均存在着波动，对这种波动进行分析，找出主要影响因素，制定控制措施，以使过程得到有效控制。

例如，老酒店设备陈旧、管理方式老化是产生波动的部分原因，策划时要注意设备的维护和确认，管理方式的进步和创新。而新酒店主要影响因素可能是人员经验不足，缺乏复合型人才及规章制度不健全或不适宜，策划时则要以人员培训和完善规章制度为重点。

(1) 注重以往类似过程的相关信息。充分收集和利用以往类似过程的相关信息，做到早期预警，最大限度地减少失误，这是降低成本、提高过程效率的有效途径。

(2) 加强对特殊过程的控制。当过程结束后，不能通过检验来判断过程的结果是否符合要求的过程称为特殊过程。在过程策划阶段，应对影响特殊过程的关键因素如人员、设备和程序进行确认，以免影响过程进度及效率，确保过程结果圆满。

3. 过程运行

为保证过程运行，实现预定的目标，应注意以下几个问题。

(1) 选用合格人员，减少人为失误。过程运作的关键是确保参与过程活动的所有员工具有相应能力，能够胜任工作，做到第一次做好，并且每一次做好，最大限度减少由人为失误引发的异常波动，从而减少成本损失。

(2) 严格执行管理规范，保证过程稳定性。管理规范化是过程稳定运行的前提条件，也是减少异常波动的重要手段。一般来讲，管理规范是对以往过程运作中成功经验和失败教训的总结。违背管理规范要求，可能造成操作失误或重犯以往错误，进而破坏过程的稳定性及过程结果。

(3) 及时发现异常，采取措施减少损失。过程运作中，要对影响过程结果的各项因素实施监控，包括人员、设备、方法、环节等方面，必要时要对相关因素进行过程能力确认。当发现过程出现异常波动时，要调查分析产生波动的原因，采取相应措施，消除原因，使过程重新回到稳定状态。

(4) 做好记录，为完善和改进过程提供依据。随时做好各项记录，以便采用统计和比较的方法对过程运行状况进行分析，确定完善和改进过程的方法与步骤，确保过程能力的稳定或提高。

本章开篇所讲的案例中的问题，体现了质量管理体系运行、监控过程中的波动反映。酒店应结合自身的实际情况将本章中质量管理体系运行的步骤、对体系基本术语的理解、质量管理体系运行中的八大原则及质量管理体系过程控制方法加以运用，进而得到使顾客满意、使企业满意的质量保证结果。

## 思考题

1. 如何理解 PDCA 循环法在酒店中的运用？
2. 为什么说质量是一个持续过程？
3. 质量管理体系运行的“五化”具体有哪些？
4. 简要阐述质量管理体系的七大原则。
5. 请说出酒店质量八步检查程序中至少五个程序。
6. 你能讲出酒店服务质量三条黄金标准吗？
7. 试用过程策划、控制和运行方法假设一个酒店的质量管理体系模式。

# 第六章 酒店质量管理评价模型

现代酒店服务质量管理集不同管理科学和工程技术于一体，借鉴了许多先进管理思想和方法，为现代酒店服务质量管理提供了可利用的工具。常见的质量分析方法及评价工具包括“老七种”和“新七种”工具。“老七种”工具包括因果图、排列图、直方图、控制图、散布图、分层图、调查表。“新七种”工具包括关联图法、KI 法、系统图法、矩阵图法、矩阵数据分析法、PDCA 法、天线图法。此外，一些新方法的相继出现，得到了酒店业广泛的关注。例如，质量功能展开（QFD）、田口方法、故障模型式和影响分析（FMEA）、头脑风暴法（Brainstorming）、六西格玛法（6σ）、水平对比法（Benchmarking）、业务流程再造（BPR）等。这些方法用真实的数据来定性反映和定量描述客观事实，诊断病因，以解决有关质量的实质性问题。各种评价方法和模型很多，在这里仅就便于酒店业实际操作的常用方法与模型进行介绍。

## 第一节 评价方法

**案例 6-1**

不满、伤害、查房

**情景一：为什么会引起客人的不满？**

一位 VIP 客人入住酒店，客人进入房间时发现发给客人的一份总机电话交换机夜间维修通知是用废纸打印的。客人见此状不满地说：“你们酒店是四星级酒店吗？我看也就是二星级水平，你看这份通知两面都有字，是让我看这面还是那面呢?”负责接待的经理无言以对,深感给客人留下了不好印象,一再致歉。

**情景二:“无心话语”的伤害。**

一天,住在925房间的客人换到了912房间,但当客人到912房间时,发现钥匙打不开房门。客人找到楼层服务员要求帮助开门,服务员按照规定给客房中心打电话核实客人身份,但在核实身份时说了一句:“客人推着一个有病的老太太,快点核对。”客人听到后非常生气,提出投诉。后来前厅部经理和客房部经理一同向客人赔礼道歉,客人被安抚后,才表示不再追究此事。

**情景三:你们为什么检查我的房间?**

一日22:00左右,工程部员工到客房部,要求检查卫生间地漏情况。起因是前期客人反映房间有异味。经查,部分卫生间由于地漏质量问题造成的下水道气味进入了房间。工程部决定进行整改,逐个更换。但当日工程人员拿着未检查的房号要求检查地漏时,客房部当日领班未考虑到对客人的影响,同意员工带领工程人员去检查。员工敲开客人房门,因为语言不通,未向客人解释清楚就进入了房间,检查了一下地漏就离开了。客人感到非常不能理解,因此向大堂经理投诉。

**讨论:**

1.“酒店展示给客人的应是最好的”,这家酒店为什么给客人留下了不好的印象?

2.员工的好心怎么造成了客人的不满?

3.查房检修的员工错在哪里?

## 一、因果分析法

导致服务过程和服务质量问题的原因可能有很多方面,通过对这些因素进行全面系统的观察和分析,可以找出其因果关系。因果分析法是一种用于分析质量结果与可能影响质量特性的原因的工具,通过对造成质量问题的原因进行层层分析,对症下药,将问题予以解决。因果分析法是一种简单易行、直观有效的、结构化的分析方法。因果图是一种图形工具,主要用于分析和表达因果关系。

### (一)因果图的基本特征

(1)因果图是所观察的结果或需要考察的现象可能产生影响的原因的直接反映。

(2)因果图清晰地揭示了这些可能的原因之间的相互关系。例如,图中一个原因可能出在图的几个地方。

(3)因果图中的相互关系一般是定性和假定的,通常是为建立因果关系而做的数据准备。

### (二)因果图的作用

具体地说,因果图可用于以下方面(图6-1)。

(1)分析因果关系。

(2)表达因果关系。

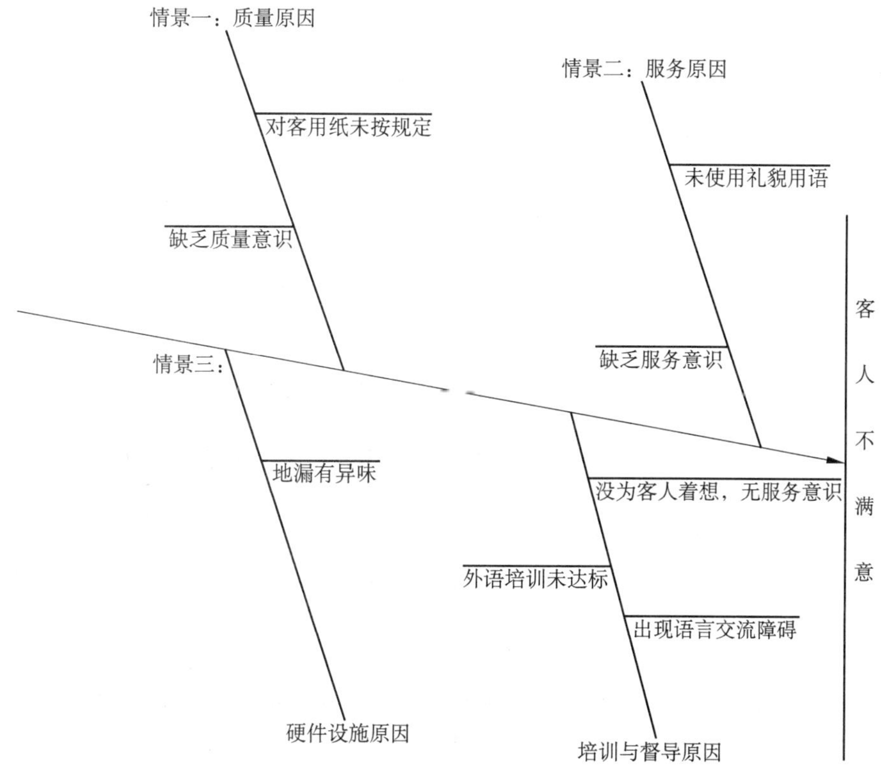


**图 6-1 因果分析法**

(3) 通过识别症状、分析原因、寻找措施,促进问题的解决。

## (三) 因果图的使用方法

(1) 结果或特性是管理者绘制和使用因果图的出发点。有无必要使用因果图、因果图的使用是否有效果,首先取决于结果的选择或确定。因为结果是产生质量问题的点,是不良的质量特性值,既是服务的"关键点",也是质量的"控制点"和问题"产生点"。例如效率、事故次数、出勤率或所有的"关键时刻"。

(2) 规定与原因有关的主要类别,对所有可能的因果原因都需要考虑。例如,人员及其作用的物,制度、程序和流程,环境,顾客等。4W(什么,What;为什么,Why;什么时候,When;什么地方,Where)就是经常所说的因果四条件。

(3) 开始画图。把"结果"画在竖线处,在其左边画一条水平线(干线),然后把各种主要的原因标记在干线两旁的斜线上。

(4) 继续扩展。寻找所有下一层次的原因并画在相应的横线上,原因分析应细化到能采取具体措施为止。

(5) 从最高层次的原因中选取和识别少量几个可能对结果有较大影响的原因,即重要原因,开展进一步的收集数据、论证、试验、控制等。

## (四) 使用因果分析法时的注意事项

(1) 确定原因时,注意集思广益,逐级或采取多种方式,听取大家意见,充分发扬民主,以免疏漏。

(2) 分析主要问题要具体,不要笼统,否则研究问题的深度会受到限制,解决问题的措施也很难落实。

(3) 在数据的基础上客观地评价每个因素的重要性,即要将合格和不合格的因素反映在表上。

(4) 因果图使用时,要不断地加以改进,得出真正有用的因果分析效果,促进问题的解决。

**案例 6-2**

**是哪里断了档**

H公司是与G酒店总经理长期合作的客户。有一天该公司的办公室主任打电话给G酒店的总经理预订第二天的1间标准间,并告诉总经理他的客人早晨7:40左右到达酒店,并希望酒店能够在晚上预留出房间,使客人能够及时入住,以便参加下午重要的会议。总经理答应了客人的要求,将这件事情交代给销售部的经理,并告诉他按照酒店VIP客人接待。销售部经理也按总经理的要求填写了预订单,并下发给前台。可是,第二天当客人入住时,前台告诉客人现在没有房间,需要等一个小时左右。一个小时之后,前台给客人办理入住手续,当客人走到房间后,发现房间里有人,客人非常生气,投诉到总经理。总经理听后,眉头紧锁,立即部署对此事进行调查,调查的结果是销售部经理按程序下预订单通知了前台,但前台并没有通知大堂经理按照VIP接待程序进行接待。

## 二、ABC分析法

ABC分析法又称质量问题分类处理法。这一方法主要根据两方面的原理:一方面,人的精力是有限的,一定时期只能致力于解决一至两件事情;另一方面,在所面临的众多的管理问题中,“关键的是少数,次要的是多数”。由此,通过对现存的质量问题进行分类,例如分为清洁卫生问题、服务态度问题、外语水平问题、设备保养问题、酒店安全问题、娱乐设施问题等,并按问题存在的数量和发生的频率,把上述问题分为A、B、C三类。A类问题数量少,但发生的次数多,约占质量问题总数的70%,是重点问题;B类问题数量一般,发生数量也相对少一些,占质量问题总数的20%~25%,是次重要问题;C类问题数量多,但发生数量少,是次要问题。同时防止B类问题上升,并对C类问题适当加以注意。因为C类问题往往带有偶然性或不可控性,例如失窃和设备设施被损坏等。ABC分析法是一种对不同质量问题进行分类的方法,可以找出质量问题的主次原因,是常用的剖析问题、判断正误、找准根源、分清责任、解决矛盾的较好的分析方法。

以案例6-2为例进行ABC分析(表6-1)。

**表6-1　ABC分析法**

| 具体质量问题 | 质量问题分类 | 问题发生次数 | 占全部问题发生次数比例 | ABC分类 |
|---|---|---|---|---|
| 未逐级查询 | 程序问题 | 70 | 70% | A类问题 |

续表

| 具体质量问题 | 质量问题分类 | 问题发生次数 | 占全部问题发生次数比例 | ABC 分类 |
|---|---|---|---|---|
| 未通知大堂经理按 VIP 客人接待 | 衔接问题 | 20 | 20% | B 类问题 |
| 卖重房间 | 业务复核问题 | 10 | 10% | C 类问题 |
| 未答应客人的要求 | 信誉问题 | | | |

### （一）ABC 分析法的基本特征

（1）对具体质量问题进行列举，是客观结果的直接反映。

（2）直接并清晰地对质量问题做了分类，便于查找原因。

（3）有数字和百分比的列举。

### （二）ABC 分析法的作用

1. 参考作用

通过对质量问题的列举、分类，明确主次问题，可以供各级管理者对过去和今后的数字进行比较。

2. 激励作用

从表的设计到运用，表达了主次关系，最终是为了解决质量问题，达到不断改进的目的。以此分析可以使员工心知肚明，知道对错并对照检查自己，起到鼓励先进带动后进的作用。

3. 推动作用

不断发现问题、分析原因、分清主次、制定措施，最终改进。这既是一个持续改进的过程，又是一个提高管理水平的过程。它使管理者学会分析问题方法，在促进管理者提高自身分析问题、解决问题的能力方面，起到了重要的推动作用。

### （三）ABC 分析法的使用方法

ABC 分析法还可以运用在其他管理工作中。例如，品种少、消耗大的物品（如布料、床单、服装、台布等）列为 A 类物资；品种和消耗适中的物品（如面巾、浴巾等）列为 B 类；品种多消耗金额小的物品（如本、笔、信笺等）列为 C 类物资。在划分 A、B、C 三类物品的基础上按照分清主次、抓住重点、兼顾一般的原则，采取不同物品由不同人负责的方式。

上述两种分析方法是酒店质量分析的常用方法，既直观又简单，易于操作，应成为酒店各级管理者和员工共同的质量工具。

## 第二节　差距分析模型

20 世纪 80 年代末期，美国的帕拉苏拉曼（A. Parasuraman）、齐塞尔（V. A. Zeithaml）和白瑞（L. L. Berry）等服务营销人员开发、设计了一种分析方法，被称为差距分析模型，该模型是评价服务质量的基础方法之一。此法认为，服务质量除了服务感知与服务结果外，还包含服务的过程，必须消除五种差距，服务才能达到令人满意的程度。有关专家将其评价为服务质量的概念性模型，用它来分析服务质量问题的起源（图6-2）。

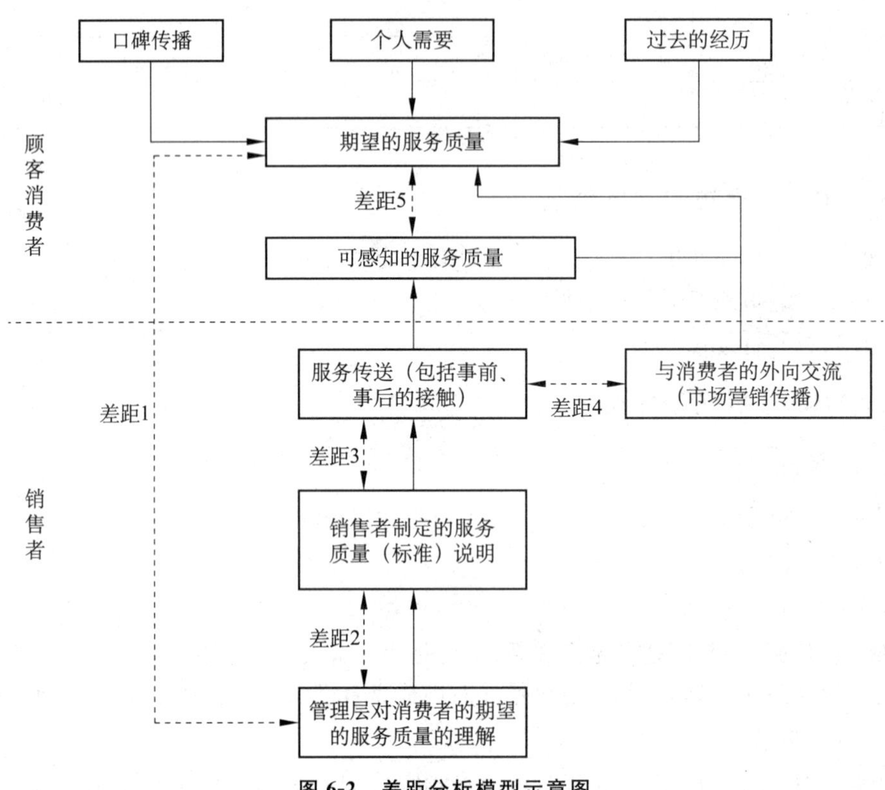


**图6-2　差距分析模型示意图**

## 一、模型说明

首先，该模型说明了服务质量是如何形成的。模型的上半部分包括了与顾客有关的内容，下半部分展示了与服务提供者有关的内容。期望的服务是顾客过去的经历、个人的需求以及“口碑”传播共同作用的结果。当然，它还受到厂商的营销传播活动的影响。

其次，“所经历的服务”在该模型中被称为“可感知的服务”。“可感知的服务”是服务提供者一系列内部决策和活动的产物，管理层对顾客期望的理解引导其制定服务质量说明；服务质量说明，即当服务被传送时，服务组织所必须遵循的标准或原则；顾客所经历的服务的提供过程，感觉到的服务的技术质量和功能质量，被称为与过程相关的质量因素；再将这种体验和感觉与自己心目中的预期质量相比较，最终形成自己对服务质量的整体感知，这就是顾客感觉到的服务质量。

最后，表明产生质量问题的可能根源。这个基本模型说明了在分析和计划服务质量时需要考虑哪些步骤，并表明产生质量问题的可能根源。最重要的一点是，该模型显示出在服务设计和提供的过程中，不同阶段间产生的五项差距，即所谓的质量差距。这些质量差距是由质量管理过程中的偏差造成的。当然，最终的差距，即期望的服务与所经历的服务之间的差距(图6-2中差距5),是服务过程中出现的其他差距共同作用的结果。以下,我们分别论述这五种差距产生的原因、带来的结果及如何管理。

## 二、管理者认识的差距(差距1)

管理者认识的差距表明,管理者对期望的质量理解不够准确。这个差距是由下列因素引起的:一是来自市场调研和需求分析的信息不准确;二是对有关期望的信息作了不准确的解释;三是未做正确的需求分析;四是员工传递给管理者的有关与顾客接触的信息不好或不存在;五是由于组织层次过多而造成的与顾客直接接触的员工向管理者传递信息的中断或歪曲。

要减少管理者的这个差距,应该根据产生差距的不同原因而采取不同的方法。如果问题是由管理不善引起的,则显然需要改变管理或管理者提高对市场研究、服务竞争特征的理解。在大多数情况下,后一种行为更应受到重视,管理者应当加强对市场的研究、理解服务竞争的性质,亲临现场了解顾客需要,与顾客交流,以缩小认识差距。总之,任何一种纠正方法都应当包括对服务有更好的研究,以便使顾客的需求和愿望得到较好的发现和重视。

仅仅通过市场调研和接触顾客得到的信息在企业内部进行流动是不够的,至少是不充足的,还必须采取措施打开或改进内部的信息渠道,这样做的结果甚至可能对企业的组织结构产生影响。

## 三、质量规范的差距(差距2)

质量规范的差距表明了服务质量说明与管理者对预期质量理解的不一致程度,其产生的原因有:组织对服务质量的规划不善或规划过程不完善;管理者对规划管理不善;组织缺乏清晰的目标;最高管理层未充分支持对服务质量的规划;组织对员工承担的任务的标准化不够;对顾客期望的可行性的认识不足。

差距2由差距1的大小决定。即使组织中存在着关于顾客预期的充分而准确的信息,质量规范规划依然可能偏差较大。造成此结果的原因是,高层管理者对服务质量认识不够,没有视服务质量为最优先考虑的问题,没有承担起对服务质量的义务,更没有从顾客的角度出发。其实,质量在当今的服务竞争中是一个非常重要的取胜因素。因此,管理层在其议事日程上把对质量的承诺放在优先位置是十分必要的。

当然,问题也可能出在计划进程本身,那些提供服务的人也应该对质量规范的制定承担一部分任务和责任,这在组织的目标设置和规划上同样也是必须考虑的问题。如果高层管理者在制定规划中没有与那些直接提供服务的一线员工交流并听取其意见,那么所制定的规划必定是不完善的。理想的做法是,目标和质量规范不仅要得到管理者、规划者的赞同,而且也要得到生产者和服务提供者的赞同。另外,质量规范还应具有一定的柔性,这样才不至于影响员工在涉及风险的情况下采取灵活的行为和措施,否则也会影响服务质量。

简而言之，对于缩小质量规范的差距，管理层与员工都要信奉服务质量远比过于僵硬的目标设置和规划程序重要得多。

## 四、服务传送的差距（差距3）

服务传送的差距是指服务在提供或传递过程中未达到质量规范的标准程度。产生此差距的原因有：质量标准过于复杂或过于僵硬、死板；一线员工不赞同质量标准，理由是优良的服务质量有时要求服务行为具有差异性；质量标准与现有的企业文化不一致；服务运营管理不善；缺少内部营销措施或内部营销系统不完善；技术与体制不利于按照规范规定的质量标准获取较高绩效。

此处的问题繁多而且变化多端，通常造成服务传送差距的原因是复杂的，很少只由一个原因引起。因此，纠正的方法也十分复杂。

总之，造成差距3的原因大致可归为三类：管理与监督不力；员工对规范与规定的理解有误、员工对顾客的愿望与需求的理解有误；缺乏技术和营运系统的支持。下面我们分别论述。

### （一）与管理和监督有关的问题及其纠正方法

例如，管理者的方法不能鼓励或促进质量行为，或者管理控制系统与优质服务、质量规范发生冲突。在任何组织中，如果控制和奖励系统的确立与质量规范的规划截然分开，发生服务传递差距的概率就会增加，而且这种风险也很大。在很多情况下，错误的行为难以监控，致使错误的行为很难被发现，有时甚至可能会受到奖励。也就是说，违背质量标准的行为有时会受到控制系统的鼓励，甚至还有可能得到奖励。当然，这会将员工置于极度尴尬的境地。企业文化在某种程度上决定了企业的控制和奖励系统的执行，虽然还存在着其他更为重要的决定因素，但是由于目标和质量标准与现存的企业文化不适应而不能贯彻执行的情况也时有发生。这里的纠正方法包括，需要对管理者对待下属的方式、管理系统控制、奖励工作绩效的方式，以及与企业文化和内部营销有关的许多重大问题给予充分关注。

从上述讨论中我们看到，员工作为服务直接提供者这个角色常常遇到一种尴尬的局面：质量标准对服务的要求与现有的控制和奖励系统相互冲突，尤其使服务人员感到为难的是，如果一个或多个顾客要求提供与服务标准所设想的完全不同的服务，同时服务提供者又感到顾客的愿望或需求是正当的而且是可以满足的，但是服务提供者却不能有针对性地采取措施时，就贻误了顾客想要的服务，而且这实际上又扼杀了员工能为顾客提供高质量服务的良好动机。

纠正这个问题的办法是，一方面需要改变管理系统，以便与质量规范的标准一致；另一方面，加强员工培训，使之认识到，由于诸如战略性考虑或利润的原因会造成工作上的局限，这就再一次使内部营销问题成为提高服务质量的关键。

### （二）员工的技能和态度可能产生的问题及其纠正方法

这可能由于把不合适的人选安排到了第一线，或者企业尚不具备能够正确按照操作规程操作的合格的技术人员。在这种情况下，再好和再正确的质量标准和系统也无济于事。因此，纠正的办法是改进补充新员工的渠道，以杜绝人事和使用部门对此问题的认识偏差。另外，员工的工作负荷也是个问题。例如，因为过多的文字工作或管理任务，使规范中规定的质量标准难以执行，因此服务人员不能像期望的那样把足够的注意力放在顾客身上。可以通过明确员工的分工，对特别重要的任务给予格外关注等方法予以纠正，以便不影响服务质量。

### （三）技术或营运系统不适合员工的纠正方法

技术或营运系统（包括决策和其他管理系统）可能不适合员工，当然，问题也可能出现在员工身上，但更可能是引进的技术、营运和管理系统出了问题：技术和系统可能是错误的，它们刚好不支持质量行为；也可能技术和系统是正确的，但未被正确地介绍给与之共处的员工。

纠正的方法是，或者在技术或系统上做出正确的改动，以支持质量规范中标准的贯彻执行，或者加强对员工的培训和内部营销管理。

## 五、市场营销传播的差距（差距 4）

市场营销传播的差距是指市场营销传播行为中所许诺的与实际提供的服务不一致的程度。产生此差距的原因有：市场营销传播规划未能和服务运营活动相结合；在传统的市场营销和服务活动之间缺乏协调；经济组织没有按照质量标准进行生产，但市场营销传播却按原来的质量标准进行宣传；经济组织中存在一种内在的质量浮夸倾向，与顾客实际体验的服务有一定差距。

总之，造成市场营销传播差距的原因可以归为两大类，一是内部计划和外部市场营销传播活动失控，二者缺乏部门之间、人与人之间的协调和配合；二是常常在广告等市场营销传播中出现浮夸倾向或过分许诺。

对于前一个原因可以通过创建一种服务运营和传送体系加以解决，这一体系有利于协调内部计划和外部市场营销传播活动之间的关系。例如，至少每个主要市场营销传播活动必须认真、仔细设计，使其适应服务生产和服务传送的要求。通过这个办法可以达到两个目标：一是使市场营销传播中的许诺变得更加可靠，与现实更贴近；二是可以更好地兑现在外部竞争中所做的承诺，同时还会带来一些其他附加效应，超过其他竞争者。而对于后一个原因即经济组织夸大其词，其根本原因是在市场营销传播时，过分使用浮华而夸张的语言以招徕顾客所造成的。因此，只有通过提高市场营销传播监控与管理，才能处理好这个问题，即建立更好的计划程序和更严格的监督管理体制。

## 六、可感知服务质量差距（差距 5）

可感知服务质量差距意味着可感知的服务质量或所经历的服务与预期的服务不一致。这个差距会导致以下结果：顾客体验和感觉的服务质量与预期有较大差距，便对组织提供的服务持否定态度；顾客向亲友诉说自己的体验和感觉，使服务的“口碑”变差；顾客的负面传播破坏企业声誉并影响公众形象;失去生意。

当然,这个差距也可能形成正面影响,即通过识别差距,填补差距,从而提供更好的服务质量。产生可感知服务质量差距的原因可能和上面论述的其他情况差不多,这个差距的大小是与前面几个差距密切相关的。

## 七、结论

差距分析模型能够分析并找出服务质量问题的症结所在,同时发现合适的方法缩小差距。正如一些西方学者总结的那样:“差距分析是判定服务活动中厂商与顾客之间不协调性的一种直接和合适的途径。分析这些情况是制定使预期与实际相一致的战略战术的一种逻辑基础,这样做可以提高顾客满足感和正面质量评价的合理性。”

# 第三节 SERVQUAL 评价模型

SERVQUAL 是 Service Quality 的缩写。SERVQUAL 评价模型是应用于服务和零售组织的、评价顾客感知服务质量并包括 22 项测试问题的调查问卷。该模型最早是由 A. 帕拉苏拉曼(A. Parasuraman)、瓦拉瑞尔 · A. 泽丝曼尔(Valarie A. Zeithaml)和 L. 白瑞(L. Berry)提出来的,后来得到了学术界和实业界的广泛应用。

激烈的竞争和快速的变化使许多服务和零售企业进一步寻求使其能够标新立异的获利途径。在这些企业中,与成功紧密联系的一个战略是提供高质量的服务。提供高质量的服务显然是这些企业成功的先决条件。

服务质量不像产品质量那样可以通过产品的使用寿命和瑕疵率等客观的标准来衡量,它是一个抽象的、摸不着的事物,这是由服务所独有的四个特性——无形性、不可储存性、异质性、生产和消费的不可分割性决定的。因为没有客观的衡量方法,所以评价一家企业的服务质量的一个合适的方法就是衡量顾客的质量感知。然而,怎样得到定量的衡量标准来预测这些感知呢? 于是,SERVQUAL 评价模型产生了。它涉及限定服务质量的范围、SERVQUAL 评价模型的研究开发过程,以及该评价模型的内容和应用的各方面,本节仅就 SERVQUAL 评价模型的内容及应用展开说明,其他不做阐述,开发 SERVQUAL 评价模型的过程图如图 6-3 所示。

## 一、评价模型的内容

需要提到的是,在对最初的评价模型进行精选时,目的是得到一个精炼的、精确的评价模型,而作为目标的这个精炼的、精确的评价模型,其条款应当对各种服务行业都具有意义。而且各阶段的研究思路和研究方法的设计和实施的目的都是要仅仅保留那些通用的、与包括所研究的服务企业在内的所有的服务企业有关的条款。但是这种程序和目的同样也可能删除那些与某些服务企业有关的、对某些服务企业来说相对“好”的,但并不是对所有服务企

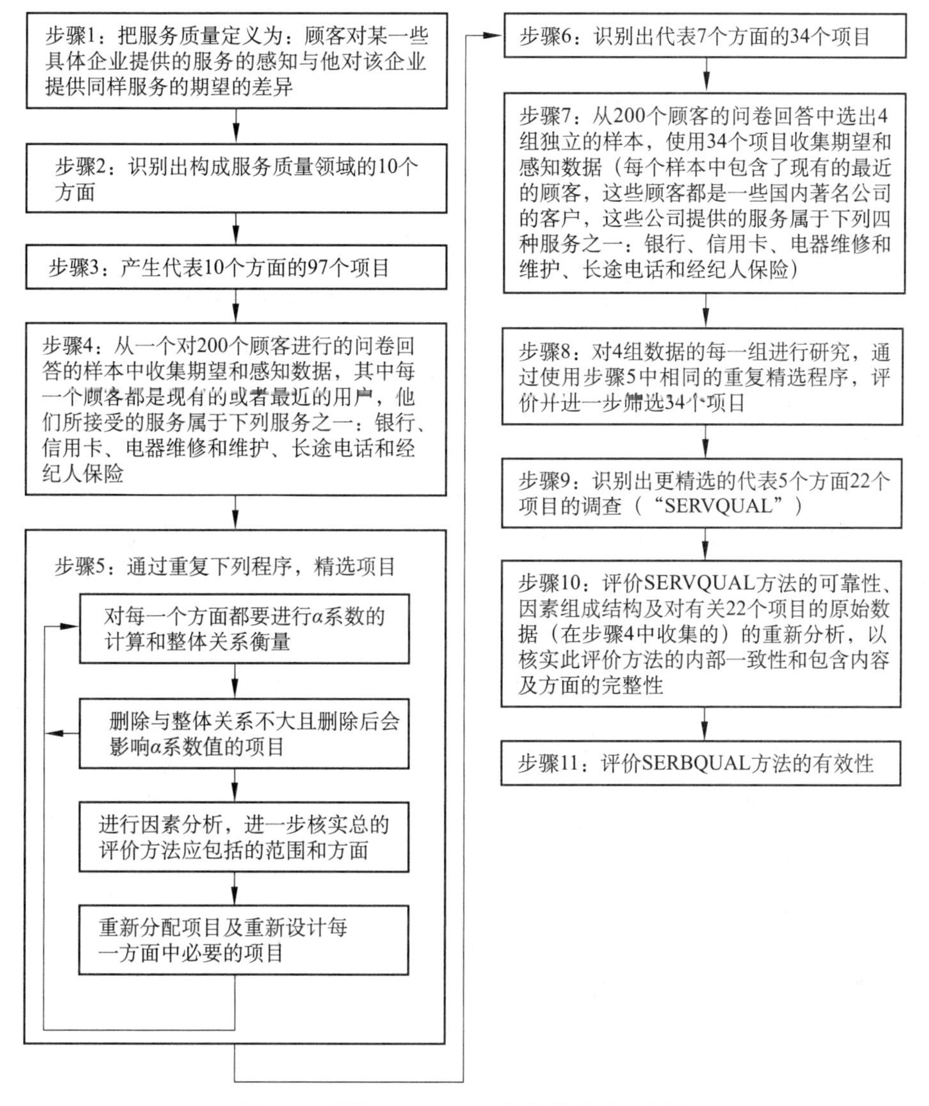


**图 6-3　开发 SERVQUAL 评价模型的过程图**

业都适用的条款。因此，当 SERVQUAL 评价模型以当前的形势评价和比较各种各样的服务企业之间和一个企业中的各种部门之间的服务质量时，或者当对某一特定的服务业务进行实际调查时，需要对 SERVQUAL 评价模型进行适当的调整和改变。具体地说，在实际使用 SERVQUAL 评价模型时，它的五个方面中的每一项条款都可以做适当调整和改正，以使这些条款与被调查企业关系更加密切。以下对构成 SERVQUAL 评价模型的五个方面进行说明。

## （一）有形性

有形性包括实际设施、设备以及服务人员的外表等。其组成项目有：现代化的服务设施、服务设施具有吸引力、员工有整洁的服装和外套、企业的设施与他们所提供的服务相匹配。

### （二）可靠性

可靠性是指准确无误地履行服务承诺的能力。其组成项目有：企业对顾客所承诺的事情都能及时地完成；顾客遇到困难时，能对顾客表现出关心并提供帮助；企业是可靠的；能准时地提供所承诺的服务；正确记录相关的服务。

### （三）敏感性

敏感性在某些资料中也表述为响应性，是指帮助顾客并迅速地提高服务水平的意愿。其组成项目有：能够告诉顾客提供服务的准确时间；期望员工提供及时的服务；员工总是愿意帮助顾客；员工不会因为太忙而不能立即提供服务以满足顾客的需求。

### （四）可信性

可信性在某些资料中也表述为保证性，是指员工所具有的知识、礼节，以及表达出自信与可信的能力。其组成项目有：员工是值得信赖的；在从事交易中能使顾客感到放心；员工是礼貌的；员工可以从企业得到适当的支持，以提供更好的服务。

### （五）个性化

个性化，也表示为移情性，是指关心顾客并为顾客提供个性化服务。其组成项目有：企业针对顾客提供个别的服务；员工会给予顾客个别的关心；员工了解顾客的需求；企业优先考虑顾客的利益；企业提供的服务时间符合顾客的需求等。

在 SERVQUAL 评价模型开发阶段，是按 10 个服务质量因素研究的使用标准的，而最终重新精炼为上述五个方面，并给予精确定义。以上的最后两个方面（可信性和个性化）包含的条款代表了原来七个方面的内容——沟通性、可信性、安全性、胜任能力、彬彬有礼、理解/了解顾客，以及可接近性。这些方面在经过两个阶段的精炼后，没有能够单独地保留下来。因此，尽管 SERVQUAL 评价模型最后仅仅有五个不同的方面，但是它们却是包含了原来的所有 10 个概念化的方面。

## 二、SERVQUAL 评价模型的应用

服务质量的得分是通过计算问卷中顾客期望与顾客感知之差得到的。这个得分用来表示服务质量差距理论中的差距 5。还可以用类似的方法设计调查表，经调查分析，得到其他四个差距的得分。SERVQUAL 评价模型在现代酒店服务质量管理中也有广泛应用。

### （一）使用 SERVQUAL 评价模型可以更好地理解顾客的服务期望和感知

SERVQUAL 评价模型是一个简要的多项目评价方法，它具有很好的可靠性和有效性。以酒店为例将 SERVQUAL 模型原表中的“公司”改为酒店，让酒店管理者使用该评价模型可以更好地理解顾客的服务期望和感知，从而改进服务。该评价模型被设计为适用于一个广泛的服务范畴。因此，它通过它的期望/感知问卷形式提供了一个基本的框架，该问卷包括五个服务质量方面的 22 个项目陈述。这个基本框架可以改进或者补充，以适应个别组织的特征及特定的调查研究的需要（问卷 6-1、问卷 6-2）。

## 问卷 6-1

### SERVQUAL 调查问卷的期望质量调查问卷部分

### SERVQUAL 调查问卷(一)

说明:这份调查问卷目的是收集您对________酒店服务工作的意见。请对________酒店是否应当拥有下列条款中所描述的特征,来表达您的意见,即在多大程度上支持这项条款。在每个条款后我们设计了从 1 到 7 的分数供您选择。如果您非常赞同________酒店应当拥有这个特征,您就选择 7;如果您非常反对________酒店应当拥有这个特征,您就选择 1。如果您的期望在这两者之间,不是非常赞同,也不是非常反对,可以根据您的支持程度选择其中的某个数字。答案没有正确和错误之分,我们所关心的是,最能表达您对________酒店的________服务工作的期望值。

E1　酒店应当装有现代化的设备

E2　酒店的物质设施从感观上应当吸引人

E3　员工的穿着打扮应当漂亮、整洁

E4　这个酒店的物质设施从外观上应当与它所提供的服务和谐、一致

E5　当这个酒店许诺在某一时间做某事时,他们应当信守诺言

E6　当顾客有困难和问题时,酒店应当给予同情和关心,使其消除疑虑并放心

E7　这个酒店应当是可靠的

E8　酒店应当按照他们所承诺的时间提供服务

E9　酒店应当精确地履行他们的职责

E10　顾客不希望被告知接受服务的精确时间

E11　顾客期望酒店的员工给予及时的服务是不现实的

E12　酒店的员工并不总是乐于帮助顾客

E13　如果他们太忙,不能及时满足顾客的要求,也没关系

E14　顾客应当能够信任这个酒店的员工

E15　顾客在与酒店员工的交往接触中应当能够感到安全

E16　酒店的员工应当是有礼貌的

E17　酒店的员工应当从他们的酒店得到适当的帮助,以做好他们的本职工作

E18　顾客不应当期望酒店为他们提供个别的服务

E19　顾客不能够期望这些酒店的员工给予他们个人的关注

E20　希望员工知道他们的顾客需要什么,是不现实的

E21　希望酒店真心地从顾客的最大利益出发,是不现实的

E22　不应当期望酒店的营业时间为所有的顾客提供方便

## 问卷 6-2

### SERVQUAL 调查问卷的感知质量调查问卷部分

### SERVQUAL 调查问卷(二)

说明:下面一套问卷是有关对________酒店感知的调查。对于每一项条款,请表达________酒店具备条款中所描述的特征的程度。与上一套问卷相同,如果您非常赞同________

酒店已经具备了这项特征，请选择7，如果您非常反对，请选择1。您还可以选择中间的某个数字来表达您感知的程度。答案没有正确和错误之分，我们所关心的是，最能表达您对________酒店的服务工作的感知的数值。

P1　酒店装有现代化的设备

P2　酒店的物质设施从感观上是吸引人的

P3　酒店的员工穿着漂亮、整洁

P4　酒店物质设施从外观上看与它所提供的服务和谐、一致

P5　当酒店许诺在某一时间做某事后，确实这样做了

P6　当您有困难和问题时，酒店给予了关心和同情，使您消除了顾虑

P7　酒店是可靠的

P8　酒店按照他们所承诺的时间提供了服务

P9　酒店精确地保持了他们的记录

P10　酒店没有告诉顾客提供服务的精确时间

P11　您没有得到酒店员工及时的服务

P12　酒店员工总是乐于帮助顾客

P13　酒店员工太忙了，不能及时满足顾客的要求

P14　您可以信任酒店员工

P15　您在与酒店员工的交往接触中感到安全

P16　酒店的员工是有礼貌的

P17　酒店的员工从他们的酒店得到适当的帮助，以做好他们的本职工作

P18　酒店没有为您提供个别的服务

P19　酒店的员工没有给予您个人的关注

P20　酒店的员工不知道您需要什么

P21　酒店没有真心地从您的利益出发

P22　酒店没有为所有的顾客提供方便的营业时间

### （二）通过定期使用SERVQUAL评价模型可以有效地追踪服务质量

定期使用SERVQUAL评价模型可以有效地追踪服务质量，如果与其他的衡量服务质量的方法结合使用，效果会更好。例如，通过一年三至四次运用SERVQUAL评价模型和员工调查，再加上系统地征求和分析顾客的建议和抱怨，酒店必将得到大量有关其服务质量的现状及需要做些什么来更好地改进服务质量的信息。员工调查应当包括有关提供优质服务的感知障碍的问题。例如，在试图向你的顾客提供高质量的服务时，你所面临的最大问题是什么？如果让你当一天经理，那么你在酒店中做的一个改进服务质量的变革将是什么？

### （三）SERVQUAL评价模型可以对服务质量进行全面衡量

SERVQUAL评价模型可以按照五个服务质量方面的每一个方面来评价某一给定的企业的服务质量，它是通过对组成每一个方面的条款的不同分数进行平均来评价的。它还能

以所有五个方面的平均分的形式，提供一个全面的对服务质量的衡量。因为要想使对感知问卷的条款的回答有意义，必须要求回复者对被调查的企业有一定的认识。所以，SERVQUAL评价模型将调查对象限制在了企业现有的或者过去的顾客中。在这个限制之内，SERVQUAL 评价模型可以得到各种潜在的应用。

### （四）SERVQUAL 评价模型具有潜在的应用性

SERVQUAL 评价模型的一个潜在的应用是，它可以决定影响顾客的整体服务质量感知的五个方面的相对重要性。实现这个应用的一个方法是，对每个单独方面的 SERVQUAL 分数的整体质量感知分数进行回归。

在以五个方面的相对重要性的形式预测酒店全面质量时，一个显著的结果是，可靠性始终是最关键的方面；个性化、敏感性、可信性都是第二重要的方面；有形性似乎是顾客最能容忍的，因为在当今市场竞争条件下，酒店的软件服务被看得比硬件要重要。

### （五）SERVQUAL 评价模型可把一个公司的顾客划分为若干不同的可感知质量部分

SERVQUAL 评价模型可以单独 SERVQUAL 分数为基础，把一个酒店的顾客划分为若干个不同的可感知质量的部分（如高等的、中等的和低等的）。然后对这些部分进行分析，分析的基础有：①人口统计学的、心理学的或者其他特征。②影响服务质量感知的五个方面的相对重要性。③所描述的感知背后的原因。例如，一个酒店发现，大量的选择“中等的”感知质量的 SERVQUAL 的回复者都是该酒店基于人口统计学和心理学的标准来划分的主要目标市场。换句话说，大量的选择“中等的”感知质量的 SERVQUAL 的回复者是该酒店的主要顾客。进一步研究发现，可靠性和可信性是这部分顾客感知的最重要的质量方面。而且还发现，基于这两个方面的所有条款的感知——期望的差距分数都比较大。利用这些数据，酒店管理者可以更好地改进其在顾客心中的企业形象，这些顾客是企业得以生存的重要客户群，是给予酒店“中等的”服务质量分数的顾客，是酒店的主要目标市场，他们或者给予酒店改进服务以积极的反应，或者离开本酒店改为竞争对手的顾客，他们具有重要的地位。

### （六）拥有连锁的酒店管理公司可使用 SERVQUAL 评价模型进行有效跟踪

SERVQUAL 评价模型还能被拥有连锁的酒店管理公司用来跟踪连锁的每一个酒店所提供的服务水平。管理人员可以把每个酒店的平均 SERVQUAL 分数与其他酒店的分数进行比较。然后把服务质量分数作为一个奖赏和惩罚酒店经理的因素之一。此外，每个单独酒店的 SERVQUAL 分数还可以用来根据变化的质量形象把酒店分成若干组，对不同组的酒店特征进行更细致的检验，可以揭示出哪些关键因素有助于提供高质量的服务，哪些关键因素会阻碍高质量服务的输送。

### （七）应用 SERVQUAL 评价模型来评价与其他的竞争者相比较的服务绩效

一个酒店还可以使用 SERVQUAL 评价模型来评价与其竞争者相比较的服务绩效。SERVQUAL 评价模型的两部分，即期望和感知的单独评价，使我们可以简单地、方便地衡量若干个同业的服务质量，方法是通过一套对每个酒店的感知陈述的评价，其中对每个酒店的期望部分不必重复调查。例如，一个连锁酒店在一个总体市场调查中调查了两个主要竞争对手，调查人员可以要求回复者提供其有过购买经历的每个竞争对手酒店公司的感知分数。酒店可以使用 SERVQUAL 评价模型识别在它的目标市场中最显著的服务质量方面，并在这些具体的方面与它的竞争对手在优势和弱势方面进行比较，这样做的酒店将必然对它在服务质量方面存在的优势和问题有着清醒的认识。

总之，SERVQUAL 评价模型有多种多样潜在的应用。它可以为范围广泛的酒店、服务业，包括零售企业提供评价顾客对服务质量的期望和感知。它还有助于指出需要引起管理者注意的领域和需要改进服务质量的措施。另外，我们希望 SERVQUAL 评价模型的有效性将激发进一步的、深入的、必要的专注于酒店服务质量及其前提和结果的实证研究。

## 第四节 Q 矩阵评价模型

人们将衡量服务质量的多维评价模型称为 Q 矩阵。此模型揭示了顾客感知的质量与质量改进与创新行动之间的相互作用，它所提供的工作框架可以帮助我们分析顾客在总体服务质量上的观点，这个总体服务质量是当今决定服务竞争优势的重要标准。于是，通过倾听顾客的观点并按照所得到的信息采取创新的服务行动，酒店可以取得建设性的成果，以保持现有顾客。Q 矩阵就是一种分析现有顾客期望和感知的方法，目的是按照这种信息采取创新措施，在期望的领域不断地进行服务质量的改进。这种方法可以在缺陷发生之前将其消灭，因为“预防好于治疗”，重新吸引一个失去的顾客，比保持一个现有的顾客要难得多。

### 一、顾客感知服务质量系统图

系统图用一种树形结构来表示一系列达到预定目标的方法的严密系统化。顾客感知服务质量系统图在技术上的开发，目的是寻求完成预定目标的最合适和最有效的方法。它通过可见的、明了的一系列中间目标和方法的描绘，可以很好地识别目标的关键项目。

确定行业内顾客感知服务质量的关键要素。各个行业之间顾客感知的服务质量的关键要素是不同的。例如，对于酒店业，它的关键要素一般有价格、房间安静程度、卫生、床的质量、房间的设备和舒适度、服务员的服务水平、房间大小、大堂装修、建筑美感、饮食等。当酒店研究服务质量时，根据顾客目标可把顾客感知的服务质量的关键要素分解成可识别的一级、二级、三级特征，这样可以比较容易地达到预定的质量。这些关键要素导致这些特征出现的原因，就是应用 Q 矩阵得到的结论。因此，顾客感知的服务质量是由一个严密的目标系统代表的(图 6-4)，而基于 SERVQUAL 评价模型开发的顾客感知服务质量系统图仅仅描述了可以得到顾客所要求的服务质量的方法和途径。表达顾客感知服务质量的初始阶段已经在 SERVQUAL 评价模型的五个方面做了很好的表述。人们普遍认为这五个方面有效地代表了“真正的”质量特征。

### 二、Q 矩阵的内容与应用

Q 矩阵是质量管理的又一种新方法。正如它的名字告诉我们的，这种方法是把问题的各

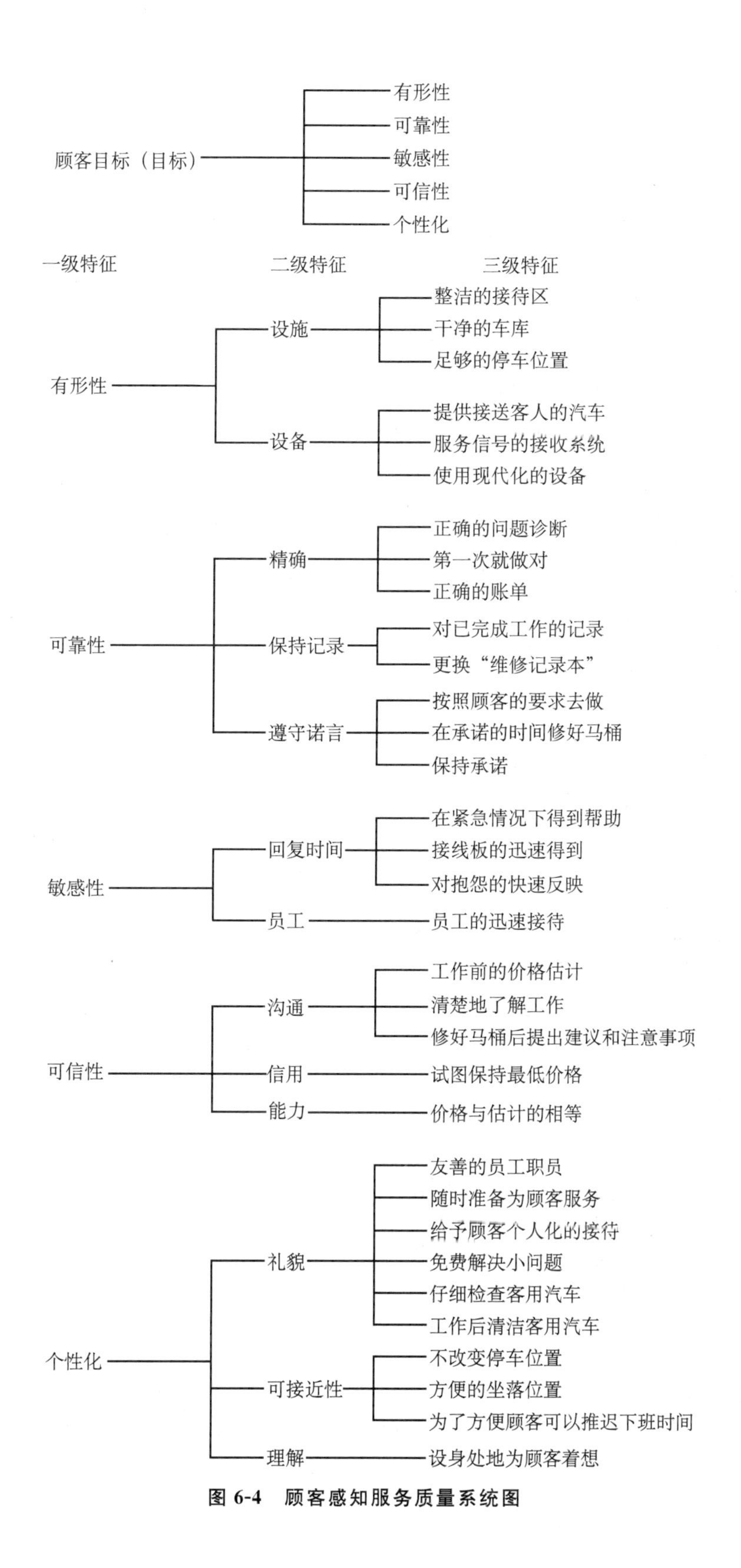


**图 6-4　顾客感知服务质量系统图**

个元素横向和纵向排列在一个表格中。它能够显示这两套因素关系强弱的程度，然后利用这个结论来解决问题。矩阵图的方法可以通过多维思路来识别问题的症结。矩阵的交汇点构成了人们所关心的重要因素，它们被叫作“关键概念点”，进而构成了一个二维的远景图。

Q 矩阵与前面基于 SERVQUAL 评价模型而开发的顾客感知服务质量系统图（图 6-4）属于同一思路。它们基本上都认为作业管理和人力资源管理在服务质量管理中起着重要的作用。因此，需要把 SERVQUAL 评价模型中的决定因素与这些问题结合，试图结合的结果就构成了系统图和矩阵图应用的结合，即 Q 矩阵，如图 6-5 所示。

| 项目<br>内容 | | 计划 | | | | 程序 | | | | | | | 人员 | | | |
|---|---|---|---|---|---|---|---|---|---|---|---|---|---|---|---|---|
| | | 布局 | 设备资源 | 人力资源 | 系统容量 | 房屋管理 | 顾客接待 | 汽车处理 | 信息处理 | 常规/非常规情况 | 库存 | 人事安排工作 | 挑选 | 培训 | 技术技能 | 态度/道德 |
| 设施 | 整洁的接待区 | | | | | | | | | | | | | | | |
| | 干净的出库 | | | | | | | | | | | | | | | |
| | 足够的停车位置 | | | | | | | | | | | | | | | |
| 设备 | 提供接送客人的汽车 | | | | | | | | | | | | | | | |
| | 服务信号接收系统 | | | | | | | | | | | | | | | |
| | 使用现代化的设备 | | | | | | | | | | | | | | | |
| 精确 | 正确地诊断 | | | | | | | | | | | | | | | |
| | 第一次就做对 | | | | | | | | | | | | | | | |
| | 正确的账单 | | | | | | | | | | | | | | | |
| 保持记录 | 对已完成工作的记录 | | | | | | | | | | | | | | | |
| | 更换“维修记录” | | | | | | | | | | | | | | | |
| 承兑诺言 | 在承诺时间修好客用汽车 | | | | | | | | | | | | | | | |
| | 保持承诺 | | | | | | | | | | | | | | | |
| 回复时间 | 在紧急情况下可以得到直接帮助 | | | | | | | | | | | | | | | |
| | 接线板的迅速得到 | | | | | | | | | | | | | | | |
| | 对抱怨的快速反应 | | | | | | | | | | | | | | | |
| 员工 | 员工迅速接待 | | | | | | | | | | | | | | | |

**图 6-5　Q 矩阵**

| 内容＼项目 | | 计划 | | | | 程序 | | | | | | | 人员 | | | |
|---|---|---|---|---|---|---|---|---|---|---|---|---|---|---|---|---|
| | | 布局 | 设备资源 | 人力资源 | 系统容量 | 房屋管理 | 顾客接待 | 汽车处理 | 信息处理 | 常规＼非常规情况 | 库存 | 人事＼安排工作 | 挑选 | 培训 | 技术技能 | 态度＼道德 |
| 沟通 | 工作前的价格估计 | | | | | | | | | | | | | | | |
| | 清楚地了解工作 | | | | | | | | | | | | | | | |
| | 维修汽车后提出建议 | | | | | | | | | | | | | | | |
| | 通知顾客保修期已到 | | | | | | | | | | | | | | | |
| 信用 | 试图保持最低价格 | | | | | | | | | | | | | | | |
| 能力 | 价格与估计的相等 | | | | | | | | | | | | | | | |
| 礼貌 | 友善的员工 | | | | | | | | | | | | | | | |
| | 随时准备为顾客服务 | | | | | | | | | | | | | | | |
| | 给予顾客个人化的接待 | | | | | | | | | | | | | | | |
| | 免费解决小问题 | | | | | | | | | | | | | | | |
| | 仔细检查客用汽车 | | | | | | | | | | | | | | | |
| | 工作后清洁客用汽车 | | | | | | | | | | | | | | | |
| | 不改变停车位置 | | | | | | | | | | | | | | | |
| 可接近性 | 方便的坐落位置 | | | | | | | | | | | | | | | |
| 可接近性 | 为顾客推迟下班时间 | | | | | | | | | | | | | | | |
| 理解 | 设身处地为顾客着想 | | | | | | | | | | | | | | | |
| 总差距 | | | | | | | | | | | | | | | | |
| 平均差距 | | | | | | | | | | | | | | | | |

**图 6-5（续）**

下面将把决定服务质量的因素与影响这些因素的方面联系起来。在设计矩阵时，我们必须记住，重要的特征是沿着横排和纵列的诸个组成因素的结合。这是互相依赖的情形，并且系统图就是用来开发这些因素。

在传统的矩阵图方法中，相关关系的强弱用符号来表示。但是这种方法只能识别出质量决定因素和各种控制变量之间的联系。因为需要使这些关系定量化，还需要理解从SERVQUAL评价模型的调查中得到的数据。这些数据显示的是在顾客感知和期望之间的差距，把这些数据并入矩阵图之中，使之更具体化、更易于理解。于是，通过把SERVQUAL评价模型的差距数据填入交叉的方格内，便使在矩阵图中显示的各要素之间的关系定量化了，如图6-5所示。这种方法可以帮助我们把需要改进的领域通过顾客调查的结果显示出来，因为决定某个质量特征的不只是人力控制因素，而是某几个因素的结合。因此，需要设计一个权重。给某一具体的质量特征的每一个控制方面以相同的权重。但是，权重的数值在很大程度上依赖于服务系统，并将在进一步的研究中受益。当然，把矩阵中的各个控制方面与更具体的过程特征结合也是可能的。

## 三、员工与顾客的期望与感知差距分析

顾客的期望和管理者期望之间的差异（见“差距分析模型”）是服务质量模型中的“差距”之一。如果这个差距是大的，那么服务的组织和设计就没有正确地理解顾客的期望，这将带来组织内的第一个缺陷。再有重要的一点是，一线员工必须意识到顾客的期望，以便以正确的方式传送服务。早期的研究已经显示，在员工感知的质量与顾客感知的质量之间确实存在着相当大的差异。这在履行营销战略时必然会出现失误。

顾客感知的质量差距比员工所感觉到的差距还要大。事实上，35个项目中，有30个在顾客感知的差距与员工感知的差距之间显示了在统计学上的显著差异。于是，在平均水平上，酒店组织的工作并不是员工所认定的那么好。当酒店员工意识到这一点并按照这个发现去改进时，酒店将会有进一步的发展。通过对期望和感知更进一步的研究发现，在13个项目中有10个项目，其顾客的期望值显著地高于由员工认定的顾客的期望值。其中五个项目，其顾客对服务的感知明显低于员工的感知。顾客较高的期望值分布在矩阵的方方面面。于是，我们得到一个普遍的结论，即顾客的期望高于员工眼中的顾客期望。第二个结论是，顾客对服务绩效的较低的感知主要出现在沟通方面。显然，在与顾客沟通的方面，员工给的分数比顾客给的分数要高。在这种情况中特别需要职员的直接操作，经常是需要由一线员工来处理。在这个特别的例子中，员工虽然能够很好地估计期望值，却夸大了他们自己的成绩。

在这种新的分析的基础上，可以清楚地看到问题出在哪里。例如，如果改善某一方面的绩效很困难，那么操作人员可以决定无保留地告知顾客，以降低顾客的期望值。以汽车行业为例，图6-6中用★标出了在顾客分数和员工分数之间有显著区别的方面。在这个矩阵基础上分析影响质量的因素，能够更加细致深入地看到可以改善服务质量的措施和行动方案。

| 服务质量的决定因素 | 员工 | 顾客 | 重要程度 a |
|---|---|---|---|
| 整洁的接待区 | −0.41 | −0.05 | |
| 干净的车库 | −0.31 | −0.02 | |
| 足够的停车位置 | −0.84 | −0.58 | |
| 提供接送客人的汽车 | −1.88 | −0.41 | ★★★ |
| 服务信号的接收系统 | −1.54 | −0.86 | ★★★ |
| 使用现代化的设备 | −0.10 | 0.01 | |
| 正确的问题诊断 | 0.28 | 0.26 | |
| 第一次就做对 | −0.97 | −0.47 | ★ |
| 正确的账单 | −0.48 | −0.28 | |
| 对已完成工作的记录 | −0.46 | −0.41 | |
| 更换“维修记录本” | −0.57 | 0.00 | ★ |
| 照顾客的要求做 | −0.59 | 0.18 | |
| 在承诺的时间修好马桶 | −0.22 | −0.47 | |
| 保持承诺 | −0.59 | −0.12 | ★ |
| 保证快速接待 | −0.56 | −0.12 | |
| 在紧急情况下可以得到直接帮助 | −0.05 | 0.26 | |
| 接线板的迅速得到 | −0.32 | −0.16 | |
| 对抱怨的快速反应 | −0.46 | −0.52 | |
| 员工迅速接待 | 0.03 | 0.06 | ★★★ |
| 工作前的价格估计 | −1.66 | −0.10 | ★★★ |
| 清楚地了解工作 | −0.58 | 0.66 | |
| 修好马桶后提出建议和注意事项 | 0.07 | 0.83 | ★ |
| 通知顾客保修期已结束 | −1.31 | −0.72 | |
| 试图保持最低价格 | −1.08 | 0.22 | ★ |
| 价格与估计的相等 | 0.03 | 0.09 | |
| 友善的员工 | −0.34 | −0.58 | |
| 随时准备为顾客服务 | 0.72 | 1.12 | |
| 给予顾客个性化的接待 | −0.25 | 0.22 | ★ |
| 免费解决小问题 | −0.44 | −0.22 | ★★★ |
| 仔细检查客用汽车 | −0.47 | −0.16 | |
| 工作后清洁客用汽车 | −0.32 | −0.19 | |
| 不改变停车位置 | 0.15 | 1.03 | |
| 为了方便顾客可以推迟下班时间 | −0.40 | −0.74 | |
| 设身处地为顾客着想 | −0.67 | 0.19 | ★★★ |
| 总的服务质量 | −0.59 | −0.39 | |

a ★有一些差距；★★有较大差距；★★★有显著差距

**图 6-6 顾客和员工平均服务质量感知差距**

## 四、结论

### （一）服务质量研究永无止境

因为质量是相对的，所以服务提供者必须对顾客的特殊要求非常敏感。服务质量的研究永远没有止境，Q 矩阵为我们提供了一个持续改进的框架。

### （二）Q 矩阵模型有助于识别最有效的影响服务质量的领域

Q 矩阵模型有助于识别最有效的影响服务质量的领域，它着重指出了那些对顾客来说很重要却常常被员工错误地感知的服务问题。通过识别并确定这些改进的目标，酒店组织才能为顾客提供正确意义上的“服务承诺”。当顾客购买一项服务时，服务质量的可信性在顾客的头脑中基本上是最重要的，但这常常被服务人员忽视。

### （三）Q 矩阵模型帮助服务人员把重点放在顾客对服务质量的定义上，而非放在假设上

Q 矩阵模型帮助服务人员把重点放在顾客对服务质量的定义上，而不是放在服务提供者的假设上。它不仅可以产生反馈，还可以用来设定要达到的目标或标准。这些目标的运行可以很好地识别并缩小顾客在服务质量上期望与感知之间的差距。这个重要的方法还可以改善员工的绩效、提高他们的道德修养。Q 矩阵可以检验整个服务传输系统，对绩效差的方面进行精确定位，以便服务人员及时抓住解决问题的机会，保持企业的竞争优势。

# 第五节　基于心理学判断标准的比较评价模型

本节首先对衡量服务质量的期望进行了更加深入的研究；然后论述了另一个衡量服务质量的模型——基于心理学判断标准的比较评价模型；最后进行管理推断和未来研究方向的讨论。

## 一、基于心理学判断标准的比较评价模型的研究与运用

该研究的目的有两个：一是在心理学判断标准的基础上建立三套可选择的衡量服务质量的评价标准，以解决还未解决的方法论问题；二是把扩大了的期望概念结合到可选择的衡量服务质量的评价标准中去，产生了另一种顾客感知服务质量的评价模型——基于心理学判断标准的比较评价模型。这种模型对于衡量酒店服务质量，了解顾客感知，具有一定的借鉴作用。

### （一）三套调查问卷

选定三套可供选择的调查问卷，一套是结合差异分数的阐述，另外两套是结合服务质量的直接衡量。每套问卷都同时结合了扩大的期望概念，以得到前面定义的优质服务的衡量分数（MSS）和适当服务的衡量分数（MSA）。

三列问卷调查表（问卷 6-3）：这种形式的问卷调查表分别单独给出了要求的、最低的和感知的服务的分值，这三种分值是在同一个评价标准下并排设计的。它需要分别计算感知—要求差异数值、感知—适当差异数值，以分别使 MSS 和 MSA 定量化。因此，尽管不是重复 SERVQUAL 评价模型的项目组，但它衡量服务质量的程序仍与 SERVQUAL 评价模型相似。

**问卷 6-3**

**三列问卷调查表**

我们愿意得到您对______酒店服务的印象，与您的期望相比，他们做得如何。请按照以下定义的两种不同的期望水平考虑：

| 最低的服务水平——您认为适当的服务绩效的最低水平<br><br>要求的服务水平——您要求的服务绩效水平 |
|---|

对于下面的每一个特性，请标出：①在第一列的数字中选择一个，代表关于这个特性的您所认为的最低服务水平；②在第二列的数字中选择一个数字，代表关于这个特性的您所要求的服务水平；③在第三列的数字中选择一个数字，代表关于这个特性的您对酒店所感知的服务绩效。

二列问卷调查表（问卷 6-4）：与 SERVQUAL 评价模型相对，这种形式的问卷表给出了要求服务和最低服务差距的直接分值（也就是 MSS 和 MSA 的分数），这两种分值是在同一个评价标准下并排设计的。

**问卷 6-4**

**二列问卷调查表**

在比较下面定义的两种不同的服务水平后，您认为________酒店的服务质量如何：

| 最低的服务水平——您认为适当的服务绩效的最低水平<br><br>要求的服务水平——您要求的服务绩效水平 |
|---|

对于下面的每一个特性，请标出：①酒店的绩效与您所认为的最低服务水平相比如何，请在第一列中选择一个答案；②酒店的绩效与您所要求的服务水平相比如何，请在第二列中

选择一个答案。

一列问卷调查表(问卷 6-5):这种形式的问卷表也是给出了要求服务差距的直接分值。

## 问卷 6-5

### 一列问卷调查表

在与您所要求的服务水平——您相信一个酒店能够且应当提供的服务绩效水平(也就是您要求的服务水平)比较后,您认为酒店提供的服务质量如何:对于下面的每一个特性陈述,请选择一个答案,表示与您所要求的服务水平相比,酒店的服务绩效如何。

> 要求的服务水平:您所要求的服务绩效水平

酒店服务绩效为:

| 低于我要求的服务水平 | 与我要求的服务水平相同 | 高于我要求的服务水平 | 无意见 |
|---|---|---|---|

1. 对酒店商务客人的及时服务　1　2　3　4　5　6　7　8　9　无

2. 对商务顾客的及时服务

| 与我所认为的最低服务水平相比 | | | |
|---|---|---|---|
| 酒店绩效 | | | |
| 低 | 相同 | 高 | 无意见 |
| 1 2 3 4 5 6 7 8 9 10 | | | 无 |

| 与所我要求的服务水平相比 | | | |
|---|---|---|---|
| 酒店绩效 | | | |
| 低 | 相同 | 高 | 无意见 |
| 1 2 3 4 5 6 7 8 9 10 | | | 无 |

所有这三套表格,包括的服务质量的 22 个特性与 SERVQUAL 评价模型中的基本一样(图 6-7)。但是,有几个小的改动:第一,22 个特性中有三个得到了修改,减掉了多余的部分,使之更加清晰明了。第二,为了适应大的期望概念,使三套表格中的陈述语言达到一致,缩短了条款的陈述,如图 6-6 样本项目所示。第三,回复者可选分数从 1~7 分改为 1~9 分,为问卷的回复者提供了更为广泛的选择范围,使我们能够更加准确地掌握两种期望水平的不同。

在研究中应用的这三种调查问卷形式,仅三列问卷形式能够具体地指出容忍带的位置和相对于容忍带的感知服务水平。一列问卷没有提供任何有关容忍带的信息。二列问卷分数能够指出感知的服务水平是超过了容忍带(MSS 分数大于 5)还是低于容忍带(MSA 分数低于 5),或者在容忍带内(MSS 分数低于或等于 5,MSA 分数大于或等于 5)。但是,二列问卷分数不能识别基于连续期望水平的容忍带的位置。

**可靠性**

1. 提供承诺的服务
2. 能够独立处理顾客的服务问题
3. 服务操作时，第一次就做对
4. 按照承诺的时间提供服务
5. 保持没有错误的记录

**敏感性**

6. 随时告知顾客，何时将提供服务
7. 给顾客以快速的服务
8. 愿意帮助顾客
9. 随时准备回答顾客的问题、满足顾客的要求

**可信性**

10. 员工能够在顾客心目中建立信任感
11. 在顾客与员工的接触中，员工能够使顾客感到安全
12. 员工保持有礼貌
13. 员工有能力回答顾客的问题

**个性化**

14. 给顾客以个人的关注
15. 员工能够以热情、关心的方式对待顾客
16. 真心地为顾客着想、从顾客的利益出发
17. 员工理解顾客的需要
18. 方便的顾客购物时间

**有形性**

19. 现代化的设备
20. 外观上吸引人的设施
21. 与所提供的服务相联系的、在外观上吸引人的物质材料和装备

**图 6-7　SERVQUAL 评价模型项目组**

图 6-8 描述了从三列问卷调查中得到的包括三个行业的所有方面的容忍带和感知服务水平的资料总结。为了得到更精确的认识，还可以建立一套与此相类似的包括各个方面的各个特征的图表。在问卷 6-3 中，关于所有方面相对于适当服务水平和渴望或要求服务水平的感知服务水平的精确信息，提供了洞悉各行业在不同的方面如何开创服务、改进措施的重点。例如，在图 6-8 中，如果计算机制造商仅仅根据感知分数，它可能会决定同时把重点放在改进有形性操作绩效和改进可靠性操作绩效上。但是，通过检验一个酒店在有形性和可靠性这两个方面相对于顾客容忍带的绩效，证实了如此决定的轻率性。这些数据证明，酒店应当更重视可靠性方面的操作绩效。

总之，将最低的和要求的服务期望值结合在一起评价感知的数值，有助于精确地诊断服务缺陷并通过创新采取适当的改进措施。为了达到这些目标，三列问卷表比其他两个问卷形式更能提供详细、精确的数据。

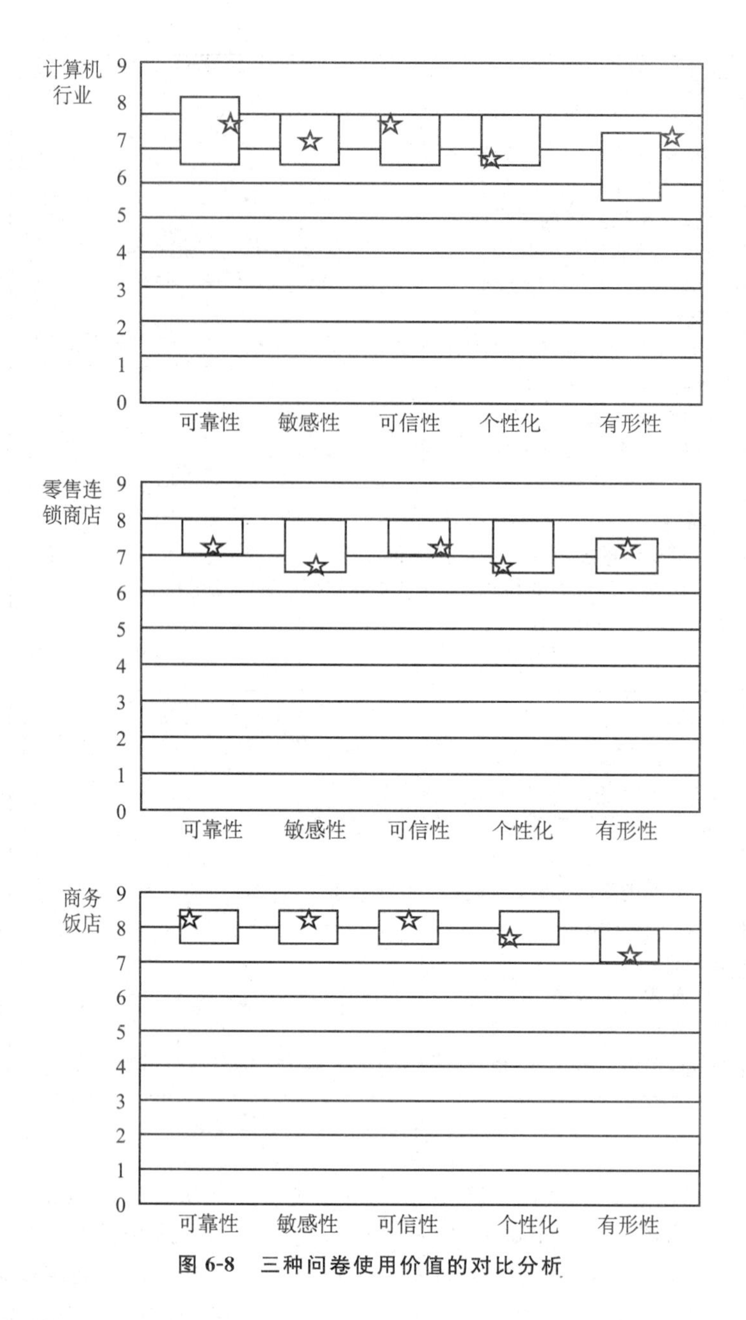


**图 6-8　三种问卷使用价值的对比分析**

## （二）结论和影响

研究结果的总体模式告诉我们，在选择最合适的衡量服务质量的方法时，有许多心理学的和实践的权衡。这三种问卷具有相对优势和劣势，它们强调了互相之间的权衡，以及对实践和理论的影响。

1. 实践影响

三列问卷和二列问卷都提供了有关优质服务和最低服务的衡量方法，而三列问卷需要三个独立的数值，因此对于回复者来说需要更多的时间。但是，三列问卷比较容易完成的特性缓和了它在提供更多的附加信息的同时而增加的时间耗费。二列问卷具有明显的复杂性，回复者认为此问卷具有较大的难度且对回复此问卷具有较低的信心，因此，尽管它只需要两套数值，但是要想完成它却需要更多的时间。

至于通过服务质量的衡量而得到的信息的价值，三列问卷优于二列问卷，二列问卷又优于一列问卷。但是，喜欢直接衡量相对于期望的感知的管理者，可能想通过一列问卷仅仅衡量MSS。

这里重要的一点是，应该根据企业的目标来决定采用哪种衡量方法。如果目标是对服务质量作预测，那么仅有感知的评价方法是最好的。但是如果识别关键的服务缺陷是主要目标，那么三列问卷似乎是最有用的；并且这种形式的问卷还为有关预测提供了独立的感知数值。

总之，酒店应当考虑采用一个服务质量衡量系统，这个系统可以单独衡量最低的服务、要求的服务和感知的服务。我们认识到，根本地替换现存的衡量系统可能不是一件容易的事，特别是对于那些具有固有思维的酒店，但是研究的结论同样可以对这样的酒店施以影响。仅有感知衡量方法系统的酒店，应当考虑至少增加一个要求的服务衡量方法对当前的系统进行改进，以便能够更精确地识别服务缺陷。也就是说，如果增加一个新的衡量方法是不可能的，那么应当考虑把仅有的感知的衡量方法变为衡量感知和要求的服务期望之间的差异的直接衡量方法。再有，管理者应当清醒地认识到动态观测的重要性，如果管理者跟踪整个时间的数值，就会得到更加有价值的数据，即随着时间的推移，在每个特性上的绩效是改进了、变坏了还是保持相同水平，并可以随之采取准确有效的行动。

2. 理论影响

研究的结论在扩大了有关服务质量及其衡量方法的知识的同时，还提出了需要进一步研究的追加问题。

(1) 尽管三列问卷具有优越的使用价值，但是在全面实施中可能会有实际困难，尤其在电话调查中，或者当在22个基本条款之外附加了更多的与实际公司有关的具体条款时，增加了实践中的困难。因此，需要一个有效的追加研究的方法，这个方法可以探索实施的可靠性、稳妥性，同时还能获得全面的使用价值。例如，建立容忍带图表所需要的信息，可以通过下列“不完全的”方法获得。

① 从一半的样本中得到适当的服务数值和感知数值，而从另一半中得到渴望的服务的数值和感知数值。

② 从三个可比较的样本中分别得到适当的服务数值、渴望的服务数值及感知数值。

③ 把整个样本分成5个可以比较的分样本，从每个样本中获得仅对SERVQUAL五个方面的其中一个方面的所有这三类数值。还需要通过研究来评价这些方法的可靠性和有效性、评价结果的统计意义，以及评价相对于整体样本的整个问卷的管理。

(2) 研究预测的差异和实际结果之间出现差异的原因，能够使我们更好地理解在服务质量衡量中哪些因素是真正主要的，这样的研究特别迫切。

(3) 需要把实践的标准与传统的、由心理学标准主导的评价模型图简要地结合起来。

## 二、参考模型：价值曲线评价模型的实践与运用

### （一）应用步骤

1. 确定顾客感知的关键要素

图6-9的左半部分列举了顾客感知的关键要素。

2. 设计问卷进行市场调研,让顾客给各个要素打分

在这个步骤中,把每个关键要素列于调查问卷中,设计 0～10 的 11 个分数等级,让顾客根据自己的期望和要求给各个要素打分。目的是找出大多数顾客普遍认为重要的因素、不重要的因素,以及服务企业提供的多余的因素。问卷最后要设计两个开放性问题:您认为还应当提供哪些重要的服务项目?您认为应当去掉哪些冗余的服务项目?

3. 进行分数加总,画出价值曲线

进行分数加总,画出的价值曲线示例如图 6-9 所示。

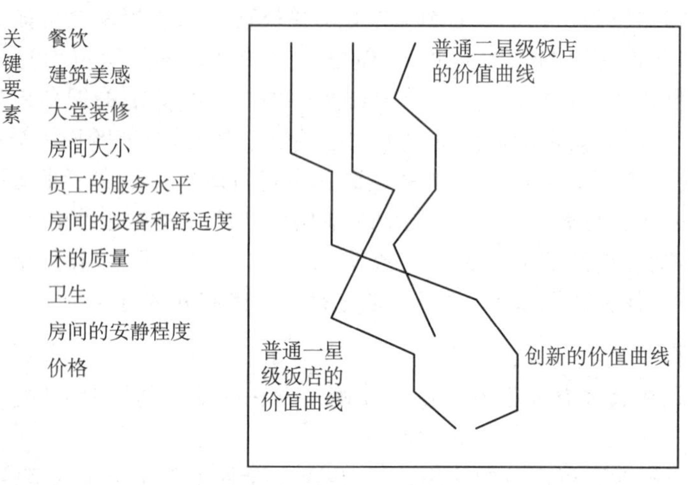


图 6-9 价值曲线示意图

4. 评价价值曲线,提高顾客感知的服务质量

通过分析和评价价值曲线,可以找出三个分数最高的要素和三个分数最低的要素,在顾客感知的服务质量中,它们分别代表最重要的三个属性和最不重要的三个属性,于是企业可以通过淘汰某些属性、创建某些属性,以及将某些属性减少或者提升到行业前所未有的水平的组合应用,实现价值曲线的突破,从而更加符合顾客的期望和要求,提高顾客感知的服务质量。例如,对于那些服务企业提供的、顾客并不需要的服务项目,顾客只会认为是白白地多花了钱。再有,通过分析问卷中回复者对两个开放性问题的回答,可以找到顾客的共同点和共同的感知。

5. 监控价值曲线的必要性

一旦一个公司通过价值曲线评价模型创造了新的价值曲线,那么竞争者迟早都会企图模仿。为了保住自己辛辛苦苦争取来的顾客群,公司最后可能会陷入一场为了取胜的竞争,为抓紧市场份额所困扰,于是公司就可能陷入传统战略逻辑的陷阱。

因此,监控价值曲线是非常必要的,它可以使一个公司在从现今的服务中仍然能够得到巨大的利润时就看到并及时抓住质的飞跃的机会。

### (二) 价值曲线方法在研究顾客需求时的实践运用

许多企业通过保持或扩大他们的顾客群来寻求增长,通常会导致市场细分,出现更完善的定制服务以满足某种特殊需求。而价值创新逻辑则完全相反,它是在顾客所关心的特性

中寻找有效的共性，而不是关注顾客之间的差异。用法国雅高（Accor）旅馆高级主管的话来说就是："我们关注的是，什么是顾客共同感知的优质服务质量，顾客之间的差异阻止你看清楚什么是最重要的事。"

让我们来考察一下雅高的案例，看一看它是如何应用价值曲线评价模型来评价和提高顾客感知服务质量的。

在20世纪80年代中期，法国的廉价旅馆业非常不景气，能力过剩。雅高的两位主席，保罗·杜布鲁尔（Paul Dubrule）和杰拉德·佩利森（Gerard Pelisson）要求公司的管理层为顾客感知的服务质量创造一个质的飞跃，管理者被要求忘记他们所熟知的一切，包括现有的规则、惯例和行业的传统。经理们被迫回答如果雅高重新开始该如何去做的问题。他们开始重新评价对干顾客来说哪些是他们真正需要的。

1985年，当雅高推出Ⅰ号计划（FORMULE Ⅰ，一系列便宜的旅馆）时，廉价旅馆业中存在两个不同的市场层次：第一个层次包括无星级和一星级旅馆，每个房间每夜的平均价格是60～90法郎，顾客完全是冲着低价而来的；另一个层次是二星级旅馆，每个房间每夜的平均价格是200法郎，这些稍微贵一些的旅馆通过提供比无星级和一星级旅馆更好的住宿环境来吸引顾客。人们希望能够物有所值：要么多花钱得到一晚舒适的睡眠；要么少付钱而忍受劣质的床和噪音。雅高的管理者从确定所有廉价旅馆（无星、一星和二星）的顾客的共同需要开始：以低廉的价格获得一夜良好的睡眠。根据这一广泛的共同需求，雅高的管理者找到了克服行业强迫顾客做出让步的机会。他们调查的问题有四个：一是在本行业被赋予的要素中，应该取消哪种要素？二是应该将哪些要素削减到行业标准之下？三是应该将哪些要素提升到行业标准之上？四是哪些要素是从未提供过而顾客需要、应该由企业创造的？

第一个问题的回答可以使管理者看清楚公司所竞争的要素是否确实能提高顾客感知的服务质量。通常情况下，这些要素对顾客感知的服务质量并没有起到什么良好的促进作用，有时甚至会降低感知质量；有时顾客感知服务质量的决定要素发生了根本性的变化，但是企业却仍然一个个紧盯着所谓的行业惯例、规则、传统或标准，不会因此而有所行动，甚至不会察觉这种变化。第二个问题使管理者确定了，是否为了在竞争中与竞争对手对抗和战胜竞争对手而使自己的服务在功能设计方面有所过剩。第三个问题的回答将迫使管理者发现并取消本行业存在的强迫顾客做出的妥协。第四个问题的回答可以帮助管理者打破现有的行业界限，去发现全新的提高顾客感知服务质量的、能给顾客带来价值的源泉。

在对这些问题进行调查研究后，雅高提出了旅馆业的一个新概念，从而推出Ⅰ号计划。首先，公司取消了诸如高消费的餐馆和吸引人的休息室这些标准酒店的特色，而这些设施并不是大多数入住该酒店的顾客所重视的。

雅高的经理们通过调查评价发现，廉价旅馆对顾客的服务在别的方面同样也有些过度。在这一点上，Ⅰ号计划比许多无星旅馆所提供的还要少。例如，只有在旅馆入住和离店的高峰时间，才会使用大堂接待员，在其他时间，顾客使用的是自动答录机。在Ⅰ号计划中，旅馆的房间很小，只有一张床和少量的必需品。Ⅰ号计划给雅高带来了相当大的成本优势，而节省的成本使雅高得以改善顾客最看重的感知服务质量属性，使其远远超过法国一般的二星级旅馆的水平，但其价格仅比一星级旅馆略高。

顾客对雅高的Ⅰ号计划给予了很高的评价。公司吸引了法国廉价旅馆的大部分顾客，扩大了市场。从卡车司机——以前他们通常睡在自己的车里，到只需几个小时休息时间的商人,他们都被廉价旅馆吸引而来。Ⅰ号计划摆脱了竞争。据最新的统计,Ⅰ号计划在法国的市场份额比排在其后的五个旅馆所占市场份额的总额还大。

雅高放弃行业传统逻辑的结果可以从价值曲线的示意图中看出(图 6-9)。依据竞争的传统逻辑,一个企业的价值曲线遵循一个基本的形状。对手们试图通过提供比对方高一些的感知服务质量来提高竞争力,但是大多数都不会改变曲线的形状。而像雅高一样的高增长公司基本上都创造了新的非同寻常的价值曲线,他们通过淘汰某些要素、创建某些要素,以及将某些要素减少或者提升到行业前所未有的水平的组合应用,实现了价值曲线的突破,同时也实现了顾客感知服务质量的质的突破。

## 思考题

1. 举例说明因果分析法和 ABC 分析法。
2. 根据我国现行法律规定,有哪些产品质量责任?
3. 试运用质量管理评价模型进行本企业质量分析。
4. SERVQUAL 评价模型的内容与作用有哪些?
5. 试用 Q 矩阵评价模型分析员工与顾客的期望与感知差距。

# 第三篇

# 团队建设篇

# 领导者是质量管理的关键

什么是领导？有人说领导就是影响力，就是对组织内的个体和群体进行引导和施加影响，使他们能够自觉自愿并有信心地为实现组织的既定目标而努力。在现代酒店质量管理中，最具影响力的是领导者的观念。人的观念支配人的行动，领导者的观念不仅支配个人行动还支配着企业的行动。领导者，不能指手画脚或试图用简单的强制命令向员工强调质量的重要性，而应该通过引导、指挥、指导和先行将领导者的理念、体制、行为、技巧和风格，在实现目标的过程中有机结合，层层渗透，使员工认识到质量第一、质量的重要性，从而将质量放在头等位置，自觉把好质量关。

本章将从领导者观念不仅包含显而易见的质量观，还有更深层次的人性观和领导观，质量管理中80%的领导者作用和有效沟通的角度，诠释领导者是质量管理的关键。

## 第一节 思想高度决定管理高度

### 案例 7-1

**谁最该对质量负责**

近几个月来，某酒店因服务质量差，屡遭客人投诉，甚至一些常住客人退房搬到了其他酒店，客房出租率直线下降，酒店收入减少。酒店总经理对此非常着急，却不知如何是好。情急之中有人建议应请专家来做诊断。专家入住后，查看了酒店管理规章制度，发现有些制度已经陈旧，有些制度不够健全。经了解，酒店制度自建立以后，几乎就未做修改和补充；翻阅了酒店培训部办的月刊《质检通报》,发现第一期上指出的问题,第二期、第三期上照样出现;与不同岗位的各级人员进行座谈发现,想留在酒店继续干下去的员工大部分是因为年龄大了,不想换工作,而其余人员都因不受尊重、受到过不公正待遇、几乎没参加过培训等,表示一旦有机会他们就会离开。专家还以客人身份明察暗访了酒店的各个部门,结果也是问题成堆。他们甚至目睹了总经理在接到一份长达3页的客人投诉后,怒气冲冲地训斥客房部经理,客房部经理大骂领班,领班又向员工大发脾气的过程。征得酒店同意,专家决定利用淡季,对酒店管理层进行质量培训。培训中,专家理论联系实际,深入浅出地讲解介绍。但教室里,电话铃声此起彼伏,与会人员走马灯似的出出进进,特别是几个总经理、副总经理,三天的培训平均每人缺席两天。专家明白了问题的症结所在。

不难看出,这家酒店服务质量不高的真正原因出在领导者身上,确切地说是领导层对质量的意义认识不清,对员工管理与质量的关系认识不清,对自身的职责认识不清。因此,质量观、人性观和领导观,不是仅仅讲给员工听的、做的,还需要领导者率先践行。

## 一、质量观

传统观点认为,质量的提高必然伴随着成本的提高。因为提高质量就要投入大量的人、材、物用于测量、检查。然而,当我们将提高质量的工作看成是一个系统时,我们会发现,服务质量不高会造成三个方面的成本的提高:一是硬成本,包括免房费、送果篮等;二是软成本,例如花在处理客人投诉上的时间损失;三是机会成本,主要指不满意的客人下次是否还会再来,是否会对其他客人造成负面影响等。因此,提高服务质量使得残次品减少,返工减少,浪费在修复产品上的时间减少,因客人不满而免单、提高客房等级的费用减少,更重要的是顾客对产品的满意度提高,对企业的信任与喜爱增加,酒店经营总成本不但不会提高反而会大幅下降。当酒店领导者将质量观念灌输给每一位员工,质量变成员工的自觉行动,成为企业文化时,甚至连测量、检查都成为多余而被省略时,高质量呈献给我们的无疑是高赢利、高效益。

现代质量观已不应再将质量的目标仅仅停留在狭义的产品质量上,仅以成本作为衡量指标,确切地讲,应将质量观上升为质量经营观。质量经营观就是企业领导者在整个生产经营和资本运营中,必须以人为本,以提高质量效益为中心进行企业活动,要将质量管理与控制提高到战略高度来认识。质量经营观的内容大致可以概括为以下三点。

### (一)这是一个高质量发展的新时代

从国家层面理解,高质量发展集中体现在坚持以提高质量发展和效益为中心,是可持续的发展,是为了更好地满足人民日益增长的美好生活需要的发展,是从高速增长转向高质量发展。作为服务行业的酒店业,服务质量就是要满足需要,首先是顾客的需要,同时要兼顾其他受益者的利益。质量观就是从过去的符合性能规范转变为满足需要的顾客型质量观。企业看待服务质量要有一个立场上的转变,那就是服务企业不能仅仅从服务提供者的角度来看待服务质量,还应从消费者和其他受益者的立场来看待服务质量,只有这样,才能提供满足需要的服务。

### （二）服务质量是服务企业生存发展的第一要素

对服务业而言，21世纪将是一个服务质量的世纪，市场竞争由价格竞争转向服务质量竞争。企业的生存和发展是由达成众多经营指标所累积的，企业的持续与辉煌是由保持或向好多项质量指标所支撑的。服务企业要生存发展，首要条件是提供的服务。质量意识能够帮助员工坚定自己的质量行为，也是产生高质量产品的必要条件；能在市场中转变成为价值，被顾客所接受，而顾客能否接受服务的决定性因素就是服务质量。所以，质量是企业生存发展的第一要素。

### （三）提高服务质量既是最大的节约，也是科学技术的进步

在某种程度上，服务质量好等于成本低。无论是在工业产品还是服务业等方面，顾客的要求就是质量好、服务好、价格低，并且要快速响应需求，这是顾客的朴素价值观。但是质量好、服务好、快速响应顾客的需求，往往意味着高成本及高价格。这就需要降低内部成本来相对地增加不断满足顾客的需求，以增强企业对外竞争力。然而，服务质量的提高，还取决于科学技术的进步，其中包括科学管理。服务企业也只有不断开发和利用新技术，提供新服务，给顾客更多的附加价值，才能提高服务质量。服务质量主要有设计、供给、关系三个来源，以及功能质量和技术质量两方面内容。功能质量又称过程质量，是指服务过程的质量，顾客所体验的感受。技术质量是指服务过程的产出质量，即顾客从服务过程中获取的实际产出，企业为顾客提供的服务结果的质量。所以说，在某种程度上，提高服务质量既是最大的节约，也是科学技术的进步。

在现代质量观的作用下，酒店应采用优质服务战略，与顾客建立并保持长期互惠关系，依靠技术创新，注重服务质量，满足顾客需求，形成技术—质量—效益的良性循环。

## 二、人性观

人性观是管理者在管理过程中对人的本质属性的基本看法。对人的认识和态度决定了在实施对人进行管理时采用的手段和方法。这种手段和方法作为一种力，作用在管理对象上，自然会形成一种反作用力。这种反作用力如果恰好是我们所期望的，那就表明我们所施加给管理对象的手段与方法是适宜的；如果不然，则意味着我们的方法可能是错误的，如果不及时调整，则有可能导致管理对象情绪低落、怨恨、逆反、对立或者是调离，而所有这一切都将对服务质量产生负面影响。因此，对人的认识深层次地影响着服务质量。

著名管理心理学和行为学家埃德加·H. 施恩(Edgar H. Schein)于1965年在其《组织心理学》艺术中，提出了四种人性假设理论。管理领域展开对人性的研究也是经历了四个阶段，形成了对人的四种看法和相应的管理方式，我们以此作为参考。

### （一）"经济人"假设

"经济人"假设，又称"实利人"假设。这种假设起源于享乐主义哲学和亚当·斯密(Adam Smith)关于劳动交换的经济学理论，是早期管理思想的体现。这一假设认为，人的行为动机源于经济诱因，在于追求自身利益最大化。在企业中，人的行为的主要目的是追求

自身的利益,工作的动机是为了获得经济报酬。资本家是为了获取最大的利润才开设工厂,而工人则为了获得经济报酬才来工作,只要劳资双方共同努力,大家都可以得到好处。"经济人"假设包括如下基本观点。

(1) 职工基本上都是受经济性刺激物激励的,不管是什么事,只要向他们提供最大的经济利益,他们就会去干。

(2) 由于经济刺激在组织的控制之下,所以职工在组织中的地位是被动的,他们的行为是受组织控制的。

(3) 感情是非理性的,必须加以防范,否则会干扰人们对自己利益的理性的权衡。

(4) 组织能够而且必须按照能中和并控制住人们感情的方式来设计,特别是那些无法预计的品质。

### (二)"社会人"假设

"社会人"假设又称"社交人"假设。这种假设认为,人的最大需要是社会性需要,人在组织中的社交动机,例如希望被自己的同事接受和喜爱等,远比对经济性刺激物的需要的动机更加强烈。只有满足人的社会性需要,才能有最大的激励作用。"社会人"假设可概括为如下几点。

(1) 社交需要是人类行为的基本激励因素,而人际关系则是形成人们身份感的基本因素。

(2) 从工业革命中延续过来的机械化,使工作丧失了许多内在的意义,这些丧失的意义现在必须从工作中的社交关系里寻找回来。

(3) 与管理部门所采用的奖酬和控制的反应比起来,职工更容易对同级同事所组成的群体的社交因素做出反应。

(4) 职工对管理部门的反应能达到什么程度,取决于管理者对下级的归属需要、被人接受的需要,以及身份感的需要能满足到什么程度而定。这一理论认为社会需要引起人的工作动机,为摆脱高度专业化带来的工作的枯燥乏味,人们要从社会关系中寻找精神寄托。相应的管理方式是协调人际关系,用企业温馨的氛围调动员工的积极性。

### (三)"自我实现人"假设

"自我实现人"也称"自动人",即认为人都有一种想发挥自身潜能,实现理想的欲望,人们工作是为了使自身价值得到肯定,需求获得满足。相应的管理方式是从个体内部发现激励因素来激发人的工作热情。"自我实现人"的概念是由美国心理学家马斯洛(Abraham H. Maslow)提出的。施恩在总结了马斯洛、阿吉里斯、麦克雷戈等人的理论后,提出了以下"自我实现人"假设,并认为这种假设与麦克雷戈的"Y"理论假设是一致的。"自我实现人"假设的基本内容如下。

(1) 当人们的最基本需要得到满足时,就会转而致力于较高层次的需要,寻求自身潜能的发挥和自我价值的实现。

(2) 一般人都是勤奋的,他们会自主地培养自己的专长和能力,并以较大的灵活性去适应环境。

(3) 人主要还是靠自己来激励和控制自己的,外部的刺激和控制可能会使人降低到较不成熟的状态去。

(4) 现代工业条件下，一般人的潜力只利用了一部分，如果给予适当的机会，职工们会自愿地把他们的个人目标与组织的目标结合为一体。

### (四)“复杂人”假设

“复杂人”假设是施恩在20世纪60年代末至70年代的调查研究中发现，人不只是单纯的“经济人”，也不是完全的“社会人”，更不可能是纯粹的“自我实现人”，而应该是因时、因地、因各种情况而具有不同需要和采取不同反应方式的“复杂人”。“复杂人”假设的基本内容如下。

(1) 人的需要是多种多样的，而且这些需要随着人的发展和生活条件的变化而发生改变，每个人的需要都各不相同，需要的层次也因人而异。

(2) 人在同一时间内有各种需要和动机，它们会发生相互作用并结合为统一的整体，形成错综复杂的动机模式。例如，两个人都想得到高额奖金，但他们的动机可能很不相同，一个可能是要改善家庭的生活条件，另一个可能把高额奖金看成达到技术熟练的标志。

(3) 人在组织中的工作和生活条件是不断变化的，因此会不断产生新的需要和动机。这就是说，在人生活的某一特定时期，动机模式的形成是内部需要和外界环境相互作用的结果。

(4) 一个人在不同单位或同一单位的不同部门工作，会产生不同的需要。即认为人非常复杂。一方面人与人不同，另一方面同一个人在不同时期，其需求、动机结构、行为方式也有差异。因此，在管理方式上强调要因人而异，因环境而异。

用“复杂人”的观点来分析，经济人、社会人、自我实现人在现阶段都有其存在的理由和客观环境，仍不过时。例如，新入职的员工，绝大多数在选择工作单位时是把收入多少作为第一考虑因素，而工作了一段时间后则会考虑是否在酒店受到了重视，能否被提拔，以此作为是否继续留在工作单位的标准。因此，关键是要对员工作准确的分析，否则或者是一厢情愿，或者是张冠李戴地运用管理方式，这些都有可能影响员工的情绪和行为，从而导致工作失误或质量不高。

人性假设是管理理论的必要前提。古今中外虽然对于管理人性假设的研究有粗糙与严密、素朴与科学之分，但就其探索的对象和目标来说，也有不谋而合之处。首先是都承认管理的原则、模式的确定离不开对人的本性、地位的认识。孟子从“不忍人之心”而推出“不忍人之政”，即承认人本性善良是国家管理活动的出发点。而美国管理学家麦格雷戈更为直接地指出，在每一个管理决策或每一项管理措施的背后，都必定有某些关于人性本质及人性行为的假定。人性假设与管理理论、模式和方法之间的密切关系已越来越为人们所认识。其次是中西管理人性假设都有脱离社会实践，抽象人性的致命缺陷，因而都不可能了解人的阶级性，不了解人的本质是社会关系的总和，因而也合乎逻辑地得不出科学的结论，这也表明了人们对待人性本质探讨的一般规律。

## 三、领导观

要实现对企业质量监控的有效领导，树立现代领导观是前提。领导观是对领导本质属性及特征的基本看法。不同的领导观会导致不同的领导行为，进而形成不同的领导效果。现代领导观包含三项内容。

### （一）领导不仅是让被领导者服从，更是让其追随

领导者在实施领导职能时具有两种权力，即法定权力和个人权力。法定权力是职务职位赋予的，个人权力是个人威望威信决定的。当领导者单纯依靠职权发布命令时，其下属可能会因为对权力的惧怕而不得不服从命令。这是一种力服，在力服的背后可能是被迫服从，可能是勉强服从，很难真心服从。因而可以设想这种命令的执行效果一定是敷衍的，打折扣的，不可能是尽善尽美，高质量的。

如果领导者不仅能合理使用法定权力，还辅之以因个人品德、才学、能力、资历及领导艺术等在下属中建立的个人权力，那么员工执行命令的态度就会发生变化，发自对领导者的爱戴、敬佩、信服之情。这样，其在执行其命令时就会不折不扣，自觉自愿，尽可能追求完美。

### （二）领导是责任、权力、服务三位一体的工作过程

领导意味着责权统一，责任是基础，权力是保障，责权一致才能既调动领导者的工作积极性，又避免产生官僚腐败。在行使领导职能时特别要强调服务。领导者要将员工看作内部顾客，把自己看成是他们的服务员，员工对外部顾客提供的服务质量很大程度上取决于领导者对他们的服务质量。因此期望能够获得企业高质量的产品和服务，就应该舍得在为员工服务上多花些功夫。

### （三）领导是一个动态的管理过程

领导者面对复杂的管理环境找不到也不可能找到一种最好的管理方法。质量监控也如此。不同的企业适用的方法不同，同一企业的不同阶段适用的方法也有区别，因此既不能一刀切，也不应盲目赶时髦。要根据企业外部环境、内部环境的特点和实际需要对质量监控的方法加以多维的、立体的运用。别的酒店不用的方法，不一定是过时的、不好的，有可能它恰好适合我们的酒店。只有通过调查研究，综合分析来确定管理理论与方法的使用，才能有效发挥质量管理的作用，将其转化为酒店的生产力和竞争力，否则只能是热热闹闹地走过场，劳民伤财。

## 第二节 质量管理中80%的领导者作用

**案例 7-2**

**他为什么感到诧异**

王行被任命为总经理助理。他大学毕业，所学专业是酒店管理，进入酒店不到两年，就由于工作表现出色被提升为前厅部经理助理，一年后升任前厅部经理。不到一年，他又战胜

了自己的竞争对手，被提拔为总经理助理。王行上任后接手的第一项任务是考虑制定一份本酒店营销的长期战略方案。他将自己关在屋里两个星期，终于完成了近两万字的营销方案。他对方案很满意，并自信地制定了一份意见调查表，匆匆发到各部门，调查表的后面还要求各部门经理要认真阅读，尽快回答问题填好问卷，于星期五交到他的办公室。星期五到了，王行收到的不是问卷，却是总经理让他马上到办公室的电话。看到总经理的满脸怒气，又听说有两位部门经理看到他的问卷，已有离开本酒店的想法，王行感到很诧异。

现代质量管理之父戴明在质量管理的论述中指出："管理阶层若没有文化大转变，'质管圈'就不会达到想要的结果。没有人来保障工作安定，自然就无法保证生产力和产品质量会有所提升。管理者如果不能为员工福利尽心力，自然也不可能鼓舞员工对于生产力和质量的提高产生兴趣……管理者的工作变得更为困难和更具挑战性了。"通过戴明的论述，我们可以看到上述案例从一个侧面说明管理者职务升迁，未必能力也同步增强的道理；可以看到管理者（本章内称为"领导者"）在质量管理中的责任和压力，同时也能感觉出领导者的领导行为、领导技巧，以及在工作中表现出来的领导者的人格魅力，对鼓舞员工，提高员工对提升质量的热衷程度的作用和影响力。

## 一、领导就是带领和引导

将"领导"二字拆开分析，"领"即带领、统领、统驭；"导"即引导、疏导。关于带领、统驭，很多成功的统帅、领导总结自己的经验后都得出这样的结论：带领、统驭"是结集人们的能力与意愿，为一共同目标而努力"，是"不凭借特权、机构赋予的权力或外在形势，而能说服并指挥他人"。这种结论反映的深层含义是，领导者必须思想领先，他要想得比别人早，比别人好，想得远、想得深，还能集中大家的智慧，听取专家的意见，对自己的思想、观念加以修改、完善，使他确信带领大家走的路是正确的、光明的，同时也是大家期待的。头脑空空，胡乱指挥，失误不断，就不可能产生影响力，在下属中得不到威信，他也就统不起，领不动了。可以说，正确的思想、观念、决策目标是带领、统驭的前提。此外，"带领"一定是走在前面，即身先士卒，以身作则，给员工做榜样。此时理解的"领"不是下命令，而是使员工自觉地学习，效仿。领导者的任何一个行为都是在向员工传达无声的指令，表达是非、好恶的取向，员工据此决定自己该做什么，该怎么做。当组织利益与顾客利益发生冲突时，领导者首先维护的是顾客利益，那么告诉员工的就是酒店应坚持顾客至上的原则。如果领导铺张浪费，用公款吃喝甚至贪污，员工自然会认为，酒店不是他一人的，他能大贪，我就能小拿。因此，一个好的领导者要切实带领、统驭一个企业完成既定目标，要先对"领"有深刻的理解。企业文化是领导文化，企业高层领导者决定一个企业发展的前进或倒退。从某种程度上讲，领导者的思想是企业价值观，领导者的行为是企业的规章制度。

"领导"二字中的引导和疏导也包含有两层意思。

### （一）引导的含义

引导与引领、带领有相同的含义，即靠领导者的影响力、作用力、吸引力和一些必要的技巧、手段等使下属和员工通过努力顺利到达所期望的目标。引导包括企业目标引导、企业文化引导、企业榜样引导作用等。

1. 企业目标引导

领导者要有远见卓识—洞察力，能够准确分析企业内外环境，还要善于总结和归纳员工的意见，从而制定正确的目标。领导者还应该将目标反复地向员工进行解释宣传。当大家清晰地看到光明的前景和美好的未来时，目标就自然成为大家的一种共同追求，而且为了实现目标，大家甚至会不讲价钱，不计代价。

2. 企业文化引导

企业文化通常是指一个组织内形成的独特的文化观念，包括价值准则、历史传统、习惯作风、道德规范、生产观念等。当员工进入一个组织，受到这个组织文化氛围的感染并与之相互适应，这个员工就会以企业文化的内容作为判断个人行为的标准，这便是企业文化引导的作用。

3. 企业榜样引导

企业为员工树立的榜样反映了企业的价值取向，员工因此而明确企业的追求、企业提倡的和反对的信念。企业榜样有两种，一种是企业领导为员工树立的身边的楷模。这些楷模并不一定十全十美，但某一方面做得突出即可号召大家向其学习。另一种榜样就是领导者自己。凡是领导者要求员工做到的，自己首先要做好。

### （二）疏导的含义

疏导包含信息疏导和决策疏导。

1. 信息疏导

信息疏导就是要让企业各级人员尽快充分得到信息。案例 7-2 又从这一角度说明新上任的领导者没有充分地了解和获取下属信息，造成上下均不满意的后果。当企业各级人员能够分享足够的信息，企业有着很强的透明度时，企业部门之间、上下级之间、人与人之间就可避免产生误会，就容易得到相互之间的理解与配合，质量就有了保障。信息还是领导者的智慧和决策的依据，信息的缺乏、滞后和失真都会给领导者的判断带来严重影响以致决策失误。所以，要一切给信息让路，要注意发挥信息部门的作用，建立顺畅的信息沟通渠道，绝不能让信息在任何地方出现积压，应尽快将其送达承担责任的人。

2. 决策疏导

决策疏导是以信息疏导为依据的。只有信息能够快捷地传递，决策才能有效地形成与执行，所以决策者必须掌握信息，并对信息进行及时的加工处理，实现信息与决策的统一，以保证决策质量。

## 二、领导者的人格魅力

领导者的人格魅力不是领导者的个人问题，它在很大程度上影响着员工的工作情绪、满意度，甚至员工的去留。因为透过领导者的个人素质、个性特征、权力意志，以及感召力、组织力等，员工可以对企业发展前景作出判断，也能对自己的发展前途作出预测。因此，是否在这个企业工作，值不值得留在这个企业，员工就有了自己的主张。有调查数据表明，在员工流失率较高的企业中,人员调离的部分原因就是对领导者的不满或失望。因此,研究和解决领导者人格魅力的塑造已成为管理专家、领导者和企业员工共同关心的问题。

### (一) 领导者的基本素质

领导者的基本素质是领导者人格魅力的基础。经过管理学家的长期观察和分析,发现领导者有六项特质与众不同。它们是进取心、领导和影响他人的欲望、正直和诚实、自信、智慧和与工作有关的高技能。将其归纳总结后,可以认为这些特质构成了领导者的基本素质。结合我国国情和企业自身特点,可以将领导者的基本素质概括为以下三点。

(1) 政治与文化素质,即政治思想修养水平和文化基础,包括政治坚定性、敏感性、事业心、责任感、思想境界与品德情操,特别是职业道德、人文修养和广博的文化知识。

(2) 基本业务素质,即在领导者所从事的工作领域内的知识与能力,包括本行业、本岗位的工作流程、操作技能、业务规律等。

(3) 身心素质,即身体状况和心理条件,包括健康的身体、坚强的意志、自信、热情、开放的心理等。

### (二) 领袖魅力

当代企业发展的一个重要趋势是个性化经营。产品的个性、经营管理的个性使得一个企业能够在众多的同类产品和企业中脱颖而出,便于公众识别和选择。打造品牌就是个性化经营的例证。然而,个性化经营中的个性精神,都是源于人的个性精神,特别是领导者的个性精神。也就是说,企业的产品、品牌、经营及管理,都渗透着领导者的个性精神。可以说,企业风格的真正内涵是人的个性精神,特别是领导者的个性精神,这种精神就是领导者的人格魅力,是领导力、影响力。领导者的人格魅力最突出以下两点。

*1. 强烈的权力意志*

企业是实施权力意志支配的经济组织,企业成长是权力意志贯彻的过程,领导者是企业权力意志的化身和贯彻者。企业在市场竞争中的地位能够反映领导者权力意志的强弱。成功的企业领导者都希望自己的企业占据市场的"王位"。为此,他们能放弃许许多多暂时的各种各样的诱惑和利益,表现出坚韧的毅力和牺牲精神。强烈的权力意志力还导致他们对他人施以权威影响,即不管遇到多少困难和麻烦,能够迫使自己和下属按时或提前完成任务。这种影响是对企业人员和集体存在的惰性、合理推诿、合理怠工、错误偏差、保守习惯等现象进行斗争的有效武器,能把领导者自己和下属及企业的潜力发挥到极致。

*2. 超群的感召力和组织力*

这是领导者权威的表现形式,也是动员、推动和组织企业成长所需的各种内外要素的能力。包括精神、道德上的感召力;建立与运用行政、知识、经济、教育、文化等支配力量的能力,特别是掌握与运用企业超速成长规律与方法体系的水平,及其体现在驾驭战略领导、资本扩张、产品经营等方面的运营能力等。

除了以上两点,领导者的人格魅力还包括以下几点。一是善于寻找机会,改善企业现状。为找出改善企业状况的有效方法,他们敢冒风险,不怕挫折,能从失败中总结经验,从失败中学习。二是相信自己能够与众不同,并赢得他人的理解与参与,最终能够带领大家一起去实现共同理想。三是鼓励人们团结协作，积极主动地建立良好关系，营造双向尊重的工作气氛，增加透明度，与大家分享信息，同时善于分权和授权，让身边的每个人都感觉到他的能力与权力。四是宣传鼓动，让大家充满信心和坚定信念。他们会对每一个人在超越自己，形成最佳工作结果的过程中所做的努力给予肯定，庆祝大家共同努力所取得的成就，使每个人都感觉自己是英雄。五是性格和个性特征也是构成领导者人格魅力不可或缺的内容。通常，成功的领导者都是心理平稳、情绪稳定、乐观开朗，待人诚恳热情和自信果敢、坚韧灵活，以及永不言败的人。

### （三）服务意识

内部营销理论的提出与普及，强调了服务意识的重要。为提高酒店服务质量，我们总要求员工对顾客要以诚相待，要满腔热情，要有牺牲精神和奉献精神，还要对酒店忠诚等，却忽视了在需要员工付出热情和忠诚以收获客人的回报时，他们同样希望自己也能得到相同的服务。如果他们提供给顾客的是周到体贴的服务，从管理者那里得到的却只是一道道毫无情感的指令，这会在员工心理上产生极大的反差，会让员工感到不满。而一名员工不满意，可能会导致他所服务的100个客人都不满意。在当今的服务经济时代，员工满意度已经很大程度决定着生产效率和经济效益。因此要培养稳定的顾客群体，提高顾客对酒店的忠诚度，应首先培养员工对酒店喜爱与依赖的情感，而这种情感取决于领导者是否具有服务员工的意识。其“双向金字塔”模型(图 7-1)就是领导者观念的变化的展示。

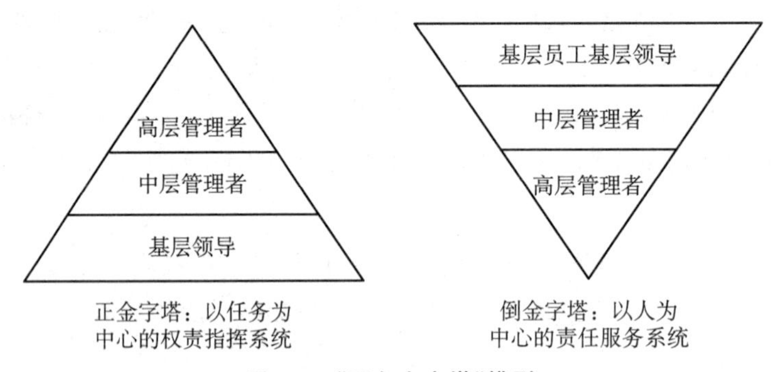


**图 7-1 “双向金字塔”模型**

树立新的观念，也就意味着承担新的职责，要当好员工的服务员，满足他们的需要，领导者就应从改变领导行为，注意领导技巧入手，切实做好创造良好的工作环境、激励、培训、授权、薪酬分配、职业生涯设计等工作，全方位提高员工满意度，以通过他们的满意换取更多的顾客满意。

## 三、领导行为与技巧

领导者的影响力很大一部分是通过领导者对企业、对员工使用的领导方法和手段体现的。虽然人们总结出来的领导方法、手段从理论上讲都相同，但如何使用这些方法，以及使用时的火候技巧却大有讲究。忽视了这一点，就有可能导致员工的情绪、态度、工作质量等出现问题，进而影响到顾客的满意度和企业绩效。

### （一）领导行为

管理学家在领导行为研究上取得了很多成果，为我们实施有效领导提供了极大帮助。

1. 行为理论

它根据领导者关注的重点是工作任务还是群体维系，将领导行为分为工作型和关系型。前者追求工作绩效，后者追求群体关系和睦。根据下属参与决策的程度，可将领导行为分为专制型、民主型和放任型。很显然，专制型是领导者做决策下属执行；民主型是让下属积极参与，上下级之间进行充分交流商讨；放任型是完全放手，让下级决策。

2. 情景理论

情景理论，又称权变理论。它的基本观点是：不存在一种适用任何情况、唯一正确的领导行为。只有因人、因时、因地、因事制宜的领导行为，才是有效的领导行为。它概括为一个公式：

$$有效领导=F(领导者\times被领导者\times环境)$$

3. 途径——目标理论

它的基本模式是，分析并依据情景要素选择适宜的领导行为方式，以满足追随者的需要并提高管理的绩效。关键的情景要素有：追随者的个人特征、环境压力及追随者达到目标的要求。领导者要根据这些情景要素来确定选择哪种领导行为方式。领导者可以采用的行为方式有：指示型领导，即给下级相当明确的指示与指导；支持型领导，即关心下级注重人际关系的协调；参与型领导，即吸收下级参与决策，征求并采纳下级建议；激励型领导，为下级设置挑战性的目标，采取各种手段激励下级。

以上三种领导行为理论有一个共同特点，就是都强调根据具体情况选择使用适宜的领导方式，适合的就是最好的。为了切实提高领导效果，领导者也必须注意这一问题。

### （二）领导技巧

成功和成熟的酒店领导者，都是在坚持原则性的同时具有灵活性，善于判断下属的成熟程度和工作的客观条件，选择恰当的领导方式的特质。这种采取灵活性的方式，就是领导技巧。主要表现在以下三个方面。

1. 业务操作技巧

酒店领导者必须是内行，他要熟悉主要营业部门如前厅、客房、餐饮等业务，要掌握营销、财务、人事等特点。这是提高酒店服务质量的重要条件。当然，高层领导者无须在各方面都是专家，很多具体的业务无须去做，也不可能去做，但必须要知道每项工作的标准。否则，出了问题找不出原因，决策不力，无法检查和控制下属的工作。中、基层管理人员掌握业务操作技巧应根据其所在层次和岗位进行不同的要求，通常层级越低要求越高。否则难做表率，难以服众，无法胜任培训及指导工作。

2. 人际关系技巧

人际关系技巧的掌握不受层次级别的影响，要求是一样的。其原因是，任何级别的领导者都是要通过别人的工作来达到组织目标，在这一过程中领导要聚集尽可能多的人一道工作。所以，良好的人际关系可以作为润滑剂，有利于沟通信息、交流感情、调节行为、达成共识。

在酒店中，人际关系技巧主要体现在处理与顾客的关系、与上级的关系、与下级的关系和与同级的关系上。不论哪种关系都应从尊重、理解、关心、爱护开始，要发现别人的长处，要识大体、顾大局，要善于进行批评和自我批评，要能够换位思考和营造高效和谐的管理环境。

由于劳动密集型的特点，酒店行业的人际关系的复杂性较其他行业更强。所以，对于领导者而言，掌握人际关系技巧更重要，也更难。

3. 管理决策技巧

管理决策技巧就是领导者必须掌握的经营理念、决策技能和管理之道。首先，领导者必须树立质量观、人性观、领导观，以及人才观、系统观，还要掌握管理学、领导学、市场营销、组织行为、公共关系、财务会计等学科知识，应具备和不断提高决策能力、组织协调能力、沟通能力、创新能力和学习能力。

对于成功的领导者而言，不应该把以上所说的领导行为和技巧机械地相加或一对一地应用于实践，而应以相互交融的有机构成综合地转化为生产力。这种转化，有助于我们对所掌握的知识的理解、融会贯通、驾驭应用和超越创新。

## 第三节 有效沟通

将酒店信息沟通称为质量监控的神经系统，表明了信息沟通在酒店经营管理中的重要地位。在酒店日常运转中，存在着三种“流”：人员流、物质流、信息流，其中信息流最为重要。因为它规定着另外两个“流”的流量、流向和流速。也就是说，每一个部门、岗位的设置，人员配备及其素质要求、数量、培训方向，资金的筹集、分配、使用，物质资源的调配、安排等，都应按照信息反映的要求去运作。如果信息流通渠道堵塞(不论是来源渠道，还是输出渠道)，就可能造成决策失误、指挥不力、协调受阻、各自为战等现象，因而导致企业整体工作质量下降，严重的可能危及企业生存。因此，对质量监控必须研究信息沟通。

### 一、沟通从抱怨与冲突开始

在酒店管理中经常听到抱怨，顾客的抱怨、员工的抱怨；也经常会遇到冲突，部门间的冲突、人际的冲突。如何对待抱怨与冲突不仅反映了管理者的心态，也反映了管理者的沟通水平。

**案例 7-3**

**他们之间怎么了**

这天早上某餐饮部经理刚进办公室就发现一份电话记录。电话记录上写道：昨晚我打电话到你店中餐厅预订一宴会单间，当被服务员告知今晚单间全满后，我还是希望他能帮助解决一间,并告诉他,我是酒店常客。不料,这位服务员反问道:“你不是经常取消预订吗?”我听后很生气,问他叫什么名字,这位服务员说:“你无权问我的名字。”说完他就把电话挂了。对此,我十分气愤,请酒店做出解释。看过记录,餐饮部经理马上叫来餐厅经理,还没来得及讲话,库房主管推门而入,说厨房领货不按手续办,与库房发生冲突后,动手打了人。他要餐饮部严肃处理,否则库工们将以人身安全得不到保障为理由,拒绝上班。餐饮部经理将电话记录交给餐厅经理简单做了一下交代后,马上随库房经理去了库房。下午,被打员工的家人找到总经理,要求处理打人者,并表示了对酒店管理现状的不满。总经理让秘书送走家人后,把餐饮部经理叫到办公室进行了严肃批评。餐饮部经理嘴上没说什么,心里却感到很委屈。

当管理者听到沟通畅通的反馈,必然内心充满喜悦和满意之情。然而,当管理者听到抱怨的第一反应常常是“烦”,是无可奈何。于是,管理者硬着头皮带着烦恼去解决这些抱怨,其结果通常是就事论事,只能从表面而不能从根本上将问题彻底解决,员工依旧不满,顾客照样有意见。

### (一)物以稀为贵

换个角度,如果管理者把“负担”变为宝贵的财富,效果就会不同。心理学家研究发现,只有不足20%的人遇到不满意的事情会发泄出来,其余的人都是将不满放在心里,而从行动上采取对策。由此看来,这不足20%的抱怨者对于酒店服务工作质量而言,“物以稀为贵”,实在不应是什么负担,而应是宝贵的财富。所以,我们应该换一种心态看待员工抱怨,看待顾客投诉。用积极、热情的态度,到员工中间去倾听他们的抱怨,主动征求顾客的意见,我们就会在抱怨声中获得许多宝贵的意见和建议,再经过我们的努力,这些意见和建议就可以转化成为“财富”。这样我们不但不会为听到抱怨感到厌烦,而且还会把有意见的员工和顾客请为座上宾,与他们近距离沟通,从他们的抱怨中“挖宝”“淘金”。

### (二)员工是经济实惠且使用方便的“外脑”

在酒店管理实践中,管理者常常听到的是来自员工的抱怨。尺有所短,寸有所长。对于一个有相当规模的酒店,再能干的管理者也未必能观察得那么仔细,想得那么周全,所以他要借助“外脑”。说起外脑,人们自然会想到专家、学者,却忽视了近在咫尺、经济又方便的外脑——员工。员工虽然没有专家那样高深的学问,但是他们对企业最了解,对他们的工作岗位和他们每天面对的顾客最熟悉,在他们中间蕴藏着丰富的聪明才智,对这笔资源不加以利用,岂不是最大的浪费。很多成功的领导人都善于鼓励员工畅所欲言,从员工的批评建议、牢骚抱怨中吸纳营养,改进工作,不断创新。微软公司的比尔·盖茨说过:“如果人人都能提出建议,就说明人人都在关心公司,公司才会有前途。”所以他鼓励大家对公司的发展、存在的问题,甚至上司的缺点都要毫无保留地提出批评、建议和提案。还有人称“经营之神”的松下幸之助有句口头禅:“让员工把不满讲出来。”他还为让员工发泄不满创造了很多方便的条件。他的这一做法,使公司的管理工作多了乐趣,少了烦恼;人际关系多了和谐,少了矛盾;上下级之间多了沟通,少了隔阂;公司与员工之间多了理解,少了对抗。

### (三)抱怨是不满的发泄,更是财富

抱怨发牢骚都是一种宣泄。从心理学角度讲,伴随着人们不满的产生,会出现心理的紧

张和不安，只要不满没有消除，这种紧张和不安就会一直困扰着他们。为减缓心理压力，人们就寻找到了抱怨这样一条通道。不满、抱怨并不意味着不忠。一般人的观点认为，对某一事情不满的人一定对公司、管理部门充满怨恨，这是极为荒谬的。实际上，正是这种抱怨和不满，才使你意识到公司里可能还有其他人在默默忍受着同样的不满。表面上一团和气，却会严重影响工作的效率，进而会危及企业的生存和发展。不要认为你对抱怨不加理睬，它就会自行消失。不要误以为如果你对员工奉承几句，他就会忘却不满，会过得快快乐乐。事情绝不可能如此简单，没有得到解决的不满将在雇员心中不断发热，直至沸点——这就是你遇到麻烦的时候——你忽视小问题，结果恶化成大问题。

管理者还要明白一个道理，员工发泄抱怨的对象，往往是他们信赖的人，当他们尽情地将憋在心中的怨气在你的面前发泄时，说明你已经获得了他们的信任。通过员工抱怨，我们至少可以看到两点好处：其一，管理者当了员工不满的出气筒，可以避免员工的怨气实在憋得难受而找顾客发泄，造成酒店形象受损；其二，透过抱怨我们确实可以发现工作中的问题，员工的抱怨其实就是在提意见，这样可以顺藤摸瓜找出问题的症结，采取有效措施彻底解决它，使各方面的工作更加完善。

所以在组织内部，沟通可以从发现不满开始。管理者要成为员工的朋友，主动与他们交心，了解他们的所思所想所求，消除他们的不满并使他们尽可能满意，使服务质量不断提高。

## 二、冲突是一种客观存在

组织中存在冲突是很正常的。其道理很简单，组织是由人组成的，只要有人的存在，差异就会存在。世界上没有完全相同的一片叶子，也没有完全相同的两个人。

### （一）有差异就会有冲突

进入组织后的个人要按照目标要求行事，为了完成工作，人与人之间也要尽可能保持协调一致。然而人与人是不同的，他们之间存在着观点、态度、立场、生活背景、受教育程度、性格等诸多不同，在个人的目标向组织目标靠拢，按照组织的行为规范调整个人行为的过程中自然会有许多机会引发冲突。因此，只要人们感到差异的存在，冲突的状态就会存在。

酒店总体上讲是一个劳动密集型组织，其产品——服务是需要酒店各部门配合，员工协调一致地努力提供给顾客的，而且这个产品的生产与消费又必须是生产者与消费者同时在场才能进行，因此在提供产品时免不了在组织内的员工之间，生产者与消费者之间会有观念、立场之间的碰撞进而形成冲突。经常出现在酒店的冲突如下。

1. 员工与顾客之间的冲突

例如，顾客认为五星级酒店的服务应该是无可挑剔的，而刚进入五星级酒店，缺少经验，工作不够熟练的员工则希望顾客对自己在工作中出现的小失误给予包涵。双方立场的不同可能导致冲突。

2. 管理者与顾客之间的冲突

如例 7-4 所示，若顾客投诉，服务员委屈，管理者替服务员解释希望顾客给予原谅，而顾客却不予原谅。管理者认为顾客不通情达理，甚至是无理取闹，因而与顾客产生冲突。

3. 管理者与员工之间的冲突

这类冲突的表现主要有两种:一种是上级与下级的冲突,一种是下级与上级的冲突。前者可能由于上级对下级的要求不够合理所致,而后者可能是由于下级对上级的指示不够理解或不够重视引起。

4. 员工与员工之间的冲突

例如,员工甲被评为年度优秀,而员工乙认为甲的优秀不是干出来的,而是吹牛吹出来的或是奉承领导得来的,因而形成冲突。

除以上人际冲突外,常见的酒店组织的冲突还有群体之间的冲突和组织之间的冲突。一是部门之间的冲突。例如,前厅部因客房部未能及时通知房间的清扫状况而无法安排顾客的入住造成的冲突。二是一线部门和二线部门的冲突。例如,客房部通知工程部应对某房间的电视机进行修理,但工程部拖延导致顾客投诉造成客房部工作被动而形成冲突。三是班组之间的冲突。例如,信息来源不同而形成的追求目标的不同。四是正式组织与非正式群体之间的冲突。例如,非正式群体成员因不满组织的严格管理、缺少人情味而形成的对抗等。

根据以上所列种种冲突,可以给冲突做出这样的定义:冲突是因相互依赖的当事人双方其观点、需要、欲望、利益或要求的不相容而引起的一种激烈争斗。由于冲突存在的合理性、普遍性,使得组织管理者每天大量的工作都是在处理冲突,有时他个人也是处在冲突的漩涡之中。因此,管理者不应该回避冲突,更不应该对冲突袖手旁观,或发生冲突时贸然行事,而应该积极地应对它,并用科学、客观的态度对它加以研究,找出切实可行、富有成效的办法。可以说,冲突处理的水平反映了一个领导者的管理水平。

### (二)冲突有时是一种挑战

按照传统观点看,冲突不是暴力、打斗就是破坏或无理取闹。总之,冲突对组织工作质量、有序的管理状态和组织目标的实现是有百害而无一利的,必须严加防范和制止。而现代人的观点发生了转变,冲突不一定是坏事,有的冲突不但不会妨碍组织的目标的实现,不会降低工作质量和产品质量,相反还会提升质量,对目标的实现起到推动和促进作用。因此人们不再是谈冲突色变,惧怕、抵触它,而是对它产生了浓厚兴趣,力求通过研究它、利用它,使它对组织产生更大的正面价值。什么样的冲突能有如此奇妙作用?我们不妨从酒店管理的实例中去捕捉它。

1. 优秀员工评选活动

类似的活动还有诸如形象大使评选、顾客最满意的员工评选等。这类活动是最典型,也是最常见的促进型或建设型的冲突。它所应用的道理是,优秀员工条件较高,名额有限,员工一旦被评上优秀员工就会获得相应的精神物质上的奖励。为了获得这份荣誉,全体员工都会积极投入到这个冲突即活动中去。

2. 优秀班组评选

这种活动的性质与前一种相同,唯一不同的是把个人冲突变成了群体冲突。

3. 设置职能对立的部门

例如,设置质检部是为了监督和检查各一线部门的对客服务质量,通过标准的制定和完善，以及及时的信息反馈，使酒店的服务质量更有保证。

4. 经常召开“诸葛亮会”

针对酒店不同时期的议题，将富有创意的员工组织在一起，让他们充分发表自己的意见和见解，员工不同的观点和想法相互碰撞，相互启发，集思广益，从而找到解决问题的最佳办法。

5. 领导班子的搭配也利用了冲突的原理

例如，外向型性格与内向型性格的搭配，不同年龄的组合，都是希望在矛盾冲突中达到互补。

除了以上常见的具有积极意义的冲突之外，还有下列理由可以证明冲突并非坏事。

(1) 让冲突表露出来，如同为员工提供一个出气孔，使对抗的成员采取合适的方式发泄他们心中的不满。相反，压抑冲突，表面看起来相安无事，而实际上潜伏着两种危机：其一，可能酿成极端的反应；其二，可能将不满转移，发泄到顾客身上。

(2) 适当的冲突可以为企业注入活力，增加企业创新，从而避免企业僵化。从目前的竞争态势来看，企业需要开拓进取，害怕冲突不敢引入竞争机制，如同一潭死水的企业很难在竞争中立足。

(3) 冲突还可以促使联合，增强凝聚力以求生存。例如，目前酒店业已处在激烈的国际化市场竞争中，为求生存与发展，我国酒店应走集团化道路，形成强势，与国际化的酒店连锁组织相抗衡。

从以上看到的事实和所做的分析得出，和谐、和平、平静不一定就有利于酒店服务质量的提高和带来好的经营业绩。相反，某些冲突的存在反而有利于企业的健康发展；有利于刺激发明创造，鼓舞人们积极进取，开辟解决问题新途径；有利于防止因惰性而产生的停滞僵化，从而形成一个酒店服务质量的利好环境。因此，可以将这一类富有积极意义的冲突称为建设性冲突。

综上所述，冲突可以分为两类：破坏性冲突和建设性冲突。领导者的任务之一就是促进建设性冲突和限制破坏性冲突。

## 三、领导者与倾听者的任务

成功学大师拿破仑·希尔在“团队”定义中进行了这样的描述：一个团队“要有一个清晰的目标或使命；有一位充满活力的领导者，他知道怎样合理有效地利用团队的力量，来高质量地解决问题；在团队中沟通是开放和坦诚的；高效团队氛围良好，每位成员以成为团队一员为荣”，把充满活力的领导者视为团队核心，力证了领导者的重要责任。同时，也表明领导者是高效团队氛围良好的倾听者角色。

### (一) 成功的领导者和管理者均应是最佳倾听者

日常工作中常把“出主意、用干部、抓落实”当作领导者的主要任务。当然，角色使然，必须做好和完成好领导者的诸多任务。作为领导者，独裁了不好，平庸了也不好，做事先做人，不必急于去主动做什么，做好自己的本分工作，慢慢获得大家的支持，让大家信服才是领导之才。领导者，简单说来，即知人所需，供人所求，以德为上。

领导者是整个团队的“舵手”，掌握着酒店发展的大方向，首先应当具备信心和力量，为团队勾勒蓝图，调配好整个团队的人员，选择好那些为团队荣誉而战的人才作为团队的核心力量。开展一项任务之前，领导者鼓舞团队的士气，激励其为集体荣誉而战。倾听，又是领导者了解别人和接受抱怨的最好方式。倾听，现代汉语释义为“细心地听取”。所谓倾听，就是通过视觉、听觉来接受、理解说话者信息、情感和思想并伴随着充分尊重和积极回应态度的一种情感活动过程。它既是一种言语交际行为，也是一种心理情感活动。美国语言学家保尔、兰金等认为，人们在日常交往中，言语实践的使用情况是：听占45%，说占30%，读占16%，写占9%。对于酒店质量管理团队而言，领导者还要善于倾听，让团队成员觉得自己有价值，更愿意表达真实思想。同时，倾听能增进谈话双方的友谊和信任，交流与沟通，增加彼此的理解，善听才会善言。

### （二）领导者在团队建设中的作用

在团队建设中，领导者相当于领头羊。他是整个任务的核心，所有成员都应由他指挥，服从他的命令，让团队在最优配置下高效合理化运行。领导者在团队中是一个特殊的角色，他并不超越团队、存在于团队之外，但又必须从一个高远的、先知先觉的、全面的视点带领整个团队。最能体现团队特征的团体应该是体育的团队。以足球队为例，教练就是团队的领导者。在酒店业，总经理是总培训师、总教练，各级管理者都是下属的训导师，他们将对酒店质量管理担负起分级责任。

大多数管理者谈到如何增加领导者的追随能力时做出了基本一致的概括。首先，强调领导的影响力来源于他对别人的尊重。妄自尊大、故步自封、唯我独尊、武断专横的领导，多易低估人、忽略人，视人为机器来操控和支配，这样的领导不会有什么影响力。其次，领导者要善于倾听，要有换位思考的同理心。好的领导者总是好的倾听者，只有先听，充分理解对象的情况才能正确决策，合理地使用激励手段，达到影响追随者的目的。最后，领导者要不断提升自己，不断提高自己的领导才能，不断学习，持续增加自己的“附加值”，否则他们没有能力领导新形势下的员工和下属。在团队中，良好的沟通可以让领导与下属同心协力，创造出企业的竞争优势和营业绩效。反之，沟通不良的企业往往内部信息混乱，员工士气低落，并进一步影响组织的整体面貌和绩效。优秀的企业管理者善于创造一个开放、合作、信任的组织氛围，重视与全体员工分享信息，以此增强企业的凝聚力，达到吸引并留住杰出员工的目的。

### （三）领导者与倾听者的角色转换

如果我们从另一个角度来看，要想成为一个会说话的人，首先必须是一个会听话的人。这个道理应该是不难理解的。不管是作为领导者，还是成熟的个人，都需要注意慎重说话，慎重表态，慎重承诺。

关于领导者如何转换为倾听者的问题，大多数管理者是这样认为：“要成为一个成功的领导者，不但要自己努力，更要听取别人的意见，要有忍耐力。提出自己意见前，更要考虑别人的见解，最重要的是提出新颖的意见。然而，当你做出决定后，便要一心一意地朝着目标走。”“一个团队的性格，往往来自这个团队的第一任领导人。”许多企业家正是凭借自身的领导魅力，创造了一个又一个的“商业传奇”。酒店业高层管理者，应注重自我修炼，这是增加领导者魅力，带领团队成为最出色团队的基本功。所以，在团队讨论之中，首先，注意倾听大家意见，给每位发言者都有展示自己的机会。其次，注意减少领导者个人意见强加于人，让下属不得不接受的现象发生。第三，允许员工犯错，但要给予其弥补的机会，这是员工与企业共同成长的过程，也是个人与团队成长所必需的财富。第四，领导者最后发言，再谈自己的意见并作取长补短的归纳总结的言论和最终决断。

## 四、有效沟通是酒店成为“一盘棋”的前提

上述重点论述领导者与倾听者的任务，可以说，两者的角色需要在不同情景下转换，依所商事宜而定。只有这样，才能完成领导者与倾听者的任务。本节还将就“有效沟通，酒店是一盘棋”中展开阐述。

### 案例 7-4

#### 问题出在哪里

BJ 团是一个来自美国的 40 人旅行团，10 月份曾下榻过某酒店。该团在本地的接待团社是新宇旅行社，为一家中型的旅行社。该社是某酒店销售部新开发的一个客户，以前从未送团到该酒店。不久，酒店销售部接到总经理转来新宇旅行社的一封投诉信。信中写道：BJ 团到前台办理入住手续时，因为是旺季，早晨抵离酒店的顾客较多，等候多时才办理。而且酒店前台所拿到的名单和该团领队手中的名单不同，导致酒店需重新排房号和分房。半个小时以后，前台才办好入住手续。好不容易使顾客入住后到指定的宴会厅吃早餐，而餐厅管理者却说，他们未收到该团顾客用早餐的通知，遂与销售部联系。当天恰是星期天，销售部没有人员当班，顾客只好又回到前台等待，前台立刻与咖啡厅联系，顾客总算在 8 时 30 分吃到了自助早餐(自助早餐的价格比原定团队早餐价格高出 30 元)。由于用早餐的人增多，一下子多出了 40 人，食物量也不够，顾客对此十分不满。此外，该团离店时又遇到了麻烦，前厅认为没有该团的合同记录，要求该团全部付款后方能离店，致使双方僵持 20 分钟之久。当时前台与销售部进行了联系，销售部说已经给前厅和财务部发了通知，允许其一个月后再付款。可财务部却认为，该社是新客户，没有信誉保证，不能允许挂账，所以前台认为应按财务规定来处理。由于离店时间拖延，再加上交通堵塞，该团差一点误了返回航班。BJ 团回国后投诉新宇旅行社，致使该社经济上和声誉上受到了极大损失。新宇旅行社提出酒店应给予相应补偿，并表示，如果得不到妥善处理，今后将中止与该酒店的合作，并通告旅行社协会的其他成员共同抵制与该酒店合作。

根据上述案例可知，很明显是销售部与前厅、餐饮、财务等部门的信息沟通不畅而导致了案例中的种种不愉快的发生。其实，这只是信息故障导致失误的一个侧面。信息是组织的神经系统，遍布组织的全身：制定组织的决策目标需要新鲜、全面的信息，目标正确是最大的质量保障；技术创新、产品创新、管理创新，也需要大量的相关信息，知己知彼才能百战百胜；部门之间要达成共识，通力合作完成某一共同目标也需要信息的交流与支持；上下级之间的信息传递更是要快捷、准确，否则上影响决策，下影响执行；就连人与人之间这小小的局部，信息不畅都会导致相互误解、结怨，工作上不配合、拆台。此外，员工招聘、面试、培训、授权、指导、讨论协商、与顾客交往无不对信息沟通提出了要求。管理者每天 80%的时间都是

在与人沟通。所以质量管理与信息密切相关，信息不通组织就会瘫痪。可以说，高质量的协作是建立在通畅的信息沟通基础上的。因此，酒店要改善服务质量，持续不断地提高服务质量，就必须建立和维持高效的信息沟通机制。

### （一）信息沟通的障碍

沟通是指为达到一定的目的，将信息或观点通过语言或文字传递给其他人并获得反馈的过程。在这个概念中有两点应注意：首先，语言可以是有声语言，也可以是无声语言，也就是体态语言；其次，反馈应是接受这一信息的人对这一信息有正确的理解，只有信息接受者按照信息发出者的真正意图去行事，这个沟通才是有效的。

尽管我们期待组织沟通的有效，但是由于构成组织环境的大大小小的要素非常复杂而且多变，常常使得信息在传播沟通的过程中受到干扰而被放大、缩小、失真甚至丢失。而一旦出现这种情况可能就会导致如下后果。

(1) 下级因不能获得明确指令而慌乱或按照个人理解各行其是，导致组织目标不能实现。

(2) 下属执行的是在沟通中已经变了形却毫不知情的错误的信息，其结果是使得工作偏离正确的轨道。

(3) 信息系统失灵或发布信息的人没有意识到，而使得输出信息过多导致员工精神、工作负担过重，产生对工作的厌烦甚至恐惧。

(4) 因沟通过少甚至没有沟通，人们在猜测中，凭感觉进行工作和交往，难免磕磕绊绊，矛盾重重。

(5) 对从各方面搜集到和掌握的信息不做分析和处理，人们可能会无法进行是非的判断和利弊的分析，影响决策和方案的制订。

通常使得信息沟通受阻的障碍来自以下方面。

(1) 组织结构的不合理。条块分割或职责权限不清，以及领导方式使用不当，导致信息受阻，这是一种常见的管理沟通障碍。

(2) 语言表达障碍。发出信息的人由于可能发生的各种原因，例如表达能力、口齿不清、情况紧急、着急仓促、语言不通等造成的对方对信息的不明白。

(3) 理解上的差异。虽然接受信息的人听到或看到了信息发出者的信息，但是所理解的内涵并不是信息发出者的原意。比如看到招手以为是与他再见，而真正意思是让他过去。

(4) 立场的不同。当信息发出者和接受者处在不同位置且意见不一时，发出的指令容易受干扰，即使接受，也会带有抵触情绪。

(5) 固有的成见。在长期接触中，对某人形成了或肯定或否定的看法，因此只要知道这个信息是谁传出或发送的就立刻判断此信息的真伪，而往往有时这种判断是错误的。

(6) 出于安全需求的考虑。随着劳动力市场供过于求，工作不好找，人们担心被辞退，所以有时不说真话。

(7) 曲解。明明是好心却被当成恶意。

(8) 背景差异。年龄、经历、经济水平、受教育程度、工作岗位和层次等的不同，常常会使得人们形成的看法不同，价值判断有差异，因而影响沟通的效果。

(9) 时空环境选择不当。从时间上看，在劳累、心绪不佳、被某事困扰、急于去做其他事情时，对信息的传递往往心不在焉，因此沟通的效果不好。从空间上看，物理环境选择得不够恰当也会造成信息传播的效果下降。比如,在走廊里当着众人对某人进行批评,会场里的温度太高或太低,设在闹市旁边的培训教室等都会干扰批评、开会、上课的效果。从空间上看还有一个不容忽视的因素,这就是信息沟通双方之间的距离要适度,否则无论是在心理上,还是在物理上,都会对沟通效果构成影响。

(10) 缺少必要沟通设施。开大会时没有扩音设备,灯光太暗,需展示图片时没有投影仪等,都会影响信息接收者的接受效果。

除上述因素,还有一些由于事先没有估计到且准备不充分的情况也会影响沟通。例如,讨论问题时冷场;交流时,话太多或太少;意见不一时的责备与争吵;不懂装懂,等等。

### (二) 有效沟通的原则

影响沟通的因素非常复杂,为保证沟通的有效,必须在沟通之前从物质上、心理上做好尽可能充分的准备。为此可遵循以下原则。

1. 关注沟通细节

越是高层领导越应对你所发布的信息保持敏感和负责,沟通前要考虑清楚这个电话、这封信、这份电子邮件、这个指示将影响到什么人,这些人接受了这份信息会有什么想法和如何执行指令,如何保证效果最佳。想得越周全,准备越充分,效果自然越好。此外,在作一个决定时,尽管你对此事有决定权,也应与相关人员“通气”,得到认可再去做会减少很多麻烦。比如作出一个人员调动的决定,你就要与起码四个方面进行沟通:调动者本人、他以前的工作部门、他要去的工作部门,以及主管单位——人事部门。如果擅自做主,必然会给整个工作系统带来损害。

2. 明确沟通目标

为什么事情而沟通,沟通后要达到什么目的和取得什么结果,这些都应十分清晰,否则可能会闹出笑话或产生误会。而且只有明确了目标才可以决定沟通的内容、使用什么样的方式方法、通过哪条沟通渠道等才会更加有效。

3. 控制信息流量

组织的运转表现为人流、物流、信息流。其中信息流的作用最为关键,因为人与物的流动都要根据信息确定。信息作为指令规定着人与物的流动时,不能过多也不能不足。信息过量未必是好事,它会增加管理者的处理难度,也使他们难于向同事或下属提供有效的和必要的信息,还会使沟通变得更加困难。所以,要对所沟通的信息进行科学处理,包括过滤、筛选,去掉虚假信息和无关紧要的信息,以提高信息的质量和适当的信息数量。

4. 讲究语言艺术

为了提高沟通效果,沟通前一定要花时间做些必要的准备,避免因思路混乱、逻辑不清、语言啰唆冗长、缺少针对性和趣味性而使沟通受阻。

5. 了解沟通对象

对象是你确定使用沟通渠道、方法、方式、风格及沟通内容的前提,不清楚对象的沟通是盲目、无意义、徒劳的。例如,请培训教师做培训,一定要向教师讲清楚接受培训的人员层次、特点、现状、要求和通过培训要解决的问题和要达到的目标,否则这次培训就可能费力不讨好。

6. 注意信息反馈

有效的管理沟通应是双向的，在信息传递的过程中发布信息者既要注意所传递信息的真实全面和及时，还要迅速了解和掌握接收信息者的态度和反应，以便及时有效地作出下一步工作的部署。单向的信息沟通如同无的之矢。

7. 理顺组织关系

构建合理的组织结构，确定好权责关系是扫清信息沟通障碍的关键。要根据组织的性质特点、根据内外环境的要求和有效管理幅度来确定管理层次。从沟通角度讲，层次越少，越有利于保证沟通的有效。

### （三）纵横交错的沟通网络

在企业信息沟通中有着纵横交错的沟通渠道。这些渠道包括正式和非正式沟通渠道；纵向信息沟通、横向信息沟通和斜向信息沟通渠道。通常不同渠道传递的信息内容不同，信息沟通的特点不同，因此掌握不同信息沟通渠道的信息传递规律，对于我们更好地通过信息的运用来提高质量会有很大帮助。

1. 正式和非正式沟通渠道

正式沟通是通过正式的组织程序，依照组织结构所进行的信息沟通。这种沟通的媒介物和线路都是经过了事先安排，因而被认为是正式而合法的。正式沟通渠道主要包括：根据规定，定期举行的各种会议。例如，酒店每日举行的晨会、每周举行的例会、定期召开的财务会议、计划会议、销售情况分析会议、员工状况分析会议、顾客投诉情况分析会议等。被指定参加这些会议的人员应有准备地汇报本部门的情况，使大家对酒店情况有一个整体了解，并通过对情况综合系统的分析得到有关问题的改进建议，以及未来工作的指导思路。除各种会议外，正式沟通渠道还包括报告制度。例如，定期发布的报表、数据、报告等。

所谓非正式沟通，就是不按照正式的组织程序而进行的沟通，其信息传递的媒介和路线均未经过事先安排，具有很强的随意性、自发性。非正式沟通渠道一般包括随时可能进行的谈话、座谈会、建议等。当然在非正式组织中，其成员间的社会交往行为也主要采用非正式的沟通渠道，具体表现是各式传闻或小道消息。

企业的正式信息沟通方式是一种制度化的结构体系，其信息传递具有准确性、可靠性和系统性较高、可保存、可评估和定期性等优点。正式沟通渠道中的信息一般是日常的定期报告，例如财务报告、研究发展报告、员工手册、市场调研报告、营销分析报告、会议报告等。这些定期的制度化的报告系统构成了企业主要信息流。对于一些非定期的信息需求，正式沟通渠道也可以通过自身的一整套程序来满足。正式沟通渠道也有缺点，具体表现在两方面。①报告制度传递信息的可靠性、准确性和系统性是以牺牲速度为代价的，所以信息的沟通的速度较慢。信息的反馈速度也较慢，不能立即向信息提供者反馈信息。②正式信息沟通，特别是报告制度，一般要整理起草正式的书面报告，所以不很便利。

非正式沟通信息的突出优点首先是传递速度较快，因为是面对面的沟通，因而使得信息反馈基本上是同时进行的。其次，非正式沟通可以脱离企业的等级结构，建立在人际关系基础上，信息传递更具主动性。再者，正式沟通往往是例行公事，而非正式沟通更具目的性和针对性，其效率也更高。非正式的信息沟通渠道的缺点也是很明显的，在非正式沟通渠道中的信息可靠性和系统性程度较低，信息的准确性或多或少、有意无意地受人为因素的影响。如果决策者只注重非正式渠道的信息，也难以获得完整的、系统的和准确的信息。所以，在组织工作关系协调中，对非正式沟通可以采取一种"管理"的态度进行利用，以更好地扬其所长而避其所短。总之，一个有效的信息沟通结构需要建立一种合理的正式沟通体系，同时也要保持一个较为合理、负责的非正式沟通作为补充，两者不可偏废。

2. 纵向信息沟通渠道

这是沿着组织的指挥链在上下级之间进行的信息沟通。它可以区分为自上而下和自下而上两种形式。自上而下的沟通也称为下行沟通，指组织同一系统内的较高层次人员向较低层次人员的沟通，如命令的发送、计划的下达和程序规则的颁布等。自下而上的沟通也称上行沟通，指组织内部同一系统内的较低层次人员向较高层次人员的沟通，如请示、汇报、要求和意见申诉等。由于纵向沟通是在组织领导和指挥链当中进行的，所以它也属于正式信息沟通。纵向信息沟通的优点是：作为一种制度化的沟通体系能从组织上确保下层信息向上层决策者传递和决策层的决策信息向下层传递，同时又以决议、报告、报表的形式传递，因而可以减少信息的失真。这种沟通也存在缺点：在上行沟通中，由于其信息传递的决定权在下层，所以对下层不利的信息可能无法传递到决策层，因而如果决策层仅仅依靠这条渠道，可能得不到全面的信息，特别是一些情绪化的信息。在消除纵向信息沟通中的障碍当中，上级起主导作用。他要培养自己良好有效的沟通风格，掌握沟通技巧，不在上面等信息，而是主动到下面了解情况。为了能让下级反映真实情况，上级在听到坏消息时也要保持冷静，不要因自己的发火或情绪失控，而切断信息传达的通道；要始终在下级面前保持一种姿态，即上级是关心下级疾苦、乐意倾听他们的心声、帮助其解决困难的。只有这样，下级才愿意与上级沟通。为了能够与上级有效沟通，让上级了解下级并帮助下级解决问题，下级在上行沟通中应注意以下几点。

(1) 简洁、准确、完整地提供信息，而且这个信息一定很重要，因为上级人员的时间是有限的。

(2) 要客观地提供信息，既要提供好消息，也要提供坏消息。

(3) 与上级人员沟通之前尽可能提前打招呼，以便上级人员有一些准备。

(4) 提出问题时，最好能附带解决的办法，这样可以提高效率。

(5) 要遵循统一指挥的原则，除非绝对有必要，否则不可越级沟通。

3. 横向信息沟通渠道

横向信息沟通渠道，指组织内部同一层次人员之间的沟通，所以也称为平等沟通。这种沟通主要是为了促成不同系统(部门、单位)之间的协调配合和相互了解。例如，高层管理者之间，中层管理者之间，直线人员与参谋人员之间，以及同一班组内的员工之间所发生的沟通，都属于这类沟通。在组织内部有效、公平的横向沟通往往能够促进团队合作，提升产品质量，在沟通中相互促进与学习。通常横向沟通是在以下四种情况下进行。

(1) 任务协调。定期召开的各种会议通常都是出于此目的。

(2) 解决问题。出现问题时使用头脑风暴法，大家共同商讨解决办法。

(3) 信息分享。一个部门定期与其他部门进行沟通，互相交流一些新的想法和提出新的建议。

（4）解决冲突。部门内成员或者部门之间出现矛盾或误解时通过沟通探讨化解冲突的办法。

很明显，横向沟通的优点是：节省时间，促进合作。它能密切同级部门之间和人员之间的联系，化解矛盾，达成共识，加强相互合作，共同努力去实现既定目标。横向沟通能为组织内部的个体提供所需的社会支持，使个体在这种强有力的支持下增长工作的动力。由于横向沟通脱离了组织的指挥链，而跨系统发生，它通常被认为是非正式的。所以它有非正式沟通的缺点。即在下列情况下：当正式的垂直通道受到破坏时；当其成员越过或避开他的直接领导行事时；当上司发现所采取的措施或做出的决策，他事先并不知道时，横向沟通可能会产生功能失调的冲突。

下面一些做法可能会对横向沟通有一些帮助：一是主动交流，多与同级人员交朋友以扩大信息交流的机会；二是换位思考，沟通时多从对方角度考虑问题，如有需要，为其提供真诚的建议；三是采用多种沟通交流的方式，扩大共同关心的领域，为合作打下良好基础。

4. 斜向信息沟通渠道

这是一种发生在组织内部既不是同系统又不是同层次的人员之间的沟通。斜向沟通对组织中的其他正式沟通渠道会起到一定的补充作用。例如，员工的创新建议直接提供给相关部门的主管，则沟通线路和传递时间会大幅缩短。但斜向沟通容易在部门之间，尤其是在直线职权与参谋权之间造成矛盾，有越级沟通之嫌，因而使用时要慎重。

### （四）方便沟通的技巧

1. 巧用谈心

谈心是最具亲和力、最直接的一种沟通方式。谈心即敞开心扉，开诚布公地将心里话讲出来。通过谈心，可以表达自己的观点和意见，宣泄自己的情绪和情感；可以了解对方的内心世界，掌握对方的所思所想；还可以在彼此交流与沟通中达成对某一问题的一致意见，获得双方认可的理想的解决问题的办法。随着通信工具的日益发达，谈心的形式多种多样，可以不受时空的限制，使用起来十分方便。比如，酒店可以给每位员工提供免费网址，用于和组织内任何人包括最高层的领导，进行沟通；可以设立总经理的直拨电话，允许员工直接与总经理进行交流；还可以通过写信的形式、面谈的方式等随时沟通。

为了切实收到谈心效果，在运用这种沟通方式时，应注意以下事项。

（1）谈心应该是真诚的，如果谈心的任何一方认为对方没有诚意，就不可能吐露肺腑之言，而冠冕堂皇的谈话除了浪费时间，是没有任何意义的。

（2）营造朋友谈心的氛围，因为人们都愿意和朋友谈心，与朋友谈心无戒备、无隔阂。所以上级与下级谈心时首先应放下领导的架子，可以走出办公室，选择一个私人的时空，在和谐的氛围中交流。

（3）可以为对方提建议，但不要替对方作决定。如果是上级对下级，更会让下级感觉上级是居高临下给自己施加压力。

（4）对谈心的内容要严格保密，否则会失信于人。

2. 口头沟通与书面沟通

信息传递的主要方式是口头沟通，例如酒店各种会议上的发言、讨论、会下的议论、小道消息等。口头沟通的主要优点是快捷、反馈及时、探讨问题深入,信息的传出与接受者不仅可使用语言,还可运用非语言,因此沟通双方能较为准确地了解对方的意图。此外,如果是上级对下级的会晤,还会使下级感到受尊重和重视。口头沟通的主要缺点是:信息在传递中,每个人都可能以自己的理解对信息加以解释,因而使得信息失真。另外,这种沟通方式也不总是节省时间,比如议而不决的马拉松会议。深受其害的人员称,这种沟通不仅浪费时间,其隐性损失的价值也相当大。

书面沟通是正式信息沟通的主要方式,其主要形式包括各种备忘录、传真、电子邮件、信件、组织刊物,以及各种图表、稿件等文字资料。书面沟通方式也有利弊,其最突出的优点是:信息沟通双方都拥有沟通记录,可对信息永久保存,一旦遇到疑问可随时查阅;与口头沟通相比较,文字形式更严谨、准确,逻辑性强,条理清楚,能减少他人对信息的曲解,减少信息的失真。另外,书面沟通易于复制,利于大规模的传播。书面沟通的缺点是:将信息组织成文字形态需要花较多时间,因而影响传递信息的效率;反馈间接且缓慢;对文字水平有一定的要求,如果文字组织与表达不力,会给信息接收造成很大困难。

3. 倾听

倾听不同于听,"倾"形象地描绘了认真听的动作,躬身、侧耳。所以,倾听是人主动参与的过程。在这个过程中,人必须思考、接受、理解并做出必要的反馈。而且不仅局限于听声音,还要从语言、表情、动作等对信息做出综合的理解。

(1) 倾听的作用

倾听作为沟通的一种方式,其重要的作用有:一是倾听可以满足倾诉者受尊重的需要,可以提高他的自尊与自信;二是倾听可以帮助决策者获得重要信息有助于决策;三是倾听有利于建立良好的人际关系,倾诉者通过倾听者认真听的态度、真诚的安慰和建议会产生对他的信任与好感。

(2) 倾听的三种类型

信息性倾听,这种倾听的目标是理解并记住信息中的重要部分;评价性倾听,其目标是对信息进行评价以便决策;感情移入性倾听,其目标是了解表达者的真实情感。

(3) 倾听的技巧

我们应在不同的倾听中注意运用不同技巧,以使沟通顺利进行。第一,集中精力,不要走神,要认真听,并通过重复、提问等方式让对方知道你对他是关注的。第二,要一视同仁,不要先入为主,戴着有色眼镜看人会妨碍倾听效果,你对他有成见的人也可能提出很有见地的意见。第三,要及时反馈,不要没有反应,倾诉者表达自己的情绪态度以后,很希望知道对方对此是一种什么态度,所以倾听者要边听边在心里进行理解和评价,不清楚时马上询问,及时的反馈可以避免许多麻烦与误解。第四,要营造良好的倾听环境,应通过选择合理的时间和地点,确保倾听不受干扰。

4. 辅助性语言和体态语言

在沟通中,除了语言外,辅助性语言和体态语言也必须引起我们关注,如果忽视了这部分内容,沟通将是不完整的,很有可能还是不真实准确的。辅助性语言主要包括语音、语调、语速的变化和哭、笑等。体态语言主要是指不经意间人体动作的变化,比如微笑、皱眉、叉腰、摇头、脸色的变化,以及沟通时传授双方之间的距离等。有专家研究,在信息沟通中大约

7%的信息是用语言的方式表达的，大约55%的信息是用面部表情和姿势表达的，大约38%的信息是通过语音语调的变化来表达的。所以在平常的沟通中要从两方面注意非语言的运用。第一，接受信息时，不仅要注意听语言，更要认真地去看语言，两个方面综合才能保证我们所收到的是准确的信息。第二，传达信息时，要有意识地用非语言来辅助语言，保持非语言与语言的一致性，以强化所要表达的意思和避免对方产生疑义。

5. 电子沟通

随着社会科学技术的进步，电子网络技术已被引入组织的沟通领域。这使组织沟通领域出现变革和飞跃。电子网络因其快速、准确的特点，极大地提高了组织沟通的效率。另外，有效沟通方式因为网络的出现而增加了很多的可选择空间。组织内部的人员既可以选择在局域网的BBS上发布信息、讨论专业问题；也可以越级向上司发送电子邮件以征询意见；更可以通过企业OICQ、MSN的聊天途径，甚至手机短信等与同事进行随时随地地交流（只要有足够的自觉性，这样的交流对于维护同事之间的合作友谊是无与伦比的工具）；利用电子沟通，文件的传送都无须离开座位，音频及视频的多媒体支持也使得不同地点的同事们成功创设了学习型组织的议事模式。

6. 关注反馈

企业还应注重组织沟通反馈机制的建立。反馈机制的建立首先应从信息发送者入手。信息发送者在传递信息后应该通过提问及鼓励接收者积极反馈来取得反馈信息。另外，信息传送者也应仔细观察对方的反应或行动以间接获取反馈信息。因为反馈可以是有意的，也可以是无意的。所以，信息接受者不自觉流露出的震惊、兴奋等表情，都是反馈信息的重要组成部分。如前所述，沟通中的最大障碍在于员工误解或者对管理者的意图理解得不准确。为了减少这种情况，管理者可以让员工对管理者的意图做出反馈。比如，布置任务后可以询问明白否，要求员工复述，以及观察他们的眼神、表情、举动等，如果员工对管理者的意图的领会出了差错，可以及时纠正。作为信息接受者，在沟通反馈中实际上处于主体地位。但他们往往会因为信息发送者（通常是上级管理者）的权力威慑，而不能客观准确地做出信息反馈。为了保证沟通效果，接受者应端正沟通心态，以实事求是的态度对待信息沟通，尤其是信息反馈。信息发送者也应积极接受接收者的反馈信息，使得组织沟通成为真正意义上的双向沟通。

## 五、在沟通中利用和化解冲突

管理者与员工进行有效沟通，在组织中能够产生不可估量的凝聚力、向心力，更能为组织创造意想不到的价值，从而提高工作效率与企业效益。作为管理者，还要善于利用和化解冲突，可以激发组织活力。

### （一）冲突原因分析

冲突已经成为影响酒店服务质量的重要因素，因此有必要对冲突原因进行分析，以便我们更好地认识冲突，从而对破坏性的冲突加以限制和防范，减少它对服务质量的负面影响，而利用并适度制造一些建设性冲突，使它为提高酒店服务质量做出它应有的贡献。

1. 有限资源的争夺

资源总是有限的，任何组织在资源分配方面都不可能做到随心所欲，即谁要给谁，要多少给多少。由于资源贫乏可能影响组织工作任务的完成，因此人们就要采用一些手段尽可能多地获取资源。于是，冲突发生。在人们所争夺的资源当中，有资金、设备设施、工作场地、时间及可用人才。

2. 权责界限不清

这是导致冲突发生的，常见的组织结构上的原因。由于组织结构设计上的缺陷，出现了机构的重叠或是缺口，或者是职责权限规定不清楚，出现了交叉或者是真空地带，都可能引发工作上的互相推诿，或者是都插手此事，其结果是要么谁都不负责，出了事情找不出责任者；要么争抢利益，为各自利益而战，形成组织内部的混乱和无序。

3. 信息来源不一，意见不一

信息是决策的依据。当人们根据信息制定的决策目标不一致时自然会产生冲突。例如销售部的信息，来源于市场调查，据此做出的决策是开发会议项目，而上级领导凭经验推测，让他们继续以往的旅游顾客的招徕与接待。再例如，为提高酒店经营业绩，有人认为应降价，有人则认为应提价，于是产生冲突。而且由此引发的冲突将是一系列的，比如措施、手段、宣传策略，等等。

4. 部门管理的定位与风格不同

由于部门工作的性质、特点不同及领导的个性差异会形成不同部门的管理特点和工作作风，比如甲部门是松散式管理，乙部门是严格的标准化管理。这种差异可能会导致部门成员之间的不理解或不平衡，这种心理上的失衡积累到一定程度，也会发生冲突。

5. 组织间的依赖程度和冲突的传染性

冲突程度与人的互依性、目标差异、知觉差异有关，相互依赖的程度越高，目标差异和知觉差异越大，冲突的机会越多。此外，冲突具有传染性。例如，上层管理者的频繁冲突一定会带来下级部门或人员之间的冲突，本部门的冲突水平也会受到相关部门的连带影响。

6. 权力、地位、荣誉的争夺

权力、荣誉、地位如同资源一样是有限的，人们争夺它，一方面是为了满足尊重、自我实现等精神需求，另一方面由于这些东西又与实实在在的物质内容紧密地联系在一起，因此也是为了满足物质的需要。这些东西的难以获得和人们对它的渴望程度，无疑会增加由此而引发的冲突。这里特别要强调，领导者处理问题时要一碗水端平，否则升迁、分配不公平等不但会加剧冲突，还可能造成人才流失。

7. 沟通渠道不通畅

组织各项工作都应在规定范围，但是有时会遇到突发情况或例外事件，若此时没有得到及时的指令或信息沟通受阻，也会导致冲突。例如，组织设置层次较多，向上和向下传达的信息缓慢，丧失处理问题的最佳时机，使与问题相关的人或部门不满。信息在传达的过程中失真变异，所获反馈与真相背道而驰，同样会形成冲突。

8. 人的个性

有些冲突之所以发生只是因为有些人之间无法相处。有攻击性、不安全感、防卫心理的人容易与别人发生冲突。彼此合不来,不喜欢,有时也是冲突的理由。

### (二)制造和利用建设性冲突

建设性冲突可以激发组织活力和创新,有利于组织目标的实现。但是凡事有两面,如果制造和利用冲突的时机没有掌握好,或片面地认为既然是建设性冲突,当然冲突水平越高越好,因而未对冲突水平加以控制,最终导致冲突向其反方向转化,建设性冲突变成了破坏性冲突。因此,什么时候制造冲突,应该如何制造冲突,也是领导层必须注意的问题。

一般讲,没有一个明确的方法来评估是否需要激发和制造冲突,但以下问题的分析可以辅助我们做出决策。①你周围的人是否对你的意见一概点头称是;②你是否过于偏重折中方案以至于忽略了价值观、长远目标或组织福利;③你是否宁肯牺牲组织利益也不肯伤害他人的感情;④你是否认为在奖励方面,获得众望比有能力和高绩效更重要;⑤你是否过分注重获得决策意见的一致;⑥员工是否对变革表现出异乎寻常的抵制;⑦是否缺乏新思想;⑧员工的离职率是否异常低。当对这些问题的回答"是"时,我们就可考虑应提高冲突水平,适当制造一些冲突了。

激发建设性冲突的关键是,管理者应向下属传递这样的信息,冲突有其合法地位,并以自己的行动加以支持;还应该对那些敢于向现状挑战、倡议新观念、提出不同看法和进行独创思考的个体给予大力奖励,例如晋升、加薪或采用其他强化手段。倡导和推广了新的观念,就可以针对企业特点恰当地采用以下办法来制造冲突。

1. 转变企业文化,引入竞争机制

根据企业外部环境要求,对企业现有制度、对企业不合理的组织结构等进行改革,建立利于提升冲突的组织文化。积极开展群体之间的、部门之间的、个人之间的评比与竞赛,竞争升迁、竞争上岗,利用竞争机制鼓励人们争先进、创一流,把员工积极性和才华、智慧引导到组织目标的轨道。

2. 倾听不同声音,鼓励不同意见

对于冲突过程中出现的少数意见和观点,管理者不能轻易批评、指责、嘲笑、讽刺和挖苦,而要冷静分析,挖掘合理内核。只有运用冲突,让不同观点交锋,碰撞出新的思想火花,才有利于管理者顺势推动改革与创新。

3. 管理者要带头参与沟通

在一些涉及企业重大改革的问题上与员工进行辩论,通过真诚的沟通直接诱发同员工的良性冲突,从而不断发现问题,改进企业管理。在企业出台重大改革或重要人事任免前,还可有意把消息"泄露"出去一些,引发一定范围的冲突。通过冲突中反映出的问题,及时调整策略,为方案正式出台铺平道路。

4. 引入外来人才,避免近亲繁殖

当发现某一单位、某一部门"促不动"或缺乏活力时,可考虑引入背景、价值观、管理风格迥异的外人充当"鲶鱼",可激活新鲜创意、企业活力和多元异质文化。另外,任命那些有意或倾向于与大多数人的观点和做法背道而驰的人,鼓励他全心全意扮演批评家,会使意见过于单一化的群体在决策过程中听到另一种声音,避免出现群体思维和提高群体决策质量。

5. 加强团队建设，创建学习型组织

团队与学习型组织的突出特点就是思维活跃，敢于创新，因此应利用这一特点组织读书会，使用头脑风暴法，在争论中广泛吸收最新知识并创造性地加以应用。通过学习，培养员工的适应性，培养“让不倒翁不倒的那块基石”。

### （三）预防和化解破坏性冲突

破坏性冲突会使部门之间、人与人之间产生对立，处理不好还会互不合作甚至相互拆台，产生内耗。所以，说它是降低服务质量、削弱组织竞争力的罪魁祸首并不为过。

对于破坏性冲突，重在预防，因为如果等它发生再去制止无异于救火，危害已经产生，更何况对它的处理还要花费大量的时间和领导者的精力。而预防可以防患于未然，运用预防机制将问题消灭在萌芽状态，既可避免产生危害，又可使管理者有更多的时间和精力去处理更重要的事情。具体措施包括以下三个方面。

1. 调整组织结构

必要时进行组织机构的变革，这是解决因组织结构和职责权限不清造成的冲突的有效措施。此外，调整组织结构还有利于信息渠道的通畅。例如，将层次过多的尖高型组织通过高科技的运用压缩为扁平型组织，提高组织在信息沟通中的抗干扰能力。

2. 交叉培训、换位思考

运用这种方式可以增进对彼此工作的了解，也可拓宽人们的视野，这种设身处地从他人角度考虑问题的做法，不仅有利于预防冲突，还可以提高人们综合分析问题和解决问题的能力，从而整体提高酒店工作质量。

3. 灌输合作理念，树立全局意识

领导者应带头倡导团结合作并将这一观念利用一切机会向员工灌输，同时注意发挥自身的人格力量和榜样作用，将企业员工凝聚在一起形成巨大的合力，建立企业冲突的预防机制，形成例会、晨会、人际沟通、班组沟通、跨部门沟通等相应制度，在防范破坏性冲突的同时又保持企业的生机与活力。对于破坏性冲突，还有一个关键在于“缓解”。它包括四个基本步骤。

(1) 审慎地选择要处理的冲突问题。管理者不应对所有冲突一视同仁，他不可能在日理万机中全力处理每一个冲突，对于有些冲突不去处理就是一种最好的处理，切勿天真地认为优秀的尽职的管理者就必须解决好每一个冲突。

(2) 评估冲突当事人。对卷入冲突的双方进行认真客观的分析与评价，一般从工作性质、特点、彼此依赖程度、关注的对象，以及在冲突中要获得什么等方面入手，从而找出冲突原因。

(3) 分析冲突根源。确定双方是由于缺乏有效而正确的沟通引起的冲突，还是因在组织中的角色要求、决策目标、资源分配等存在立场和观点的差异引起的冲突，再或者是因为部门成员受不同的背景、教育、经历的影响而形成的个性特点与价值取向不同而引起的冲突。

(4) 选择缓解冲突的策略。缓解冲突的策略有很多，可视情况选择。一是回避法，即冲突双方“不输不赢”。这种方法可避免因正面冲突带来的尴尬，处理好了，采取这种策略带来的后果将可能超过直接解决获得的利益。例如，餐饮部几个平时工作表现不错的厨师在节日加班，趁顾客不多时违反制度打牌喝酒，餐饮部经理由此经过时没有贸然推门去制止，而是在门外咳嗽一声走了。几名厨师立即意识到是经理来了，赶紧收拾。经理的理智冷处理，使厨师认识到了错误并感到惭愧，此后再也没发生类似情况。二是强制法，即“他输，我赢”。当管理者遇重大情况，需紧急处理控制局势时，无须顾及他人意见，应当机立断，避免事态扩大。当然，事后解释有时是需要的。三是迁就忍让，即“他赢、我输”。当冲突的焦点不是很重要的原则问题或有意为他人树立宽容的形象时，不妨采用这一策略。四是折中，即双方“均有赢有输”。当双方僵持不下，而眼下又有重要任务需彼此合作才能完成，若坚持下去可能会两败俱伤。此时即可采用这种策略，通过双方求同存异，各自做出让步来解决冲突。五是合作，即“双赢”。在没有时间压力、合作对双方都有利且问题重要而不宜妥协时，即可采用这一策略。运用此策略时双方都应主动、坦诚。

通过本章内容的分析，我们应该明确：建立顺畅、高效的企业信息沟通渠道，是确保酒店服务质量的前提；善于制造建设性冲突，并保持水平的适度，可激发企业活力，形成员工和企业的高绩效；预防和化解破坏性冲突，可维持企业的稳定发展，凝聚员工形成合力。这些工作做不好，提高质量将成为毫无意义的空话。

## 思考题

1. 怎样理解质量观、人性观和领导观？
2. 如何理解质量管理中80％的领导者作用？
3. 如何理解有效沟通并使酒店经营“一盘棋”的重要性？

# 第八章

# 超越宾客需求
# ——现代酒店优质服务

几乎所有行业的人都知道服务质量在日趋激烈的市场竞争中的重要作用，知道服务缺乏、质量不好会造成顾客的支出增加、企业成本的加大，以及企业声誉的降低。中国酒店业40多年的风雨历程，实质上是一个对质量的不断认识、提高和完善的过程。其中包括管理者对质量的逐步认识与管理，也包括酒店员工认知和提供服务产品质量的提升。从总体上看，中国酒店业对质量的认识、管理，以及服务产品的质量，在服务业中还是不错的，但和国际水准相比差距还较大。也就是说，仅仅提供基本的服务、简单的服务是不够的，顾客期望的是更高水准的服务——优质服务。本章将着眼于探讨优质服务是强调不断地满足和超越顾客的期望等内容。

## 第一节 顾客价值

开办企业的目的是实现经营目标和结果，实现良好的经济和社会效益，实现效益最大化。如果没有顾客光临，企业就会倒闭，顾客的价值和企业的价值就失去意义，这是显而易见的道理。一提到"服务"这个词，人们首先想到的要么是"商家为顾客提供的服务"，要么是"打折""免费赠送"，或者还有"为顾客提供无偿服务"等。我们这里讲的不是一种无偿服务。我们要讨论的"服务"是指在顾客付费之后，酒店为顾客提供的等价服务，甚至是超值服务。当然有一个事实，有些人可能并不完全了解，那就是，如果没有足够数量的固定顾客，大概没有几家酒店会维持很久。酒店的生存和成功主要取决于通过优质服务留住固定顾客，而不是仅靠"打折"等促销手段和闪电式的销售策略吸引一次性的顾客。

## 一、顾客的现在价值与将来价值

一位忠诚顾客的价值是什么呢？这里用两个换算来证明顾客价值包括的两个方面。一个固定住店顾客的价值如表 8-1 所示。

表 8-1　固定住店顾客价值表　　单位：元/间夜

| 酒店类型 | 平均消费金额 | 每月住店次数 | 一个月收入 | 潜在收入 1 年 | 5 年 |
|---|---|---|---|---|---|
| 五星级 | 1 280.00 | 1 | 1 280.00 | 16 360.00 | 81 800.00 |
| 四星级 | 850.00 | 2 | 1 700.00 | 20 400.00 | 102 000.00 |
| 三星级 | 560.00 | 3 | 1 680.00 | 20 160.00 | 100 800.00 |

这是一个假设，为的是让员工了解顾客的潜在或将来的价值。数字实际并未充分表达顾客价值的意思。可以看到 1 个月之前的“现在价值”和 1 年至 5 年的“潜在”或“将来的价值”。有些教材和资料用现在的价值和未来价值表示同一个意思。这些都在说明，虽然它并不能完全反映实际的顾客价值，但可以帮助管理者向员工强调顾客的潜在价值，强调一个忠实的顾客可能带来的潜在收入，包括其对酒店良好口碑所带来的新生意的现实。用有些同行的话说：“培育一个忠诚顾客，就是培养了一个好的推销员。”

酒店的管理者几乎都知道，固定顾客为企业带来的利益远大于首次光顾和一次性消费的顾客。为此，酒店就在顾客的现在价值上采取多种措施使之变为潜在的和将来的价值。一些酒店试图在信息管理上做出及时的判断并显示一次性光顾的顾客转变成固定顾客；还有的酒店通过与航空公司、大公司、网络公司签订协议的方式确保固定客户的比例，并对初始入住的顾客进行客户信息的存储，使之成为该酒店将来的价值，通过服务策略、员工培训后的跟踪管理，培育忠诚顾客。

## 二、顾客期望和顾客不满意的代价

服务是易逝性商品。在西方服务业流传着一句话：“世界上最不容易储藏的东西有三件，一是律师的时间；二是飞机的座位；三是酒店的客房。”每种情况都发生了机会损失。由于服务的易逝性，如果不使用将会永远失去；再加上顾客的需求更多地表现为不规则波动，服务的生产与消费过程的同时进行，容易产生顾客期望和实际感受的差距，这必然产生顾客不满意代价。因此，研究和分析顾客期望和顾客不满意代价，对于进一步加强优质服务，有着极其重要的意义。

### （一）顾客感知服务质量

顾客感知服务质量的两个方面，如图 8-1 所示。

技术、产品质量内容是指服务结果和产出的质量，也就是服务交易时顾客获取的实际产出、酒店为顾客提供的服务结果的质量。例如，住店顾客需要一个房间和床，需要菜肴和饮料；银行顾客要获得一笔贷款；零售商店使顾客买到满意商品，诸如此类，其最终产出都是质量的一部分。这一方面的服务质量，顾客容易感知也容易评价。过程、职能质量内容是指服务过程的质量。服务生产与消费同时进行，使得顾客往往会参与服务提供，或通过与服务人员合作积极地参与服务提供过程，享受服务的使用价值。服务结束之后，顾客能享受服务的结果，但他们却不能拥有服务的所有权。正是在这个意义上，服务过程被称为体验过程，也称为顾客感知。感知的质量是顾客对一个企业的总体的完美程度和所具有的优势的判断；同时，它还是把期望与对服务绩效的感知进行比较的结果。它不同于客观的质量。它是一种态度，具有主观性，与满意度有关，但又不完全等同于满意度。以顾客光临某四星级酒店的第一印象为例进行说明，顾客感知质量包括以下几点：感知过程的人性化服务，应提供一次性用品、吹风机、免费上网接口和电脑、保龄球、免费早餐、在店期间良好的接待氛围等。

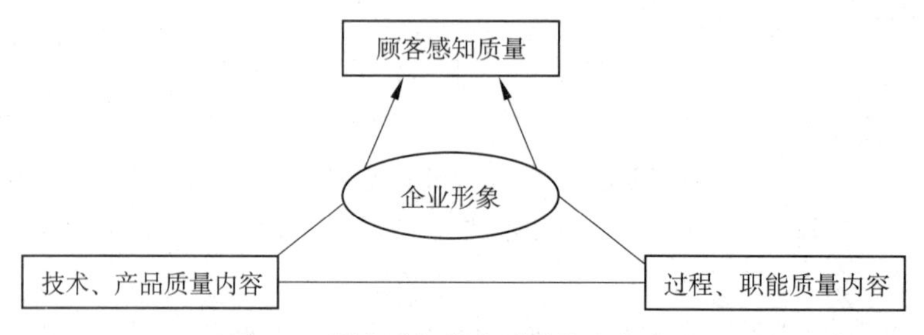


**图 8-1　顾客感知服务质量的两个方面**

还有许多的主观判断的顾客感知。客观地说，有些是高星级酒店应达到的标准，并非顾客完全的凭空想象。顾客在酒店的消费过程，也是酒店为顾客提供服务的过程。在人与人、人与物的双方直接接触中，反映出酒店根据不同的时间和地点，针对顾客的需求提供相应的服务，从而提高顾客满意度的态度也尤为重要。关于顾客感知服务质量的相关内容和评价模型，我们将在病因诊断与质量评价模型中详解。为了弄清顾客对服务质量的感知程度，我们可以通过设定顾客质量调查表的方式，了解顾客的感知情况。

## 案例 8-1

### 宾客意见调查表

尊敬的宾客：

您好！今年是本酒店重点贯彻落实质量管理体系的一年，为了给您提供更加优美完善的环境和更加精致完美的服务，烦请您在百忙之中，为我们留下宝贵的意见或建议，我们将不胜荣幸。感谢您的支持！

请在选择的位置划“√”。

1. 您感觉酒店设备设施的先进程度？

先进 □　　应再先进 □　　还可以 □　　不够先进 □

2. 您感觉酒店设备设施在感观上吸引您的程度？

吸引 □　　应再吸引些 □　　不太吸引 □　　还可以 □

3. 您感觉酒店设备设施从外观上看与酒店提供的服务和谐一致程度？

和谐一致 □　　应再和谐一致些 □　　还可以 □　　太和谐 □

4. 您感觉酒店提供的设备设施及物品使用的舒适程度？

非常舒适 □　　一般 □　　不舒适 □　　还应改进 □

5. 您在住店期间对酒店安全方面管理的感觉程度？

非常安全 □　　还可以 □　　不太安全 □　　非常不安全 □

6. 您有困难和问题时，酒店给予您关心帮助及消除顾虑的程度？

真诚关心 □　　有一点关心帮助 □　　不够真诚 □　　根本没做 □

7. 当您遇到困难和问题时，您所期望酒店的是什么？

给予全力帮助 □　　提供帮助 □　　咨询帮助 □　　不需要帮助 □

8. 您对酒店整体服务的满意程度？

非常满意 □　　不错 □　　一般 □　　非常不满意 □

9. 您感觉酒店员工对您的礼貌程度？

非常有礼貌 □　　有礼貌□　　一般 □　　不礼貌 □

10. 您感觉酒店员工为您提供服务时的用心程度？

非常用心□　　用心□　　不用心□　　没有提供服务□

11. 您在住店期间感受员工的微笑服务程度？

经常 □　　偶尔 □　　没感受到 □　　根本没见过 □

12. 您感觉在住店期间员工对您需求的了解程度？

非常了解 □　　一般 □　　不了解 □　　应多了解些 □

13. 酒店是否按承诺的要求为您提供了服务？

是 □　　还可以 □　　一般 □　　否 □

14. 您对酒店所提供的各项服务感觉方便程度？

非常方便 □　　还可以 □　　不方便 □　　还应改进 □

15. 您感觉酒店员工着装的漂亮和整洁程度？

很好 □　　应更漂亮整洁些 □　　还可以 □　　不够漂亮整洁 □

16. 本酒店是否精确地保存了您在酒店入住及消费记录？

保存精确 □　　比较完整 □　　不太完整 □　　根本没有 □

17. 您再次到北京是否会再次选择 H 酒店？

肯定选择 □　　不一定 □　　没想过 □　　不选择 □

H　酒　店

总　经　理

年　月　日

### （二）顾客期望的构成

酒店为顾客服务的过程涵盖了一道道程序和各个细节，有人把它形容为一首完整的服务交响曲，即序曲、主题曲和尾声。

序曲是服务的开始阶段，也是顾客感知阶段。在购买有形产品时，顾客可以在购买前观察、触摸和测试产品；而对于服务，顾客往往在消费服务前无法肯定他们能得到什么样的服务，只能依赖他人的知识和经验、服务组织的声誉及特殊需要作出购买决策。所以，顾客在服务的初始阶段，一般都希望能够得到和他们的期望较为一致的服务，真正感受"意外惊喜"，直至主题曲和尾声阶段全过程。但由于他们没有实际的服务经历而感到不可预知的风险，他们担心自己的期望高于实际的服务效果，担心优质的服务仅止于美好的描绘，所以同时会感到担忧。根据顾客感知质量的定义，期望是顾客感知服务质量的重要组成部分。下面我们分别从期望的两个水平和期望变化的两个方面对其构成进行研究。

| 渴望的服务质量 |
|---|
| 容忍区 |
| 满意的服务质量水平 |

**图 8-2 期望的两个水平**

1. 期望的两个水平

研究表明，顾客对服务质量期望的两个水平是：渴望的水平和满意的水平(图 8-2)。渴望的服务质量水平反映了顾客希望得到的服务，即他们认为服务质量能够且应当是什么样的；满意的服务质量水平是顾客认为可以接受的服务质量。还可以看到，在两个质量水平之间，有一个容忍区，代表顾客认为满意的服务质量范围。容忍区上下的度决定顾客忠诚度的高低。例如，前来办理入住手续的顾客，希望在 3 分钟之内办理完毕一切手续，然而基于过去的经验，正在等候登记的顾客数量、所处的时刻，以及其他各种因素，这位顾客可接受即容忍的登记时间为 10 分钟(满意的服务质量水平)。因而，如果总体办理登记手续时间在 3 至 10 分钟的范围内(容忍区)，顾客将对酒店的服务速度表示满意。如果总体办理登记手续的时间少于 3 分钟，他会留下深刻而美好的印象。如果超过 10 分钟(即不在容忍区之内)，则会留下完全相反的印象。

2. 期望水平的变化

能够影响顾客的期望水平并导致容忍区发生变化的因素包括：持久的服务加强物、个人需要、短暂的服务加强物、服务的可选择范围、自己感觉到的服务角色、明确的服务承诺、暗示的服务允诺、口头交流宣传及过去的经验。例如，酒店的顾客就服务可选择的范围说：“当你的选择有限时，你就要去获得你所能得到的最好的东西。我的期望没必要更低，但容忍水平会更高一些。”当酒店为顾客提供服务广告，即服务承诺时，顾客会说：“漂亮的广告会使你真的相信他们能够提供如此漂亮的服务，它会决定你心中期望的水平的位置。”

从某种意义上说，以上分析说明顾客的期望是顾客感知的服务质量的基准。要想确保不断满足和超越宾客需求和期望，重要的一点，就是要理解这些期望的性质及其决定因素。

3. 顾客不满意的代价

顾客的不满意产生于酒店在服务的全过程中的某一点瑕疵、纰漏，酒店应随时注意服务的关键时刻。例如，顾客在前台办理入住手续的效率、办完手续后入住房间、顾客接受叫早服务、清洁客房时间、餐品质量、问讯服务、抱怨处理等，都是容易引起顾客不满意的关键点。由此产生的不满意的代价，在某种程度上是难以用价值衡量的。我们分析不满意的代价，是为了更好地认识顾客的价值。

顾客的不满分为表面和潜在两种。服务出现问题，顾客提出不满意见，这种表面的不满似乎是对酒店服务的一种否定，但对酒店长期发展来说是一件好事。而潜在的不满则不同，顾客感知了不满的服务质量后，并不与酒店交流，却选择了离开，以后再也不来这家酒店。对于酒店来说，这种潜在的不满才是致命的。不满意的代价包括两个方面：一是损失收入，二是影响回头率。

顾客的潜在价值表明，当不满意的顾客走出店门时，他们带走的是一大笔将来的生意。而且，如果不满意的顾客把他在酒店不满的经历告诉给其他人，也会造成损害将来生意总量的危险性。迈克尔·勒勃夫在《怎样赢得顾客并永远留住他们》一书中指出，不满意的顾客平均会把其对企业的不满告诉给 8 至 10 个人，而每 5 个不满意的顾客中会有一个人把不满告诉20个人。

按照这个估计,假设一个不满意的顾客把他在一家酒店经历的不满意服务告诉10个人。再假设这10个人当中只有3个人与这个不满意的顾客有相同的经历,他们4个人有半年的时间不去那家酒店住宿。这样不满意的顾客组成的不满意的群体造成的收入损失,是今后多少努力才能弥补回来的呀!

如果用金钱来衡量这种代价的话,假设一个不满意顾客给一家拥有200间客房的酒店带来的收入损失用数字计算如下。确认100名顾客,这些顾客在一年内经历了与服务有关的严重问题,这些问题已使他们不再考虑住在这家酒店。这些顾客中有40%的人没有请求酒店员工帮助解决他们所遇到的问题。这就意味着,如果有60%顾客反映服务质量问题,就还有40%顾客遇到了同样的问题,但是酒店没有听到他们的反映或抱怨。因为酒店的管理层没有听到或不知道存在这些问题,所以他们就没有机会解决这些问题;再加上员工并未想方设法解决顾客遇到的问题。这样,由于失去了回头客,未来的一大部分收入将遇到风险。如此循环,酒店的收入损失成倍加大,未来的风险也越来越大,潜藏的问题将恶性循环。这就是酒店质量收益与成本在顾客身上的反映,企业必须感知。

由此看来,企业如果失去向顾客提供有价值的东西的机会,它就失去了存在的价值。顾客的价值需要企业改变服务策略,培养和提高最尽职尽责的员工队伍,让每个员工知道"顾客购买你的服务,并再次光临的原因,不是因为你提供了优质服务,而是因为顾客感知到了这种优质服务"。

## 第二节　员工价值

与顾客的价值一样,员工的价值也是显而易见的:没有人干活,就不可能创造出任何价值,也就没有客人来,生意就会失败。员工对酒店业主和管理者而言,是内部顾客。马里奥特说:"没有满意的员工,就没有满意的顾客。"更多的酒店把"员工第一和顾客第一"视为追求目标,这都是对员工价值的重视。

### 一、员工价值的现在与将来

从优质服务的角度,也就是从不断满足和超越顾客需求的意义上来说,员工在服务的关键时刻、最重要的服务机会所表现出来的高绩效和工作能力决定了酒店员工的价值,也决定了管理者对其的关注和使用导向,即企业认可的价值。员工的价值具有现在和将来两个方面。员工的现在价值和将来价值如表8-2所示。

**表8-2　员工的现在价值和将来价值**

| 价值时段 | 产出能力 | 个人素质高低的影响 | 组织给予多少的影响 |
|---|---|---|---|
| 招聘时价值 | 没有产出 | 极为重要 | 投入较少 |
| | 还要投入 | | |

续表

| 价值时段 | 产出能力 | 个人素质高低的影响 | 组织给予多少的影响 |
|---|---|---|---|
| 入职后价值 | 带薪培训 | 重要 | 投入适中 |
| | 还要投入 | | |
| 1年的价值 | 上岗使用 | 非常重要 | 投入较多 |
| | 初始积累 | | |
| | 有点价值 | | |
| 5年的价值 | 多次受训 | 更为重要 | 投入最大 |
| | 岗位提拔 | | |
| | 价值最大 | | |

虽然没有精确的数字和更多的调查依据作比较，但它的确局部反映了认识一个员工初始价值、一年价值和将来的价值的事实。随着员工能力的增强、组织的投入、个人素质的高低，以及为酒店的贡献与日俱增，其价值是可想而知的。每个人的成长，特别是每个员工的成熟都是由多少次失误，甚至是以损失服务质量为代价伴随其中的。员工价值与顾客价值一样，“培育一个忠实的员工比新招聘一个员工少投入6倍”，甚至更大。加上成熟员工的基本素质较高，能够为组织创造不断满足顾客需求的服务奇迹，因此会更“物超所值”，将会让组织不断获得意外惊喜。

## 二、员工的期望

顾客对价值的感知基于价格和所得到的服务质量；员工对价值的感知多与他们的工资和工作环境的质量有关。价值不是简单的工资和福利待遇。员工期望他们的工资报酬在同业中有竞争力，能与自己的技术和能力相对应。员工更多看重的是酒店所提供的工作、工作伙伴，以及资源在多大程度上能够满足和超过他们的期望值。

在分析员工期望之前，我们有必要谈谈影响员工满意度的两大因素：工资和福利。在越来越多的国外酒店管理公司挟品牌进军中国的今天，与中国人自己管理的酒店相比，无论是从品牌、管理，还是工资待遇来说，都不好同日而语。有些本就不甘于现状的员工，在高薪的诱惑下，以此作为一种选择。中外酒店现有体制和所形成的收入差距，使得两者不能在同等条件下竞争。当然，在其他方面，诸如素质、效益产出上，还存在自身的差距。工作环境将是我们重点研究的话题，员工期望的许多方面都与这一话题相关。

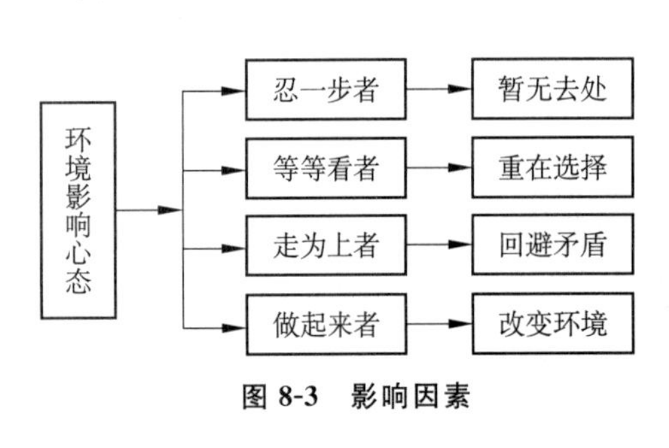

图 8-3 影响因素

员工期望是员工在进入新酒店之前对其质量，包括工资待遇和工作环境等方面的综合估计，一定程度上也表现为该酒店业主背景、管理公司以往业绩和行业形象的综合表现。员工对内部质量的认识，主要是其进入前对于酒店总的看法，即总体期望。而总体满意度是在实际感知同期望质量之间、实际感知同理想质量之间的差异总和。工作环境的负面影响则是重要因素。影响因素如图8-3所示。

上述环境影响的细分，虽不能完全说明环境因素对员工去留选择的影响，但它是一种现实存在，某种程度上也决定了员工的心态变化。图 8-3 说明，“忍一步者”，多为目标尚不明确的人，以此作跳板，先寻求有个“饭碗”和走个“经历”，但不将其作为“安身扎寨”之处，在没有其他去处之前，“忍”为最好的办法。“等等看者”，多为试探性，无论是对于企业文化、内部服务、环境设施，还是发展机会，都是在观察了解和试探，不会“轻举妄动”，但也在寻找合适机会。如果环境朝着有利于他的方向发展，他有可能留下来；如果环境对他不利，他将毫不留恋地选择离开。“走为上者”，不能容忍和不能适应环境现状的一点瑕疵和矛盾，稍遇不适，“走为上策”，选择回避。“做起来者”，是面对现实、接受挑战的人，他们具有较强的承受能力和自信，他们甚至在自身适应的同时，试图改变工作现状中不利于酒店的环境因素，会给酒店高层管理者很多有价值的建议，在某种意义上对改变环境起到了推波助澜的作用。

环境影响不是在谈员工的对错，而是说明企业内部影响员工满意度的因素存在，使得员工有多种选择。然而，现实社会就业机会也给员工更多的选择机会，如果没有员工的满意，其忠诚度和稳定性必然受到影响。无论对于员工还是对于企业，应积极地适应环境，在不断地改善员工的工作环境的同时，创造一个双向理解与双赢的企业文化氛围。

## 三、员工不满意的代价

员工的不满也分为表面和潜在两个方面。工作环境出了问题，员工抱怨，这种表面的不满好像是对酒店的一种否定，但从酒店长远发展而言，又是一件好事。而潜在的不满则不同，不满意的员工会把不满意的情绪发泄在顾客身上，与顾客发生服务方面的纠纷，从而导致顾客不再光临，并且员工选择离开，并向更多的人传播不利于酒店的言论，这是酒店付出的第一个代价，即损失酒店收入和影响酒店的形象。第二个代价是员工离职成本。招聘费、解聘费等与离职相关的间接成本和附加成本，以及为办理这些手续所带来的人工成本和时间价值，是难以用量化概念解释清楚的。同时，新员工的工作效率通常较低，会使浪费增加，还会增加工作中的失误和事故。每个酒店都要计算其员工的离职成本，通过减少人员变动，降低成本，来增加酒店员工的核心价值。

这就是企业质量收益与成本在员工身上的反映，应引起酒店业高层管理者的高度重视。为此，我们可以经常采用员工问卷的方式做定期调查，以便降低员工离职所带来的成本。员工满意度调查表(表 8-3)可以包括以下内容。

**表 8-3　员工满意度调查表**

| 项　　目 | 满　意　度 | | | |
|---|---|---|---|---|
| | 满意 | 一般 | 不满意 | 具体意见和建议 |
| 1. 总经理的领导作风 | | | | |
| 2. 总经理的工作作风 | | | | |
| 3. 总经理的职业化程度 | | | | |
| 4. 酒店目前管理状况 | | | | |
| 5. 酒店当前服务状况 | | | | |
| 6. 你对酒店当前的总体感觉 | | | | |

续表

| 项　　目 | 满　意　度 | | | |
|---|---|---|---|---|
| | 满意 | 一般 | 不满意 | 具体意见和建议 |
| 7. 你部门经理的领导作风 | | | | |
| 8. 你部门经理的工作作风 | | | | |
| 9. 你部门经理的职业化水平及能力(管理、领导、训导、职业道德) | | | | |
| 10. 酒店的工资制度(工资结构、水平) | | | | |
| 11. 酒店的激励措施 | | | | |
| 12. 员工食堂食品和服务质量 | | | | |
| 13. 二线部门服务一线部门状况 | | | | |
| 14. 主管和领班的表现(专业、督导、培训等) | | | | |
| 15. 酒店目前的福利待遇(工服、鞋袜、劳动保护、工作环境等) | | | | |
| 16. 员工浴室、更衣、宿舍等 | | | | |
| 17. 员工文化生活 | | | | |
| 18. 你认为还有哪些影响员工满意度的因素 | | | | |

署名(自愿):

注:请在满意度栏内划(√)

## 第三节　不断满足和超越内外顾客的需要

打造企业核心竞争力是为了保持企业具有持续竞争的优势。酒店也要提高参与国际竞争的能力,其关键是为顾客提供优质服务,完善质量管理,才能最终实现效益最大化。

### 一、追求顾客和员工全面满意从转变观念做起

企业的价值是顾客和员工价值的集合,企业要想源源不断地产出滚滚利润,即创造价值,离开任何一方都是不可能的。在市场经济环境中,从根本上说,企业的效益来自顾客的消费。在供求关系发生变化,进入买方市场的形势下,顾客有了选择酒店的高度自由。也就是说,一方面,当今世界已进入顾客选择和挑剔的时代、消费者主权的时代。另一方面随着人类生活水平的提高,人们已不满足于一般的、统一模式的服务,更希望得到针对其个性需求的服务。这样,服务质量的内涵和外延都大大扩充,并且呈现因人而异、灵活多变的动态性。一言以蔽之,顾客满意已成为酒店服务质量的唯一评判标准。然而,顾客满意通常是要建立在员工满意的基础之上。因此,追求内外顾客全面满意,是转变观念、提高竞争力的前提,其首要问题是观念转变。

### (一) 树立新文化观

文化在酒店的三维逻辑关系中的表现形态说明了一种经济模型,也是研究优质服务组织文化的起点。这虽然是个简单的道理,但它反映的是一个文化价值链,同时又表明了企业的期望。酒店文化价值链模型图如图 8-4 所示。

其关系表示为:企业对顾客的承诺、企业对员工的承诺、员工对顾客的承诺。其经济模型是一个企业为员工创造价值、员工为顾客创造价值、顾客为企业创造价值的价值循环链。这种价值循环是调剂企业、员工、顾客关系和规范管理行为、服务行为、消费行为的指导性原则。

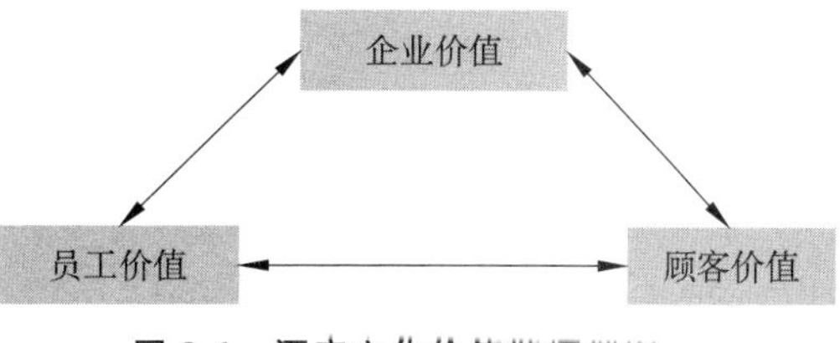


**图 8-4　酒店文化价值链模型图**

1. 企业对顾客的承诺

企业存在的价值是为社会服务的。我们对顾客的价值承诺是决定我们竞争力的关键。视顾客的满意度为企业的目标,真心地关心顾客的现实需求和潜在需求,让顾客享受物有所值和物超所值的全面体验,这是成功的酒店集团在实践中理性判断的总结和运用。

**希尔顿**:顾客是企业的生命,为了保持顾客高水平的满意度,我们不断地听取、评估顾客意见,在我们所在的各个国家实行公平的制度来处理投诉并尊重消费者权利。

**马里奥特**:马里奥特酒店优质服务的声誉来自马里奥特创立并长期秉承的传统,酒店的服务目标是:食物好、服务好、价格合理。不遗余力地为顾客着想,对顾客无微不至的关心,以硬件环境为荣。

**佳苑国际**:坚持以宾客为中心,努力"不断推出宾客满意的最佳解决方案""超越宾客需求"。

2. 企业对员工的承诺

不要吝啬对员工的投资。酒店对顾客的承诺是通过员工的个体表现得以体现的,这正是服务业的一种特性:产品的质量直接决定于服务者向服务对象提供的产品。因此,酒店业流行的一种"没有满意的员工,就没有满意的顾客"的观点被普遍接受。因此,培育员工优良的综合素质,激发员工的创造力,为顾客创造价值,应成为酒店管理者管理的永恒主题。

**马里奥特**:以人为本。马里奥特长期以来一直坚信员工是最大的资产。马里奥特文化就是马里奥特的员工以实际行为为顾客创造的服务体验。其宗旨是,人服务于人。

**希尔顿**:我们仰赖员工来提供给顾客所期望的优质服务,反过来我们也努力为员工谋福利,我们的目标是最大限度地开发员工技能,给他们提供个人发展机会,达到最高满意度。

**佳苑国际**:员工与企业共同成长。佳苑国际把员工与企业视为一个"命运共同体",将员工的价值和企业的价值紧密地联系在一起,为员工提供和企业共同发展的机会。

3. 员工对顾客的承诺

员工对顾客的承诺决定了服务质量和顾客的满意度,顾客是否能得到身心愉悦的消费经历取决于员工的集体价值观、服务态度、技能和服务效率。创造平等、和谐的人际关系是酒店管理者需要关注的。

**里兹·卡尔顿**的座右铭是“我们是为女士和先生们服务的女士和先生”。

**马里奥特**:服务于顾客的精神。“顾客永远是对的”。为顾客提供无微不至的关心。

**香格里拉**:我们要把赢得客人的忠实感作为事业发展的主要驱动力,体现在始终如一地为客人提供优质服务;在每一次同客人接触时,令客人喜出望外;行政管理人员与客人保持直接接触;我们要使员工能够在为客人服务的现场及时做出果断决定。

**佳苑国际**:金街佳苑——商旅途中的宁静港湾,“家”的感觉与温馨。“工作一分钟,用心六十秒”,员工为顾客提供精细服务。

### (二)树立顾客至上观

在供大于求、顾客选择酒店的时代,顾客对酒店的态度很大程度上决定着该企业的兴衰成败。只有认识顾客、了解顾客、创造顾客,采取积极有效的措施,及时修正企业行为,才能取得经济意义较高的顾客满意度,降低企业相对于竞争对手的质量成本。美国一家专门供应中下层消费者服装和日常用品的邮购公司,运用企业文化激励公司员工为顾客提供高质量服务,从而获成功发展。它在公司办公室周围贴上醒目的标语。

**什么是顾客**

顾客是本公司最重要的人——不论是亲临或邮购。

不是顾客依靠我们,而是我们依靠顾客。

顾客不是我们的工作障碍,他们是我们的工作目标。我们不是通过为顾客服务给顾客恩惠,而是顾客给我们为其服务的机会而给予我们恩惠。

顾客不是我们要争辩和斗智的人。从未有人会取得同顾客争辩的胜利。

顾客是把他们的欲望带给我们的人。我们的工作是为其服务,使他们和我们都受益。

这是一则以顾客为中心的企业文化涵养员工的成功案例,给我们树立顾客至上、至尊、至高的重新认识。上述新文化观中的企业理念,都在说明树立顾客至上观念的重要性。

## 二、提高顾客满意度的策略

提高顾客满意度,需要强调对顾客满意概念和特点的理解,方可制定切实可行的策略。

### (一)深入理解内外部顾客满意及特点

顾客满意是顾客对其期望已被满足程度的感受。它是顾客将其对酒店的产品或服务实际感受的价值与期望的价值进行比较后的感觉。在顾客满意方面,外部顾客与内部顾客有很多共性。内部顾客服务的提供者是企业的业主、经营者、管理者,通过企业文化、员工政策、管理制度、团队建设等为员工提供满意服务。我们不妨深入了解一下内外部顾客满意的共性特点,有助于提高顾客满意度策略的制定。

1. 主观性

顾客的满意程度是建立在其对服务和环境的感受上,感受的对象是客观的,而结论是主观的。酒店有自己的服务标准和操作规范，可是那也许并不能使顾客满意，或者那不是顾客喜欢的标准和规范。酒店的宗旨是使顾客满意，所以应当经常使服务标准和规范随时根据顾客的感觉而调整。

2. 层次性

处于不同需求层次的人对产品和服务的评价标准不同，因而不同地区、不同阶层的人或同一个人在不同时期对服务的评价可能不尽相同。一位商务精英与一位背包旅行者，一位阿拉伯富豪与一位农民企业家，一位部长与一位歌星，他们对酒店的期望会截然不同。酒店内部顾客，比如部门经理与客房服务员，一个大学毕业生与企业元老职工，他们对酒店的期望也会不同。

3. 相对性

顾客通常并不熟悉服务的细节，他们习惯于把享受的服务与同类酒店的服务进行比较，由此得到满意的或不满意的结论。酒店员工也是如此，他们会把所在酒店提供给他们的一切与以前供职的酒店相比较。

4. 阶段性

任何产品都具有寿命周期，服务也有时间性。顾客对现有服务的满意程度来自过去的体验，是在其享受所提供的服务中逐渐形成的，因而呈现阶段性。

基于上述分析，可以得出：以顾客为中心，实现顾客满意，是质量工作的出发点、归宿和前提。服务质量的特性决定酒店业必须采取各种方式和有效措施来提高顾客满意度。因此，可以在服务承诺、流程创新与超越需求、个性化服务上，研究实施顾客满意的策略。

### （二）服务承诺

服务承诺是指酒店通过广告、店内海报、客房服务指南、销售推广、公共宣传等方式，向顾客预示服务质量或服务效果，并对服务质量和服务效果予以一定的保证。承诺不能带有欺骗性。承诺是对酒店全体员工，特别是管理人员的最大挑战，同时是对以往酒店服务观念的创新，包括显示承诺与隐式承诺、有条件承诺和无条件承诺、具体承诺和全面承诺。承诺是以关注顾客为中心、设立明确的目标、对承诺做出反馈、促进酒店服务传递系统的理解、建立忠诚顾客为主要作用。哈佛大学教授克里斯托弗·哈特在哈佛商业评论发表《无条件服务保证的力量》中指出："也许需要一些代价，无条件的服务保证，更能创造出吸引顾客的效果，以及超过同业的经济绩效。"他主张组织必须提供无条件的服务保证。

然而，最有意义的是服务承诺的履行。与有形产品不同，服务承诺是关于人、行为及政策的承诺。在酒店，包括一线人员对顾客的承诺、二线人员对一线人员的承诺，履行起来比有形产品承诺要困难得多(这里所说的"一线"是指，与外部顾客直接接触的业务部门)。为此，在履行承诺的过程中，多采取以下几种策略。

1. 加强一线部门与营销部门的协调

(1) 两部门会议沟通。

(2) 加强质量管理团队与一线各部门的协调。

(3) 一线部门办公安排在同一地点，以利协调，提高效率。

2. 加强二线部门人员的配合(这里所说的“二线”是指,非业务或非营业部门)

(1) 建立二线对一线的服务承诺制度,以确保一线对顾客的承诺。

(2) 为二线创造直接接触顾客的机会,有计划地组织二线人员与顾客面对面地交流。

(3) 二线的业绩考核增加履行为一线服务承诺的条款,推动他们配合一线履行承诺。

3. 加强与顾客的配合

(1) 引导和帮助顾客理解他们在服务过程中的角色要求和期望,包括配合顾客的活动和责任。

(2) 加强与顾客的沟通和协调,以求得顾客的谅解和配合。

(3) 征得顾客对新的服务设计的意见。

### (三) 流程创新

服务质量团队即 Teamwork,是酒店业一项特别突出的以服务质量为目的,形成整体协同服务,反映团队精神的活动。它要求酒店的任何岗位的员工,哪怕是最基层的员工,都要站在酒店的高度,代表酒店解决顾客的任何问题。要达到这样的服务质量水平,其一仍是“流程再造”的问题,其二是观念和意识问题。而“流程再造”首先表现为一种观念创新。许多长期从事酒店管理和服务的人容易产生这样一个思维定式和惯性思考:制度、程序、流程一经确定,就应该保持它的稳定性。然而,在酒店业激烈竞争的今天,谁变得越快谁就越有竞争力。相应制度、程序、流程是为经营服务的。应该说,在保持相对稳定的同时,要不断地根据顾客和员工的需求改进和发展与之相适应的制度、程序和流程。让我们列举一些流程进行尝试性设计,来说明流程创新的必要性。

1. 设立酒店 Teamwork“大使”

“大使”是全面精通业务、有相当组织协调能力的骨干,总经理高度授权“大使”全权处理顾客需求中一切需要协调的问题。在 ISO 9000 服务质量体系中,这一角色是管理者代表,简称管代。

2. 设立顾客问讯“一线通”

设立顾客问讯“一线通”或“一站式服务”,即简化服务程序,方便顾客。例如,过去顾客有需求拨打电话,是按酒店设置的部门电话挨个拨号,还要查询,而今拨打一个号码,一切需求就会得到全部解决。虽然酒店内部协调增多了,但简化了顾客的服务流程或手续。而且无论是 VIP 顾客,还是新老顾客,只要做好预订,即可直接入住,其手续由商务秘书办理。这也是高级别服务的一种,是超越顾客需求的体现。

3. 服务授权

某种程度上,酒店的服务运营还处于相当于大工业“流水线”的平台上。“流水线”似的服务程序设计,源于制造业的生产活动,具有效率高、成本低、交易量大的优点。其特点是制度化、标准化、规范化,不用动脑筋去决策。20 世纪 90 年代以来,“授权式服务”愈来愈受到推崇。赋予一线员工一定权力,发挥他们的主动性和创造性,是满足顾客个性化和多元化复杂需求的有效应对之策。它同时强调了对服务提供者——员工的尊重,激发员工高度的投入和参与,对顾客快速做出反应。

4. 班前培训、交接记录、工作日志和后续征求顾客意见制度

此制度既是日常必须坚持的制度，又是精细服务的重要前提，它是完善服务细节管理的重要制度，其关键在于一线员工及其在各层级的精细执行上，是否“以顾客为关注焦点”。

例如，利用班前训练员工贯彻服务策略时，引导他们经常自问以下问题：我如何利用这个服务机会，使客人更有像“家”的感觉？是否为顾客提供更多的信息？使顾客感到愉悦了吗？我记得为酒店收回应收账了吗？是否使顾客感到备受关心并且省去许多时间和烦恼？是否策略地推荐酒店正在进行的促销活动？是否不断推出顾客满意的最佳解决方案？在从市场开发、硬件配套、服务设计到公关活动策划等活动中，都要坚持以顾客为中心，并把顾客是否满意作为衡量质量好坏的唯一标准。“不断推出宾客满意的最佳解决方案”，还意味着要坚持经营创新，讲究经营谋略，通过不断提出新的创意，完善业务流程和服务措施，追求尽善尽美的服务境界。

如此训练，是让员工在增强责任意识的同时，更多注意精细服务和思考问题。比如，说话的语调是否让顾客感受到了回家的感觉；是否在节假日提前问候了顾客；是否通过自己复杂的程序而让顾客拥有简单便捷的方式，解决了顾客在店期间的所需问题；是否注意与顾客的交流；是否给顾客设计了建议方案等。抓住一切服务机会，进行为顾客解决问题的训练。

### （四）超越需求

超越需求是优质服务文化的体现，是服务策略的最高境界。在增强企业竞争力的过程中，超越宾客需求会提高企业的竞争优势。酒店管理者和员工都应受训于这种文化。在日常训练中，让我们从“比顾客想得多而全、想顾客没想到的、让顾客意外惊喜”三方面，来培育和增强全体员工超越顾客需求的意识。要知道，了解顾客的期望值是远远不够的，仅仅让顾客满意也是不够的，我们需要不断发展超出顾客期望的方法。如果我们能够在以下六个方面（或者其中的一两个方面）超出顾客的期望的话，那么顾客的忠诚度可能会显著地上升。即价值、信息、速度、个性化、附送品、方便。

1. 价值(value)

在产品的价值方面我们怎样才能超出顾客的期望值呢？价值总是与价格相关。实际上，价值的定义是：与价格相对应的产品或服务的质量。很多企业都在拼命降价，以提高顾客对价值的认可。但是降价不是唯一有效的方法，并且也不是最好的方法。而更好的方法是如何提高顾客的感知价值。

比如，同样的一顿饭菜，在里兹·卡尔顿可能需要2 000元，而在一个普通的社会餐馆可能只需要200元，但是在里兹·卡尔顿消费的顾客仍然觉得物有所值。为什么？就是因为顾客获得了一种很高的感知价值。有时顾客需要的仅仅是对自己正在接受的价值某种提示，比如服务环境的外观，设施的舒适程度，产品的外观包装，服务人员的仪表等。当然，企业的可信任程度、企业的品牌形象等都是创造更高的感知价值重要的因素。要想超越顾客的期望值，你需要制造一种很强的感知价值，在以上这些方面都可以做很多事情。

2. 信息(information)

我们怎样通过向顾客提供更多、更清晰的有用信息来超出顾客的期望值呢？

例如，基金管理公司每周给你邮寄经过整理的重要财经要闻，每周基金净值变化，等等，

都是通过提供更多信息来超越顾客期望的例子。其实有时候，很多酒店和餐厅把最新推出的法国大餐、东南亚美食节等餐饮活动通知顾客，也是提供有价值信息的一个例子。

3. 速度(speed)

在服务速度方面，怎样才能超出顾客的期望值呢？对顾客的反复研究表明，顾客不喜欢等太长时间才能得到产品或服务。纵观所有的行业，人们都需要及时得到别人的注意。即使当人们在大餐馆里悠闲用餐时，仍重视即时服务。“提供快捷服务是超越顾客期望值的重要表现”。

人员的配置会影响服务的速度。在一家改进的超市，当两人以上的顾客排队时，辅助收银台便开始营业。好的快餐店在用餐时间前就开始提供午餐。因为他们招聘了很多人员并进行了培训。有没有什么办法能够让顾客得到比他们期望的更快的服务呢？

比如我们的食堂，每当中午用餐的时候，一下子就会有很多人，但都是从一个窗口排队，等候选菜。一般是四个荤菜任选二，四个素菜任选二。选的时候有的人总归会慢下来，服务的阿姨为了加快速度，也是粗鲁地催促。有一天开了一个特别的窗口，提供已经固定好的两荤两素，这样解决了部分不愿意排队的人的需求，并且服务的速度明显提高。

4. 个性化(personality)

怎样在个性化方面超出顾客的期望值呢？每家酒店都在向顾客提供个性化服务。这种个性化是由在那工作的人所展示的无数个小举止行为组成的。友好、礼貌、关心、理解、同情、效率、专业和素质都会通过言谈举止表现出来。这也是企业最有所作为的方面。作为高星级酒店，更需要精致加精细的服务，将在下文“提供个性化服务和延伸服务”中另有阐述。

5. 附送品(adds-on)

如何通过向顾客附送或出售他所需要或喜欢的东西来超出顾客的期望值呢？当鞋店的营业员给每双新都配上鞋扒时，就是一个超越顾客期望的例子。无论是出卖附送品，还是赠送，两种方法都很有效。最好的免费附送品是那些感觉价值高且对商店来说又是低成本的东西。比如很多化妆品公司，都会为顾客赠送一些新产品的试用装，其实就是很好的一个例子，它超越了顾客的期望价值，又宣传了新的产品。有一次我在一个比较高档的餐厅用餐，四个人点的菜太多了。剩菜留下吧，浪费实在可惜，我不是一个喜欢浪费的人；想带回家又觉得很多餐馆的外带塑料饭盒不是很方便。这时候餐厅的服务小姐给我拿来一个餐厅的外带饭盒，我这个顾虑马上就被消除了，因为这是一种看上去很雅致的纸盒包装，既方便拿回家，又还很漂亮。

6. 方便(convenience)

如何通过使产品或服务比期望更为方便的方式来超出顾客的期望值呢？这也许是当今困扰人们的效率问题中，超出顾客最能发挥潜力的方面。顾客每天仍面临许多不便之处。如果酒店为顾客提供的方便超出了顾客的期望值，就可拥有非常强的竞争优势。比如以前要查银行账户的余额，需要带上存折，在银行的窗口才能查。但是突然有一天，你发现很多小的商业银行，在网上就可以查了，方便了很多。

无论是酒店业还是其他行业，只有通过不断地进行产品及管理的改善，充分挖掘顾客的需求及分析满足需求的方式方法，这也是企业运营的根本所在，努力做到以下方面，就会赢得顾客的信任，获得成功。

(1) 了解直接和间接客户的信息。

(2) 了解顾客当前和未来的需求和展望。

(3) 企业要将目标和顾客的需求和期望进行挂接。

(4) 充分分析顾客的需求和期望。

(5) 以顾客的需求和期望为导向,对产品和服务进行规划、设计、开发、生产、支付和售后。

(6) 实时收集顾客的满意度,采取适当的方式进行改进。

(7) 挖掘、收集有可能会影响到顾客需求和期望的因素,进行更改迭代。

(8) 积极维护与顾客的关系,实现持续性的发展。

## 案例 8-2

### 商务精致服务系列(之一)

——"快捷服务中心"概述

**一、"EGS 中心"的概念**

英文缩写 EGS,是指 Express Guest Service,快捷服务中心。宾客只需拨通一个号码,即可享受快速、周到的优质服务。

**二、"EGS 中心"的范围**

所有入住本酒店的宾客。

**三、"EGS 中心"服务的具体服务项目和时间要求**

1. 受理电话问讯

时间要求:一般问讯3 分钟解决;复杂问讯转至其他电话5 分钟解决。

2. 受理离店查房

时间要求:30 秒内上传下达。

3. 受理留言服务

时间要求:30 秒完成记录;3 分钟内送抵房间。

4. 为宾客提供所需设备设施

时间要求:一般需求30 秒传达,3 分钟内反馈宾客。

5. 矛盾房处理

时间要求:1 分钟完成并上报。

6. 受理叫醒服务

时间要求:传递记录30 秒内完成。

7. 为宾客开门

时间要求:核实身份后30 秒内通知完毕,3 分钟回访宾客。

8. 处理宾客晚离店

时间要求:30 秒内答复宾客。

9. 处理宾客报修

时间要求:接宾客电话后,30 秒内报修并询问完成时间,5 分钟内回访宾客。

10. 处理相关电话投诉

时间要求:接到宾客投诉电话后,30 秒内上报大堂副理。

11. 户籍发送、输入

时间要求:每张 RC 单1 分半钟输入完毕、及时发送。

12. 计算机故障紧急处理

时间要求：发现故障30秒内上报。

13. 宾客问询的其他事宜答复

时间要求：3分钟内答复。

**四、“快捷服务中心”工作的衔接和部门间的沟通程序**

EGS中心文员与酒店各部门相关岗位当班领班直接联系，处理相关事务，以最快速度完成跟办，提高服务效率。EGS工作流程如图8-5所示。

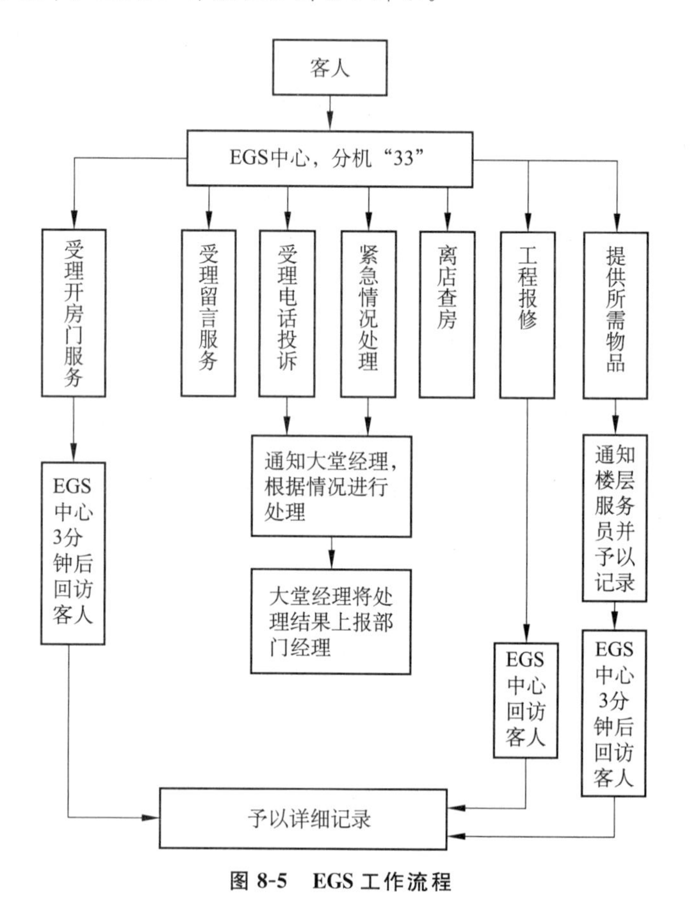


**图8-5 EGS工作流程**

## （五）提供个性化服务和延伸服务

随着酒店的国际化进程，酒店的进步与发展更加注重软件的发展，即服务与管理。个性化服务以它鲜明的针对性和灵活性成为酒店服务的趋势。顾客到酒店来追求的是高服务、高满足，体现自尊与被尊重，同时有各自独特的需要。只按照标准和规程进行服务作业已不能满足顾客的需要，因此处理好共性的优质服务和个性的优质服务，提供个性化服务和延伸服务就显得尤为重要。

1. 个性化服务元素

个性化服务强调一对一的服务，注重灵活性和因人制宜、因时制宜。定制化又是个性化、人性化、极致化服务的延伸，也是品牌战略的必由之路。个性化服务的灵活性较大，因此对员工的个人服务意识和职业素养要求较高。

（1）熟悉和掌握酒店规范化程序和各岗位的操作规程

规范化的服务程序是个性化服务的基础，个性化服务是规范化服务的继续和补充。在实施个性化服务时，为满足顾客的一些特殊化需求，酒店所提供的服务往往会超出酒店职能部门的界限，因此要通过对各部门的统一协调来为顾客提供服务。所以，服务的执行者——员工，就必须了解酒店各部门的操作规程，必要时应打破部门的局限，为顾客提供及时的服务。

（2）熟悉和掌握相关业务知识

由于客人的需求多种多样，酒店应培训员工掌握更多的相关业务知识，才能满足不同顾客的不同需求，提供有的放矢的服务。例如，当地的历史、地理知识，当地的天气情况、旅游动态、商务动态、航班信息、民俗特点、景点分布等相关的知识，都需要员工熟悉和掌握，随时提供给客人。

（3）具备超前意识

“想顾客之所想，急顾客之所急”是提供优质服务的基本点。员工在为客人提供个性化服务时，应加入一些超前服务意识，做在客人开口之前，使得服务更加完美。

（4）用最短的时间减少与顾客的陌生感

一声问候会温暖客人的心。奇瑞汽车制造公司为顾客提供个性化和全程服务的“4S”店，在顾客驰车来到异地他乡时，一句“您是否已到某地？我将在某路口去接您，恭候您的到来”的电话问候，使轿车使用者——顾客获得意外惊喜。身处异乡的人来到陌生的地方，总会感到不安甚至恐惧，酒店服务人员若能及时掌握顾客资料，为顾客创造“家外之家”的感觉，就能拉近与顾客的关系，减少或消除与顾客的陌生感。

（5）个性化服务要具有持续性

店员建立客户档案，记录客人在店经历和本人特点，如楼层、朝向、忌讳、饮食等特点，以顾客最满意为基准，进行洞察，做到“相同客人，不同满意的经历”服务，培养客人对酒店的忠诚度。

2. 延伸服务

延伸服务是规范化服务的一种延伸，是个性化服务精细化的体现，可以说是更精细化的服务。它使顾客有一种自尊感和高贵感，比如推出送行服务和殷勤带房服务等。

（1）“送行”服务

《送行服务规范》要求，对曾经给予带房服务的宾客、在店期间沟通愉快的宾客、对酒店印象良好的宾客、在店期间有投诉或不快的宾客、常熟客或重点接待五类宾客，员工要提供真诚的送行服务。每天，员工要认真收集、整理需送行的宾客名单和相关记录，有针对性地做好宾客离店的准备工作。例如，协助快速结账、车辆安排、行李打包等。送行服务内容包括恭候宾客、亲切话别、送客上车、挥手辞行。但送行的重点在于抓住送行的机会与宾客做最后的沟通，了解宾客意见或化解其不满。员工送行完毕，要将送行时宾客意见汇集在交班本上，每月由资深大堂经理统计分析，对有价值的宾客意见进行汇报，并将送行中建立联系的宾客资料归入酒店常熟客的档案。

（2）“殷勤带房”服务

“殷勤带房”服务，即员工在亲切招呼和热情问候每一位在前台登记的宾客后，再像对待重点宾客一样带宾客去房间并辅以沿途介绍酒店设施服务。进房间后，服务员马上送来热茶和香巾，会让一般宾客享受非一般的 VIP 礼遇。“殷勤带房”服务创造的是首映效应，它通过带房服务人员与宾客的接触，为宾客对酒店的第一印象做出正面的导向。

“殷勤带房”服务把 VIP 宾客独享的服务扩展给一般的宾客。服务的提供者由礼宾员扩大到前台接待员和经理。一方面，带房的任务不仅仅是提行李，而是通过贴近宾客，与宾客亲切交谈，尽可能让宾客了解本酒店的设施和特色，让宾客在短短的几分钟内对酒店有全面的认识，甚至对所在城市有了大致了解。另一方面，“殷勤带房”服务也能使接待人员通过仔细地观察了解宾客的喜好、职业、出差目的和潜在的需要，进而引导其在酒店消费，便于在宾客入住期间提供个性化的精细服务，努力为宾客营造“家之外家”的温馨氛围。

(3) 再度延伸的“精致与精细”服务

“精致与精细”服务是追求卓越与完美，对于酒店而言就是为宾客提供高质量的服务。顾客办理入住等候时的一杯水；感冒的顾客就餐时一碗热腾腾的姜丝汤；喝咖啡时记住顾客放几块方糖；生日时送上的一份生日贺卡和生日蛋糕等，一切细节都体现在精细的服务中。下面介绍两则超越宾客需求的“商务精致服务系列”的案例。

 **案例 8-3**

### 商务酒店精致服务系列(之二)

H 酒店结合商务酒店的特点推出了“精致服务系列”项目，内容包括：快捷服务中心、高级商务秘书服务、VIP 门对门服务、会议礼宾服务、营销组合五项内容。“精致服务系列”的推出是 H 酒店服务的升华，是酒店不断追求卓越与完美的体现，真正为商务宾客提供了高效、快捷、便利的服务。

提供商务精致服务的目的是四星级标准，五星级品质服务，全面提高宾客满意度。

商务精致服务系列的口号是“您是金宾客，我是金钥匙”。要让所有入住我酒店的宾客都享受到贵宾式的服务，不负我们的企业使命。“商务酒店先锋，家园服务典范”，体现了商务酒店的最佳品质。

商务精致系列服务的宗旨是要让光临 H 酒店的所有宾客都能够体会到“一站式”服务的快捷与高效。

宾客是我们的衣食父母。H 酒店全体员工将以真心赢得宾客的满意，以真情回报每一位宾客，并且不断推出宾客满意的最佳解决方案。酒店便捷有效的服务方式、精致的商务氛围及其独特的文化气息，将使四海宾客感受到商务酒店的精致所在。

年　月

### 商务酒店精致服务系列(之三)

——“会议礼宾”概述

**一、“会议礼宾”的概念**

本酒店将提供全程式会议礼宾服务。

**二、“会议礼宾”的服务范围**

所有入住我酒店的会议宾客。

### 三、"会议礼宾"的具体操作程序

1. 会议MEMO(备忘录)的制订格式(详细格式附后)

2. 会议的预先确认与会议MEMO的传递程序

(1) 会议前7天由GRO(客户/物关系经理)进行预先确认,以书面(传真)形式回复,并正式出台会议MEMO,以负责人签收形式传递到各部门并作相关安排。

(2) GRO在会议到达前3天需与会务组进行第二次预先确认,再次传真回复,并落实具体到店时间,如有其他要求的更改要重新下发更改会议MEMO,并以同样方式传递到各相关部门更改、安排。

3. 会议的全程接待程序

(1) 会议迎候。根据向会务组确认的具体到店时间,由GRO提前20分钟在酒店大门口站位恭候迎接。

(2) 会议接待。GRO负责会议(入住、用餐、会议等)的全程接待工作,协调各部门以最快的时间为会议宾客解决会议相关需求(加房间、变更用餐人数、增加会议设施等服务内容)。

(3) 会议陪同。GRO在会议在店期间实行"住会"式服务,每天24小时保证随叫随到为会务组提供一切帮助。

(4) 离店准备。GRO在会议离店前1天与会务组及时确认具体离店时间,通知相关部门,提前准备账单资料、查房人员等。

(5) 离店送别。会议离店当天,GRO提前抵达前台、及时为宾客解决账务问题,并逐一送别宾客至大门口,与宾客交换名片,向宾客致谢并欢迎宾客再次光临。

(6) 回访客户。由GRO在会议离店后的3日内对会务进行电话(或上门)拜访,留取宾客宝贵意见,并向宾客推销酒店下一阶段推出的服务项目及活动内容,送去相关资料。

(7) 意见反馈。在回访客户后将客户意见反馈到大堂经理及店内各相关部门,及时弥补不足,做好调整和客户跟踪反馈工作。

### 四、"会议礼宾"的人员素质要求

1. 具备酒店相关经验。

2. 具备前厅、销售、餐饮、客房等部门的工作经验。

3. 工作认真、办事有效率。

4. 能够与宾客进行良好沟通。

5. 能够与其他部门进行良好沟通。

6. 具备一定的处理和解决问题能力。

### 五、工作衔接及与相关部门间的沟通

GRO要与各分部门的当班负责人直接沟通与联系,处理相关事务,各部门负责人员要支持、配合和最快地完成跟办、反馈工作。

### 六、"会议礼宾"价格的制定

1. 可作为一项单独的服务进行收费,按100元/天进行收费,协调员为宾客提供24小时服务,保证随叫随到。

2. 可加入整个会议费中,整体收取相关会议服务费,根据会议住店天数进行收取,按整个会议费用加收10%服务费。会议MEMO的制订格式如表8-4所示。

**表 8-4 会议 MEMO 的制订格式**

致：(接待部门)　　　　　　由：________

抄送：(各相关部门)________________________

________________________________________

事由：关于×××(会议主题)________________

日期：(发 MEMO 日期)

各相关部门人员：

大家好！关于会议在店用房、用餐及会议设施一事，具体安排如下，请各相关部门协助办理。(如有任何疑问请与销售部联系，电话分机：××××；手机：×××××××××××)

(一) 基本情况

1. 用房时间及数量：________________

2. 用餐时间：________________

3. 会议时间：________________

(二) 涉及部门及相关任务

前厅部：________________

客房部：________________

财务部：________________

保卫部：(保证保安员知道会议情况、预留车位)

工程部：________________

餐饮部：________________

1. 会议室安排

(1) 人数：________________

(2) 时间：________________

(3) 地点详述：________________

(4) 台型：________________

(5) 会议提供：________________

(6) 价格：________________

(7) 指示牌：________________

(8) 茶歇要求：________________

(9) 付款方式：________________

2. 用餐安排

早餐安排

(1) 人数：________________

(2) 时间：________________

(3) 地点：________________

(4) 用餐凭证：________________

午餐安排：________________

(1) 人数：________________

(2) 时间：________________

(3) 地点：________________

(4) 餐标：________________

(5) 菜单：(要求附后)

(6) 酒水：________________

(7) 付款：________________

续表

(8) 其他：______________________

晚餐安排

人数：______________________

时间：______________________

地点：______________________

餐标：______________________

菜单：(要求附后)

酒水：______________________

付款：______________________

其他：______________________

(三) 会务指定签单人：×××

(签单字样要求后附)

(四) 其他特殊及注意事项：______________________

感谢各部门的支持与协作！

部门：____________

联系人：____________

联系电话：____________

日期：____________

## (六) 服务——利润链

《让服务——利润链运作起来》一书，用一个框图解释了优质服务新经济学。服务——利润链的连接(图 8-6)表示了本章许多概念相互之间的关系。“服务——利润链”理论提出了以下观点：顾客忠诚是促进增加利润和公司发展的主要因素；忠诚是顾客满意的直接结果；满意度主要受提供给顾客的价值的影响；价值是由满意的、忠诚的、具有生产能力的员工创造出来的；而员工的满意度主要来自高质量的支持服务，这种政策使员工可以把高质量的服务提供给顾客。

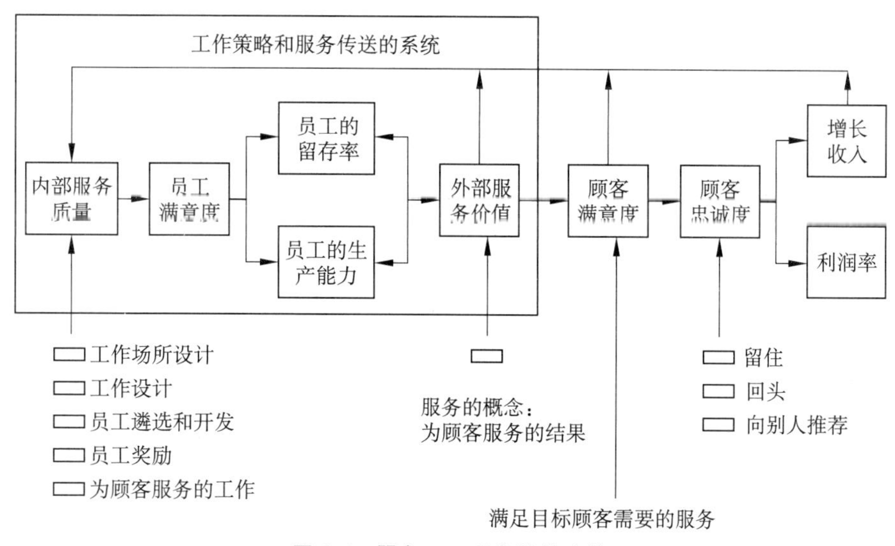


图 8-6　服务——利润链的连接

## 三、提高员工满意度的策略

提高员工满意度，是从服务的提供者——员工的角度出发，意味着工作环境要达到或超过其期望的程度，其效果反映在对所提供的工作环境和工资福利两大方面的期望上。仅从工作环境方面考虑，让我们先来看看员工满意度的要素对员工满意的影响。

### （一）员工满意度要素的构成及其影响

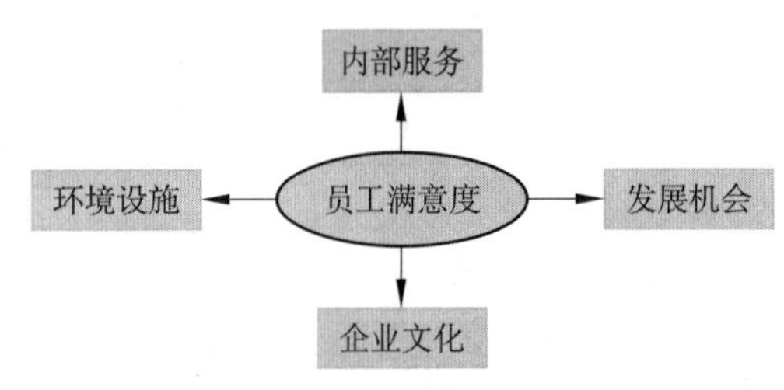


图 8-7　影响员工满意度的要素

影响员工满意度的要素(图 8-7)，主要包括四大方面。

员工在酒店内部被称为“内部顾客”，他与外部顾客不满意形成的代价相同。我们分析员工不满意的代价，是为了认识员工的价值。在分析之前，先了解一下员工满意度的要素及其影响。影响员工满意度的要素，除了收入因素外，主要是工作环境方面的影响。工作环境的影响主要包括：一是企业文化的影响，将在“高素质质量团队建设”一章中阐述，这里从略；二是环境设施的影响，就是企业为员工提供的与工作有关的一切资源，包括物理设施、技术系统、工作场所的设计和培训系统，这里体现的是利用这些资源让员工创造顾客价值所产生的工作绩效；三是内部服务，包括二线为一线、酒店为员工所做的质量承诺和满足员工除了基本需要外的精神、文化方面的活动；四是发展机会，是每一个寻求发展和实现自身价值员工的追求，企业应为每个员工创造个人发展机会，进行职业生涯规划设计，搭建促其成长的平台。以上影响满意度相关因素的水平与员工满意度的高低成正比。因此，要通过加强企业文化建设、营造良好的工作环境、提高内部服务水平、创造员工发展机会等提高员工满意度，使员工价值得以实现的同时，提升员工心目中的企业价值。

### （二）提高员工满意的途径

研究工作环境质量与员工满意度的关系(图 8-8)，可以进一步加深对提高员工满意度的认识，以利采取更好的办法提高员工满意度。

由图 8-8 可见，管理者通过调整期望值和实际工作质量水平的值，就能达到提高员工满意度的目的。

企业文化是提高员工满意度的第一要素，是提高顾客满意率的核心。其他章节已有阐述，这里从略。以下重点就实现员工满意度的四个要素(内部服务、发展机会、企业文化和环境设施)提出思路。

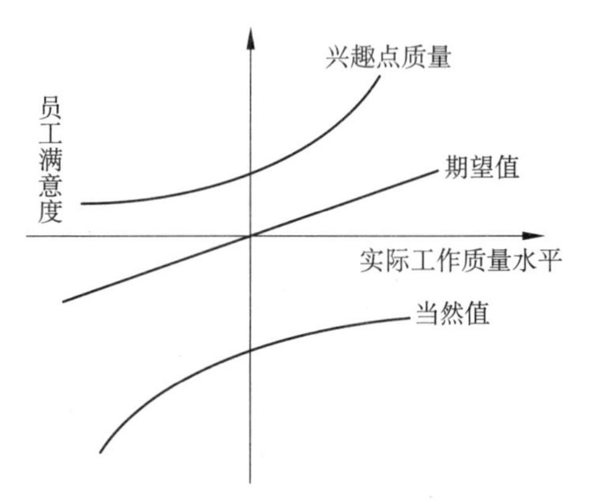


图 8-8　工作环境质量与员工满意度的关系

环境设施是指为员工改善良好的环境设施，解决本不属于应该由员工解决的问题。质量团队应通过系统检查，管理人员直接接触顾客或征求一线员工意见的方式，发现影响内部顾客——员工不满意的因素。常见的情形有以下两种。

1. 设施设计高于或落后于当今快速发展的要求

一方面对客服务的设备设施较为先进，告知顾客使用的知识过于复杂，容易形成高故障率；另一方面对客服务的设备设施较为落后，如计算机系统没有升级，不能支持一些程序操作，员工对此无能为力。

2. 设施设计缺乏为内部员工便捷使用的考虑

这种情况多来自员工进入工作场所的设备设置不顺畅，以及有些设施不宜对客暴露等，从而影响员工对客服务的便利。

针对以上两个影响员工的情况，进而影响外部顾客满意的因素，酒店应在准确了解和测量计算的基础上，积蓄力量，按轻重缓急逐步解决。

内部服务大致包括内部工作流程、员工生活、培训系统等方面。内部服务是员工满意度最为敏感的要素，员工的情绪在很大程度上都来源于对它的反应。因此，内部服务和顾客服务相同，酒店提供的服务越优质，承诺度越高，员工满意度就越高。

内部工作流程包括一线与一线、二线与一线、上个环节和下个环节、工序和工序之间的内部衔接与方便员工的效率程度。程序烦琐会让员工不便，引起员工不满。管理人员要做的工作是把复杂问题简单化。而我们常听到和常见到的是，一些管理人员站在一个角度想问题，主观上想把事情做好，但结果却把本来很简单的程序复杂化了。以往国内的一些酒店照搬和模仿国外酒店管理公司的模式，程序越定越多，认为程序决定细节，这种说法没有错。但是市场环境、顾客需求、人们生活的方式和节奏都发生了很大的变化，酒店原有的一些程序和流程没能及时调整和改进，同样降低了对外对内的服务质量。例如，顾客入住登记流程、大堂副理受理顾客投诉程序、采购程序等均可缩短流程、加快速度。

3. 员工生活

员工生活是与员工密切相关，又是最容易引起员工抱怨的经常性的问题。它小到员工的食宿、员工生日会，大到员工业余文化生活、员工福利等生活的方方面面，无一不是管理者研究和改善影响员工满意的关键因素。

4. 培训系统

不能设想，一天早晨，员工都成为整齐划一（指训练有素的酒店，形成多方面统一的概括）的高才生，都像哈佛、剑桥的毕业生那样；不能期望所有符合你想法的大学生，或有过丰富经历完全符合你想法的经理和人才，都来为你打工。人才要靠企业自己来培养。严格地说，任何人进入企业的那一天，都是不符合企业要求的。他可能有很高的学历，有很大的成就，但其知识、技术、思路、习惯与企业不合，其作用发挥不出来，因此必须进行岗前或入职培训。培训的内容包括企业培训、员工手册培训、岗位专业培训（含程序、流程）、安全培训、新政策、新技术培训、素质培训、技术培训、班前培训、质量培训等。对应聘的各级管理者而言，还要有导师培训等。因为质量是核心，所以培训结合质量的内容几乎在所有分类培训中都会涉及。培训形式有岗前、岗中、定期、特殊、专项培训等。如果酒店给予员工有计划地培养与训练，再加上督导跟踪，员工的素质就会整体提高，还会促进酒店整体质量的全面提高。这种对提高质量的投资是必要的，是不断满足和超越员工期望的一种投资，对于酒店减少失客率、减少员工离职率都是大有裨益的。这是一种让员工感知的优质服务——超越宾客需求，即在满足员工实际需求的基础上，超越员工的期待，以超前的服务意识，给员工创造更多附加值的具体体现,员工将因对企业的信赖从而对外主动传播企业的美誉度。

5. 发展机会

每个员工都有希望成长并希望组织给予自己更好的发展机会,实现人生价值的愿望。这种发展机会和机遇的获得,既有组织给予并创造条件的一面,又有自身把握和创造机遇的一面,即仍需与企业"合拢"。因此,企业要以人为本,关心人、激励人、服务人,负责任地帮助员工进行优劣势分析,制订个人目标和实现目标的短、中、长期发展计划,经常与员工沟通,对照目标进行分析检查,提高员工素质,使员工有能力抓住企业为他提供的机会。

## 思考题

1. 什么是顾客价值？顾客价值的构成和不满意代价是什么？
2. 什么是员工价值？员工价值的构成和不满意代价是什么？
3. 提高内外部顾客满意的策略包括哪些方面？
4. 怎样实现优质服务？你有更好的服务方式或服务策略吗？

# 第九章

# 带领企业建立质量型服务文化

任何组织都具有相同的目的:“提供需要的解决之道”,这是组织存在的目的。组织文化是组织共有的价值体系,这些共有的价值观在很大程度上决定员工的看法和对周围世界的反应。组织文化通过提供正确的途径来约束员工的行为,并对问题进行概念化、定义、分析和解决。克里斯廷·格罗鲁斯认为,组织文化的概念是用来描述组织中员工所共享的一系列共同规范和价值,一种强有力的文化可以让员工以正确的方式服务,并让他们持续地以恰当的方式处理各种情况,清楚的文化价值对于指导员工行为特别重要,特别是在服务组织中。

本章将从质量文化及酒店业质量型服务文化、建立高素质质量团队、提高质量团队的整体效率及办法阐述,帮助学习者了解领导者如何带领员工建立酒店质量文化和高素质质量团队的理论与实践。

## 第一节　质量文化及酒店业质量型服务文化

在那里,所有日常的业务工作都能正确地完成,而且,所有的关系都能获得成功。
——菲利浦·B. 克劳士比(Philip B. Crosby)

### 一、质量文化及其作用

质量文化是企业在长期的生产经营活动中形成的有关质量问题的价值取向、规范、思想方式等形态的总和。有目的地创建一种组织的文化,需要酒店领导者和员工形成一种共识。

## （一）质量文化的概念及内涵

质量是各行各业都绕不开的话题，酒店业更是注重质量的行业，其重要性不言而喻。长期以来，质量管理人员背负着巨大的精神压力，如履薄冰，诚惶诚恐。究其原因，就是企业没有真正解决质量管理精神层面的问题，也就是员工的质量意识问题。而员工质量意识的提高，光靠各类质量工具与管理体系是不够的，还必须借助质量文化的建设。为此，我们首先要了解质量文化的概念及内涵。

1. 质量文化的概念

酒店业质量文化是以顾客为中心，以服务为导向，并有指导员工的清晰的远景和目标的组织文化。在质量文化的氛围中，成员积极地学习并常常产生大量的反馈，都会帮助团队成员不断地改进服务过程和业绩。在质量文化中，员工被充分地信任和授权。质量文化给每个员工机会，使员工在工作中体会成就感。

2. 质量文化的内涵

从层次上看，质量价值是核心，是支配着企业的质量意识、质量观念，形成企业的质量精神，行为准则是质量价值取向的具体反映，它约束着质量道德、质量行为规范、质量规章制度；员工的精神面貌和企业的产品或服务则是企业质量形象的外在表现形态。可从如下六个方面清楚其内涵。

(1) 质量的价值观。以顾客为关注焦点，满足顾客和相关方的需求和期望，并争取超越顾客的期望，这是企业生存和发展的出发点，也是企业的回归点。

(2) 质量的观念。产品质量从适用性转向顾客满意度，而这种满意度是建立在兼顾顾客、社会、组织三者之间的利益、风险、成本原则基础上的。

(3) 质量意识。质量可控可防，可以通过全体员工的参与、规范的管理，持续、稳定地提供产品质量，并通过持续改进质量增强顾客的满意度和提高组织的业绩。

(4) 质量精神。质量的持续改进是企业永恒的主题，企业应挖掘内在的潜能，追求完善，不断创新。

(5) 质量规范。以质量方针和质量目标为先导，以质量管理体系为依托，以质量审核评价为手段，开展规范化的质量管理。

(6) 质量内部环境。建立起以顾客为中心，以领导为核心，以员工为主体，内外沟通、交流和协调，工作有序、运作有效的团队。

可见，企业员工的任何精神面貌、质量行为及产品质量无不打上企业的质量烙印。所以，企业质量任何外在的形式和内容只有与内在的精神实质相一致时，才会产生共鸣，内外形成合力，形成企业上下一致的质量信念，并将转化为全体员工自觉的行动。

## （二）质量文化的功能

质量文化的功能包括导向、激励、凝聚、约束和辐射五个功能，将在本章第二节中结合案例，再做阐述。所以，在酒店建设强有力的和良好的质量文化，可以巩固优质服务和顾客导向。因为在这种文化氛围中，顾客可以看到员工的态度、行为和业绩，所体验到的服务过程就会优于其预期的效果。

### （三）质量文化建设的作用

质量管理大师戴明曾经说过:“质量管理并不像拧开水龙头那样一蹴而就。它是一种文化,是一个公司的生活方式。”大量企业实践也证明,质量管理需要两手抓,一手抓硬的——技术进步和质量管理,一手是抓软的——质量文化建设。下面,结合质量文化的五个功能,阐释质量文化建设的作用。

1. 导向作用

质量文化作为组织员工共同的价值观,有一种感召力,并能通过这种感召力把员工引导到组织的奋斗目标上。

2. 约束作用

质量文化所产生的认同感,对于一切违背这种质量价值观的行为都会加以排斥,从而产生一种无形的约束作用,这种约束作用使员工产生自我管理的效应。

3. 凝聚作用

质量文化可以在组织内建立共同的质量价值和质量目标,使组织员工在主观观念和客观目标上有了准绳和方向,群体的质量意识有了正确的引导,从而在心理上给员工以归属感。组织的凝聚力是组织的宝贵资源,是其他任何物质力量都无法取代的精神力量。

4. 激励作用

组织的质量文化被全体员工接受并理解时,能够激发强烈的质量意识和责任感,具有更大的主动性和创造性。

5. 辐射作用

质量文化受到社会文化和社会风气的影响,也可反作用于社会风气。优秀的质量文化一旦形成,就必然突破组织的界限,对社会产生影响。

由此可见,质量文化的形成不是一日之功,而需经过较长时期的努力自觉形成,它需要对员工开展质量文化的灌输和培训,进行深入的质量教育,灌输企业新的质量价值观、质量意识和观念,以员工看得见、体会得到的方式在行动上体现,并贯穿整个生产经营活动;通过质量管理体系的实施过程,不断地强化质量文化的培育。因此,领导者应有长期的思想准备,身体力行,积极倡导质量文化建设,并结合质量管理体系中对质量文化的要求,从思想、行动、制度、措施、员工精神面貌、产品质量上落实到位。

## 二、质量文化的构成要素

以顾客为中心,以服务为导向的质量文化其构成要素如图 9-1 所示。

### （一）以顾客为中心的远景和目标导向

顾客是每家企业存在的基础,企业应该把顾客的要求放在第一位。因此,酒店要明确谁是自己的顾客,要调查顾客的服务需求是什么,要研究怎样满足顾客的服务需求并争取超越顾客的期望。在酒店的质量文化中必须要有清晰的“以顾客为中心”、致力于服务顾客的远景和满足顾客需求的目标。这样员工个人和服务团队就可以建立指向远景的长期和短期目标，使他们了解自己的工作目标，并为实现目标而努力。

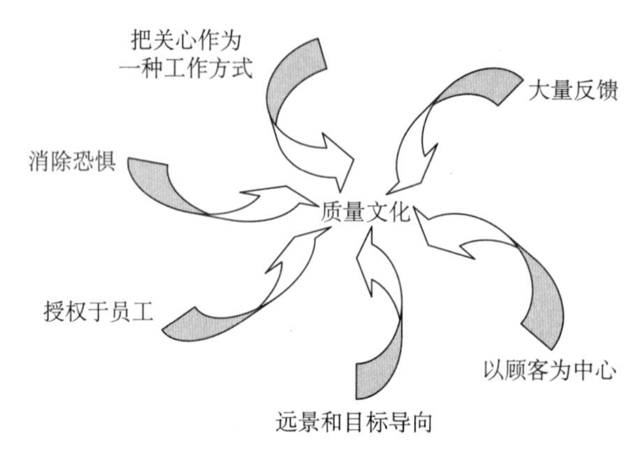


图 9-1　质量文化的构成要素

### （二）授权于员工

授权员工去做任何对于满足顾客需求来说是必要的事，让员工自己解决他们在与顾客接触过程中的每个问题。一线服务人员被赋予直接决定接受或拒绝顾客提出的要求的权力，可使服务人员在服务工作中，独立了解如何能够高质量地提供有价值的服务，从而提高服务质量和服务水平。

### （三）消除恐惧

酒店应营造一种鼓励尝试、允许失败、有利于激发服务创新的文化氛围和工作环境。在这种氛围和环境中，员工在得到充分授权的情况下，可以充分发挥他们服务顾客、满足顾客要求的主观能动性和工作积极性。

### （四）把关心作为一种工作方式

只有满意的员工，才会促进更多满意的顾客。酒店管理者应该把员工也当作顾客一样来对待，倾听员工的心声，了解和满足员工的需求，解决员工工作生活中的实际困难，以解除其后顾之忧，让他们能够心情愉悦地投身到对顾客的服务之中。

### （五）大量反馈

酒店应建立能及时有效沟通的通道与方式，为顾客提供更多反馈意见的机会，并及时将这些意见反馈给员工，以建立起有效的服务过程协调机制、质量监督机制，鼓励员工感受顾客需求并尽快做出反应；建立完善的员工工作反馈机制、业绩评价与考核反馈机制、薪酬与福利分配反馈机制和奖惩反馈机制等，以激励员工以主人翁的姿态融入酒店的愿景和目标，提高他们的工作主动性和积极性。

## 三、质量文化的四个重要层面

质量文化是企业文化的核心，而企业文化又是社会文化的重要组成部分。企业质量文化的形成和发展反映了企业文化乃至社会文化的成熟程度。质量文化的培育和建设是个艰难的、长期的过程，需要从社会、文化、法律、社会心理等多角度去努力研究和探索。质量文化的结构化特征由其物质层面、行为层面、制度层面和道德层面构成，这四个层面按照从低到高的顺序共同组成了质量文化金字塔，与文化变革的抗性特征相一致，质量文化变革的抗性特征从物质层面到道德层面逐渐增强。其中，物质层面和行为层面具有较高的易觉察性，属于质量文化中的较浅层面，而制度层面和道德层面具有较低的易觉察性，属于质量文化中的较深层面。

### （一）物质层面

物质层面是质量文化的基础性层面，构成质量文化金字塔的基座。质量文化的物质层面由国家或地区经济中的现有物质性因素构成，包括财富的数量与结构、财富的质量、科学与技术水平、人力资源的状况等。一般来说，某一国家或地区经济中物质性因素水平决定着该国或该地区质量文化的基本力量，在一个物质层面相对薄弱的国家，其质量文化的强度也相对较弱。但是，就影响力的大小而言，与其他层面相比，物质层面对质量文化强度的影响力相对较小。日本经济的发展进程清楚地表明，通过强化其他层面的作用，质量文化的强度能够得到显著地加强，而强大的质量文化又能够促进经济持续、快速、健康地发展，从而推动经济进入一个更高的物质层面——这就使得质量文化得以建立在不断提高的物质层面之上。

质量文化的物质层面是整个质量文化的基础，是酒店的有形产品，它看得见摸得着，是实实在在的。站在酒店服务和其他角度上看，还有对产品、服务、标识、店徽，以及其他的管理模式，在形式上都是统一的，是对行业、本企业基本质量的一个要求。

### （二）行为层面

质量文化的行为层面建立在其物质层面之上，物质层面是行为层面的载体。行为层面体现为群体使用物质层面的因素创造财富的行为模式。在同样的物质层面之上，不同的行为模式将导致不同的质量文化强度。然而与物质层面相比，行为层面对质量文化的影响更大。从地区经济的角度看，在物质层面水平基本相同的城市之间存在的质量文化强度的差异，通常归因于群体的行为模式差异。可以用来测度行为模式与质量文化强度之间相关性的例子大多来自服务业，这是因为在服务业，组织的服务行为对顾客而言基本上是透明的，并与顾客的消费行为同时发生。

质量文化的行为层面是质量文化的规范性表现，是一个酒店质量体系的基本要求，其关键因素是执行文化。执行文化主要有三个环节：一是执行流程；二是执行效率；三是执行结果。同时，这个执行人的认同和执行能力，以及执行方法和工具的具体体现，即这些整体素质的要求和方面都做到了，效率就会大大提高。

### （三）制度层面

质量文化的制度层面是塑造行为层面的主要机制。制度层面主要涉及三个方面，即标准化与规范体系、奖励制度和法律体系。其中，标准化与规范体系提供了对行为及行为结果的指导与评价体系，揭示了质量实践活动的基本目标是满足既定的需要或期望。奖励制度体现出对行为模式的激励与导向作用，并传达出国家或地区管理当局的政治倾向。例如，20世纪 80 年代中期，美国政府由于意识到美国经济竞争力正在减弱，通过立法程序设立了鲍德里奇国家质量奖，希望借此重振美国经济。而法律体系是行为层面的强制性塑造机制。法律体系对质量文化的影响力依赖于三个方面，即执法的公正性、执法的及时性和质量法律体系的健全性。

质量文化的制度层面是质量文化的组织要求，是落实质量文化的组织保障。有了质量文化的物质基础和行为模式，还必须要一个以制度体系为主要内容的组织保障。它是酒店业人和物、人与企业运营的桥梁和纽带，是质量方针中基本要素之一。这里包括两个制度：一是领导责任制，这是组织高效运行的核心；二是考核激励制度，它是规范组织行为、确保组织效率的基本制度，是质量文化的一个重要层面。

### （四）精神层面

质量文化的精神层面，也可以说是道德层面，是质量文化的最高境界，是企业质量文化的核心和精髓。它包括一个企业的质量意识、质量价值观、质量精神。质量意识，就是我们工作行为的一种质量思维习惯，包括对工作指令、工作路线和方法、工作效果的消化、理解、认同和执行，最后从“一次符合”达到所谓“一次做好”。那么，引导和树立正确质量的道德观，就成为企业常抓不懈的质量工作任务。

质量文化的道德层面位于质量文化金字塔的顶层，既是质量文化的核心内容和最高境界，也是质量文化建设的最终目标。它表现为群体积极主动地尊重与维护顾客主权的价值取向和精神追求。道德层面涉及四个群体价值取向，即尊重顾客主权、积极主动地维护社会质量文化的权威、追求行为结果的社会效益与完美主义，以及以连续与持久的眼光看待经济资源，倡导社会的可持续发展理念。

综上所述，质量文化作为一种与现代工业文明密切相关的文化现象，有其自身独特的结构化特征。质量文化的物质、行为、组织和道德构成了企业质量文化的四个重要层面，是企业质量方针的核心内容，它们互相关联、制约、转换、渗透。物质是基础，是精神文化的支柱；组织和制度是保证，只有精神文化才能推进物质文化的长久发展，只有充分认识“质量是企业效益的前提”“质量是品牌的核心价值”的思想，正确处理“质量、进度和效益”三者之间的关系，才能立足岗位，追求质效，才能促使我们牢记自己的岗位使命和责任，树立一丝不苟、认真负责的敬业精神，严格执行制度的工作作风，不断培养自身的质量自觉。

## 四、构建服务导向型组织机构

高质量的酒店服务意味着顾客能够便捷地得到服务和一线服务人员迅速灵活地决策。要想取得和保持酒店优质的顾客感知服务质量，酒店组织机构设计的各个方面，应该配合创造和提供。服务导向型的酒店需要很少层级标准的组织结构，因为许多服务问题的解决必须由那些最靠近顾客的一线员工做出决策。这些一线员工肩负着更多的责任，他们不但要有能力识别问题，而且要有一定权力跨过组织边界，迅速沟通问题和解决问题，以提高服务传递的效率和效果。因此，以服务为导向的酒店需要扁平化的组织结构。

### （一）服务导向组织机构的特点

扁平化组织与传统的职能制组织有许多不同之处。职能制组织模式是以专业分工、经济规模的假设为基础的，各功能部门之间界限分明。这样建立起来的酒店组织必然难以适应顾客需求的变化。而扁平化组织，需要员工打破原有的部门界限，越过原来的中间管理层次，直接面对顾客和向酒店总体目标负责，从而以群体和协作赢得优势。扁平化的酒店组织有以下特点。

1. 以服务流程而不是部门职能来构建组织结构

酒店的结构是围绕以顾客为中心、以服务为导向目标的“服务流程”建立起来的，而不再是围绕职能部门。职能部门的职责也随之逐渐淡化。

2. 简化纵向管理层次，削减中层管理者

组织扁平化要求酒店的管理幅度增大，简化烦琐的管理层次，取消一些中层管理者的岗位，使酒店指挥链条最短。

3. 酒店资源和权力下放于基层，由顾客需求驱动

基层的员工与顾客直接接触，使他们拥有部分决策权，能够避免顾客反馈信息在向上级传达过程中的失真与滞后，大大改善服务传递质量，快速地响应顾客服务需求变化，真正做到“以顾客为关注焦点”。

4. 应用现代网络通信手段

酒店内部各服务流程之间通过使用 E-mail、办公自动化系统、管理信息系统等网络信息化工具进行沟通，提高服务信息交流与沟通效率。

5. 实行目标管理

在下放决策权给员工的同时实行目标管理，以团队作为基本的工作单位，员工在服务过程中自主做出决策，并为之负责。这样就把每一个员工都变成了酒店的主人。

### （二）减少管理层级设置

酒店管理的金字塔架构是总经理—部门—主管—领班—员工，它的最上层和最下层显然是不能再精简。部门一级是独立的服务单位，很难取消。但是在主管和领班这两个层次上却可以减少一层。美国“大型酒店总经理以下设两级管理，就到了钟点工”，较大而标准的酒店结构是“总经理—前厅部—接待主管—员工”。

1. 一线部门不设领班

对于直接向客人提供服务的部门，如餐饮部和客房部这样的大部门，每班都由主管甚至经理在现场组织协调，领班的管理功能不明显，员工常常是以技能特长为重要客人服务。而一些小的服务部门如礼宾、小商场，当班人少、地点分散，没必要配备领班。

2. 二线部门不设主管

比较典型的是财务部、工程部、人力资源部等，这些部门的特点是办公地点集中，班次集中，大部分时间经理或领班都在位，有领班就没必要再设主管。

### （三）减少同一层级的管理职级

同一层级管理职级过多过细，一方面容易出现因职责不清而产生遇事推诿扯皮现象；另一方面，也容易使同一层级的最高管理者因管理幅度过小而出现信息负荷过重、过杂的情

况，从而影响决策效率。例如，总经理—经理—副经理就能保证管理的不间断性。如果再加一个“总经理助理”，就人为地多了一级。国际连锁的酒店集团几乎都是只设一个或两个总经理。美国中等规模的酒店总经理一般有五个部门的负责人直接向他汇报，他的“管理幅度”就是五个下属。如果酒店规模再加大，有八九个部门向他汇报工作的时候，才配备一位“驻店经理”，以减小总经理管理幅度。

1. 不设部门副职

酒店一般有十多个部门。但是十来个部门的副经理从管理结构来说不设最好。部门设副职不但是一种明显的人力资源浪费，而且延长了指挥链，降低了信息传递效率和工作协调效率，容易出现因信息沟通环节过多且迟缓而产生降低服务效率的问题。多一个副职也增加了出现多头指挥的可能性。

2. 技能型岗位不设管理职务

像工程技术人员、美容服务人员、电脑网络管理员、美工等，对他们可不设管理职务和职级，可用技术称号来反映这类人员的技术等级。设立与管理职务相对应的技能工资体系，对酒店内技能高但不担任管理职务的人评定合理薪酬，可以淡化“官本位”。

## 第二节 建立高素质质量团队

当你听到“这个酒店文化、理念都挺好，怎么就是服务上不去，总在出差错？”“管理团队不错，是员工的问题吗？”“管理体系和培训体系建立得很好，也都执行着，毛病到底出在哪儿了？”面对这一连串的问题时，想到过它的根本原因吗？建立高素质质量团队，是实现各项资源管理的前提和保证。

因为高素质的人较少犯错误，他可以让你的企业获得更高的生产率，更重要的是这种人能独立解决工作中出现的问题。这种人效率更高，会很快地了解你的工作系统，以自己的方式提供良好的顾客服务；他不仅比同业竞争者聘用的同等素质的员工更出色，还不需要耗费太多的精力去指导他们，不仅能节约培训成本，还会省去更多的时间，争取了比同业更具竞争力的时间和经济价值。

所以，只有找对人，才能做对事。不妨将此作为本章质量队伍建设的中心问题来研讨。你会看到，高素质的人在质量队伍建设中的重要作用、企业文化对质量的影响、高素质质量团队的建立、提高质量团队的效率等一些新观点、新思路、新模式。

### 一、共识为先——企业文化对质量团队的影响

企业文化是指企业内部全体员工的共同价值观念、信念和行为准则。它是企业在长期生产经营活动中逐步形成和确立的。企业文化是在一定的条件下，企业生产经营和管理活动中所创造的具有该企业特色的精神财富和物质形态。它包括企业愿景、文化观念、价值观念、企业精神、道德规范、行为准则、历史传统、企业制度、文化环境、企业产品等，其中价值观

是企业文化的核心。企业文化是企业的灵魂，是推动企业发展的不竭动力。它包含着非常丰富的内容，其核心是企业的精神和价值观。这里的价值观不是泛指企业管理中的各种文化现象，而是企业或企业中的员工在从事经营活动中所秉持的价值观念。如本章第一节中所述，质量文化具有市场导向、约束、凝聚、激励等四个主要功能，在这里，企业文化同质量文化的主要功能是一致的，是企业的共识。

## 案例 9-1

### 成功源于特有的企业文化

NG 酒店是被顾客和员工称为“与众不同”“家的温馨”“有文化品位”的商务型酒店。开业三年来，形成了 60%以上的忠诚客户和 50%以上的忠实员工与管理团队。连续三年的经济效益以每年 20%的速度递增，宾客满意率逐年提高 14%，综合管理水平逐年提升，受到业界的高度赞扬和推崇。人们注意到，其成功之道源于特有的企业文化。

**情景一**：一日，一位中层管理职位的应聘者，步入酒店行政办公区，准备前往与预约他的总经理见面。刚下电梯，“工作一分钟，用心六十秒”“员工与企业共同成长”“商务酒店先锋，家园服务典范”“超越宾客需求”等一系列企业作风、经营理念、管理理念、企业使命及酒店特有的玫瑰紫色与银白色相兼的企业标识，映入他的眼帘，不禁使他眼前一亮，并似乎有了一种震撼。当他在酒店各区域认真打量、巡视和微服考察三次之后，他满怀信心、充满憧憬地迈进了总经理的办公室。

**情景二**：双方礼貌地握手之后，总经理与他的一席问答，成为他决定进入这家酒店的又一理由。

问：是什么因素让你选择了 NG 酒店？

答：是酒店的文化，是环境，是位置，让我喜欢。

问：到 NG 酒店应聘的目的是什么？

答：是为了体现自身的价值与今后有更大的发展。

总经理接着他的话说，NG 酒店提倡“员工与企业共同成长”的价值观，没有企业的发展就没有员工价值的体现。相反，没有员工个人的目标融入企业，企业就像无水之源。两者是一个“命运共同体”，你同意这个说法吗？

他注视了一下总经理，马上回答道：“我同意，这种观念很新呀！”

问：你在 C 酒店工作时，是怎样展示你的创造力的？你的成功案例可以给我介绍一下吗？在你经历中，你最想完成而又未如愿的事情是什么？为什么没有完成？你对困难和挫折的认识怎样？

……

总经理的问题，他一一做了回答，随后总经理拿给他一张多维自测表，内容除基本情况外，还包括性情、态度、能力等多项自测题，他进行了填写。最后，总经理与他共同研讨和畅谈了他所应聘经理岗位的业务及其他。

与总经理长达近三个小时的谈话，让他感触深刻！

**情景三**：每季一次的管理人员培训开始了。每一次总经理的培训都是经过精心准备的。她把自学的成果，他人的经验、升华提炼的思想传授给她的下属，并以此统一大家的思想。

这次培训的题目是：领导力、执行力、创新力。和其他讲座不同，总经理给予下属的总是新的、非程式化的内容。她拓展了领导力原有的概念，把令人信服、远见卓识、表率作用和精神力量赋予了“跟我来、看我的、一起干”的新视角，把中高层管理者执行的本质及用什么证明自身的价值归纳为“执行没有任何借口”“绝对与积极的服从”；把创新力同职业经理人的自觉性、广泛性、应用性、知识性结合起来，指导实际工作。她的培训话题和授课方式得到了认同。

**情景四**：又一个骨干辞职了。晓冬是一年前招聘的餐饮部某分部门的主管，人品、能力、外观条件可说是百里挑一。在各类接待和服务过程中，他的外语能力、业务水平、服务意识，多次受到内外宾客的表扬，为酒店赢得了多项荣誉。大家的称赞不绝于耳，总经理也很看好他，建议部门经理做出培养计划，为中层管理者积蓄后备人才。正当人力资源部与餐饮部经理拿出培养计划，并准备找他谈话时，一份辞呈报了上来。他在信中感谢总经理及人力资源部和本部门经理给予他的培养和关心，特别谈到NG酒店的文化与理念带给他的人生变化和提高自身素质方面的重要作用。并表示，如果让我再选择，我还会选择NG酒店，选择这个总经理。只是由于我想深造学习，所以提出辞职的申请，请予批准。一时间，总经理和人力资源部经理很是惊讶！受总经理委托，人力资源部经理找到晓冬，了解到他并未去深造学习，而是去了另一家酒店，从事的是与NG酒店相同，薪酬略高的工作，到底是什么原因让晓冬没有说出真相呢？人力资源部经理一定要探个究竟。果然，晓冬坦言了真实思想：我在进行入职培训和总经理培训时，受到很大教育，也深为NG酒店的文化与理念所感染。“以严治业、以情待人”的管理原则鼓舞着我，激励着我按照这一理念督导员工。然而，我的直接上级却没有传承好这种文化，并且在实际工作中做了许多违背酒店文化和理念的不良之事，使我不能接受。一席话，道出了晓冬的不满。

**讨论：**

(1) 决定中层应聘者进入NG酒店的动因是什么？

(2) 总经理培训传递给下属的是什么？如果你是一名总经理，会采用这位总经理的做法吗？会选择由培训机构代训吗？

(3) 总经理与培训机构的培训有何不同？谈谈你的看法。

(4) 企业文化在什么地方出现了断档，致使晓冬另谋新职？哪个环节出现了问题？对员工的影响是什么？

对于服务性企业和酒店来说，质量文化是企业文化的核心，这种文化对于员工提高和执行顾客服务观念与行为的影响是极大的。上述案例已从多个角度反映了企业文化对不同层次的员工产生的多重影响。

## （一）导向的影响

这里所表述的“导向的影响”，多指市场导向的影响。市场导向是企业采取各种各样的措施，为顾客创造更多利益和消费价值，减少顾客在购买和消费本企业的产品和服务时所需付出的代价。企业应与顾客建立并保持长期互惠的关系，以便长期获得卓越的经营成绩。中国加入世界贸易组织后面临着激烈的市场竞争环境，要取得竞争优势，提高酒店业参与国际市场的竞争能力和经济效益，企业文化建设也要转向市场导向的轨道上来。

1. 市场导向的三个成分

市场导向是由顾客导向、竞争导向和企业内部相互协作三个行为成分组成。

（1）顾客导向。顾客导向是企业将顾客利益放在首位，要求质量组织的全体员工充分理解目标市场——顾客目前和未来的需要，为顾客提供产品、核心利益和各种附加利益，为顾客持久地创造最大的消费价值的一种行为。它是企业文化，特别是酒店业质量文化的最基本构成，因为质量文化是以顾客为中心并有指导员工的清晰的愿景和目标。就像每个酒店都向员工灌输“留住每一位顾客”“质量是生命、质量是效益”的价值观念一样，顾客导向是真正意义上的价值观念。

（2）竞争导向。竞争导向是企业文化组织理解目前和将来的主要竞争对手的短期优势和劣势及其长期实力与战略；通过对竞争者分析，确定本企业竞争战略的一种行为。驱使一个企业竞争的动力在于使本企业在市场同业竞争者中处于最佳定位，保卫自己，抗击外来竞争作用力。而重视顾客的需要，在质量文化上领先竞争者一筹，就会取得比较优势。

（3）企业内部相互协作。为顾客创造更多消费价值、为企业创造更大的经济效益，并不只是营销部门的职责，而是企业内部全体员工，即二线与一线、营业与职能部门及每个服务人员的共同职责。NG酒店强调“志存高远、携手辉煌”，就是加强全体员工的协作精神，充分挖掘和有效利用人和其他资源，更好地为顾客服务的一种倡导，使各个部门之间、员工之间都认识到相互依赖的关系。

2. 市场导向的检验标准

市场导向作用发挥得好与不好，主要是在检验组织员工落实企业行为的价值取向、行动目标、规章制度的执行上。同时，企业的战略思想和盈利率也是衡量其作用的标准。

（1）整体价值取向、行为目标和规章制度的落实是市场导向作用的反映。笔者常用“员工是企业文化的一面镜子”来比喻企业文化建设的水平高低。也就是说，价值取向、行为目标和规章制度是一个企业文化的基本导向，它们的功能分别在引导员工的行为、具体的目标和通过规章制度在日常行为中的贯彻，来体现企业文化的最高目标、价值观和作用等。因此，它是市场导向作用的反映。

（2）战略思想检验市场导向。有人形象地把战略比喻成“看不见的手”和“梦想”，在一定意义上似乎是有道理的。然而，从战略管理的角度来讲，战略又是可具体实施的。一个企业要想在未来得到更高的竞争位置、抵抗行业和多种竞争力量，最好地满足顾客现在和将来的需求，必须具有战略思想和战略眼光，善于适应市场环境的变化，才能保持长期卓越的经营业绩。例如，有些企业制定质量制胜的战略，体现的就是这一思想。

（3）盈利检验市场导向。盈利不是“唯利是图”，是将利润视为必然结果。市场导向的目的是盈利，盈利是市场导向的必然结果。好的企业文化，应产生好的效益；反过来说，好的盈利水平，是良好企业文化的反映。企业使命一定是能指出其未来的经营方针和愿景的，具有长期性和指导意义的导向作用。案例9-1中的NG酒店使命“商务酒店先锋，家园服务典范”就是最大限度地把提高企业的长期盈利能力及市场定位，即顾客的利益摆在首位，作为全体员工追求的长期发展、长期盈利的最高目标，共同遵循的范例。

## （二）约束的影响

约束功能主要是通过其制度文化、伦理道德规范而发生作用。

1. 制度文化的约束作用

企业文化与企业制度是两种不同的企业经营管理策略和方式。企业文化强调企业基本理念、价值观和行为规范对员工的约束和激励作用,强调员工的内在自觉和自律;而企业制度却更多地强调外在监督与控制,重视规范、程序之类的强制性约束力量。前者称为经营管理中的软约束,后者称为硬约束。两者在具体的经营管理活动中是相辅相成的。

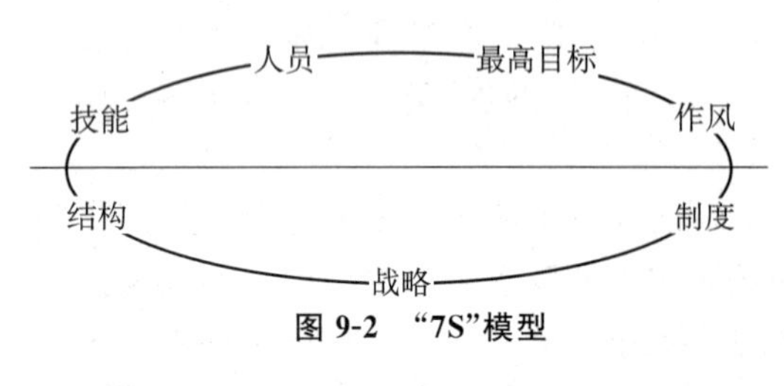


图 9-2 "7S"模型

人们常把企业的规章制度比喻为"企业法典""企业大法",是因为它具有约束力和硬性规则要求的"有形的手"。美国哈佛大学工商管理研究院和斯坦福大学商学院教授 R. 帕斯卡尔(Richard Tanner Paseale)和安东尼·阿索斯(Anthony Athos)在《日本企业管理艺术》中通过对日本和美国的几十家企业进行案例研究,提出了"7S"模型(图 9-2)。

他们把图中下方三要素,即结构、战略和制度称为"硬三角",指出"这三种要素及其相互之间的关系较易于通过分析、定量、逻辑和系统研究进行调查研究",并且是"商学院所重视的,是教授应教的,也是我们文化传统上对管理的信念"。而上方的四要素,即技能、人员、最高目标和作风是"软性的"的要素。他们分析说,全面系统地把握这"7S"是企业成功的根本要素。阐明美国企业之所以在激烈的国际竞争中疲软、乏力,就是由于美国以往的管理主流过于强调制度、结构和战略等"硬三角"的作用;而日本却在不否认三个"硬 S"的前提下,充分兼顾了其余的四个"软性的 S",从而在竞争中处于有利的优势地位。在一定条件下,激励、教育、晋升制度有益于企业的行为,这种制度文化的作用是使员工的行为趋向更加合理化、科学化,最大限度地发挥其聪明才智,提高整个企业系统的运行效率。在另一条件下,"硬三角"又是企业发展阶段的必需的三要素。由此可见,不同条件的"软硬三角"均可产生不同的作用,两者兼用或为主为辅的使用,更能发挥强势作用,促进企业飞速发展。

2. 道德伦理规范的约束作用

伦理道德规范又分为两个方面,即职业道德规范和社会道德规范。社会公德是社会文明程度的重要体现,是人们相互关系的润滑剂,是全体公民在社会交往和公共性生活中应该遵循的行为准则,涵盖了人与人、人与社会、人与自然之间的关系,它在维护公众利益、公共秩序,保持社会稳定方面的作用更加突出。职业道德对于规范从业人员的职业观念、职业态度、职业技能、职业纪律和职业作风有着重要的作用,对现代酒店业人员更具指导和现实意义。

所谓职业道德,是指社会运转的重要保证,是社会风尚的直接反映,它是所有从业人员在职业活动中应该遵循的行为准则,涵盖了从业人员与服务对象、职业与职工、职业与职业之间的关系。更具体地说,职业道德是对从事一定职业的人们在其特定的工作中或劳动中的行为规范的总和。爱岗敬业、诚实守信、办事公道、服务群众、奉献社会是当今倡导的主流职业道德内容。

例如,圣达特酒店集团的企业道德是:诚信——我们以最高的职业标准来规范我们的行为,我们实事求是,以我们的行为为荣。又如,调查公司的职业道德是真实;航空公司的职业道德是安全和准时;医生的职业道德是救死扶伤;员工遵循劳动合同,辞职时要站好最后一班岗,离店后不做伤害企业的事。作为现代酒店业企业,需要根据自身的实际情况制定自己的职业道德与规范,才能发挥企业文化的约束功能。

### (三)凝聚的影响

企业文化像一根纽带,把企业和员工的追求紧紧联系在一起,使每个员工产生归属感和荣誉感。例如，NG酒店的管理哲学“员工与企业共同成长”，就是凝聚作用的体现。企业文化的这种凝聚作用，尤其在企业危难之际和企业开拓之时更显示出巨大的力量。

(1) 企业目标为企业确定了凝聚点。一些人认为，体现企业凝聚作用的企业文化是目标文化，无论大小目标都是凝聚员工的一种力量。这话似乎只对了一半。能够反映员工切身利益，满足员工物质与文化方面需求的目标有凝聚作用，不能体现这些特点的目标，其凝聚力可能就十分有限，甚至没有凝聚作用了。关于这一点，也出现了新的见解，如图9-3所示。

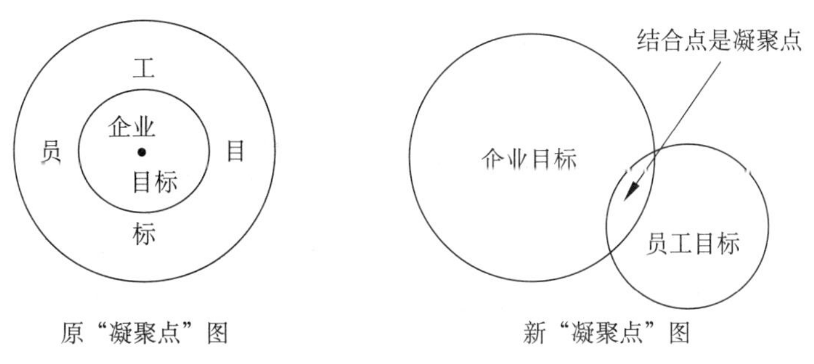


**图9-3　员工与企业的关系**

从上图比较说明，唯有切实了解员工的期望和需求，将员工个人的目标与企业目标结合在一起，就像是一种双方的给予关系，才体现出新型的员工与企业关系。以前，一般员工对企业的发展战略、盈利和竞争市场等全局问题都不太了解。现在的企业都在与员工共享业务和财务信息，并且给他们的工作以更为具体的指导。所以，我们应该注意有几个影响员工向心力、凝聚力的关键问题：员工对企业的发展目标和自我目标的关系及各自目标了解多少？是否认同？他们对企业的发展是否有直接影响？能否给他们做职业生涯设计？明确其发展方向？情景四描述的问题就是影响员工凝聚力的表现，中层没有贯彻，表里不一，是影响员工去留的主要因素之一。

总之，员工需要得到管理层的切实支持，而不是空泛的承诺，他们希望了解自己在企业中所扮演的角色。不断地沟通和寻找结合点有助于支持企业组织目标的实现。

(2) 团队意识的不断强化为企业提供了凝聚力。企业的价值观是其长期生产和经营实践中形成的，它是广大员工所认同的一种文化，是团队凝聚力的核心。

① 凝聚力强的团队特征：沟通渠道畅通、参与意识较强、人际关系和谐、强烈的归属感、彼此关心、互相尊重、较强的事业心和责任心、集体主义精神盛行，团队为成员的成长与发展、自我价值的实现提供便利，即个人成长环境和发展空间好。

② 影响凝聚力的因素，主要是外部和内部两大因素。

外部因素表现在：当团队面临威胁时，无论团队内部曾经出现或正在出现什么问题、困难和矛盾，此时团队成员会暂时放弃前嫌，一致应对外来威胁，通常外来威胁越大，造成的影响和压力越大，团队所表现出的凝聚力也会越强。当然，如果团队成员认为自己的团队根本没有能力应对外来威胁和压力时，就不愿意再去努力了。

内部因素表现在以下方面。

a. 团队领导者的风格与类型。领导者是团队行为的一种导向和核心，是领队，领导者采取怎样的领导方式直接影响到团队凝聚力的高低。在民主方式下，团队成员敢于表达自己的意见，积极参与决策，积极性高，凝聚力比较强；而在专制、独裁或武断的领导方式下，下级参与决策、表达意见的机会比较少，员工的满意度相对比较低，牢骚满腹，私下言论也相当多，团队凝聚力较低；而在放任型领导方式下，团队成员就像一盘散沙，人心涣散，谈不上集体主义和团队的规则，凝聚力低下。

b. 团队规模的影响。团队规模越大，越容易造成团队的沟通障碍，团队成员产生意见分歧的可能性也会增大，产生小团队的可能性也就越大，小派系比较易出现。通常团队的人数应在5人或以上至15人之间为宜。

c. 团队目标的影响。团队目标如果与个人目标一致，就会具备吸引力和号召力，这时团队成员就愿意合作完成任务，凝聚力也会增强。反之，如果团队目标不关联，成员之间合作就会减少，感情趋于冷淡，凝聚力也会降低。

d. 奖励方式或激励机制的影响。个人奖励和团队奖励具有不同的作用：团队奖励可以增强其凝聚力，会使成员意识到个人的利益和荣誉与所在团队密不可分；个人奖励可能会增强团队成员的竞争力，但此方式易导致个人顾个人，在团队内部形成一种压力，协作、凝聚力可能会弱化。如果采取既承认团队的贡献，又承认个人成绩的方式，就显得相对全面。

e. 团队以往实现目标的现状影响。如果团队一贯具有良好的表现，一直努力实现团队目标，就会激发团队成员的加倍努力，并吸引更多的优秀人才加入团队。

由此看出，凝聚力会带来生产力和高效率；能提高员工的满意度；能对个人成长和发展有帮助，团队建设也是增强凝聚力的源泉。

### （四）激励的影响

文化本身就有一种激励功能，企业文化更是如此。激励是提升团队士气、取得高绩效成果的良方，激励需要从员工愿望或工作动力中进行考虑，没有这些就无所谓激励。

1. 经济因素是否是最重要的激励因素

## 调查案例

### 工作动机调查表

请把表9-1所列举的一些因素按您所认为的重要性排序，标准是由最重要到最不重要。最重要的用1表示，最不重要的用10表示。

表9-1 工作动机调查表

| 关联因素受领导重视 | 您认为重要性排序 | 调 查 答 案 |
|---|---|---|
| 领导有方，工作兴趣 | | |
| 具有竞争和挑战性，岗位工作成绩能及时得到认可 | | |
| 学一技之长 | | |
| 工作稳定，员工建议受重视 | | |
| 福利、报酬丰厚，有创造空间 | | |

通过调查，影响工作动机的前几个因素是什么？很多人一谈到激励因素，首先会想到钱，你是否也把钱放在前几个因素之列？事实上，针对上述调查内容，结果发现，绝大多数经

理人和员工，排在前几位因素分别如下：

- 受领导重视
- 工作兴趣
- 工作成绩能及时得到认可
- 学一技之长
- 员工意见受重视
- 具有竞争和挑战性的岗位

钱不是最重要的因素，它被排在第七位。从调查结论来看，正如赫兹伯格的双因素理论所言，金钱只是保健因素，而不完全是激励因素。

人的工作动机究竟从哪儿来？动机其实跟人的需求有关，有迫切的需求就会产生强烈的工作动机。马斯洛将人的需求分为生存、安全、社交、尊重和自我实现五个需求层次。正是基于这些需要，人们才有了动力推动，开始追求目标。只有了解员工的真正需要，才能采取有针对性的激励方式与方法。

2. 激励的三种方式

影响激励的三种方式是威胁激励、奖励激励和个人发展激励。

（1）威胁激励。许多酒店和国内外一些公司通过减员刺激员工珍惜工作岗位，就是采取创造危机意识的威胁激励方式。当合格员工的数量多，工作机会少的时候，威胁激励方式使用得比较多。

## 案例 9-2

### 末位淘汰制

某酒店为了增强员工的质量意识、提高顾客服务观念，推出“先培训、再上岗；不合格、再下岗，直到末位淘汰”的机制。员工感觉到一种威胁和压力的存在，他们积极参加培训，努力工作以免被淘汰，这种方式对于减少质量差错率、促进人员发展及提升整体人员素质大有帮助。

还有一些酒店每年通过这种方式，将一些中层管理者淘汰出管理层。即每年绩效考核最差或业绩完成最差的中层降级使用，而表现突出的主管提升到中层岗位职务。

采用威胁激励方式确实在员工中形成了一种竞争态势，有一定益处。但此方式过度使用，也会导致人员动荡和不安全感，减低其对企业的忠诚度。因此，需在适当的环境中正确地运用。

（2）奖励激励。奖励激励即对于表现好的员工进行各种形式的奖励。例如，加薪、升职、口头表扬，或评选先进标兵，树立榜样，激励他人。奖励激励对员工向新的目标迈进能起到积极的推动作用，但容易让员工产生依赖心理，也需适当运用。

（3）个人发展激励。个人发展激励又称员工职业生涯规划设计。这种方式是企业从长远角度考虑，将员工个人发展方向同企业目标结合起来，指导员工将追求自我发展目标与企业目标相结合。这是当前国内外酒店较为推行的、能最大限度激励员工的较为有效的一种新方式。

当然,任何一种方式都有它的局限性。企业需根据不同的对象、不同企业环境和文化适当、适度、适应地去运用。

## 案例 9-3

### 创建激励式汇融文化

G 酒店是即将筹备开业的新酒店,除了硬件建设外,首要面临的问题就是经营管理团队的组建问题。

总经理既是业主方的代表,又是具有酒店专业管理学位的"两栖人才",可谓集专业化与本土化于一身。然而,如何搭建这支管理团队、选择什么样的人才,成为总经理每日思考的"大问题"。

"外请和尚念经?"

"业主方选聘本企业骨干?"

"两者兼有?"

精英是造就的,不是天生的。无论使用什么聘用方式,都要打造出一支适合本酒店文化的管理团队来!于是,总经理与经理层其他成员研究决定:用"四梁八柱"当拐棍儿,不请"保姆"啦!就这样,他们采取了既引进中层管理者撑起"四梁八柱"大胆使用,又将本土原有人员作了精选调配,组成管理团队的做法,开始了"在多种体制培育下的酒店人才管理与凝聚"的实践。

**一、问题出现了,矛盾冲突发生了**

本土和引进人才由于在思想和文化上的差异,产生了以下不同。

1. 利益要求不同

引进人才(以下简称引):"打工"意识及目的性强,或追求晋升发展,或追求高薪收入;讲收入和贡献对等;讲价格和价值对等。

本土人员(以下简称本)"主人翁"意识强,以企业目标、群体利益为重,讲究服从组织安排和利益安排,注重精神的完善,讲奉献精神,少讲收入。

2. 价值观、竞争意识不同

引:自我意识强烈,生命掌握在自己手里;不过多地管他人干什么,知道自己干什么就行,竞争意识强烈,愿意在上司和他人面前显示自己的能力。

本:自我意识淡薄,为他人活着;关心他人胜过关心自己;竞争意识差,不懂或不会让上司和他人发现自己的长处。

3. 处理问题的观念和方式不同

引:遇到问题或处理员工违纪和质量问题时,多讲制度,少讲人情面子;办事有板有眼。

本:遇到问题或处理员工违纪和质量问题时,讲人情面子多,执行制度缺乏严肃性;思想上和行为上养成等待指令、办事不能善始善终的习惯。

4. 文化程度、修养程度不同

引:接受过酒店专业的培训,讲究酒店的礼仪礼貌、仪表及规范,语言表达文明、得体,并注意场合。

本:缺少酒店业礼仪礼貌、仪表及规范的培训,语言表达粗放、直率,欠思考,且不分场合。

5. 行为准则不同

引：讲究隐私权，不习惯打听他人私事和个人的事，不随意议论他人的事。

本：隐私讲公开性和透明度，喜欢关心他人，不管他人是否接受。

……

**二、用组织文化和企业理念凝聚人才、统一思想**

对总经理来说，引进人才和本土人员都是酒店发展和经营管理的核心力量。因此，她从内心珍视他们胜过自己。她认为，初建的团队需要一个磨合期，需要用一种文化统一思想、凝聚人心。如何给来自五湖四海的成员提供一个理想的平台，缩短磨合期的负面效应？这成为总经理初期要解决的首要问题。她采取了以下三个步骤工作。

1. 汇融思想

(1) 汇融思想引入团队文化；

(2) 层岗位一对一互配本土化和专业化人员；

(3) 组织多种集体活动，增进员工感情，加深了解。

2. 专业培训形成专业共识

(1) 建立和谐团队；

(2) 质量管理情景培训；

(3) 团队绩效考核。

3. 搭建平台——实现跨岗锻炼

(1) 沟通与交流；

(2) 职业生涯规划设计的双向承诺；

(3) 跨岗位锻炼，双职授权。

**三、形成汇融团队**

适合的人留下，不适合的人退出，团队一天天地也成长起来了。

**讨论：**

(1) 引进人员与本土人员“一对一互配”的精华何在？如何扬长避短？

(2) 选一个合适的人比选一个优秀的人更重要吗？

## 二、高素质质量团队的特质

很多人凭直觉就知道什么是团队，也有很多人把团队简单地理解为团队精神。众所周知，团队就是一些人一起做某些事，这是一个最简单的定义。许多教科书上也有不少关于团队的解释。让我们用世界500强企业培训教程来定义“团队”的概念吧！团队是由员工和管理层组成的一个共同体，该共同体合理利用每一个成员的知识和技能协同工作，解决问题，实现共同的目标。任何组织的团队都具有几个重要的构成要素：目标、人员、定位、计划和权限。因为这五个要素的英文首字母均以P开头，总结为5P要素。在5P要素中，人是构成团队最核心的力量。

服务质量是酒店经营管理的生命线，质量是核心竞争力，这一点早已取得酒店业同仁的共识。而保证服务质量的优良，应建立一支高绩效的团队，其关键因素是具有高素质的人。要想做到这一点，就必须从“头”抓起，即造就一批有高素质、高服务意识、对质量工作高度负责的团队。以下分别阐述管理者和员工特质。

### （一）管理者特质

著名的质量管理专家朱兰，这样归纳引起质量问题的原因："造成质量缺陷80%的原因是管理问题，造成质量缺陷20%的原因是操作问题。"这就是质量管理的"二八规律"，他让我们从本质上明确了质量问题形成的根源。因此，各级管理者在质量管理问题上负有主要责任，这是不争的事实。按照现代质量管理之父——戴明对管理者的定义，完成组织的转型，他必须具备知识、人格和说服力。这可以说是对领导者特质的概括。在实践中，现代酒店质量管理者的素质概括为三个方面。

（1）知道该做什么。换句话说，一个管理者，一个团队的领导，首先应有清晰的思路，即方向感。如果按照职场领导与被领导、管理与被管理的四个角色转换的观点来说，领导是通过艺术的手段使人性中有利于工作的要素张扬出来，在质量管理中起到协调者和激励者的作用；管理则是限制人性中对工作不利的因素，在质量管理中起到教育者和教练员的作用。当目标明确的时候，无论是管理者还是团队成员，都清楚怎么做；当目标偏离时，管理者应善于发现问题，成为舵手。这时的管理者便成了团队的主心骨。

（2）高度的质量意识、服务意识。如果希望把酒店变成质量型组织，那么每一名管理者都必须牢固地树立起质量观念、服务观念，管理者应该比团队中的任何一个成员都具有强烈的质量意识、服务意识。管理者用身体力行的方式给团队成员以示范，让管理者成员看到"影响质量的事由管理者负责，并时时刻刻做到了""当顾客有需求时，成员看到了管理者服务的背影和满足顾客的表达"。在质量持续改进的过程中，管理者更要让成员看到自己永不满足和永不停顿发现和改善服务的言行。这种高度的质量意识和服务意识，久而久之，会影响和带动整个团队迈向更高的目标，使团队更自觉地进入质量管理的良性循环。

（3）专业化的职业素质。国内专业人士均已认识到，为什么15%的国际品牌酒店公司，赚取了整个行业利润的85%。酒店行业不是什么高科技技术，只是需要一批具有专业化素质的人员，用专业化的管理，即细节管理精细到每一个环节，就没有做不好的。作为酒店专业管理者而言，其专业化素质的高低也决定了其事业的成败，就其职业素质应包括职业道德、知识技能、沟通与协调的艺术、工作设计的能力等多项。在酒店质量管理活动中，关键是这四种能力的综合运用，其中知识技能和工作设计能力是质量管理中非常重要的能力。如果管理者没有过硬的知识技能，难以服人；工作设计则需要不断观察事物、发现问题，并对程序和流程进行重新设计或流程再造。这样精湛的专业技术，加之优秀的管理经验，使管理者成为真正的高素质管理者。

### （二）质量团队成员的特质

一个真正的高绩效、高素质的质量团队除应具备共同的价值观、沟通信任、发挥每个成员特性、高效的程序与流程之外，更重要的应具备以下与团队管理者有异同的三个特质。

（1）较强的团队精神和合作意识。团队精神是高绩效团队中的灵魂，是成功团队的特质。很少有人能清楚地描述团队精神，但每一个团队成员都能感受到团队精神的存在与好坏。一个成员协作较强、干劲又足的团队，彼此会觉得心情比较舒畅，容易产生较好的业绩；反之，一个缺乏协作精神、处处设障（防）、心情压抑、内忧外患的团队，是无法创造 $1+1>2$ 的效果的。因此，团队成员为了实现团队利益和目标相互协作、尽心尽力的意愿和作风，才是团队精神的真谛。

（2）有责任感。团队中除队长要求承担很大的责任之外，每一个团队成员也要承担责任，甚至要相互作用，共同负责。作为团队成员，你在团队中担当的角色，你所从事的职位是你的责任所在，成员要把担当的角色和所从事的工作看成是自己应尽的责任，而不是替队长服务。人们常常遇到共同的问题：当质量问题出现时，从中层管理者到员工会找出“这不属于我的工作呀”“这不是我们部门的事”“这事没跟我说呀”等一串理由推脱责任；更有甚者，巧妙地以“我因为做A，所以不能做B”来掩盖自己出现失误是因为别人的原因，或以上司为由找出不是自己责任的充分理由。此现状的根源有：一是团队没有树立起良好的风气，有管理者责任；二是团队成员没有良好的责任心态。由此可见，个人素质与团队责任感的培育有着共同提高的必要和必需。

（3）相关的技能。团队成员应具有本职所需的专业技能。在质量管理团队中，要达到高绩效、高素质团队的要求，还应具备解决问题和决策的技能：一是需要有技术技能的成员；二是需要成员具备解决问题和决策的技能，能够发现问题，找出解决问题方案，评估这种方案，最后做出适当的抉择；三是需要团队成员具有良好的倾听技巧、反馈、解决冲突和其他人际关系技能。没有这三种技能，不可能有团队绩效最大化，而每一个成员进入团队的价值就在于此。

## 三、雇用适合你文化的人

在一开始找到优秀人才，对企业来说是至关重要的。然而优秀人才不一定是适合你的人才，但是适合你的人才一定具备优秀人才的素质。

### （一）选人的误区

许多管理者在很大程度上根据新员工的技能、经验、经历来做是否雇佣的决定，后来却后悔不已。尽管技能、经验和经历是一个“优秀员工”的重要素质，但都不是决定性因素。其重要因素在于该员工能否将所学技能、经验等与所在企业文化相适应，以及双方的适合性。因此，绝不应该低估组织文化在员工的成功或失败中发挥的作用。

### （二）“以人为本”由浅入深

许多企业把“以人为本”写进企业理念或作为企业文化，人成为企业管理的关注点，这是当今市场竞争的新理念。酒店新员工在没有产生价值的初期，应以提高职业道德、职业技能和职业规范为主要任务；在其达到较高素质和具备较全面技能的时候，应关注他的新需求；在其具有丰富经验、有较成熟技能、为企业产生较大价值的时候，那就是人的整体素质都达到了一个较高水平的阶段，“以人为本”就应上升到个性化程度。对于酒店内部用人而言，不同类型的人，在不同阶段有不同的作用，“以人为本”应由浅入深。

### （三）从开始就做正确的事

选人，雇佣适合企业文化的人，是开始就应该做正确的事。员工的绩效常常有很大的客观成分。上级和同事常常考虑：G善做团队中的工作吗？H是否过分地竞争？F是否在冒不必要的风险？这些解释对于员工而言是好还是坏，取决于员工与组织的适应情况，员工适应得好的话，就可能认定为是一个高绩效、高素质者。

组织文化是一个共享意义的系统，代表了组织中大多数人认同的核心价值。例如，里兹·卡尔顿酒店公司的座右铭“我们是为女士和先生提供服务的女士和先生”，倡导的就是顾客与员工共同体验的一种文化。香格里拉承诺“成为客人、员工和经营伙伴的首选”。凯悦说：“我们努力帮助员工发展职业生涯，而不仅仅是工作。”

作为一名管理者，你应该用与组织的适应程度为标准来评价和挑选员工，选择那些价值观念与组织基本一致或至少与组织价值观中好的那一部分基本一致的员工。如果你一开始就能牢牢把握组织价值观和奖励标准，你就能很好地确定一个候选人是否能与组织文化吻合。相反，招聘一个不适应组织文化的员工和管理人员，很可能缺乏激励感或承诺感，对工作和组织不满，抱怨多于行动，加之其需求未得到满足时，其离职率和破坏性比那些适应组织的员工要高得多。

## 四、高素质质量团队的组织体系

### （一）“服务金三角”的内容

质量组织的愿景和决策体现在满足顾客的需要上，因此，质量组织在确定其指导思想来构筑自己的管理模式时，一定要从整体出发，不能忽视有可能与顾客接触的每个部分，从重视组织各个组成部分的角度提出具有服务行业特点的理论框架，“服务金三角”概念由此产生。“服务金三角”是由美国服务业管理学家威卡尔·阿尔布瑞契特在总结了服务组织管理的实践经验的基础上提出的。这一概念已得到越来越多的企业界和理论界的认同。

阿尔布瑞契特认为，在全世界，无论任何服务组织，如果想获得成功——保证使顾客满意，就必须具备三大要素：一套完美的服务策略；一批具有良好素质、能精心为顾客服务的服务人员；一种既适合市场需要，又有严格管理服务系统的基本管理要素。把这一思想用图形表示出来，就形成了“服务金三角”，如图 9-4 所示。

“服务金三角”把顾客作为核心，把顾客看成是一切工作的出发点和归宿，展示了三大关键要素与顾客之间的关系。它为质量团队管理者提供了一种为顾客提供成功服务的基本模式，它被誉为服务组织的“基石”。

### （二）关于服务质量管理体系

ISO 9004 标准借用“服务金三角”这一基本模式来表示服务质量管理体系的基本原则：顾客是服务质量体系三个关键方面的焦点，只有当管理者职责、人员和物质资源及质量管理体系三者之间相互配合协调时，才能保证顾客满意。它突出了三个关键方面，如图 9-5 所示。

与“服务金三角”相适应，服务质量体系首先强调了组织管理者在建立质量管理体系中所承担的职责是制定使顾客满意的服务质量方针，明确各部门的职责和职权，进行管理评审。其次，服务组织中的人力资源和物质资源应保持与顾客的适应性，特别是强调服务人员，与顾客交往具备的沟通能力和必要的知识与技能，应形成一个自然的工作小组（如 QC 小组），能与外部组织和代表适当地协作，以提供及时和运转流畅的服务。最后，强调以开发、建立、实施和保持一个质量管理体系，并为实现服务过程进行适当的控制和保证，以便在发生问题时，做出及时的反应和具有纠正的能力。由此，我们看到服务质量管理体系“金三角”，以顾客为焦点，四者之间积极地产生互动作用。

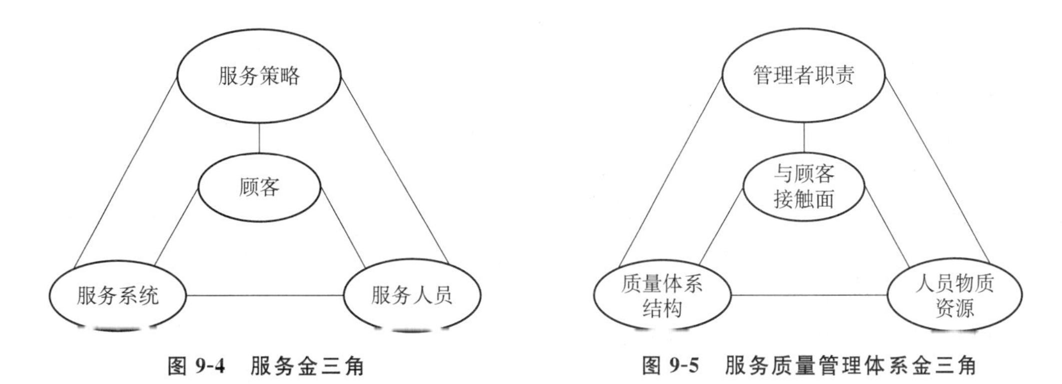


图 9-4 服务金三角　　图 9-5 服务质量管理体系金三角

### （三）实践中的“双向金字塔”

相对于“服务金三角”和服务质量体系的“服务金三角”而言，实践中，很多酒店已在不断完善和发展这种理论。他们试图把服务体系和以顾客为中心的“金三角”落实到质量团队的每一层级，使之在组织保证的条件下得以贯彻执行，如图 9-6 所示。

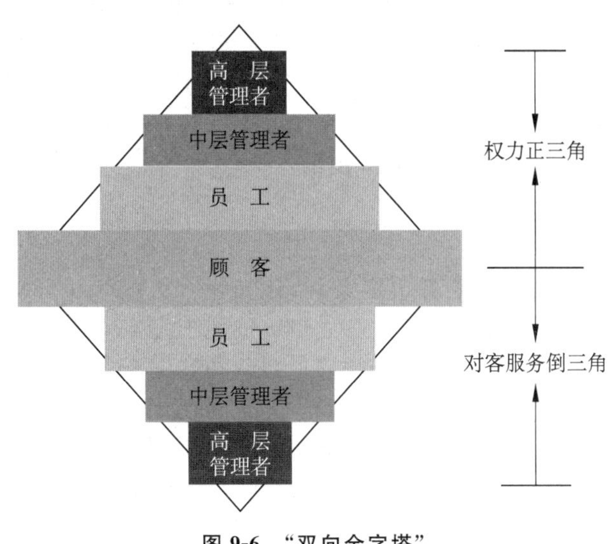


图 9-6 “双向金字塔”

“双向金字塔”图示，不仅反映了组织文化从传统的权力正金字塔向现代酒店管理“员工第一”的理念转变。在质量监控中，这个框架又反映出检查系统的从上到下，执行系统的从下到上的双向循环。由于质量团队当前面临的主要挑战需要创造一种把为顾客提供优质服务放在首位的组织文化，因此该图示还深层地反映了新型的领导和管理职责问题。

## 五、建立高素质质量团队的制约因素

然而，不是所有酒店，也不是所有新组建的团队，从一开始就能选到适合酒店文化的人。因为它受到社会环境、企业环境，以及人才本身等因素的限制。

### （一）社会环境的制约

事实上，社会发展的不同阶段、国家政策的导向、行业特点的不同，都是影响选择高素质人才的因素。中国在改革开放前，其工作重点是以阶级斗争为纲，人们的物质生活和精神生活处于极度困乏阶段。在特殊时期的特殊背景下，人人有饭吃，人人有衣穿，供给和社会主义公有制度使当时的人们得到一种满足：那时的分配制度体现的是人人有份的平均主义、大锅饭；在企业中，干好干坏一个样，人的积极性没有得到充分的发挥。中共十一届三中全会确定了以经济建设为中心的工作重点，以及社会主义初级阶段的基本路线，人民的生活水平从解决温饱问题转向小康社会目标，物质生活的极大丰富带来了人们精神生活的变化。特别是近十年来，人们的择业观发生了很大的变化。人们的择业机会多了，选择空间大了，企业之间人才的竞争也加剧了。社会的变化带来了人们生活节奏的变化，以及观念的变化。二十年前酒店门槛高，能进酒店工作的人都是经过严格挑选的。而今天，酒店行业早已不是热门行业，年轻人在择业时很多都把酒店放在最后，或是作为临时跳板，造成了酒店的人才匮乏。

### （二）企业环境的制约

为了吸引优秀人才，提高核心竞争力，企业可以说是使出了浑身解数。吸引人才的方法大概可分为三种类型：第一种类型是高举吸引人才的大旗，以人民币为中心，挖墙脚、不惜血本，干扰了正常竞争的法则；第二种类型是自称“重视人才”，招聘进来的人不能做到价格与价值相符，造成人才的流失，当然不乏价值与价格不符的人浑水摸鱼；第三种类型是既重视价值创造，又重视价值分配，但受现有体制和机制的局限，而不能完全体现价值与价格的对等。当然，本节的中心是讲适应企业文化的人才，而不是讲金钱的作用。因为，真正的人才更注重自我价值的实现和企业环境的其他因素。

### （三）人才自身的制约

每个人能否成为团队成员，要看很多条件，比如这个人的生长环境、性格、受教育的程度、家庭背景、人际关系等。实践证明，服务质量更依赖于服务者的素质。换句话说，服务者素质的高低直接影响服务质量的好坏，影响质量团队的整体形象。可能有人会问，国外酒店管理公司管理国内许多中国的酒店，其团队成员的素质为什么那么高？我们与他们有什么不同？应该说，除了上述人本身的诸多因素外，还有基础不同、质量团队培育时间的长短不同。国外酒店管理公司的团队已经经过了从成立期、动荡期到稳定期的发展，对外扩张已到了高产期，团队成员具备了多种技巧，协力解决各种问题的能力已进入成熟阶段，个人素质在这样的团队中可得到全面展示。

综上所述，建立高素质质量团队既强调管理者的素质，又需要相当数量的高素质的员工做支撑。在任何经济条件下，人才都是相对的概念。

## 第三节 提高质量团队的整体效率

在若干案例中，我们经常发现以下现象：酒店投入了巨资、大量的心血和精力，为什么酒店却处于不赚钱甚至亏损中？营销、管理、招人用人等是否已使管理者疲惫不堪，心力交瘁？

静下来想一想：自己的酒店存在其中多少个问题？曾经因为这些问题的困扰，给管理者自身带来了多大的麻烦？因为这些问题的困扰，企业又少赚了多少钱？不断改进酒店服务质量，还在不断重复质量问题，作为一名管理者，为什么没有一套有效实现目标的策略和方法？一些管理者因为不懂得专业管理，不懂得人性化管理，不懂得酒店员工职业生涯规划设计，不懂得酒店礼仪，不懂得酒店文化和品牌建设，没有专业的知识和相关经验，因为这些“不懂得”，浪费了多少时间和发展机会？如此一系列的问题，切中国内酒店行业在经营和管理上缺乏系统性思维和酒店系统“顶层设计”的要害。为此，应以高度重视。

## 一、系统性的“顶层设计”

### （一）“顶层设计”成为各行业广泛使用的名词

在中国，“顶层设计”现已成为一个被各行各业广泛使用的名词，但对其概念的理解略有不同。

1. 概念与特征

“顶层设计”是运用系统论的方法，从全局的角度，对某项任务或者某个项目的各方面、各层次、各要素统筹规划，以集中有效资源，高效快捷地实现目标。主要特征：一是顶层决定性，“顶层设计”是自高端向低端展开的设计方法，核心理念与目标都源自顶层，因此顶层决定底层，高端决定低端；二是整体关联性，“顶层设计”强调设计对象内部要素之间围绕核心理念和顶层目标所形成的关联、匹配与有机衔接；三是实际可操作性，设计的基本要求要表述简洁明确，设计成果具备实践可行性，因此“顶层设计”成果应是可实施、可操作的。

2. 不同行业对“顶层设计”的理解

建筑学认为，“顶层设计”就是一个总体规划的具体化。如果光有规划，缺乏具体的实现手段，则在总体规划之下很可能又造成各自为政、分兵把口的局面，造成资源难以共享，信息难以互联互通的后果。

工程学认为，“顶层设计”是一个工程学概念，本义是统筹考虑项目各层次和各要素，追根溯源，统揽全局，在最高层次上寻求问题的解决之道。“顶层设计”是一项工程“整体理念”的具体化。例如，要完成某一项大工程，就要实现理念一致、功能协调、结构统一、资源共享、部件标准化等系统论的方法，从全局视觉出发，对项目的各个层次、要素进行统筹考虑。第二次世界大战前后，这一工程学概念被西方国家广泛应用于军事与社会管理领域，是政府统筹内外政策和制定国家发展战略的重要思维方法。

艺术学里以影视和游戏为例。影视和游戏制作中的概念设计，这个话题所覆盖的领域很广，基本上我们日常所接触的设计领域，其设计思路的源头都与其有着密切联系。今天所说的只是游戏、影视中所涉及的概念设计，其服务宗旨是为游戏、影视中的娱乐性服务的。也就是说，通过完善、新奇的构思与想法，并结合当今日益发达的计算机图形学，将视觉冲击与理性的世界观有机地结合，最终获得最大的商业利润。

经济学认为，“顶层设计”是中央文件新近出现的名词，首见于“十二五”规划，也进入中央经济工作会议的内容。据国内专家解读，它是系统工程的专有名词。加快转变经济发展方式本身是一场重大的改革，除了深化价格、财税、金融等领域的改革，深化收入分配制度改革，完善产权保护和知识产权保护的制度等改革以外，也应该特别注重准确地界定政府和市场的分工，完善干部政绩考核制度。

改革开放40年的成功，恰好是“顶层设计”呼应了来自基层的强大发展冲动。改革开放初期，由于诸项改革措施的受惠面比较大，社会动力与政府的牵引力紧密结合，带动改革加速推进。20世纪90年代中期以后，随着改革的不断深化，利益分化进程加快，在利益面前形成共识的困难越来越大。“顶层设计”与“底层冲动”结合的难度自然也就加大了。从经济角度理解，可以说改革是一个系统性工程，“顶层设计”就是要自上而下，但必须要有自下而上的动力，要通过社会各个利益群体的互动，让地方、让社会及各个所谓的利益相关方都参与进来。

### （二）酒店质量管理的系统性“顶层设计”

上述所说，全方位改革需要“顶层设计”，酒店“顶层设计”更是以酒店战略发展，以及为实现经营结果为目标导向，从起始最高层面上进行的总体规划设计。从“顶层设计”字面含义理解是自高端开始的总体构想，“不谋万世者，不足谋一时；不谋全局者，不足谋一域。”但其也是一种民主集中，是从若干的某一时、某一域中科学抽象出来的。“顶层设计”不是闭门造车，不是“拍脑袋”拍出来的。

酒店项目投资是一种商业行为，投资人必须考虑投入与产出的回报。所以，他们首先给自己提出几个问题：谁是酒店的客人？他们喜欢什么？我们有什么特色？我们可以提供什么服务？我们附近有什么竞争对手？我们可以投入多少？计划多久回报？我们有什么核心竞争力？等等。以此进行数据、结构、竞争、目标客户、优劣势、投资等方面的分析，进行项目总体定位，方可确定项目是否投资，建成什么品级的酒店。

由此，酒店服务质量管理的“顶层设计”是针对目标客群、品级、核心竞争力，以及人员流、信息流、物质流等全方位的设计，是结合内外部宾客需求、增强酒店质量管理国际化竞争而展开的设计。

### （三）系统性“顶层设计”要以规则作保证

1. 酒店系统性“顶层设计”的依据

（1）应遵循行业标准。其中，《旅游酒店星级的划分与评定》作为国家标准，包括酒店硬件设施和软件（无形）服务两大部分，应由重点设计。

（2）《精品酒店行业标准》《绿色酒店行业标准》等，也都是酒店业实施“顶层设计”的基本标准，只是依据酒店定位不同，采取适应性标准尚可。

（3）除此之外，作为酒店业主方和酒店经营管理者，还应关注企业自身标准和内外宾客满意度等制度的“顶层设计”。例如，增加酒店经济效益的设计，以及为了实现企业战略目标所应满足的客户满意目标和内部激励制度设计，因为一个不满意的投诉会有“口口相传”的负面影响。

2.“顶层设计”的重点是打造高效团队

众所周知，所有事务都是通过人来完成的。这里所说的人，不是单打独斗的个体，而是协同作战、高效运行的团队。高效率团队运作，一定有良好的团队规则为保证。明确告诉团队成员，什么样的行为是团队所不能容忍的，并将其形成制度。制度违反者都应受到相应的惩罚，并做到及时(第一时间)、公平(一视同仁)、公开(团队内部)。制度是团队的高压线，不坚决执行的制度还不如没有制度，记住这点很重要。这些规则应能保证一个团队的正常运行，让团队每个成员的主动性、积极性和创造性充分发挥出来。

3. 高效团队的行为设计

(1) 认同文化：文化是思想的源泉，文化是发展的根本。

(2) 充满激情：激情是做事的动力，有激情才有上进心。

(3) 善于思考：人的成功80%靠智慧，20%靠技术和能力。思考是发挥智慧的源泉，有了思考，智慧才得以发挥。

(4) 以身作则：你想让下属怎么做，就必须先做给下属看，下属才会信服你，尊重你。

(5) 目标明确：没有计划的行动是盲目的，没有行动的计划是无效的，一个好的计划就已注定事情成功了一半。

(6) 行动果敢：一个方案定下来即使是错的也要立刻执行，在执行中改进。在今天，时间是最大的成本，由不得浪费。

(7) 督导检查：领导者吩咐下属去做一件事后，必须跟踪指导，及时纠偏。只有这样才能有效促进结果的快速形成。

(8) 激励下属：不要吝啬对下属的表扬，多激励，少指责。激励需要经常化，激励机制制度化。

管理是一门科学，也是一门艺术，系统性"顶层设计"也是如此。有效的系统性"顶层设计"可以促进事业的成功。企业家不是经济学家也不是哲学家，但应懂得如何从人性的角度去设计企业、经营企业、管理企业。在企业与员工之间、企业与社会之间树立一个共同的价值观，从而促进企业的稳定、快速发展。使系统性"顶层设计"既成为一个具有前瞻和远见卓识的战略，更是一个便于操作与执行的体系。

### (四) 服务标准与服务过程的蓝图化

## 案例 9-4

### 关键时刻与服务质量

在北欧航空公司陷入可怕的困境时，公司的前任总裁简·卡尔松就是使用"关键时刻"这一短语来鼓舞公司员工的士气的。卡尔松使公司员工们相信，他们与顾客之间的每一次接触都构成一次"关键时刻"，并且这些"关键时刻"还具有瀑布效应。卡尔松还指出，就在这些短短的接触过程中，乘客就可以对北欧航空公司所提供的服务的总体质量作出判断。

卡尔松(1987年)告诉他的员工说："我们的业务并不是驾驶飞机，而是满足大众的旅行需求。"卡尔松估算，北欧航空公司的全体员工每一天每小时需要处理50 000个"关键时刻"。这些重要的服务接触数目非常庞大，因此其中任何一个服务接触的失误都有可能给整个公司造成不可估量的损失。

这样，卡尔松在不到两年的时间里成功地将濒临破产的北欧航空公司变成一个扭亏为盈的企业的故事，成为服务管理和营销中的一个成功案例。

一句话点评：服务质量是由员工创造的，但却是由顾客来加以判断和评说的。在顾客看来，在服务发生的那一刻，这些与他们接触的员工，以及他们的行为，体现着整个服务企业的形象。因此，以服务为导向的营销理念——其核心概念就是服务接触和“关键时刻”。

1. 顾客驱动型服务标准的设计与制定

服务的成功永远依赖于“在顾客最关心的方面竭尽全力”。因此，及时了解客人的优先需求就成了确保服务质量的关键。酒店在准确掌握了顾客期望信息后，应将这些信息转化为适当的服务标准和目标。酒店建立的服务标准可以分为两个主要类型，即“硬性”标准和“软性”标准。“硬性”标准是那些可以通过计数、计时或观察而得到的标准。“软性”标准是必须使用感性的标准并以稳健的形式表示出来，必须通过与顾客、员工或其他人的交谈才能收集到的确切信息。

顾客驱动的服务标准的设计与制定需要经过四个步骤。

(1) 识别已有的或期望的服务接触环节。主要是采用酒店内部的服务蓝图进行识别。

(2) 把顾客期望转换成行动。抽象的顾客需求与期望必须转换成与每次服务接触有联系的、具体的、详细的行为和行动。

(3) 选择为之建立标准的行为或行动。在选择的过程中，酒店设计人员应遵循以下原则：

① 服务标准一定是基于对顾客而言最为重要的行为或行动；

② 服务标准应该反映需要改进或维持的行为表现；

③ 服务标准应该覆盖员工在工作中所能控制的哪些方面；

④ 服务标准应该为员工所能接受；

⑤ 服务标准应该要为顾客预期而立而不是被动反应；

⑥ 服务标准既要有挑战性又要切合实际。

(4) 决定建立硬标准还是软标准。酒店在做服务标准设计时是非常希望能够用硬性的标准来反映软性的方面，但是这正是酒店在制定服务标准时的最大误区之一，那就是仓促地选择硬性标准。为了避免这样的一个误区，酒店在做服务标准设计时，应在顾客与员工内进行调研，以便掌握并选出直接影响顾客感知绩效的方面，并且以此为基础，作为酒店服务的软性标准。

经过以上四个步骤，酒店就建立起了真正能反映顾客期望并且为员工所能理解与接受的服务标准，有效地帮助员工提高服务传递的质量。

通过服务标准的建立，顾客的感知价值明显提高，所反馈的服务感知绩效也明显改善，而员工的满意度并不会因为服务标准的建立而下降。这首先是因为在建立服务标准的过程中，服务员工也是积极的参与者，并且参与了相关标准的直接或间接的制定工作，所以服务标准及工作细则本身体现出员工所希望改善的某些工作流程；其次是因为服务标准建立并且实施后服务人员大大地提高了工作效率，使员工可以抽出时间和精力去做更有个人特色的、独立的事情。

在酒店服务中，产品是一个过程。因此服务传递质量就体现为顾客在接受服务时与酒店员工交互过程中的一种个人体验，即感知质量。从这个角度出发，服务传递质量的好坏与服务过程的设计——即服务系统的优劣密切相关。

2. 应用服务蓝图提高服务传递质量

顾客所体验到的服务质量出现在服务传递过程中的“关键时刻”或“真实瞬间”，是酒店服务员工与顾客进行面对面接触的时刻。因此，高质量的服务传递必须有一个能够满足“关键时刻”或“真实瞬间”需要的高效的服务系统过程。

服务蓝图是一个详细的计划性和分析性文件，它以流程的形式来说明构成整个服务系统的各个细节和过程，以及这些过程之间的相互关系。服务蓝图不仅清楚地回答了结构性问题（一个服务过程的各构成部分是什么），还回答了功能性问题（如何提供服务），因此可以用来有效地识别服务系统中的任何“接触点”和“失误点”。这有助于酒店管理人员和服务员工采取预防措施，或安排辅助性服务。

作为一种管理工具，服务蓝图可以使员工通过图表的方式直观地了解顾客的总体需求，以及酒店应该在何时何地作出何种安排来满足顾客的需求。因此，顾客导向的服务蓝图结合功能性的服务标准和规范，有助于指导酒店管理者和服务员工观察、组织和控制整个服务系统，从而提高服务传递质量。

某酒店客房服务蓝图如图 9-7 所示，餐厅服务蓝图如图 9-8 所示。

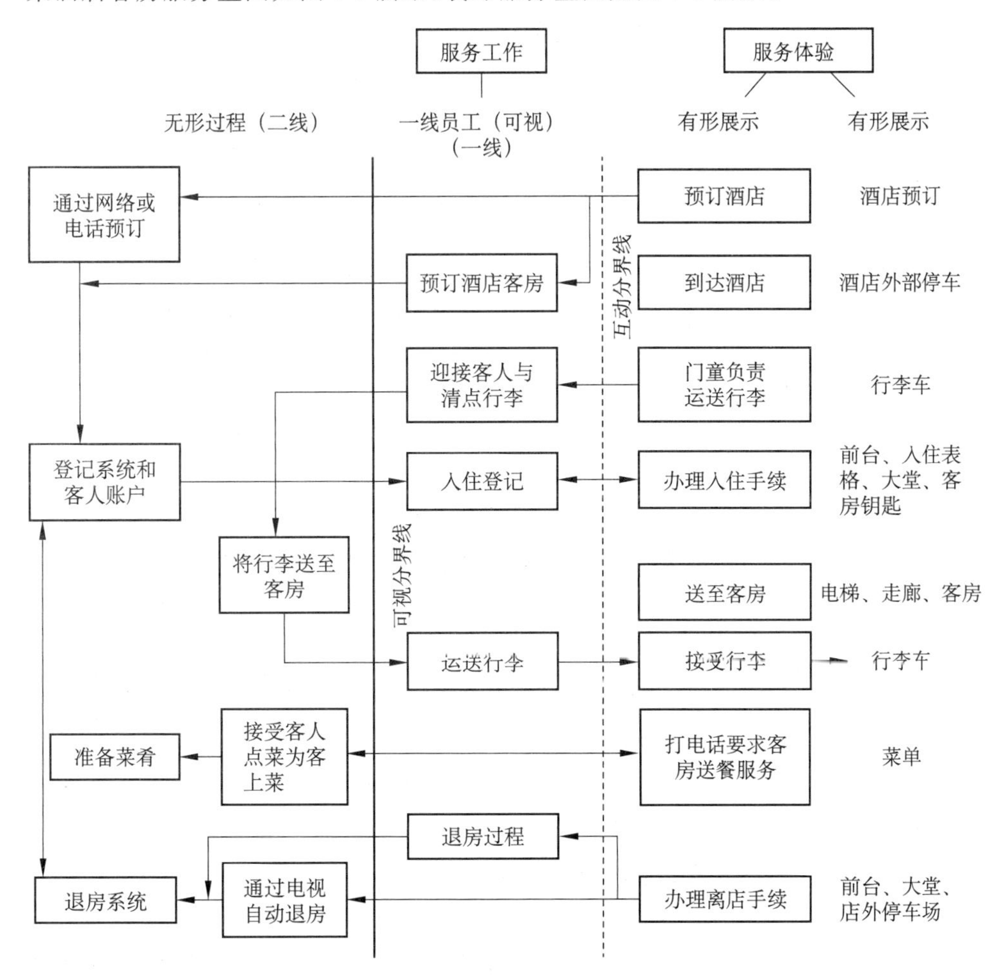


图 9-7　酒店住宿服务蓝图

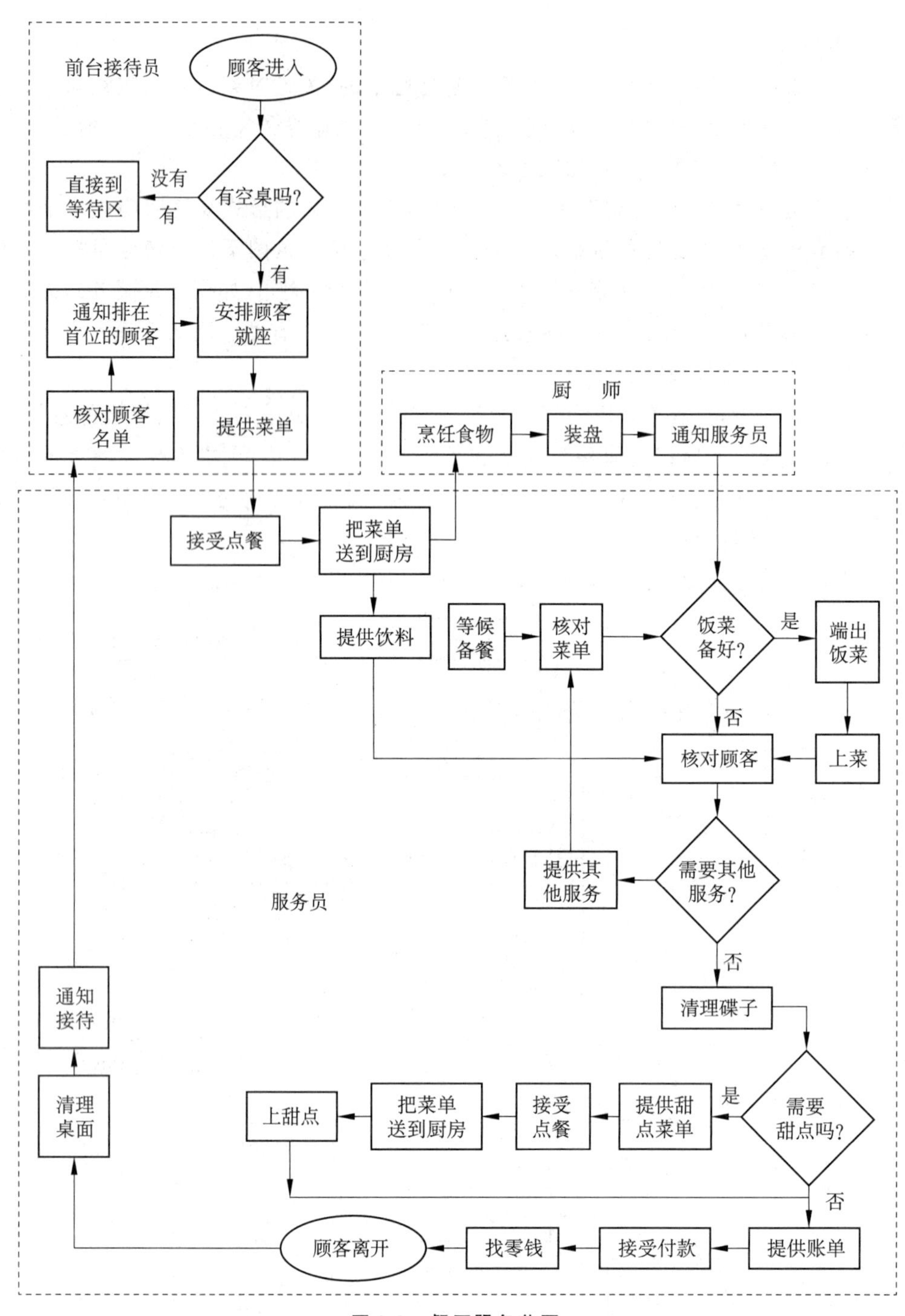


**图 9-8　餐厅服务蓝图**

# 二、实现质量团队的自我控制

多年的实践,让更多的管理者学会了从管理视角想问题和做事情。“团队是管出来,员工是管出来的”似乎成为一种思维定式和惯性思考。的确,无论是在企业初创阶段还是发展到一定阶段，管理仍发挥着巨大的作用。然而，随着国际化竞争的加剧，一些国内外成功企业品牌的打造，我们越来越多地看到了企业成功的又一因素——自我控制的高绩效团队的作用。实现团队的自我管控成为当今和未来发展的一个目标。

### （一）自我管理型团队的特点

质量圈对于提高企业的质量行之有效，但团队成员在参与决策方面尚显不足，因而需要企业努力建立新型团队，这种新型团队是真正独立自主、自我管理的团队，称为自我管理型团队。自我管理型团队如图 9-9 所示。

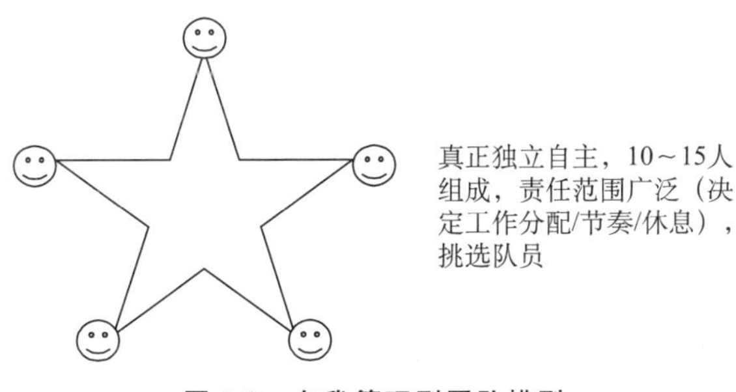


**图 9-9　自我管理型团队模型**

一些酒店鼓励内部组成若干团队或 QC 小组。以小组为单位组成团队，推荐和选举队长，团队成员的角色也可实现互换。该团队从制定质量管理目标（P）、实施质量管理（D）、检查质量（C）到整改或修正完善（A）的过程控制，从头到尾、从始至终，全部由质量小组或质量团队完成。就像六西格玛在酒店运用，一个质量团队发现问题，继而自身解决这个问题，使质量循环中的一个个问题逐步得到自我解决一样。由于这种做法得到了领导者的支持鼓励，质量团队的自我管理就形成了良性循环，其团队成员的积极性也得到了最大的发挥。

### （二）按团队形成与发展规律建立自控型团队

一般情况下，一个成熟的团队大致需要经过以下几个阶段。

1. 团队的形成和磨合阶段

形成和磨合阶段促使个体成员转变为团队成员。每个人在这一阶段都有许多疑问：我们的目的是什么？其他团队成员的技术、人品怎么样？每个人都急于知道他们能否与其他成员合得来，自己能否被接受。为使团队明确方向，组织者一定要向团队说明目标，并设想出成功的美好前景，以及成功所产生的益处；公布工作范围、质量标准、预算，以及进度计划的标准和限制。

这一阶段的特征是：成员对团队期望颇高，希望有所作为，但面对新工作及人际关系有些焦虑感；成员间开始试探新环境中其他人，企图寻找适合自己的位置，人际关系既客气又疏远，工作的推动均依靠正式的指挥关系。此阶段的主要难题在于成员选择及角色定位，形成自己的目标并设定群体行为的规范。同时，这个阶段还容易产生成员因期望方式与实际运作现象脱节而偶有失望，心生不满及挫折感，觉得无法胜任并怀念以前工作（生活模式和环境）；进而对领导者及其他成员抱有敌意，造成冲突；都希望能够展示自己的才能以求引起注意力等。

在这一阶段,团队领导者要善于有效的会议主持技巧、人际沟通及谈判的技术、各种团队运作所需技能及培训、成员间的互动关系及冲突处理,减轻成员的心理压力,促使成员间的相互了解,逐步建立信任和依赖关系。

2. 团队正常运作阶段

经受了形成和磨合阶段的考验,团队就进入了正常运作阶段,逐渐接受了现有的工作环境,团队的凝聚力开始形成。这一阶段,随着成员之间开始互相信任,团队内大量地交流信息、观点和感情,合作意识增强,团队成员之间互相交换看法,并感觉到成员间可以自由地、建设性地表达自己的情绪及意见。

这一阶段的特征多表现为:成员间的认知失调现象趋于平衡,发展出建设性的交流方式,展示出更多团队成员间的信赖、支持与尊重;发展出团队的语言,工作同时充满乐趣;成员对于自己在团队中担任角色和共同解决问题的方法达成共识,整个团队达到自然平衡,差异缩小,队员之间相互理解、相互尊重和体谅困难。这是团队融合阶段。这时,团队领导者要善于发展群体决策及解决问题的技能,并能适当授权与授能,进行工作的教导与指导。

3. 团队的高效运转阶段

队员之间互相关心,互相支持,信心大增,呈现出快乐工作的气氛;成员技巧成熟,协力解决各种问题;开展正常沟通、化解冲突和分配资源;分享领导权,每个成员都有完成任务的使命感和荣誉感,达到高度统一,追求共同的目标并积极促进目标的实现;团队成员的自制力极大增强、团队管理模式清晰、任务明确与配合默契。这个阶段绩效最高,达到高度自我控制。领导者应在高效运转阶段运作的实际工作中,给予看不见的支持和团队利益保证,特别是在激励方法及制度的设计、绩效评估的方法,组织经验的积累及传承,作业程序的确立及再造方面,要善于发挥团队每个成员的作用,促进质量管理效益最大化。

### (三) 自我管理型团队领导者的素质

关于领导者素质,已在第七章第二节中做了详述,这里不再重复。总之,质量团队的领导者应从其中的素质要求中学习其精华和逐步提高自身各种能力,特别是引领和疏导能力,方能做一名称职的团队管理者。

谈起自我管理型团队领导者的素质,有很多定义,毋庸置疑,都是标准和规范的概念。在这里,借用哈佛商学院的描述更有新意和独特性。哈佛商学院对总经理的素质要求是奇特的,全面的:一个好的策划人;一个组织能手;一个协调人;一个管制人;一个分析人;一个推动人;一个设计人;一个意见沟通人;在许多情况下,也必须是个老师,一个好学不倦的人;必须是一个全才,必须是一个天才。

当我们读完这段话后,似乎感到这个总经理几乎是个完人。是的,自我控制团队的领导者也应具备这种素质,才能把团队集合起来,才能使团队高效运作,自我管理。

## 三、影响质量团队效率的因素

人们经常看到,一项好的方案或一个好的建议通过之后,掀起的波动很大,但结果却无声无息，特别是领导不过问，此事就会石沉大海。问题到底在哪？有时，领导者布置完任务，没有量化要求（即完成时间、数据等），不做细节管理；执行中多出现随意性，等等。多种因素影响质量团队效率，如下列出四个主要因素进行分析。

### （一）沟通文化差异

团队协作讲的是所有成员之间协同、合作，内有目标、分工、沟通、协调，甚至会有妥协。很多情况下，由于每个成员所处的家庭背景、受教育程度、社会环境、性格等方面的差异，带来不同的文化，形成文化差异。由于文化差异，带来沟通能力的差距，导致沟通不畅。这种沟通文化差异，也是导致信息不对称、理解偏差、团队效率低下的诱因之一。所以，一个团队需要形成自己真正的文化。只有团队成员的“心灵挂钩”，沟通文化牢固，才能产生统一的步调。同理，没有适合性人才列入团队，也将使团队出现一个“隐性”的负能量个体，小团体对抗就不可避免。反之，如果这个新成员是适应性人才，其带来的是满满的正能量和解决方案，团队协作及效率将会大大提高。

### （二）责任没有落实

对于职责界定清楚、管理范围明确、质量管辖划分清晰的事情和工作，一是落实顺畅，二是责任分得清，推不了。然而，在遇到两个以上部门之间，两个以上管理者之间，属研讨性、开拓性，并非必需的、指标性的工作，出现责任不落实的情况相对就多。服务组织的产品创新是一个持续而且迅速的过程。对需求变化的迅速反应，对任何开发服务的思路的关注，对新产品开发不断地追求，是服务组织管理者必备的素质。服务产品的创新通常需要部门和团队合作，而往往在需要多个部门管理者分工负责的时候，就会产生无人负责的境况。

共同责任与分担责任完全不同，在许多活动中，都会出现与他人共同分担责任的状况。事实上，在酒店经营过程中，每个人都应该与代理商和顾客共同工作。在质量管理中，所出现的质量问题，都是管理者和员工共同的责任，因为员工直接接触顾客，管理者担负管理责任。高层管理者应该为质量负责，质量责任不容推诿。

### （三）执行时找借口

除了“沟通文化差异”所述内容之外，在执行之中，由于目标不清或缺乏信任，以及新任务培训不到位等，我们经常听到各种各样的借口，常见的有以下六种表现形式。

1. 他们作决定时根本没有征求过我的意见，所以这不应该是我的责任

许多借口总是把“不”“不是”“没有”与“我”紧密联系在一起，其潜台词是“这事与我无关”，不愿意承担责任，把本应自己承担的责任推卸给别人。一个团队中，是不该有“我”与“别人”的区别的。如果人人都寻找借口，无形中会提高沟通成本，削弱团队协调作战的能力。

2. 这几个星期我忙，我尽快做

找借口的一个直接后果是容易养成拖延的坏习惯。如果细心观察，我们会发现：在多个部门里的员工，他们每天看起来忙忙碌碌，似乎尽职尽责了，但是他们本应该1小时完成的工作变成需要半天的时间，甚至更多。他们找各种各样的借口，拖延或逃避。

3. 我们以前从没那么做过，这不是我们这里的做事方式

当一些员工来到一家新的酒店上班，不是按照新酒店的规范要求做事的，而是说“我们以前没那么做过”。寻找这种借口的人也有一部分中高层管理者，这种人缺乏一种创新精神和自发自动工作的能力、因循守旧，期望他们在工作中做出创造性的成绩是徒劳的。借口会让他们躺在以前的经验、规则和思维惯性上舒服地睡大觉。

4. 我们没受过适当的培训来干这项工作

有些员工和管理者能力强、基本素质高，不用培训或稍加培训，就可以很快上路，适应也很快。而有些人能力或经验不足且因此造成失误，却常常成为借口，这样做显然是不明智的。借口只让人逃避一时，却不可能让人如意一世。没有谁天生就能力非凡。态度决定一切，正确的态度是正视现实，努力学习。

5. 我们从未想过赶上竞争对手，在许多方面人家都超过我们一筹

当人们为不思进取、逃避竞争寻找借口时，往往都用这种语言表白。借口给人带来的严重危害是让人消极颓废，如果养成这种习惯，当遇到困难和挫折时，不是积极地去想办法克服，而是摆出一大堆困难。其潜台词就是“这些问题我解决不了”“我不行”“我不可能”“我们不可能”，其消极心态夺去了个人和团队成功的机会，最终使团队及成员失去战斗力和竞争力。

“没有执行力，就没有竞争力”是20世纪初美国《商业周刊》《财富》《纽约时报》等媒体大力推荐的《执行力》一书的题词。它体现的是一种完美的执行能力，一种服从，一种诚实的态度，一种负责、敬业的精神。在现实中，我们缺少的正是这样不找任何借口，想方设法完成任务的人。

6. 团队执行力出了问题

在“高素质质量团队特征”一节中，已就构成团队的管理者和团队成员的特征作了阐述。因此在影响质量团队提高效率的问题上，仍要从这两方面查找原因。下面来看看以下情景。

情景一：部门经理与大堂副理在酒店大厅用方言谈论事情，见到客人不主动打招呼，在客人的面前不说普通话，继续使用方言进行信息传递。

情景二：服务员在餐厅电梯间见到老总和几位前来就餐的客人，服务员向老总问好，对顾客却视而不见，事后老总也没有纠正服务人员在礼貌服务中的错误(应先向客人问好，后向老总问好)。

情景三：客房服务人员在对客服务时，把手机别在工裙上，在给客人开夜床(客人正在房间)时手机滴答滴答乱响，领班见到这种情况没有前去制止。

服务质量的优劣，与服务人员的服务意识有关，更与管理人员的监管、督导、检查是否到位有关，尤其与管理者是否能身体力行、以身作则密切相关。

从上述情景可以看到，有些管理者因自身的管理和培训不到位、安排工作不得当，造成员工脱岗，还找出种种理由推卸责任，给下属做了反面的榜样。

总之，没有执行力是影响质量团队提高效率的重要因素。

### (四) 评价标准缺失

高质量团队是企业的核心，领导者是团队的灵魂。酒店质量管理是一个体系，光有高素

质质量团队还不够，更需要有一个质量管理团队的评价考核标准，这是酒店管理，特别是质量管理不可或缺的组成部分，是酒店管理体系的重要内容。初创型、成长型和变革型企业往往不能同步，这也是少数领导者缺乏系统性思维和战略“顶层设计”普遍性的一种表现。所以，一个组织的“顶层设计”和酒店服务“标准化与蓝图化”是本章重点强调的目的所在。

## 思考题

1. 质量文化的构成要素有哪些方面？
2. 影响质量团队效率的因素有哪些？
3. 如何建立高素质质量团队？
4. 说出几条提高质量团队效率的方法。
5. 怎样进行质量的自我管理？
6. 你是怎样理解系统性“顶层设计”的？

# 第四篇

# 创新发展篇

# 第十章

# 迈向高质量的阶梯——与时俱进的学习与创新

为了不断满足顾客需求以达到高质量，我们必须努力学习，要建立学习型组织，培养学习型员工，在为员工进行职业生涯设计的同时制订有针对性的学习计划，在学习中不断更新观念，提高综合素质与能力。还必须努力创新。逆水行舟，不进则退。质量高低在时间上也是相对的，某一时段的高质量，不表明能永远保持下去，要想保持住质量优势，唯有创新。不断创新才能保持企业的生机与活力，才能推陈出新，也才能在激烈的市场竞争中获得生存与发展。因此，要坚持创新观念、创新技术、创新管理、创新服务。

本章从学习与创新的理念、学习型团队的建设和员工职业生涯规划等方面，作为迈向高质量发展的阶梯，让学习者与实践者从中获益。

## 第一节 进步靠学习，发展靠创新

随着市场竞争的加剧，寻找和探求企业竞争优势以确保企业在竞争中有较强的竞争力，立于不败并能在行业中领先，成为每一个企业领导者每天面临的课题。对于 20 世纪 80 年代末 90 年代初的情景人们可能还记忆犹新，酒店在毫无思想准备的情况下，突然由卖方市场变为买方市场。面对这种突如其来的变化，很多酒店毫无招架之功，只能以最蠢笨的销价手段来应对。付出了昂贵的学费之后，管理者们才逐渐理智地、正确地面对竞争，竞争才开始进入公平、正当、有序的轨道。从那个时候起，酒店行业开始学习、思考，不断树立市场观念、竞争观念、效益观念，不断顺应企业内外环境的变化，对竞争手段进行调整，从产品到服务，再到品牌，一步步将竞争推向了更高层次。

总结和反思走过的路，人们发现，无论是产品、服务还是品牌，尽管它们是在某一特定时期找到的竞争优势，但它们是不可能孤立存在的，没有产品和服务的支撑，品牌是树立不起来的；没有服务和品牌等后续经营工作，产品也很难获得知名度、美誉度和市场。在竞争中这些因素是在综合地、整体地发挥着作用。在总结和反思中，管理者们明确，要靠质量求生存，努力打造产品质量；要靠服务求发展，努力完善各项服务措施；品牌、形象是无形资产，软竞争的手段，努力塑造和扩展组织形象；进而认识到只有产品、服务、品牌有机结合成为一个整体，才能形成真正的竞争优势。一次次观念上的转变和竞争策略的调整，都来源于不断的学习和创新，向国内外同行中的领先者学习，向后起之秀学习，向书本学习，向实践学习，向自己的成功与失败学习，在学习中思考和探索，在学习中创新。没有学习和创新，酒店行业可能还在销价竞争中自相残杀，不可能有今天的觉悟和进步。可以说，学习与创新是组织获取竞争优势的关键所在，最终的竞争优势在于一个组织的学习与创新能力。

## 一、组织的全面修炼

学习型理论的提出者彼得·M. 圣吉(Peter M. Senge)指出，在学习型组织中，有五项新的技能正在逐渐汇集起来，这五项技能被他称为“五项修炼”。即追求自我超越；改善心智模式；建立共同愿景；开展团队学习；学会系统思考。这是过去，也是当今，依然成为学习型组织全面修炼的技能。这五项修炼是一个系统，学习型组织必须建立在组织成员五项修炼的基础上。

### （一）追求自我超越

追求自我超越是强调组织每一个成员要不断认识自我，认识环境的变化，并在此基础上调整目标，不断创造，不断进步。“自我超越”的修炼是学习不断厘清并加深个人的真正愿望，集中精力，培养耐心，并客观地观察现实的过程。它是学习型组织的精神基础，精通“自我超越”的人，能够不断实现他们内心深处最想实现的愿望，他们对生命的态度就如同艺术家对于艺术一样，全心投入、锲而不舍，并不断追求超越自我。有了这种精神动力，个人的学习就不是一个一蹴而就的项目，而是一个永无止境的持续不断的过程。而组织学习根植于个人对于学习的意愿与能力，也会不断学习。

### （二）改善心智模式

每一个人随着多年的经验积累，对周围世界如何看待、如何行动已经形成了自己的认识方式，这种认识方式固结在心中成为我们思考问题的框框，限制了我们思维，阻碍了我们的超越。改善心智模式就是要走出框框，激活思维。改善心智模式的修炼是把“镜子”转向自己，发掘自己内心世界深处的秘密，并客观地审视，借以改善自身的心智模式，更利于自己深入地学习。壳牌石油公司之所以能成功地度过20世纪七八十年代石油危机的巨大冲击，并成长为全球首强，主要得益于学习如何显现管理者的心智模式，并加以改善。

### （三）建立共同愿景

当我们的思维都被激活，都在超越自我的追求中，就需要建立一个共同的愿景，用这一共同的目标整合大家的思想与行为，否则大家就会"志不同道不合"，从而导致组织的分裂。因此，共同愿景就是一个组织所形成的共同目标、共同价值观和使命感。千百年来，组织中的人们一直梦寐以求的最高境界就是"上下同欲"，即建立共同的愿望、理想、远景或目标（愿景）。只有建立衷心渴望实现的共同目标，大家才会发自内心地努力工作、努力学习、追求卓越，从而使组织欣欣向荣。否则，一个缺乏共同愿景的组织必定人心涣散，相互掣肘，难成大器。共同的愿景常以一位核心的领袖为中心，或激发一件共同的危机。但是，很多组织缺乏将个人愿景整合为共同愿景的修炼。

### （四）开展团队学习

进行这项修炼的目的就是强调把企业建设成为一个生命共同体，使全体成员为之共同奋斗。因为人与人之间存在着差异，每一个人都有自己的所长和所短，开展团队学习，就可以取长补短相互促进和提高，组织在不断地切磋、讨论、学习中形成一种默契和配合，形成一种共同的精神和力量，靠这种精神和力量，组织就会战无不胜。

团队作为一种新兴的管理方法，曾经在全球风靡一时。团队中的成员互相学习，取长补短，不仅使团队整体的绩效大幅提升，而且使团队中的成员成长得更快。但团队学习存在局限性，以至于在实践中出现了团队中每个人的智商都在120以上，而集体的智商却只有62的窘境，团队学习的修炼就是要处理这种困境。其修炼从"对话"开始，所谓"对话"是指团队中的所有成员敞开心扉，进行心灵的沟通，从而进入真正统一思考的方法或过程。另外，"对话"也可以找出有碍学习的互动模式。团队学习之所以非常重要，是因为在现代组织中，学习的基本单位是团队而非个人。除非团队能学习，否则组织就无法学习。

### （五）学会系统思考

学会系统思考，这是五项修炼中的核心。社会组织通常都是根据管理系统化的原理，按管理工作的内在联系，将总目标分解成为子目标由部门完成，子目标再分解由部室完成，然后再分解落实到岗位、个人。然而，目标细分到了一定程度，每个岗位上的人可能几乎不知道自己的工作与总目标有什么关系，工作的意义何在了。因为工作动力的缺乏，员工的工作热情大大减弱，自然就存在了危害质量的隐患。而系统思考是一项"看见整体"的修炼，掌握这一能力，我们就可以将注意要点从单一的事件转变为相互关联的事件整体，从瞬间即逝的一幕转变成为发展变化的全过程，就可以协调各个部分的力量去追求整体目标的实现。

企业与人类社会都是一种"系统"，是由一系列微妙的、息息相关的因素所构成的有机整体。这些因素通过各不相同的模式或渠道相互影响，"牵一发而动全身"。但是，这种影响并不是立竿见影、一一对应的，而常常是要经年累月才完全展现出来。身处系统中的一小部分，人们往往不由自主地倾向于关注系统中的某一片段（或局部），而无法真正把握整体。系统思考的修炼就在于扩大人们的视野，让人们"见树又见林"。五项修炼中，"系统思考"的修炼是非常重要的。它是整合其他各项修炼成一体的理论与实务，防止组织在真正实践时，将各项修炼列为互不相干的名目或一时流行的风尚。少了系统思考，就无法探究各项修炼之间如何互动。

五项修炼是一个有机整体，不能孤立或分割开来。系统思考强化其他每一项修炼，并不断提醒我们：融合整体能得到整体大于部分之和的效果。但是，"系统思考"也需要其他四项修炼来配合，以发挥它的潜力。"建立共同愿景"培养成员对团队的长期承诺；"改善心智模式"使人专注于以开放的方式体认我们认知方面的缺失；"团队学习"是发挥团体力量，全面提升团队整体力量的技术；而"自我超越"是不断反照个人对周边影响的一面镜子，缺少了它，人们将陷入简单的"压力—反应"式的结构困境。五项修炼很难，既要修内也要修外，要从观念上、品性上、追求上、做人上全面地修炼自己。但是，当我们能够超越自我，跳出旧有的框框去认识事物、去看待世界，在共同的追求中相互学习、协调配合，我们的组织就会凝聚成一束强劲的激光，形成超过竞争对手的竞争力量。

## 二、增强免疫力

随着知识经济的到来，学习型组织理论应运而生，这一理论反映了时代要求，把握了时代脉搏的精神，提出了人们在经济时代必须坚守的信念。彼得·圣吉强调，学习型组织使人们可以不断拓展他们创造真正期望的结果的能力，使他们的集体抱负得到释放，并且使他们了解如何学习，以及共同学习的组织。美国还有学者认为，学习型组织是一个能够帮助其中所有成员学习，同时不断使自身发生变革的组织。我国的管理专家对学习型组织进行理论研究之后也提出：学习型组织是能够透过各种有效的途径与具体措施，促进其成员养成终身学习的习惯，从学习过程中激发个人生命潜能，提升人生价值以充分实现自我，并以此带动组织的创新与进步，以形成良好的组织氛围与组织文化，实现组织顺应变迁和持续发展的能力的组织。通过专家对学习型组织的描述，我们可以将其概括如下。

(1) 学习型组织有着浓厚学习氛围，其成员爱学习、会学习，并把学习看作伴随一生的重要事情。

(2) 学习型组织能够激发人的潜能，提升人的境界，成员之间相互尊重，坦诚相待。

(3) 学习型组织能使个人的理想与组织的目标合一，组织的发展与个人的进步一致。

(4) 学习型组织能顺应时代与环境变化，实现持续发展，永葆青春。

(5) 学习型组织具有独特的个性和风采，深受人们喜爱，因而能广泛吸纳人才。

总之，学习型组织是一个积极、健康、充满青春活力的组织，组织成员不论老幼都童心未泯，对学习有着浓厚的兴趣，这种组织对一般组织容易产生的官僚主义、安于现状、不求进取、抵制变革等"疾病"具有较强的免疫力。在学习型组织的四大要素和四大体系(图 10-1)的基础上，我们可以从以下四方面增强组织和个人的"免疫力"。

### (一) 从培养员工的学习兴趣抓起

创建学习型组织(图 10-1)，首先应从管理层做起，将良好的习惯通过建立机制和行动影响全体员工；其次，必须培养员工的学习兴趣，建立在兴趣之上的学习比强迫去学来得主动自觉，而且保持长久。因为是自己喜欢学习，所以在学习的过程中还会主动思考与创造，在创造中还能不畏艰险。如果一个组织的成员都是积极向上，爱学习，那么这个组织就会少去很多闲言碎语。往往学习欲望淡漠、学习能力低下的人常常因闲来无事而搬弄是非。

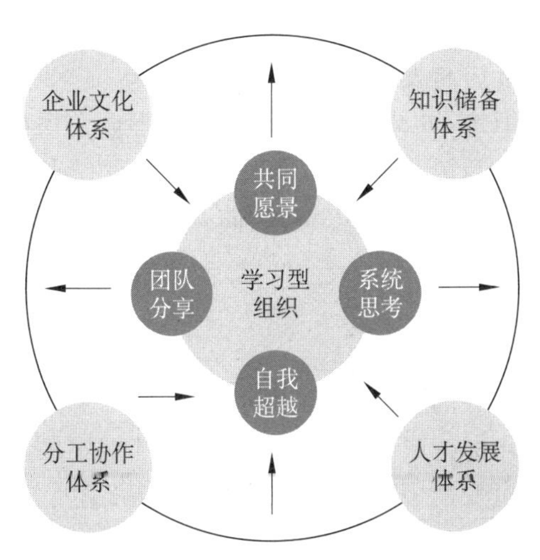


图 10-1　学习型组织构成体系图

### （二）从组织和个人建立目标抓起

创建学习型组织，要有明确的目标，要用目标去吸引人们自觉学习，让目标成为学习的驱动力。如果没有目标或者目标不明确，这个组织的精神就开始涣散，组织的结构就开始既僵死又松散。这样的组织疾病缠身，离崩溃就不远了。这里所说的目标，应从两方面着手：一是建立质量型团队的学习目标，每个成员都能在组织中找到自身的努力方向，不掉队，不拉团队后腿；二是建立酒店整体学习和树立先进个人的目标，这个目标要和员工的职业生涯规划相结合，促进员工学习有动力，追赶有目标。

### （三）从营造“以人为本”的企业氛围抓起

人文化（Humanization）主要是以人为本，通过关注员工本身的需求，培育员工自主学习的环境，营造良好的企业文化氛围。首先，关注身心健康。员工的身心健康与公司的发展密切相关，有健康的身心，才能有健康的思想，才能有与公司发展理念相契合的价值观。可以通过开展健康主题的职工活动，进一步普及健康知识，加强员工的自我防范意识和预防能力，促进员工身心健康，从容应对工作竞争和压力。其次，培育自主学习的环境。通过引导使员工好读书、读好书，培养员工的学习兴趣，提升自主学习能力，并能把学习的体会和成果转化为谋划工作的思路和举措，进一步推动学习型组织的建设。可以通过开展不同类型的人文阅读活动，如定期举办书友会等阅读活动，来鼓励员工细读、深思与分享，营造自主学习氛围。

### （四）从实现“四大体系”的互动抓起

企业文化、知识储备、分工协作和人才发展体系，是学习型组织的整体构成体系。企业文化，又称组织文化，是一个企业在一定的条件下，由其价值观、仪式、处事方式等组成的特有的文化形象，可以表现出该企业的精神财富和物质形态。其中，价值观是企业文化的核心。知识储备是指知识水平，知识是符合文明方向的，是人类对物质世界及精神世界探索的结果总和。人才发展与管理的主要作用，是帮助组织发挥长期优势，为组织持续提供关键人才。分工协作是指既要分工明确，又要互相沟通协作，以达成共同的目标。这四个体系之间,既有交叉与包含,又有相对独立的关系。增强组织的“肌体免疫力”,就要建立好四个体系,并实现协同效应与相互促进与发展。

由此可见,在学习型组织中,成员与组织荣辱与共,形成了命运共同体。因此,人们对组织的前景非常关心,会主动参与决策和管理,积极向决策者提出意见和建议,这样有利于改变以前“拍脑袋做决策”和“高层动脑、基层动手”的状况,从而提高了组织的决策水平。

## 三、提高应变力

随着国内外政治、经济形势的变化,以及科学技术的飞速发展,组织总处于不断变化的外部环境中,只有与这种变化保持同步,相互适应,组织才能不断走向成功,因此要求组织具有较强的应变能力,而提高应变能力的关键是学习,不仅强调个人的学习,更要注重组织的学习。

### (一)准确的判断是提高组织和个人应变力的关键

应变能力是当代组织和个人应当具有的基本能力之一。在当今社会中,任何组织和个人每天都要面对比过去成倍增长的信息,如何迅速地分析这些信息,把握时代脉搏、跟上时代潮流,是组织和个人提高应变力的关键。它需要我们具有良好的应变能力,比如能在变化中产生应对的创意和策略;能审时度势,随机应变;在变动中辨明方向,持之以恒,等等。

### (二)提高应变力的重点在于培养员工的应变力

我们每个人的应变能力可能不尽相同,造成这种差异的主要原因,一方面可能有先天的因素。例如,多血质的人就比黏液质的人应变能力高些,还有长期从事紧张工作的人比工作安逸的人应变能力高些。另一方面,对于应变能力低的人,组织要努力进行应变能力的培养。要注意引导岗位选择和岗位实践的锻炼,除了考虑客观条件和个人的兴趣外,还应做到“知己知彼”,引导他们考虑一下自己的应变能力是否适合进行这样的选择。因此,应变能力也是可能通过某种方法加以培养的。

### (三)组织的应变力又是决定因素

在酒店业,提高其学习型组织应变力,首先应该对组织管理岗位中的人有个评估与自我认识,并有针对性的提高。

1. 提高组织中的领导人和管理者智商

目前在有些酒店,表现在个体成员的智商水平很高,组织的智商却很低。组织中的领导人和管理者,其智商和判断能力决定其酒店的应变力和高度。随着我国教育的普及,酒店员工接受教育的程度越来越高,有相当一部分人具有较高的学历层次,这些本应构成组织的整体实力和良好的竞争力,通过良好的效益体现出来。然而,由于组织的领导者不善于营造学习环境,不注重员工之间的交流而形成信息与知识的共享,员工所拥有的知识与智慧很难有机会在相互碰撞中摩擦出创新的火花继而转变成为创新能力,加之不能正确用人导致人力资源的流失和巨大浪费。美国一位心理学教授说:“……人类最大的悲剧是从来未意识到存在于活着的人身上的巨大潜能。如此众多的现代人,不知自己究竟是什么人,或者可以成为什么人；如此众多的我辈，尚未经历自己的心理成熟，尚未开发自己，却已经衰老、死去……”这番话，不仅让我们认识到，人类应该加强对自身的认识，更应使管理人员明白，正确认识人、使用人应成为他们的头等重要的责任。

2. 提高组织对个体人潜能的开发

因为在一个组织内个体人的潜能与价值的发挥，更多地取决于管理层能否对他的潜能予以发现、认可。管理人员对员工潜能开发的忽视，对个人而言，可能会导致员工个人没有机会了解自己，不知自己能做什么，将来能成就什么；对企业而言，可能就意味着资源和财富的损失。所以，只有管理人员能够把自己的下属看成重要的资源加以正确的开发和运用，点燃下属的智慧之火，并将他们安排在适合的工作岗位，对他们在正确认识自我上给予启蒙和引导，使他们自己也能看到在工作中做出的成绩，肯定自我并不断成熟，组织内最重要的资源——人力资源才能得以发挥其价值。

此外，有管理专家对一个时期企业成功的要素做过对比，如表 10-1 所示。

**表 10-1　企业成功要素**

| 1920—1990 年 | 1990 至今 |
|---|---|
| 有效生产 | 授权——给人以充分发挥的空间 |
| 有效率的营销 | 自我管理 |
| 快速采用新技术 | 精通系统思考 |
| 精通财务 | 沟通 |
| XY 理论 | 自愿 |

21 世纪，具备了上述成功要素的企业应该说就具有较强的竞争能力，因为我们可以看到，在这样的组织中人们有一个良好的学习环境和自我发挥的空间，领导者将权力下放，员工在组织宽松的氛围中实行自我管理，不仅管理层，而且员工也能从整体和全局角度分析和处理问题，减少了很多不必要的扯皮与麻烦，上下级共同将注意力集中于企业目标，针对企业发展战略、产品质量、服务创新等进行广泛的沟通。员工不是被迫而是自觉自愿地参与到组织的各项工作中来。这样的组织既有创新力，又有凝聚力，自然会形成竞争力。

3. 提高组织应变能力的两个方面

组织的应变能力通常表现在两个方面，一个是感知变化的能力，一个是适应变化的能力。首先应在环境发生变化时，能够迅速察觉，这就需要对组织相关的环境因素保持高度敏感，并能借助现代化的工具和手段在信息的汪洋大海中准确搜集与己相关的信息，经过加工处理后转化为企业资源，感知变化的过程就是向外界学习的过程。在此基础上，制定组织适合的方案与措施尽快行动起来，应对这一变化，在变化中抓住企业的发展机会。为适应这一变化，组织要发动员工集思广益，力求找出最好的办法，因此它是向下属学习的过程。为了能使组织在变与应变的过程中利用时间差，抢占市场竞争的制高点，我们应强调不能被动地应付变化，而是要发挥主观能动性，对环境的变化进行提前预测，以便驾驭环境。

美国管理大师杜拉克说：“未来的企业，经验将被学习的能力所取代。”对于未来，谁都没有经验，只有学习能力强的人才能取胜，学习更快的人才能更有竞争力。所以，团队的学习能力、组织的学习能力将决定企业未来的成就。

## 第二节 组织的学习——学习型团队的建设

### 案例 10-1

每日一次的投诉分析

某酒店的顾客投诉分析小组是由各部门经理自发组织起来的，长期以来，他们坚持每月一次坐在一起对顾客投诉进行分析。他们将顾客投诉的对象、投诉的问题、解决的方法、顾客对问题处理的满意程度等分门别类地进行汇总，用统计分析的方法找出某一时段顾客投诉的主要问题，逐渐发现了其中的规律。比如7、8月反映苍蝇、蚊子问题和空调问题较多，旅游旺季时反映餐厅服务员的服务效率问题较多等，他们就此进行了深入细致的调查研究，把问题产生的原因找出来之后，每到问题高发期到来之前就采取措施进行预防，有效地降低了该类问题的发生率，提高了客人对酒店的满意度。

随着市场竞争的日趋激烈、市场需求的快速变化和生产率及质量目标越来越高，传统的组织结构的缺陷逐渐显现出来，他们机构臃肿、体积庞大、等级分明、部门职责严格界定，其决策能力、办事效率、应变速度，以及在需要部门或专业人员之间协调而完成的工作等方面已不能满足需求。因此，很多组织都开始进行团队建设，通过团队开展工作以弥补传统组织架构的不足。这种创新型组织所解决的问题通常也是新环境下面临的新问题，因此学习应成为团队的首要任务，以陈旧的观念和落伍的技术是不可能在新问题的解决上产生突破的。

### 一、学习型团队的打造

团队建设指的是，挑选人员提高其技能，形成一支队伍，并给这支队伍以支持和指导，使之更有效地工作并完成共同目标的过程。在这个过程中，会涉及鼓励团队个体成员以全队的成就为骄傲、为高质量完成任务必须不断学习等概念。

由于以团队形式开展工作解决的问题多种，因此团队的类型也多样。比如，有些酒店建立了顾客投诉分析团队，他们定期或不定期地专门对客人的投诉进行分析、分类，找出原因、发现规律，提出今后解决不同问题的应急办法和长久有效的预防措施。有的建立了协调解决问题团队，即专门对需要解决的问题，从不同部门或岗位挑选有关人员，组织成一个团队，不仅全力解决所发现的问题，还在问题解决后，通过进行工作总结制定出相关标准和相关注意事项，提供给从事此类工作的有关人员或直接对这些人员进行培训，这样就可以避免此类问题的再次发生。还有的在突发事件时组织应急处理团队，从不同角度提出解决问题的办法，从各自部门提供解决问题的最有力的支持，以迅速化解问题，拖延可能给组织带来的危害。所以，团队可以是一个完整的、有永久关系的工作小组，也可以是为完成某一特别项目的临时团队；可以是自然工作团队，也可以是交叉功能性行动小组。

### （一）团队建设力求体现五个特点

不论是什么类型的团队，为了确保其发挥作用，在进行团队建设中都应力求体现以下特点。

1. 职业道德感

小组成员的职业道德感越强，他们干好工作的动力越大。

2. 信任感

要使一个团队有效地开展工作，团队成员之间必须相互信任。

3. 凝聚力

一个有凝聚力的团队，是一个所有成员都愿意归属的团队。他们都对团队忠诚，都愿意为其奉献。

4. 相互学习

要使一个团队更好地工作，成员之间必须相互学习和交流，开诚布公地交换意见，在工作中相互促进，共同发展。

5. 生产效率

团队能完成个人无法完成的任务，通过共享知识资源、技术及领导能力，它会比任何一个有才华的个体成员都有力量。

### （二）学习型团队的设计

可以说，团队工作的过程就是学习的过程，在学习中更新旧观念、掌握新技术、获得新的工作方法，还可以使各方面的能力得以提高。因此打造学习型团队应成为领导层的主要任务之一。可以根据六条相互补充的行为准则来进行学习型团队的设计。

1. 创造不断学习的机会

在挑选人员时既应注意根据目标任务的需要，又要考虑彼此间的优势互补。

2. 促进探讨和对话

在问题的解决中让每个人都充分发表意见，鼓励共同学习和团队学习。

3. 建立学习及学习共享系统

营造学习氛围，为每一个人提供学习培训的机会，使知识共享，信息共享。

4. 促使成员迈向共同愿景

愿景可以揭示目的、激发热诚、指引方向、汇集力量。

使团队与环境有机结合。团队的打造与建设，必须与组织环境相吻合，必须明确目标，团队不是在真空中建立目标，因此需不需要建团队，建立什么样的团队，建立多少团队，应通过环境分析来确定。

## 二、领导角色转换

学习型组织的建立与完善关键在于领导，在于领导角色的转变。在传统观念里，总认为领导者是组织的决策者、指挥者、管理者。而彼得·圣吉曾经指出，学习型组织的建立需要对领导有新的看法。他们必须学习一些新技能，掌握一些新的管理工具，以建立一个能够让组织成员扩张其能力并构想其远景的组织，也就是能够让组织成员也不断地学习。

### （一）完成角色转换与设计有利于成员学习的组织结构

1. 领导者的转变观念与角色转换

为了完成上述所说的这个责任，领导者必须首先要转变观念，要进行角色转换，从过去单一的指挥决策者、管理者转变成为组织的设计师、员工的教练、老师和服务员。领导者角色的转换是建立学习型组织的关键，因此领导者首先要进行五项修炼，修炼自己的超越能力、改善自己的心智模式，修炼建立共同愿景的能力，学习能力和系统思考的能力。只有这样，学习型组织才可以建立起来。

2. 设计有利于成员学习的组织结构

在学习型组织中，为使其所有成员都能有效处理他们面对的问题，并不断增进他们的学习修炼，领导者要设计组织结构使之有利于成员的学习，还要设计学习过程，搭建学习平台，营造学习氛围。设计过程是整合的过程，领导者必须围绕组织目标用系统的思考方式进行组织各个部分的合理搭配，使组织发挥整体功能，在学习中不断发展。

### （二）领导者要非常明确组织的发展方向

1. 领导者要承担老师和教练的职责

领导者要非常明确组织的发展方向，要根据需要进行人员的挑选和培养，要力争被挑选的人喜欢这项工作、能胜任这项工作，还要力争这项工作确实得到了适合的人选。为了让人们在合适的岗位上做出成绩，满足自我实现的需求，也为了让组织目标多快好省地实现，领导者还要对员工做好培训，发挥其优点，弥补其不足。这些都是作为老师和教练应承担的职责。

2. 领导者学会与员工角色置换

一些员工工作做得好的酒店，将员工称为“为女士和先生们服务的女士和先生们”。按照这一理念，酒店的领导者和管理人员自然就应成为为这些“为女士和先生们服务的女士和先生们”服务的服务员。当好这个服务员，首先要有服务他人的意愿，还要有放下架子贴近员工的行动。当然这首先取决于他要有全心全意为员工服务的意识，否则服务员的角色是扮演不好的。

## 三、建立一种学习文化

学习文化是企业文化的一部分，而企业文化是企业发展的推动力、规范力和创新力，它表现在两个方面：对外部来讲企业文化能够产生组织完整、一致的形象，有利于公众的识别和认可；对内部来讲，企业文化能够减少损耗，产生内部凝聚一致对外的效果。

### （一）企业文化的具体作用

企业文化的具体作用可以通过公式“企业效能＝外部行销/内部行销”来理解。外部行销是指企业花多少力气用于开发客户，满足客户的需求；内部行销是企业推动一个行动，要花多少力气用在内部沟通、协调、号召和激励上。如果一个企业每天要花 8 个小时搞内部行销，那它就没有时间搞外部行销，管理效能即为 0；如果有 6 个小时搞外部行销，2 个小时放在内部行销，管理效能就是 3；总之分母越大，说明内耗越大，内部管理费的力气越大。而企业文化的作用就是让内部矛盾降到最低，建设企业文化，让企业文化内化成为员工的价值观和自觉的行动，就可以大大降低内部管理成本，提高管理效能。建立学习文化，全员参与，全员主动自觉地学习，可以加速实现企业文化的内化作用，这也是建立学习型组织和学习型文化的重要意义之所在。

### （二）开发和信任集体智慧

建立学习文化，应开发和信任集体智慧，要把员工看成管理者学习的对象，不放过任何一块可能孕育着知识的园地。向员工学习，就要虚心听取员工意见，特别是要有认真学习的态度，要建立从员工中获取知识、经验、信息、意见、建议、创意的广泛的通道，要采用灵活多样的调查方法，从员工中汲取最充分的营养，包括他们对企业的热爱、忠诚，用员工对企业的奉献精神来鞭策管理者自己。

### （三）培养管理人员和员工的学习兴趣和内在动力

建立学习文化，首先要培养管理人员和员工的学习兴趣，变“让我学”到“我要学”的转变。员工对感兴趣的事情才有动力学下去，而培养兴趣的关键是让大家看到和收到学习带来的好处。在学习型组织中，学习带给人们的最大好处是透过组织的力量来扩展自己，实现自我超越。当每个人的智慧集结就变成了集体的智慧，其结果是“三个臭皮匠顶个诸葛亮”，如果是三个“诸葛亮”在一起，那就会释放更大的能量。在这种状态下，企业的愿景就可以实现，企业就能成为感动自己、感动消费者、感动社会的超一流企业。

## 四、无边界的学习

学习型组织理论把管理看成一个学习与修炼的过程。学习不仅指读书，向书本学习，还突出向环境学习，向对象与对手学习，向下属学习，向同伴学习，向经验与教训学习，向一切可以学习的对象学习。学习也不光是个体的学习，而是团队学习、组织学习、相互学习，通过学习建立一个能应对变化，并具有竞争力和持续发展力的组织。

### （一）不断创造和普及传播隐性知识

在现代社会，我们在用科学技术制造产品和服务、进行研究和开发，而科学技术的基础是知识。这里所说的知识，指的是“我们能够做什么”，而不仅仅是“我们知道什么”。新的知识不只来自书本，更来自新的产品、新的市场、新的顾客和拥有新创意的新员工。知识是我们赖以创造价值的东西，那么企业的价值来自哪里？来自一线，来自设计、制造、配送产品的人，来自于顾客直接接触的人。所以几乎所有的知识都产生于基层，而且往往融在人们的行动中，成为隐性知识。隐性知识非常不易传播，只有人们在共同工作的过程中不断效仿和逐渐渗透才能得以传播。如果这种知识不能得以传播，让大家受益，那将是知识资源的最大浪费。为此,应该不断创造和普及传播隐性知识的工具、方法和理论,使知识得到最大限度的普及和利用,来帮助企业取得更辉煌的业绩。

### (二)学习没有边界,发现学习榜样

在知识经济时代,学习没有边界,只要留心,随时可以发现学习榜样。国内外的同行是我们的学习对象:向领先者学习,可以发现自己的差距;向后起之秀学习,可以建立自己的信心;向落后者学习,可以总结教训,避免重蹈覆辙。身边的同事是我们学习的对象:纵向沟通,可以补充自己业务技术方面的知识,提高工作水平;横向沟通,可以增长见识,拓宽视野,将信息和需求互补。消费者更是我们的学习对象,他们的需求,特别是潜在需求给我们指明了前进方向。在学习型组织这所没有边界的学校,学习方法也是不拘一格:建立自己的学校,举办听证会、座谈与交流、现场教育、户外拓展训练——使学习转变为对生命的体验、行动学习——实际去解决问题,拿出方案,让上一级主管决定是否可行,等等。只要针对企业实际综合使用有效学习方法,踏踏实实、认认真真,而不是做表面文章的学习,一定能给企业带来巨大收获。

## 第三节 个人的学习——职业生涯规划

### 案例 10-2

#### 何不把自己的成长经历和体会与他们一起分享呢

晓梦作为刚刚被提升为西餐厅的主管,又迎来了一批新入店的员工。看着这些年轻人稚嫩的面孔,她不由得回想起自己刚刚进入酒店的情景。那一天,她第一次做早餐领位。虽然很清楚领位的职责,却在具体做时还是出现了差错。两位客人没有拿早餐券,说是早餐券在一位已经进入餐厅的客人手里,让她跟随一起去取,她没有多想就跟随两位客人走进了餐厅。由于节日期间,服务员少,用餐客人多,她没有与其他服务员做交接,致使又来了三个团队用餐时,领位缺岗。这一幕恰好被巡视检查经过此地的张总看到,她及时有效地避免了不该发生的情况,同时对晓梦低声且严肃地提出了批评。事情发生的第二天,晓梦收到了张总措辞恳切、充满关爱的一封长信。张总在信中就缺岗错在哪里,应如何执行程序,质量是生命、是效益的理念,以及酒店文化是通过每一位员工展示给宾客等问题做了耐心细致、深入浅出的分析。在信的最后,张总还说这是与她进行的一次书面交流和单独的培训,希望她在酒店能愉快健康地成长。晓梦通过这封信,不仅明白了自己错在何处,更感到了酒店的文化和学习的重要性。她主动回信给张总,表示接受教训并希望在酒店发展。这之后,人力资源部与她一起对她个人的长短处、优劣势进行分析,制订了个人学习和成长计划。短短三年她就由一名普通员工成长为一名主管。想到这里,晓梦感觉应该把自己的成长经历和体会找机会告诉给这些新员工,对他们进行一次培训,让他们分享这些经验,尽快地成长和成熟起来。

## 一、企业要对员工真正负责

在知识经济到来之际，人们已形成这样一个共识，即富于潜质的人力资源是企业的第一资源，高素质、有活力、爱企业的员工是企业可持续发展的重要资本。因此坚持以人为本，加强人力资源的投入与管理，优化人力资源的品质结构，提升人力资源的经济效益应成为企业的首要任务，而完成这一任务的关键是规划好员工的职业生涯，设定发展目标和路径并据此而不断学习。

### （一）职业生涯的含义

职业生涯规划有两方面的含义。一是指员工根据自己的能力和兴趣，通过规划职业目标及实现目标的手段，使自己在人生的各个阶段得到不断的发展。二是指企业为提高竞争力通过为员工提供事业的发展和帮助，对员工设计职业发展道路，满足员工自我发展的需求，来达到保留和发展员工未被利用的潜能的目的。由此可以认为，职业生涯规划是于组织、于个人都十分有益的事情。对组织而言，未来竞争就是人才的竞争。职业生涯规划可以确保组织获得需要的人才，可以增加组织对人才的吸引力。因为每个组织都希望找到并留住最优秀的人才，而这种人才也会考虑自身的发展，希望能够在更好的组织环境中发挥他们的才能，如果组织对他们的职业生涯有所安排和建议的话，他们的忠诚度就会比较高，就会成为企业发展的中坚力量。对个人而言，职业生涯设计能给每一个人提供成长和发展的机会，让每一个人看到自己未来的发展方向，从而增加成功的信心，减少因内外环境变化而带来的不平衡感和挫折感。

### （二）职业发展道路的四种类型

员工发展要与企业发展同步，企业发展了员工跟不上，就会影响企业发展。由于员工所处位置的局限，员工只能了解自己而不可能全面了解企业，因此无法为自己制订一个在这个企业发展的职业规划。这时企业的人力资源部就应与员工一起量身设计一个适合于他的发展道路。通常，可供选择的职业发展道路有以下四种类型。

1. 纵向发展道路

这是一种传统发展道路，它是指员工在一个层级组织中，经过不断努力，从下向上纵向发展的道路。必须承认，随着兼并、重组、收缩、企业再造等组织行为的日趋增多，管理层的数目正在急剧下降，这使纵向发展的机会大大减少。

2. 横向技术道路

这种发展道路是指员工通过不断努力去拓宽专业领域，丰富知识，提升技术水平，而组织对其专业成就给予认可的一种方式。这种方式同样可以增加员工的进取心和责任感，因而也成为员工追求的目标，对员工也具有很强的吸引力。

3. 网络道路

这种道路是指员工在纵向层级和横向岗位上都具有发展机会。一般来讲，如果一个人能有多一些的横向上的工作经历，将有助于他在纵向中的晋升。作为管理人员，为提高管理效能，层级越高越需要他能够把握组织的全局和熟悉企业全面工作，而横向的工作经历为他提供了这方面的机会。此外，网络道路也减少了因发展道路的堵塞而给员工带来的失落感。

4. 双重发展道路

这是指组织通过设计横向和纵向两条发展道路，让那些有一技之长的技术专家能够专心于技术贡献，让那些有管理能力的人能够得到纵向升迁。这种道路设计不仅可适应不同人们的不同追求，也可避免从合格的技术专家中选拔出不合格的管理人员，使那些具有高技能的技术人员和高水平的管理者都能沿着各自适合的轨迹发展。

除了以上四种发展道路之外，人力资源部还可以根据企业未来发展开发一些员工职业发展路径。比如，将研发的新项目交给有实力完成该项工作的人员负责；新建酒店或建酒店分店时，可考虑由具有发展潜力的员工参与；平级调动轮换工作岗位等，这些做法都可以因增加员工的新鲜刺激和挑战性而使员工对新的岗位和工作充满期待与渴望，因此也不失为职业生涯规划的有效方法。

然而路可以选择，位子毕竟是少数。企业应该用什么换来员工的忠诚？在新世纪几乎没有一个企业可以给员工提供一个终身的位置，但应该给员工提供一个承诺，保证员工"受聘用的能力"得到提升。即让员工在我们企业工作的这段时间没有浪费生命，也不会损失将来的机会，因为在我们企业工作的同时他提高了能力。不管这个企业是否存在，只要社会上企业存在，他就有能力谋取职位。美国苹果公司的老板每次给新员工工作演讲都要说："我不能保证给你提供一个终身的职业，甚至叫我跟你签 5 年的合同，我都不一定跟你签。但是我作为苹果公司的总裁，我能给你这样一个承诺，当你在苹果公司的这段时间，你在不断地受到挑战，你的职业水平在不断提高，无论你在或不在苹果公司，你在我们当地，甚至在全世界的人才市场上，你都具有竞争力。"

## 二、职业生涯规划是企业与员工的双向承诺

员工职业生涯规划是企业人力发展规划的重要组成部分，一定要站在组织的战略高度来认识。

### （一）职业生涯的五个阶段

一个人的职业生涯可以经历五个阶段：摸索期、立业期、生涯中期、生涯后期和衰退期。

对于摸索期的新员工来说，他们常对自己的职务抱有不切实际的预期，此时组织应加强职前引导，使个人预期与组织目标相吻合；对于立业期阶段的员工，组织应给他们必要的培训与指导，从知识和技能上给予支持，使其尽快适应工作；对于职业中期阶段的员工，组织应注意提醒他们失误可能造成的代价，并帮助他们克服不稳定因素，使工作保持弹性；对于职业后期的员工，组织应针对其自身特点，一方面调整其工作内容，另一方面要充分发挥和运用其才能与经验；处于衰退期的员工往往与摸索期的员工相似，不能面对现实，过高估计自己的能力，对组织的安排心存不满，对这部分人应加强思想工作，以防产生对立和冲突。

总之，组织要将员工职业生涯规划落到实处。组织要考虑员工的特性，即适合做什么；要考虑企业的需求和机会；要提供员工培训；还要每年做好评估。评估时有关人员要找员工谈话，将评估结果告诉员工，让他清楚自己的强项是什么，还有哪些地方要提高，同时要告知

员工在改进这些问题时组织会做什么，员工个人该做什么。组织要明确告诉员工做好这一年的工作需要具备哪些技能，如果尚不具备，应要求员工自己去学习、提出，要制订一个学习计划，到年终时再考评员工的这些方面提高得怎样，落实得怎样。

### （二）选择一条适合自己的发展道路

员工个人是职业生涯规划的主体。为了确定一条适合自己的发展道路，首先应清楚自己的兴趣特长，要通过 SWOT 分析，找出自己的优势（Strengths）、弱势（Weaknesses）、机会（Opportunities）和挑战（Threats），给自己一个明确的定位。自我评估之后，员工要抱着对职业发展的实际态度与人力资源规划的负责人进行意见交流，表明自己职业兴趣、价值和需求，以便组织与自己一起制订职业计划，管理自我的职业生涯。但是无论如何一定要记住，在职业生涯计划实施时，员工带到新工作岗位的勤勉态度和良好的意图不会完全消除在这个岗位上遇到的挫折，困难会来自四面八方，唯有不断地学习，才能帮助自身去应付它们。

## 三、学习要有针对性

提高质量是没有终点的目标，只要企业存在下去，我们在提高质量上的努力就不能停止。质量高低是相对的，可能与自己的过去比，我们有了长足的进步；可能在同行中，我们也是领先者，但是与顾客的需求比，我们总有很大差距。因为环境的变化与科学技术的发展，使得人们的需求不会停滞不前。因此，不仅要追随顾客的需求来发展自己，还要创造需求去引导顾客。

### （一）有效分类的方法

为了使培训和学习更有针对性，应首先对员工进行分析，确定员工属于哪一类型，才能有效选择培训内容和方法，以及采用切合实际的措施。以下对员工进行分类的方法是著名的“韦尔奇框架”，如图 10-2 所示。

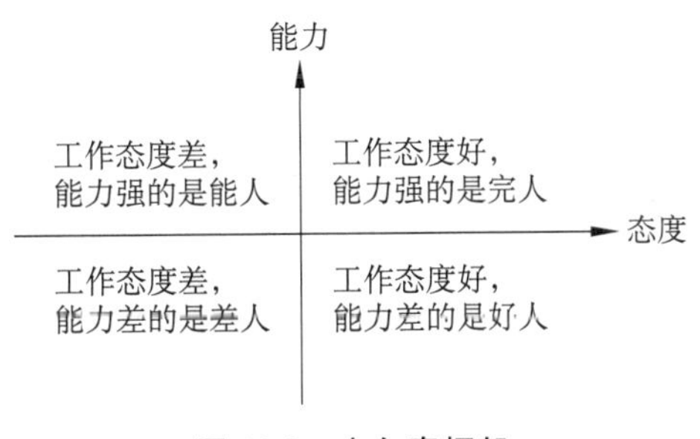


**图 10-2　韦尔奇框架**

该框架以能力和工作态度作为衡量员工的两个指标，将能力作为纵坐标，将工作态度作为横坐标，把员工分成四类：第一类是工作态度好、能力强的完人；第二类是工作态度差、能力强的能人；第三类是能力与工作态度都差的差人；第四类是能力低但工作态度好的好人。

对于第一类德才兼备的员工，企业要发挥他们的骨干作用，要委以重任，充分授权，但不能忽视对他们的培训，这类人往往非常重视自身的学习和提高。如果只让马儿跑，不给马儿吃草，他们的积极性也是不能保持长久的。由于这部分人的学习能力通常都比较强，因此企业为他们提供的应当是他们自己不太容易解决的相关培训。

第二类人能力很强，但由于对现状不满，对报酬和自己在公司的发展前景不满，因此不能与企业同心同德，企业应与这类人做好沟通，对其实施激励与鞭策，在此基础上进行思想品德、工作态度、事业心和责任感的教育。由于这类人的能量大，一旦沟通不成功，可能会对企业构成危害，因此还应对这类人保持警惕。

对第三类人，企业领导一方面要有耐心，了解造成员工出现这种情况的原因，加强各方面的教育，促进其改变；另一方面也要为其制定目标，提出具体改进措施，如果不见成效，则可以将其淘汰。但一定要注意，这类人的改变可能需要较长时间。

对第四类人，培训要跟上的同时，思想工作也不能落下，因为看不见成绩，又缺乏领导的关心与指导，他们这类人会丧失自尊。因此，最有必要为他们进行职业生涯规划，要不断地总结与评估，当他们的能力得到提高时，他们对企业的贡献也会很大。

### （二）实施针对性培训

通过以上对员工的分类，我们发现，学习型组织还有一个任务就是要提高员工的道德水平，树立正确的工作态度，要加强对员工事业心、责任感的教育。的确，员工的责任心是企业的防火墙，责任心的缺失会点燃企业灾难，一些企业巨人的轰然倒塌就是与员工责任心缺失有关。因此，对这方面的教育，企业应丝毫不能放松。壳牌石油公司一套中层管理人员培训教材的第一页这样写道：“我重视你的品格胜于重视你的能力。”所以，应该在培训内容上安排一些如价值观、态度、思维方式等软技能的培训。此外，帮助员工成长、成熟还应在学习与培训中加入情商的内容。情商主要包括：自我把握的能力，即能够调控自己的情绪和自我激励；感知他人的能力，即了解他人的情绪状态，使自己的作为更符合特定情境；人际关系能力，即能够了解他人、关心他人，并能有效控制自己的不良情绪，使相互之间融洽。这样不仅有利于企业团队的形成，也有利于对客服务，对企业内外良好关系的形成都有好处。

## 思考题

1. 简述五项全面修炼的内容？
2. 建立学习型组织的重要性是什么？
3. 如何增强学习型组织的免疫力、应变力？
4. “韦尔奇框架”的要义说明什么？

# 第十一章

# 质量创新与匠心精神

创新是社会发展之源，也是企业生存之本。被称作全球第一 CEO 的美国通用电气公司原董事长杰克·韦尔奇(Jack Welch)在总结他的成功经验时说："如果你由于你辉煌的过去而不思进取的话，你的生命注定要像恐龙一样，因此在尽量继承过去精华的同时，你必须不断进步。固守于 20 年前好东西而不改变，那样意味着失败。这种情况已在许多公司身上得到印证，而我们则发生了很大变化。这也是为何在一个世纪后，我们成为最初的道琼斯(DJI)工业指数成员中唯一一家尚在的公司的原因。"戴明认为：创新并且运气好的人就可以占有市场。对于酒店而言，顾客满意是高质量，高质量的服务是竞争优势，而保持高质量的方法在于创新。

本章将从创新思路的提出、观念、组织和环境的创新、创新的几种工具，以及酒店业的"匠心精神"等方面，掌握质量创新与匠心精神的丰富内涵。

## 第一节 创新思路的提出

社会和经济的格局在改变着人们的认知，也在改变着人们的地位。顾客，在卖方市场条件下处于被动地位的接受者现在已经转变成为主动者，他们掌握着选择和购买产品的权力。由于产品的日益丰富和他们选择产品的空间越来越大，他们变得越来越挑剔，胃口越来越奇特。而企业只有不断进行顾客需求调查，为顾客进行需求把脉，知道顾客的所思所想，投其所好，才能赢得市场。可以说，现在企业所做的一切是顾客在驱动，是顾客在管理着企业。顾客不会自己创造什么，但是他们知道自己想要什么，他们会在市场中学习，根据生产者给他们的期望而期望，会将一个产品与另外一个产品进行比较，因而确定什么样的产品能更令他们满意。

## 案例 11-1

创新是每个人的事情

在月末工作总结会上，餐饮部经理对人力资源部为他们提供应聘人员简历材料并初步作出评价的做法给予高度肯定。餐饮部经理的话引起了与会人员的共鸣，大家都说人力资源部最近的工作方法确实给他们在识别和确定人选上提供了很大方便，而且也提高了效率。人力资源部到底做了什么，让大家这样赞不绝口呢？原来，人力资源部的同仁在经理的带领下，与 IT 行业的同行进行了一次座谈，之后深感在知识经济时代，本部门对企业的重要性。因此，他们在要为企业选好人、培训好人的思路指导下，一改过去简单将应聘简历分类送给各用人部门的做法，而是仔细阅读每份简历，把简历中的关键词标示出来，并在后面附上人力资源部对这份材料的初步评价。各部门接到这样的简历就会很容易掌握应聘人员的核心能力或关键素质，然后根据人力资源部提供的信息有针对性地进行面试，检测应聘者的能力。有人力资源部的第一道把关，大大减少了用人部门的时间与精力。

听到大家对人力资源部的赞扬，张总总结道："人力资源部的做法其实是一种创新，大家不要以为创新只是老板的专利和开发部的工作，创新是每个人的事情。创新源于每一个人的工作态度，只要大家热爱我们的企业，热爱自己的工作，都会在自己的岗位上像人力资源部那样为我们的饭店做出贡献。"张总的话赢得了大家热烈的掌声。

一个人在什么情况下能够产生创意，好点子的形成受哪些因素的影响，当创意的火花出现，组织又应该如何避免其熄灭而变成现实，这些是研究创新时首先应该探讨的内容。搞清楚这些问题，我们才会有针对性地为企业员工的创新营造环境，并从各方面给予支持和提供保证。

## 一、创意的形成

创意的形成被认为与一个人的创新精神，与他的知识、经验的积累及技能掌握程度，与他的创造性的思维模式、方法和他能否勤奋工作有密切关系。但是，当一个人这些条件都具备也不一定就能产生创意，还应该具备适宜的环境和激发他产生创意的动力。具体模式如图 11-1 所示。

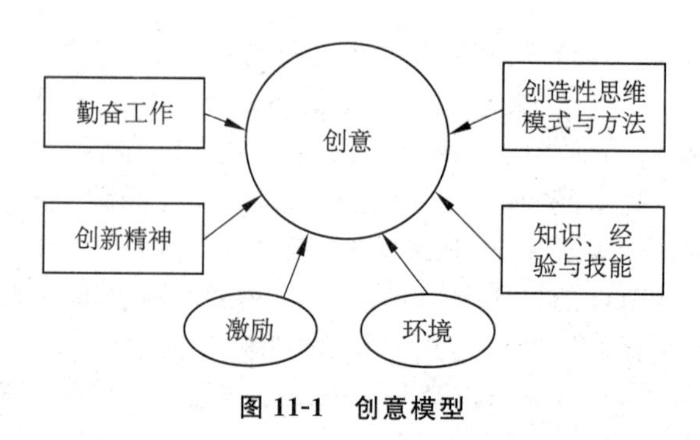


图 11-1　创意模型

### （一）创新精神是创意的原动力

在这种动力的作用下，人们才会克服自身惰性，不怕冒险和失败，调动自身所有的知识储备，释放其能量形成创意。创新精神主要表现在三个方面：第一，强烈的创新欲望；第二，敢于创新的勇气；第三，科学的创新观念。三者相辅相成。有了创新精神，既可以避免傻干、蛮干，也可以防止因害怕失败而裹足不前。

### （二）知识、经验与技能是创新的基础

创新不是虚无缥缈、不着边际的胡思乱想，人类发展到今天，创新也不可能从零开始，创新是在知识积累到一定程度的时候对传统产生的突破。创意的形成和把创意转变成为现实，都必须有深厚的知识、丰富的经验和过硬的技能作支撑，厚积才能薄发。

### （三）创造性的思维模式与方法，这是创新的最重要的来源

创造性思维的特点是，不循规蹈矩，不照搬照抄，而是在了解实际情况的基础上敢于提出突破性的意见，善于使用创造性的方法，使企业工作在原有基础上产生飞跃。如果唯命是从，墨守成规，不敢越雷池半步，企业永远不能走在市场前面去领导潮流。

### （四）卓有成效的创新还依赖于勤奋地工作

新技术、新产品、新体制、新结构都不可能是天上掉馅饼，必须通过认真的调查，严谨的分析、辛勤的思考、勇敢的实践等一系列艰苦的工作才能获得。创新工作是科学，来不得半点虚伪，要经得起千锤百炼，任何投机取巧都不可能带来创新的成功。

以上四个方面是创新的内因，内因虽然是创新的关键，但离开激励与环境这两个外部因素，也是不能发挥作用的。

### （五）激励，这是企业领导重视创新，为鼓励员工创新而使用的方法和手段

激励具体包括，肯定员工的工作，尊重员工的劳动，以及当创新成功时企业给予员工的各种形式的奖励。激励还包括鼓励员工不怕挫折与失败，要积极为员工创造各种满足创新需要的条件，要让员工有一种为企业创新而骄傲与自豪的感情，要营造一种环境使员工不会因创新失败而受到嘲讽与压力、气馁退缩。

### （六）营造环境

这里的环境有两层含义，一是氛围环境，在学习与创新型的组织里，需要宽松的气氛，要实行自我控制，自主决策，领导者的作风要民主，遇事要多与大家商量，气氛应融洽，人际关系应很和谐；二是物理环境，顾客接触不到的工作场所的设计、布局、装潢都应有利于启发员工的思维和想象，太过压抑的物理环境和沉闷呆板的工作氛围都将抑制人们的创意的产生。

## 二、创新并非高不可攀

创新从狭义上看是指创造、发现新的东西；而从广义上看，创新则包括利用现有知识技

能去重现前人已经探索的发现过程。

### （一）创新的内容

彼得·德鲁克在其《创新与企业家精神》这部著作中，系统地对创新的七个来源、创新的策略及创新活动的管理进行了论述，奠定了以后创新研究的基石。德鲁克认为创新包括三个内容，第一是提供更好的、更经济的产品和服务；第二是使原有的产品找到新的用途、新的客户群和新的消费区域；第三是创造全新的产品和服务。

创新不是发明。创新不仅仅局限在科技这一范畴，更多地是指其经济上、社会上的含义，创新成功与否需要通过市场的验证，每一个创新都影响着人们的消费行为、生活方式和思想观念。创新的范围很广，大到可以产生一个新的企业，小到可以是对某一项工作常规的变动，对一个产品、一种服务、一项政策或制度、一个流程或者其中一个环节的改进。不论是大是小，创新都是为了满足人们的需要，给人们的工作生活提供方便。可以肯定地说，创新是可以学习的，学习创新首先要从识别变化并从中找到商机开始，因此这种学习绝不是死读书，也不是简单地上课。“学”是学习别人和自己的经验；“习”是要操作，不断地实践。

### （二）创新并非高不可攀

不要把创新看得太神秘，创新并非高不可攀。创新无非是看两方面，一方面是看需求，另一方面是看资源，需求为创新的标准，资源是创新的条件。条件具备了，比如知识、能力、资金、材料、人才、合作伙伴、管理流程、激励政策和评估手段等也适合，大胆地尝试如何把外界需求和拥有的资源不按常规重新组合搭配在一起，就是在创新的道路上迈出了步伐。创新是在探寻，不要怕犯错误，做错了就改，坚持下去一定能成功。但是应该注意，在对客服务的创新上，创新的成功与否不仅是按照创意提出者本人的意愿衡量，更应该从客人的角度考虑，这项创新是否符合客人的消费心理，能否为客人带来方便，当客人满意的效果与创新者的初衷一致，这项创新就是成功的，比如个性化服务。

## 三、创新的组织

在企业创新中管理者不仅是创新者，更应该成为创新的组织者。这里所说的组织，不是去计划和安排某个人在某个时间从事某种创新活动——当然这在某种时候也是必要的，但更重要的是为创新营造环境、提供条件，激发和保护下属的创新热情。

### （一）管理者的职责不仅是维持

管理者通常以为组织雇用自己的目的就是维持组织的运行，不能让组织活动偏离现行规定似乎成了他们的天职。然而创新就是对以往的规矩、程序的否定和破坏，在此基础上建立一种新的适应现实环境的模式。由于管理者对自身角色的错误理解，他们往往视员工在工作中打破常规为“出格”和“越轨”，是不能允许其存在的，于是将创新的苗头、创新的积极性扼杀在萌芽状态。他们为了更好地维持而奖励那些墨守成规、从不出错的人；对于在创新尝试中的失败者却随意惩罚。在创新已成为企业竞争力的核心要素的今天，管理者对自身职责的认识显然是要彻底改变了。

### （二）给员工留有一定的思考空间

人人都知道创新要思考，创新要尝试。如果每个人都因为工作负荷过重，在为怎样才能完成工作任务而担心，他是不可能顾及创新的。因此可以在制定计划和安排工作时，适当给员工留有一定的思考空间。比如，可以每个星期轮流给不同的人一个小时，让他们就本部门工作中的问题、饭店工作现状等坐在一起展开充分讨论，不设任何限制，也许一个奇思妙想就能由此而诞生。

### （三）正确对待创新中的失败

新的东西是以前没有的东西，在寻找它、认识它、掌握它的规律，并使它与现有东西组合或直接用它为人类造福的过程中一定会经历失败。从失败到成功这是创新的必经之路。管理者要充分认识这一点，要鼓励尝试，支持失败。创新中的失败可能会使创新者心灰意懒，而管理者的鼓励与支持则可以使他们重新树立信心，使他们坚持把创新搞下去直至成功。

### （四）建立创新奖励制度

创新精神与能力是组织的宝贵财富，这种无形价值转变为有形价值需要组织的悉心呵护，这种呵护包括对创新的肯定与奖励。如果创新努力得不到公正的评价和合理的奖酬，创新的动力会逐渐失去。实施奖励时要注意：既要给予物质上的奖励，更要给予精神上的鼓舞；既要给创新成功者以奖励，也要给创新失败者以肯定，要通过奖励促进和提高组织中每一位成员的创新热情；既要奖励个人，鼓励创新中竞争，又要奖励团体，强调创新中的合作。

# 第二节　该创新的不只是产品

创新是一个很宽泛的概念，创新的内容包罗万象，而且创新的对象之间有着密切联系。因此对企业而言，即便是对产品的创新，也会引起相关因素的变革，或许是其他因素的创新使得对产品必须加以改革。

## 一、观念的创新

创新是一个企业成功的灵魂，是企业可持续发展的不竭动力。在现在越来越激烈的市场竞争中，所有的企业都像穿上了红舞鞋，停下来的就是被淘汰的。企业的发展是需要以不断的创新与变革来维护的，要想生存就不能停止创新，停止折腾。而一切的创新都源于人的思想观念的创新，所以观念的创新更处于企业创新的先行地位——没有意识的飞跃就没有行动的指南——观念是产生生产力和利润的源泉，是企业成功的先决条件。

### （一）观念创新是全方位的

企业的创新是全方位的，包括技术的创新、管理的创新、制度的创新、文化的创新等。

树立创新观念就是要在企业内外建立起创新体制，并为创新建立良好的发展环境和资源保证。为此，观念的创新，也要从这几个方面实现。此处不做展开，将在下段“组织的创新”中详述。

### （二）创新的主线是顾客需求

说到创新，人们很自然要把产品放到第一位。这是因为组织存在的意义就在于通过提供产品的使用价值满足客人的某一类或某几类需求。企业通过生产产品和向社会提供产品来证明其存在价值，并通过销售产品来补偿生产消耗、获得盈利、维持自身发展。没有产品，没有产品的创新，组织就可能不存在了。饭店的产品类型比较复杂，有软有硬、有有形有无形、有物质有精神。但是不管对哪一类型的产品，创新都不能偏离一条主线，这条主线就是顾客需求。

企业的衰退往往表现为利润下降，但根子却在于企业、高层管理人员及全体员工的观念弱化、滞后，以及不一致、不适应社会和市场的变化。然而观念创新，意味着否定旧我，重新定位，重塑新我。因此，观念创新的过程是一个具有自省性的自我超越的过程。

### （三）观念创新引领企业的方向

观念的创新是企业创新的方向盘，它引导着企业创新的方向。当人们首先从观念上破旧立新，必然会带来相应的组织、制度、技术、产品等方面的创新。比如，过去认为顾客至上，不管什么样客人的利益员工都应无条件维护。现在我们树立了只有满意的员工，才有满意的顾客的观念，将员工利益与顾客利益相协调，当客人无理取闹、员工受到委屈时，我们会站在员工的立场上维护员工的利益，使员工更加安心地在饭店工作。比如，当人们意识到要保持人类自身的正常发展，必须树立可持续发展观念时，人们就在饭店服务中摈弃了传统的做法，采用了一些与过去常规相悖的做法：过去每天必须为客人更换床上用品和洗浴用品，现在与客人协商如果不需要换，即可不换；过去用过的水就是废水，就应废弃不用，而现在利用高科技手段将其回收处理后还可使其在其他方面派上用场等。再比如，过去人们一直认为零缺陷就是高质量，所谓零缺陷就是用标准衡量每一件工作都在标准之内，都符合要求。但是当人们树立了满足顾客需求才是高质量的观念时，人们重新审视了标准，发现人不是机器，不可用标准套用，因而将标准化服务提升到了个性化服务。

## 二、组织的创新

组织创新表现在三个方面，即结构创新、制度创新和文化创新。

### （一）结构创新

科学技术的进步给组织管理提供了方便，它使组织层次减少，由于计算机可以在一定程度上代替人为的监督，管理者可以管理更多的下属，控制范围扩大。同时由于计算机还可替代人脑进行信息的搜集与处理，因此使得决策、控制，以及企业和人员的绩效评价都变得相对简单。但是，组织创新的目的是更合理地开发和协调组织成员的努力，因此组织创新应依据组织的性质、生产特点、规模、环境等来进行。具体采用哪种组织结构更为合理，应根据以下标准衡量:①是否有利于学习、发展;②是否能最有效地利用资源;③是否能快捷、准确地传递信息;④是否能达到企业目标所要求的协调。

不论采用哪种组织结构,都应该处理好集权与分权、系统性和灵活性、稳定性与适应性之间的关系。

### （二）制度创新

制度创新主要是指企业管理制度创新。企业要维持其正常运转,就必须拥有完整的管理制度。科学、系统的管理制度是以实现组织目标为目的,通过对组织各部门、各岗位、各项工作的规定来约束和协调组织内工作与人员的衔接与配合。然而管理制度的科学性应体现在根据企业发展的需要保持相对的稳定和动态的变化,也就是要根据企业内外环境的变化不断创新。长期不变的管理制度不一定是好制度,变化不定的制度也不利于企业发展。所以,企业管理制度的规范性与创新性之间的关系是一种互为基础、互相作用、互相影响的关系。良性的循环关系是两者保持统一、和谐、互相促进;非良性的关系则是两者割裂甚至冲突。作为企业来讲,制度创新就是要努力使企业管理制度的规范性与创新性因素之间呈现和谐状态。规范性的因素是创新的产物。在现行的企业管理制度里,规范性的因素是前期企业管理制度创新的目标,同时又是下一轮创新的基础。只有这样,企业管理制度才能在规范与创新的双重作用下不断完善、不断发挥其保证与促进企业发展的作用。总之,企业管理没有制度不行,但是制度的完善与创新必须体现以人为本,要有利于发挥员工的创造性和调动员工的积极性。

### （三）文化创新

文化创新有企业文化和文化本身两个角度。

1. 企业文化角度

文化创新是指重视新时期企业文化的新特点,加强企业文化建设,促进企业走向繁荣。知识经济时代企业文化的特点主要表现在以下方面。

(1) 在相对分散的组织结构中,企业文化——企业成员广泛认可的价值观念和由这种价值观念所决定的行为准则和方式,其黏合剂的作用更加突出。

(2) 文化这一反映企业的历史与传统的记忆概念演变成为学习的概念。知识经济条件下的市场环境是急剧变化的,过去成功的经验在今天已很难发挥作用,吃老本不行了,必须不断学习,所以要建立学习型的企业文化。

(3) 学习的概念也就决定了企业文化不可能是单纯的某一个组织的理念与哲学,它会在企业与环境的互动中吸收和融合其他组织的文化因素,使自身的文化不断得到整合和完善。

2. 文化自身角度

文化在交流的过程中传播,在继承的基础上发展,都包含着文化创新的意义。因此,文化创新是文化自身发展的内在动力,也是社会实践发展的必然要求。文化自身角度体现在以下方面。

(1) 文化发展的实质,就在于文化创新。创新是一个民族进步的灵魂,是一个国家兴旺发达的不竭动力。文化源于社会实践,又引导、制约着社会实践的发展。文化创新的作用既表现为不断推动社会实践的发展，又表现为不断促进民族文化的繁荣。文化创新的根本目的，也是检验文化创新的标准所在。

(2) 文化创新是全面建成小康社会的有力保证。习近平总书记强调，大力发展社会主义文化，建设社会主义精神文明，是全面建成小康社会的必然要求。全面建成小康社会，必须把文化发展同经济、政治的发展摆在同等重要的位置。不仅要有高度的物质文明，而且要有高度的精神文明；不仅要求物质富裕，而且要求精神"富裕"和文化"富裕"。而文化创新为人们提供新的价值观念、思想信仰、行为规范和科学知识，调节和引导人们的行为，丰富人们的智慧，激发人们的创造力。只有不断推进文化创新，促进人的全面发展，弘扬和培育中华民族的民族精神，使人民群众紧紧团结在党的周围，才能确保新世纪宏伟目标的实现。

(3) 文化创新是丰富人民群众精神文化生活的重要手段。随着社会生产力的不断发展，人民群众文化需求的总量不断增加，文化需求个性化、多样化的趋势日益明显。只有不断推进文化创新，弘扬主旋律，提倡多样化，才能牢牢占领思想文化阵地，发展健康有益的文化，改造落后文化，抵制腐朽文化，创造出既能体现中国风格，反映时代要求和人民心声，又能满足人民群众理想、愿望和审美要求，更加贴近实际、贴近生活、贴近群众的优秀作品，不断丰富人民群众的精神文化生活。

举两个例子说明文化创新的作品和形式，受到欢迎的程度与强烈反响。

范例一：《上新了，故宫》。这是一档全新的文博探索和文创运营相结合的节目，以文化和创意为理念，将静默的文物转化为富含精神文化内涵的文艺作品。每期节目都有一个主题，明星嘉宾，围绕主题，对故宫开放与未开放的领域进行探索探寻，探寻文物的前世与今生，挖掘文物背后的价值和精神内核。通过与国内设计师和高校设计专业学生的联袂合作，设计与时代接轨的年轻化文创产品，让旧文物焕发了新生机。挖掘旧文物，打造新文创，其根本在于立足文物本身基础之上，以一种全新的方式实现文物的价值传播。所谓"上新了"，其实就是带有"温故知新"的含义，其中"故"就是故宫，希望能够以温故知新的方式，结合与时俱进、与时代接轨的新的传播手段，把有着600年历史的厚重文化宝藏传递下来。

范例二：《遇见敦煌——光影艺术展》。此展览由中国文物交流中心、中国对外文化集团有限公司支持，中国文化国际旅行社有限公司、北京中创文旅集团联合主办，北京中演文化服务有限公司、遇见博物馆・光影空间承办，展览首席公益伙伴为腾讯公益。本次展览艺术顾问由著名艺术设计家、中央工艺美院原院长、"敦煌女儿"常沙娜先生亲自担任，东京艺术大学特聘教授、资深纪录片导演井上隆史先生担任学术顾问，华人音乐家刘宏军先生担任音乐顾问。展览以3D光雕数字技术，将中国传统文化"敦煌石窟"的200多幅作品先用绘画的手法与现代科技相结合，在高12米，总面积超过1 500平方米的展示空间，使用了48台高清投影打造了一座全沉浸式光影世界，再现了精彩绝伦的敦煌石窟文化的艺术魅力。展览在北京首展了近三个月，为首都市民和全国各地的青少年、游客，增加了一个"夏日好去处"，下步还将到各地和走出国门。这一"线上与线下"结合的艺术传播新方式，起点高(用"让文物活起来"的方式)、选题好(用敦煌题材讲好中国故事，进行国际传播)、结合市场紧密(已成为所到之处的网红打卡地)，为"文化和旅游消费"探索了新的方式，拓宽了传播渠道，受到文化和旅游消费者的广泛好评。

由此得出结论：文化创新是文化的生命之源，是先进文化的特质；文化创新是增强综合国力的要求；文化创新是实现文化与时俱进，增强文化的吸引力和感召力的根本途径；文化创新是提高人的素质，实现人的全面发展的决定性因素。

## 三、环境的创新

### （一）环境创新的理念

环境既是企业输入的提供者，又是企业产出的接收者。环境是企业赖以生存和成长的土壤。因此不断改善和保持良好的土壤质量状况至关重要。而环境创新就是改善和培育利于企业发展的肥沃的土壤的方法。环境创新是指企业通过对环境进行主动监测，有目的有计划地开展创新活动去引导环境、改造环境，使环境朝着有利于企业实现目标的方向发展。环境创新能力就是企业驾驭环境和能动掌握环境的能力。

### （二）环境创新就是市场创新

企业外部环境分为微观环境、中观环境、宏观环境。从宏观角度讲，环境创新就是发挥企业的优势、能力和影响力，积极为社会做贡献，促进社会的进步与发展；从中观角度讲，就是通过企业公关活动，影响行业及政府政策的制定；从微观角度讲，我们说这个时代的顾客都是不忠诚的，他们也没有必要对一家企业从一而终。因为他们的需求总在变化，他们的满足远远不够，即使他们对这一家满意也会换另一家去购买，因为在那里有可能找到更好的产品和服务。虽然培养忠诚顾客很难，但是只要企业能诚心诚意地为顾客着想，不断地从顾客需求出发进行创新，保持产品对顾客的方便、高效、有价值且价格合理，企业依然能凝聚一批对企业有好感、相对忠诚的顾客。所以，环境创新就是市场创新，通过企业技术创新、产品创新等提高生产力的手段来创造顾客引导消费，再通过服务创新、营销创新等提高行销力的手段影响消费者的认知和评价，在生产力和行销力基础上努力打造企业知名度和美誉度，塑造企业的良好形象。

# 第三节　进行创新的工具

## 一、创新的三种方法

营造环境与提供支持是创新所需要的条件，而在创新的具体操作中还应掌握一些方便可行的方法。

### （一）头脑风暴法

在诸多方法中最常用也是最有效的方法应该是“头脑风暴法”，这种方法也叫作“脑力激荡法”“开诸葛亮会”。这种方法的特点是在积极思维、畅所欲言、相互启发中激发出人们的创意，从而获得大量的创新性主意和观点。

这种方法的具体操作步骤和注意要点如下。

(1) 提前出告示将讨论的议题告知大家，让人们对此有一个思考和准备过程。

(2) 召集富有积极性、独创性的人员进行集体讨论，大胆设想，各抒己见，也可鼓励人员自愿参加；参加者可以是与议题相关的人员，也可以是对此有想法、有热情却不相关的人员。

(3) 鼓励大胆设想，不要加以限制。

(4) 所出主意应是原发性的，不要重复但可以补充。

(5) 要指定专人对所有意见作全面记录。

(6) 当实在提不出意见时，才可对所提意见进行评估和议论。

### （二）“635”法

“635”法也叫作“默写法”。操作方法也非常简单。

“635”法即有 6 个人参加，5 分钟内每人提出 3 个想法。

(1) 主持人先宣布议题，讲清楚发明创造或者是策划的要求。

(2) 发给每人几张卡片，并将卡片编号。填写时要求每两个设想之间留有一定间隙，供他人填写新主意时使用。

(3) 在第一个 5 分钟内，每人针对议题在卡片上填写 3 个设想，然后将卡片传给邻座。

(4) 第二个 5 分钟，每人从别人的 3 个设想中得到启发，又在卡片上填写 3 个设想，再依次传下去……

这样，半小时内，可传递 6 人，共计产生 108 个设想。这种方法由于时间短，可能考虑得不很全面，但也正是由于时间短，也可避免很多其他因素的干扰。

### （三）“匠心”法

独具匠心是汉语的一个成语。匠心，即巧妙的心思，意为具有独特的巧妙心思，多指技术或艺术方面有创造性。这里结合“匠心精神”的学习，提出把“匠心”作为创新的一种方法和创新文化来理解，如后还将与业界作为共同探讨的话题。

(1) 把“匠心”作为创新的工具和方法。匠心，重点在于“心”，用“心”创新。“匠心”是认真、执着、专注求真、探索、追求、思考，进而实现创新，所以“匠心”是创新的前提和基础，是方法论，也可以当作创新的工具。

(2) 人操纵于“心”，“心”控制人行。只有静心、尽心、精心，方可出新、创新。

(3) 坚持一份职业自信，“匠心”成就创新。“匠心”和创新始于意识，作于点滴，成于价值。专注一事，求索其间，来自智慧和自信。

## 二、为酒店创新提几点建议

国家提出创新的意义在于，创新是一个民族的灵魂，是人类发展的不竭动力，是人类智慧的结晶，是对传统的继承与发扬，是不断进取和勇于开拓的精神。酒店业创新应结合本土化和国际化要求，可以从理念、制度、文化、产品等多方面展开。建议酒店创新以鼓励员工在工作中的创新热情与创新精神为总原则。

### （一）让下属喜爱自己的工作并打破常规的工作方式

营造轻松愉快的工作环境与工作氛围，让员工在工作时感到愉悦而不是压抑、烦闷。沉闷的气氛让人窒息，而愉悦的心情有利于活跃思维，产生创意和提高生产效率。同时，不要给下属的压力过大，工作量要适度，要给他们留有一定的思维空间，要允许员工以他们认为好的工作方式进行工作。

### （二）依靠直觉和顿悟，鼓励尝试与冒险

对有经验、有知识的员工来说，直觉常常不是随意无用的东西，它可能是一种启示，是一种灵感，是潜意识里的一种觉悟。要善于抓住直觉，还要鼓励尝试与冒险，敢于尝试是创新素质的重要体现。不断尝试可以确定自己的兴趣指向，也可以培养自己的挫折容忍力，还可以在尝试中积累创新的经验。

### （三）逆向思维与多个假设

尝试从反方向看待问题和思考问题，这样可以跳出已经养成的思维模式的旧框框，可能会产生突破性地解决问题的方法。学会多做假设，在解决一个问题时，多做几个“如果……会怎样”的假设，会引导你想出更多解决问题的办法。

### （四）深化对客户的了解并吸引局外人

直接与客人接触，了解他们的需求和最关心的问题，直接获得创新的一手资料。在此创新基础上，吸引不相干的局外人参与，可以引导多角度地分析问题，打开视野和思路。例如，定期组织暗访，发现服务创新方面的问题，及时加以改进。

### （五）为员工创造“容错”环境与条件

创新是在走前人没有走过的路，没有前车之鉴，出现错误在所难免，要允许犯错，允许失败，失败是成功之母。任何创新都有局限性，要有足够的精神准备，但不可缺少创新精神。要给员工创造创新的条件和环境。

创新是迈向高质量的台阶。然而创新不是偶然巧遇，不可能天上掉馅饼，要具备由内而外的条件，而要使这些条件齐备就要学习，创新的人要学习，为创新创造条件的人更要学习。

## 第四节　酒店行业需要匠心精神

自 2015 年 6 月央视播出《大国工匠》纪录片后，传承“匠心精神”，加快供给侧改革，尽快实现由“中国制造”升华为“中国质造”，便成了各行各业热议的重要话题。在中国经济发展下行压力不断加大，传统的产业规模优势和低成本优势已经不复存在之时，重拾“匠心精神”，将经济目标由过去的粗放型转变到高质量发展的轨道上来，不仅是及时的，更是必要的。而酒店业原本就是具有“匠心或工匠精神”的行业，酒店人本就是“匠人”。

## 一、匠心精神的内涵

匠心精神是当今社会各行各业几乎都应有的精神。匠，即工匠，也是灵巧、巧妙的意思，即心思。而匠心，指的是能工巧匠的心思。参考“工匠”资料的释义，造就“匠心精神”有三大途径：一是守，即以理想为基础，坚守与专注，久久为功，而不改初衷，精益求精。二是破，即以思想为基础，在突破和完善中超越自我。三是离，以创新为基础，在颠覆成见中寻求新发现。在当今社会，有很多具有匠心精神的人，工作在生产一线，工作在科学前线。匠心精神，是当今时代社会最美的精神。

### （一）什么是匠心精神

“匠心精神”又称工匠精神，它是一种职业精神，是职业道德、职业能力、职业品质的体现，是从业者的一种职业价值取向和行为表现。工匠精神的基本内涵包括敬业、精益、专注、创新等方面的内容。

工匠们喜欢不断雕琢自己的产品，不断改善自己的工艺，享受着产品在双手中升华的过程。工匠们对细节有很高要求，追求完美和极致，对精品有着执着的坚持和追求，把品质从0提高到1，其利虽微，却长久造福于世。

工匠精神是社会文明进步的重要尺度，是中国制造前行的精神源泉，是企业竞争发展的品牌资本，是员工个人成长的道德指引。工匠精神就是追求卓越的创造精神、精益求精的品质精神、用户至上的服务精神。

### （二）学习瑞士制表商的“匠心精神”

在国外，无论是制造业还是服务业，在许多地方都可以看到那些精益求精，一丝不苟的人，在用一份职业自信——工匠精神，完成工艺创造。

瑞士制表商对于钟表的每一个零件、每一道工序、每一件作品的用心打磨和精良雕琢，也无不体现了他们对“工匠精神”理念的完美诠释。正是凭借制表商们对瑞士手表从铸造材料、制作工艺、人为加工等方面一丝不苟的孜孜追求，才使得瑞士手表誉满天下，经久不息地在世界各地畅销，并且成为人类制造史上不可磨灭的经典。作为以严谨、理性而著称的德国，其在机械制造和哲学方面的突出贡献，同样离不开“工匠精神”。但是，“工匠精神”并不等同于“苛刻”，它是一种因时因地而异的生动存在，能把人的主体性和创造性传递到对应的作品中去，并从人的角度去思考问题、创造奇迹，让人们在产品的背后感受到工匠本身所带来的人文情怀，而不是冰冷的工艺品。

## 二、酒店业“匠心精神”的体现

由于酒店业国际化和现代化程度高，又是对外接待和直接面向顾客的服务行业，加上行业标准制定早，国际化水平高等因素，使之在对客服务各方面，必须具有职业化、专业化、精细管理与精致服务的特性。所以，酒店业本就是具有“匠心精神”的行业。

### （一）不忘本来，坚持“初心”

如前所述，工匠精神是工匠对自己的产品精雕细琢，是一种追求精益求精、更完美的精神理念。他们喜欢不断雕琢自己的产品，不断改善自己的工艺，享受着产品在双手中升华的过程。其目标是打造本行业最优质的产品，其他同行无法匹敌的卓越产品。概括起来，工匠精神就是追求卓越的创造精神、精益求精的品质精神、用户至上的服务精神。酒店业的“匠心精神”正是这一精神在酒店行业标准执行中的具体体现。鉴于此，硬件设施、服务品质、程序流程、宾客满意度等标准化和宾客感受的非标准化体验结果，就是酒店业的“匠心”，各级管理者和员工都该坚持这份“初心”，维护酒店品质和信誉。

### （二）坚持品质，不断完善

如今社会心浮气躁，追求“短、平、快”（投资少、周期短、见效快）带来的即时利益，从而忽略了产品的品质灵魂。因此企业更需要“匠心精神”，稳扎稳打。酒店业更要坚持高品质、高质量运行与追求，才能在日益激烈的国际竞争中获得成功。当一些同质化企业热衷于“把酒店当地产运作、把酒店作为圈钱的标的、再出新招、再圈钱”的循环时，坚持“匠心精神”的企业，依靠信念、信仰，积极改进产品，不断提高精细化管理水平，最终通过高标准要求历练之后，成为行业的骄傲。无论成功与否，这个过程，他们的“匠心精神”是脱俗的，正面的，积极的，是值得尊重的。

## 三、“服务创新与匠心精神”应成为酒店业“双重”建设目标

在这里还要重申，创新是一个国家和民族发展的不竭动力，也是一个现代人应该具备的素质。在酒店业，“顾客的需求就是我们努力的方向”应是“服务创新与匠心精神”的外部要求，也是酒店人的内在动力。为此，“服务创新与匠心精神”应作为酒店行业“双重”建设的任务和目标，努力追求，提升酒店国际化服务水平，增加企业核心竞争力。

### （一）实现酒店“服务创新”的主要途径

如何提高酒店服务创新能力，增强其竞争实力，是促进酒店行业经济增长的现实选择。要促进酒店服务创新，需要消除和降低对服务创新活动所产生不利影响的因素，除了政府部门采取多种扶持措施，营造良好的环境外，作为创新主体的酒店服务创新，更应加强对服务创新的策略选择和管理，提高服务创新的质量与水平。可从如下方面思考。

1. 服务创新项目的选择

随着消费者的广度和深度进一步市场细分，多元化细分服务将成为今后酒店发展的趋势，并给酒店服务创新提供了一个更为广阔的前景。因此，酒店服务创新应该密切注视市场需求，细分市场呈现潜力，然后进行有选择性地针对不同的市场进行服务创新，通过不断改进产品，利用先进的服务和设备来提高传统酒店产品的附加值，循序渐进地创新。

2. 服务创新目标的选择

由于创新服务的成本和灵活性所限，对服务创新的资源和客户有一个明确的认识，在实

施服务创新时、最明智的选择时，集中于某项服务的提高，形成产品的个性化和特色化服务。这种服务创新能够拥有低成本、高质量的创新潜力，很快能够取得竞争优势。

3. 加强服务创新管理

上述两个方面，在酒店的服务创新上，重点是从酒店和酒店消费的个人的市场需求方向上，通过特色服务、定制服务，以及与资源的服务搭建系统的服务框架，给自身的服务带来高附加价值。除此之外，酒店服务创新更应加强服务创新管理，通过各种行之有效的管理和激励方法，创造服务创新的管理模式，把服务创新的水平与能力提升到一个新的层次。

### （二）学习古人“物我合一”的“工匠精神”

一丝不苟，精益求精，在专注与坚持中做到“物我合一”，追求卓越，等等，这些都是“工匠精神”的本质内涵。如何实现“物我合一”的“工匠精神？”以“庖丁解牛”故事为例，理解其内涵。

《庄子》有云：“技近乎道”。早在古代中国，就已经有了技艺精湛的鲁班、游刃有余的庖丁，他们的行技境界都是历代工匠精神的毕生追求。关于庖丁解牛，书中曾记载了他与梁惠王之间的一段对话。梁惠王问：“（你）解牛的技术怎么会有如此的高度呢？”他说：“我凭借精神和牛接触，而不用眼睛去看，依照牛体本来的肌理结构，用很薄的刀刃插入有缝隙的骨节。十九年了，我的刀刃还像刚从磨刀石上磨出来一样锋利。”这就是“工匠精神”的至高境界，当常规技艺与人的精神达到一种高层次的配合，心手合一，物我两忘，便创造了几近完美、精益求精的深远天地。“匠心精神”的境界亦复如是。

### （三）以匠心致创新，重塑酒店质量管理

以实现“物我合一”的“工匠精神”做一同理思考，如果酒店行业从管理者到员工都能和顾客的感情交流达到水乳交融，以心换心，经常换位思维和增强同理心，顾客的抱怨就会减少，顾客满意度将会大大提高。由此可见，用“匠心精神”提升酒店服务品质，服务创新就有了更大的空间。

在多样化的细分酒店市场的今天，酒店业为了不断满足多样化的市场要求，经过多年的发展出现了商务酒店、旅游酒店、经济型酒店、主题型酒店（如文化主题酒店、艺术中心酒店等）、度假酒店、会议酒店和一般旅馆等细分酒店类型。现代科技加速新型智能化酒店发展，向电子信息技术和连锁经营为代表的智能化服务型酒店迅速发展，以及提供更多个性化服务的新时代已经到来。中国酒店业已不再把国外酒店管理公司作为唯一的酒店管理委托方，更多的国内酒店管理品牌如雨后春笋，破茧而出，标志着中国酒店业管理与服务创新的能力已进入国际化竞争行列。至此，市场化和国际化同业竞争，为酒店业质量管理创造了良好的环境，以“匠心”致“创新”，应成为重塑酒店质量管理的抓手，务求落实，勿错失良机。

按照“匠心致创新”的目标，重塑酒店业质量管理新形象，提出四个要点建议：一是制订重塑酒店品质的工作计划，以酒店服务再造及消费者行为模式匹配，提升酒店的服务效率，引导新时代生活方式，设计服务质量流程目标为重点；二是改进和提高营运管理和系统效率，实现管理为经营服务的变革；三是做好酒店分销和品牌传播整合，通过调整价格体系来规避市场风险，改变传统的酒店营销模式，为酒店重新定价，提供定制化服务新项目，增强服务品质，提高服务品牌创效能力；四是提高内部宾客——员工的整体素质，重点抓好服务技

能等专业素质的提升，引导更多的员工成为本企业的“金钥匙”（这是酒店业员工服务品牌的最高荣誉），树立酒店业良好新形象的本土化和国际化服务品牌。

## 思考题

1. 如何理解创新精神是创意的原动力，它和酒店质量创新的关系是什么？
2. 全方位的观念创新包括哪些方面？
3. 如何理解文化创新及其现实和长远意义？
4. “匠心精神”的内涵，以及在酒店业的重要性有哪些？

# 第十二章

# 文旅融合——当代酒店的新追求

基于2018年上半年国务院机构改革，新组成“文化和旅游部”后，如何认识和探索从现在到未来“文化和旅游”融合（简称“文旅融合”）发展之路，成为新时代文化和旅游业业内人士重点研究的课题。现将联合国世界旅游组织2017年对文化旅游的重新定义，作为依据，以此引用。联合国世界旅游组织指出，全世界旅游活动中约有37％涉及文化因素，文化旅游者以每年15％的幅度增长，“文旅融合”已成为必然趋势。这一组织重新定义文化旅游为，文化旅游的基本动机是学习、发现、体验和消费旅游目的地的物质和非物质文化景点。文化旅游景点涉及社会独特的物质、文学、精神和情感特征，包括艺术和建筑、历史和文化遗产、烹饪遗产、文学、音乐、创意产业、生活方式、价值体系、信仰等。文化和旅游产业融合可以保护遗产、促进经济发展和就业、实现经济增长、推进旅游多样化发展和增强文化理解力，使之产生深远的影响和具有重要的现实意义。酒店行业作为文化和旅游结合的载体，应该跟上时代步伐，不断探索“文旅融合”的新路，也应成为酒店业新的追求。

## 案例 12-1

### 京城首家“微电影主题餐厅”的诞生

星级酒店餐饮始终是酒店营业收入占有较低比重的构成部分，也成为酒店餐饮不同于酒楼餐饮的短板和软肋。社会餐饮无论是菜品特色，还是就餐环境与服务质量，以及价格方面，都有了更多有别于星级酒店的比较优势。为此，许多酒店餐饮无奈出租承包给社会餐饮企业。虽然这是一种很好的“嫁接”方式，但地处北京王府井街巷内的 North Garden Hotel 却不落俗套，坚定地走出一条探寻追求文化特色，以及挖掘文化内涵的酒店餐饮之路。在市场和政治环境发生变化，以及会议量大幅减少的2012年后的三年，使普遍下降的会议餐饮不降反升，走出了一条星级酒店客房与餐饮各半收入的创新之路。他们是怎样破解星级酒店餐饮经营困局的呢？让我们看看在星级酒店和餐饮品牌林立的王府井，North Garden Hotel在2012—2013年期间的故事吧！

时年，因受市场环境和其中目标客户群体的变化，会议量大幅度减少，境外旅游者数量逐年萎缩，一些酒店自助餐同质化现象加重，有的星级酒店甚至采取取消西餐、外包中餐的无奈手段，致使星级酒店陷入了非常尴尬的境地。如何破解星级酒店餐饮困局，是摆在每个酒店职业经理人面前的一道绕不过去又必须解决的现实课题。North Garden Hotel高管层开始了这样的思考与尝试。

既不能丧失为住店客人提供餐食服务的功能，又要努力吸引社会客源进店消费；既要价格接近社会餐饮大环境，又要努力控制成本（酒店餐饮成本因食材选取渠道严格，所以成本偏高）；既要确保餐饮常态化经营，还要坚持自营主动权，创造对全店总收入贡献率的提升，必须调整经营思路，实现突破创新，跳出酒店餐饮经营的原有模式，对全店闲置资源进行整合优化，重新包装餐饮经营，以及环境再造。试探性地与社会热点“网红”进行资源对接合作的“微电影”项目应运而生。微电影，传播渠道是网络，而使用网络的多是社会中坚力量，这部分群体恰恰也是酒店所需。

首先，他们和微电影创作方、发行方取得联系，商讨合作模式（当时“微电影”作为新生事物在网络传播，走不进院线。初始阶段利润和影响力形成也在摸索期），利用酒店良好环境为创作方、发行方提供发行预播，让对方免费使用场地，并按观影人数提取一定比例播放费用给创作方。

其次，在谈妥以上合作模式和条件的前提下，开始造势宣传。宣传主题电影文化餐厅及其体验活动项目。

最后，消费者在享受酒店品质自助餐的同时，可以对网络电影先睹为快，并在每周末还可以和主创人员、主要演员互动，更有机会参与影片演出。这一切的前提，在设计时就制定在酒店的循环消费中，顾客既是体验享用者，又是消费者，并可产生循环消费。

这一运行模式非常成功，仅仅不到三个月，使酒店自助餐迅速走红，成为十大“网红”主题餐厅，并且形成固有“粉丝”群体和稳定的“微圈”，成为酒店忠诚的客户群，进而带动客房等散客市场大幅度增长。

如上案例表明，社会和经济的格局在发生变化，“文旅融合”的时代已经到来。酒店应转变思想，转化思维方式，结合产业价值链设计，适时推出文化产品；满足顾客需要，适合顾客文化需求；适应发展，调整结构，深化“文旅融合”的顶层设计，走出中国特色的“文旅融合”新路。

## 第一节　“文旅融合”呼吁强劲的质量意识

2018年4月，“文化和旅游部”正式组建，“文旅融合”发展成为业界关注的焦点。“文旅融合”发展，有助于更好发挥旅游业作为国民经济战略性支柱产业的作用，也是彰显和传承我国博大精深的文化内涵的重大举措，从国家战略层面，更是建立文化自信和社会主义文化强国的有效路径。让旅游赋予文化的内涵，旅游的内容与意义将变得丰富多彩；让文化赋予旅游的形式，文化的表达将变得生动有趣。“文旅融合”是现实发展的方向，符合新时代转型升级的发展需求。

## 一、“文化自信”为旅游酒店业品质提升带来强劲动力

党的十九大报告指出，没有高度的文化自信，没有文化的繁荣兴盛，就没有中华民族伟大复兴。“文旅融合”是建立起旅游发展、文化自信、国家认同、民族复兴这四者之间逻辑关系最重要的方式之一。

### （一）“文旅融合”发展有助于缓解我国面临的社会主要矛盾

首先，“文旅融合”发展是有效统筹推进“五位一体”总体布局，协调推进“四个全面”战略布局，全力推进全面建成小康社会进程的重要体现。其次，坚持旅游服务文化、传播与保护文化的基本要求，确保文化让旅游产品更有内涵。当前文化体验正日益被旅游者所重视，坚持把文化作为旅游发展的灵魂，不断加强民族民俗文化建设，是解决好区域发展不平衡不充分问题的途径之一。

### （二）“文旅融合”发展有助于推动文化传承与保护

旅游是文化传承、传播与交流的载体，加快“文旅融合”发展，有利于推进中华文化精品的打造与创新，有利于促进中国文化产业规模化发展。文化产品是为人民服务的，“文旅融合”发展，在繁荣文化产品创作的过程中融入旅游需求导向，在现代文化产业体系建设中注入旅游发展的手段，必将有效地推动中华文化的传承与保护。

### （三）建立更基础、更广泛、更深厚的文化自信

“文旅融合”给了人们重新发现、关注、领会优秀传统文化的好机会，为传统文化的弘扬提供了很好的载体和渠道，让文化不再只是悬挂式的符号，而是人们共同感知领会和共同参与创造的知识与活动。更基础、更广泛、更深厚的文化自信，需要通过旅游这种已经深入千家万户的生活方式才能更坚实。“文旅融合”能够充分发挥旅游产业和文化产业的优势，让中华优秀传统文化搭乘旅游快速发展的列车，加快我国由文化大国向文化强国迈进，民族复兴才能更好实现。

## 二、新时代需要旅游优化新生活

从旅游发展角度，全域旅游已经成为国家战略，其主要路径是发现更多的资源、组合更多的产品。文化与旅游的融合有助于我们发现、挖掘更多的旅游资源。所以，新时代需要旅游优化新生活。

### （一）“文旅融合”让消费者体验不一样的生活

实际上，文化不仅仅是文物、遗址，也指以人为本、以民为本的天、地、人关系的认知，以

及蕴含在老百姓身上无处不在的生活方式、生活态度、言行举止、饮食习惯等。很多旅游企业推出创新性的产品，让游客“像当地人一样生活”，体验不一样的人生。“看得见山，望得见水，记得住乡愁”，通过这种形式上的回归，休闲旅游正在不断地带给这个时代的人们以最需要的恬适、快乐、品质、内省的生活。为了更好地发展文化旅游，一些地方已经将地域文化和旅游住宿设施的国际化、人性化要求紧密结合，这既丰富了旅游产品，也让更多的百姓真正参与到旅游产业中，分享旅游发展的成果。“文旅融合”发展，让旅游的内容更加丰富、形式更加多样、意义更加深刻。

### （二）“文旅融合”使消费升级

中国旅游业进入休闲度假时代，信息与科技进步使旅游和文化相互融合，也使得人们的旅游需求不断变换，同时也不断引导着人们的消费倾向。以电子门票为例，中国旅游电子门票研究中心发布的《中国旅游电子门票2017年度研究报告》显示：2017年中国景区在线门票市场整体增长趋缓，而其中拥有文化IP的景区受到越来越多的游客青睐，文化IP业已成为旅游景区行业发展的新引擎。

文化和旅游的融合，对发展全域旅游、乡村旅游、优质旅游，整合文化、旅游资源是很大的利好。例如，一家国内旅游全产业链“一站式”服务企业显示，近年来通过设立IP研究院、成立IP内容事业部、打造IP 100工程、开发IP系列产品等手段，在全国多个项目中探索打造垂直旅游行业的文化IP创新工场，以进一步提升释放文化内容价值，促进文化和旅游两大体验消费深度融合。

这种融合式发展，既是消费升级，也拉动了内需。然而，旅游开发管理各自为政，没有形成合力，文化资源和旅游资源分别属多部门管理，资源整合与组织协调工作难度较大；旅游项目缺少文化创意和文化内涵，文化旅游产品普遍存在硬件强、软件弱，内容缺少吸引力等问题，亟须改进完善和通过改革解决基础性矛盾。

### （三）“产业深耕”才能深度推进“文旅融合”

旅游业本身作为一种由体验差异促成的产业，其中很大一部分都是由于时间、空间、习惯等差异造成的文化差别。传统意义上，旅游“六要素”吃、住、行、游、购、娱的开发和规划都是围绕着一定的主题和文化展开的。而今，仅靠这些要素布局是不够的，还需要“文旅融合”产业的整体深耕，包括旅游商品、区域文化艺术展示和设施空间，以及企业文化带给游客的感受等。旅游商品是看得见的文化，很多目的地的文化都是隐藏在风景里，需要游客去感知；还有一些目的地的文化是写在文章里，需要游客去解读。旅游商品的特殊性在于其对文化的呈现是非常直接的，通过可见可触的感知，能够非常准确地传递目的地的文化内涵。区域文化艺术展示包括一个地方文艺创作，如文学作品、影剧、歌曲、歌剧、乐曲、舞蹈等；文艺评论；美术创作、艺术表演服务等，这些反映地方或区域文化的产品和内容都应成为深度研究与开发的对象。文化和旅游部门的融合，最大限度地将这些方面结合在一起，为“文旅”产业深耕奠定了基础。

### （四）借鉴国外现成经验，促进当代“文旅融合”

联合国世界旅游组织对69个国家进行的一项调查显示，文化与旅游融合需要面对多种挑战和障碍：利益相关者的目标差异、各级政府之间的协调困难、确保旅游收入流入文化产业、利益相关者之间的文化差异、新技术在文化旅游中的应用、促进文化和旅游利益相关者的接触、建立强大的文化旅游品牌等。综合国外经验，文化与旅游融合的基础包括非物质文化遗产、物质文化遗产与当代文化，主要融合模式有开发型融合、体验型融合、活化型融合、保护型融合、创意型融合、重组型融合、延伸型融合。

1. 非物质文化遗产与旅游的融合

非物质文化遗产以工艺品、美食、传统节日、口述传统、宗教旅游等为代表。非物质文化遗产与旅游的融合模式有开发型融合、体验型融合。开发型融合主要是指通过融合现有的资源，开发非物质文化遗产公园、博物馆等场所，向游客展示非物质文化遗产。以英国为例，通常是将非物质文化遗产与博物馆相结合，发展博物馆旅游。英国都铎王朝时期的玛丽·露斯号军舰，历经30年的保护和开发，文物保护和建筑设计的专业人员对船体进行了恢复并量身打造了玛丽·露斯博物馆，吸引了超过925万人次的游客来参观。

2. 体验型融合

体验型融合主要通过开发如节庆活动、演艺和体验类旅游活动，通过市场手段让游客参与其中体验非物质文化遗产。对非物质文化遗产进行体验型开发主要是对民间舞蹈、民间音乐和民俗活动等进行开发，形成综合性的旅游体验类活动。这类融合中游客的参与性极强，目前的代表有非洲莫桑比克、纳米比亚等国的土风舞，毛里求斯的塞卡舞，巴西狂欢节等。巴西里约旅游局数据显示，2018年里约狂欢节吸引600万人参加，其中游客达150万，同比增长近40%。

3. 物质文化遗产与旅游的融合

物质文化遗产以世界遗产地、纪念碑、历史场所和建筑、文化线路等为代表。物质文化遗产与旅游的融合模式有活化型融合、保护型融合。

(1) 活化型融合是指对现有的物质文化遗产进行延续利用与活化改造来发展旅游。活化型融合在保留原有文化的基础上，迎合现代人的需求，在功能上除了作为博物馆延续利用，还可以利用餐饮、酒店、民宿等形式进行活化改造。马六甲和乔治市内一些具有历史价值的中国寺庙、西洋教堂、清真寺、印度神庙等仍旧发挥着其原有的宗教作用，而另一些历史建筑经过修复翻新，改造成博物馆、酒店旅社或餐厅等。吴哥窟于1992年被列为世界濒危遗产，在一系列法律和吴哥国际协调委员会的保护下，于2004年被列入世界文化遗产名录，2014年迎来了450万人次游客，预计在2020年将有700万人次游客。

(2) 保护型融合以文化线路为主要对象，通过对文化的保护和旅游的开发利用实现文旅融合。印加路网、立陶宛琥珀之路、日本纪伊朝圣之路及丝绸之路等多处线性遗产先后被列入世界文化遗产。文化线路不仅能为旅游和文化的交流提供平台，通过对线路的开发还可以促进区域旅游合作。文化线路具有巨大的潜力，可以鼓励社区广泛参与文化活动，提高对共同文化遗产的认识。

4. 当代文化与旅游的融合

当代文化与旅游的融合涉及电影、表演艺术、设计、时尚、新媒体等与旅游的融合，融合模式有创意型融合、重组型融合、延伸型融合。

(1) 创意型融合是指通过创意设计将文化与旅游结合起来，形成新的文化创意产业，促进旅游业发展。旅游与创意旅游之间的关键环节是创意产业。通过利用技术、人才或技能来创造有意义的无形文化产品、创意内容或者经验，将生产者、消费者和地方联系起来。迪士尼乐园与迪士尼周边商品作为迪士尼文化产业链上的重要环节，是文化创意和旅游融合的成功实践。这种融合业态突出了旅游的功能，与动画电影、周边产品融合成为一条产业链。美国加利福尼亚州的迪士尼乐园 2017 年接待游客 1 830 万人次，同比增长 2%。另外，巴黎时装周以“时尚设计”为主题，以“基地＋博览”为载体，推动了文化创意产业和旅游产业的融合发展。

（2）重组型融合是指打破原有的旅游和文化产业的界限，将旅游产业和文化产业重组构成新的产业链。以塞尔维亚世界音乐节、英国爱丁堡艺术节为代表的节事旅游，以日本为代表的动漫旅游，以韩国为代表的影视旅游等都吸引了大量游客。例如，参观奥地利布雷根茨音乐节的人数从 1987 年的 12.6 万人次增长到 2007 年的近 20 万人次。

（3）延伸型融合是指旅游业与文化产业互相延伸从而实现文化与旅游的交叉融合。在文化产业与旅游产业互动中，文化产业向旅游产业延伸所形成的影视基地、动漫主题乐园、创意设计园区、会展中心等，都属于文化产业向旅游业延伸所形成的文化产业景点。例如，美国好莱坞影视基地、东京海贼王主题乐园等。2017 年，全球十大主题公园游客总量增长达 8.6%，好莱坞环球影城的哈利·波特主题区在首个运营全年中游客增长了接近 100 万人次。

本节内容为引用北京第二外国语学院旅游管理学院“国外文旅融合的经验值得借鉴”研究文章，因为认同其观点，所以共同学习与提供参考。

## 第二节 高品质酒店是“文旅融合”的最佳结合体

### 案例 12-2

#### 一个每年都为客户举行“新年音乐会”的酒店

怎样使酒店从一开业就能让客户成为忠诚的客户、永远的朋友？让他们到了酒店就像到“家”一样……这一系列的思考，始终在刚开业不久 NG 酒店总经理的脑海中萦绕。当她每月拿到客户拜访表单和逐月增加的 A 类客户（这是酒店 20%的客户，带来 80%利润的客群，称为 A 类客户）统计表时，一个想法油然而生，那就是为客户带来一个“新年礼物”——新年音乐会。

首先，她就此想法分别与高管层成员、酒店营销部门、财务部门进行了沟通，召开专题会议进行研究。从如何为高净值客户带来高附加值，为那些过年不能回家的客户着想，统一大家思想，研究怎么可以实现最好结果的方法；然后，请营销和财务部门进行市场比价和算账，既从经济性考虑，也从客户角度出发，更要从树立“文化酒店”主题定位作为未来发展的方向思考，要求相关部门算大账，不要算小账，要让客户感到酒店带给他们更多的回报、一种文化气息和回家的感受。为此，总经理还亲自挑选曲目。这样一来，在酒店给客人新年祝福的一封信中，邀请了在店客人和非住店客人，送去了酒店带给客人热腾腾的饺子，欣赏了酒店带给他们新年第一天的第一个“新年音乐会”，让客人收到了一份意外的惊喜和祝福。凡是在大堂入店办理手续或拜访客人的来宾，都像绅士一样驻足顿步。就这样，“新年音乐会”每年如期而至。

“这个星级酒店有别于其他酒店之处，就是让我体会到，作为长期签约客户，元月一日就是‘新年音乐会’演奏之时，无不让我感到它的‘艺术品位’、酒店的魅力和由衷的祝福，我是它的忠实听众。”NG酒店签约客户如是说。

这是NG酒店每年一月一日上午十点带给住店客人的新年礼物，NG酒店长期以来坚定地走一条追求文化内涵的品质酒店之路。此后，酒店的高品质客户越来越多，酒店的知名度也由此提升。

## 一、“文化”带给顾客高附加值的享受

从案例12-1不难看出，“文化”带给顾客高附加值享受的同时，企业的品牌影响力和经济效益也是同步提升的。“文化”型酒店向顾客展示了如下三个方面。

### （一）向顾客提供“美感＋满意＋惊喜”的超值和优质服务

1. 一切以顾客为关注焦点

上述案例，向客人展示了一切以顾客为关注焦点，以竭诚的服务和创造性的劳动，特别是持续提升产品的品质和价值，通过“文化与艺术”形式与内容的提供，以及始终为顾客提供超值享受是酒店对顾客的庄重承诺。

2. 向顾客提供心理价值

酒店向顾客提供产品（服务）价值构成中，既有实用、功能价值，也有心理价值。心理价值是顾客从产品（服务）中获得的心理欢欣、精神享受、情感满足及审美愉悦。当今酒店的竞争实质上是一种无形产品的竞争，是文化的竞争。酒店是生产文化、经营文化的企业，客人到酒店来，有个很重要的心理预期，就是要享受文化和消费文化，获得最高的文化附加值。上述向顾客提供“美感＋满意＋惊喜”的心理和精神层面利益的案例，也是企业愿意为它付出比实用价值更高的代价所在，这是产品及服务高附加值的来源。

### （二）文化定位远超过酒店硬件本身

1. 通过符号来体现主题的文化内涵

对主题酒店而言，通常都需要通过一些主题符号、主题文字等来建立一个主题文化标识的系统，体现主题的文化内涵。

以北京瑜舍酒店为例，北京瑜舍是一家都会风尚酒店，在酒店设计中，设计师完全破除了传统酒店的间隔限制和刻板模式，采用了中国药房“抽屉式”墙面分割大厅空间。在室内装修设计中不仅有简约的时尚感，同时也带有浓浓的中华古典意蕴，将地域特色文化融入了酒店的使用空间中。例如，在大堂靠墙的部分放置由青花瓷片做成的青花瓷旗袍和中式上衣，在整个室内风格中无不彰显着中国特色。

2. 主题表现的戏剧化和商业化

主题酒店的表现中，除了功能性与文化形象的识别性外，通常还具有舞台戏剧的特点。例如，京川宾馆以三国文化为主题，将四川饮食文化与音乐、舞蹈、百戏连接，将博物馆、景点、书本中的三国文化移植为经营特色，使顾客一边品尝菜肴一边欣赏三国蜀汉文化，别具一格。

### （三）酒店是顾客旅行在外"临时的家"

1. 酒店业是与"情感"有密切联系的行业

"家"是温馨的，如何把酒店变为顾客旅行在外"临时的家"，是酒店实施客户管理的重要内容。酒店业是与"情感"有密切联系的行业，高星级酒店如何在同类酒店竞争中脱颖而出，应在经营水平、产品资源、环境影响等这些竞争力因素对顾客满意度影响方面多进行研究，加以完善，方能得到"以店为家"顾客的满意度。被誉为"美国酒店大王"的斯坦特曾说过："酒店业就是凭借酒店来出售服务的行业。"优质服务是酒店生存的基础，客户关系管理系统就是提供这种服务的有力竞争武器。通俗地说，客户关系管理系统只有让客人感到自己不再是千人一面的无名氏，而是有价值的顾客，才有顾客的满意和忠诚，消费额和消费次数的提增，酒店也最终获益。

2. 关注常客

"常客"虽是"少数顾客"，但却是"有价值"的"少数"。虽然酒店管理者和员工不能绝对保证所有顾客在酒店的体验过程都是像"家"的感觉和100％的满意，但酒店仍需关注那些长期往返于家乡和公务目的地之间的常客。他们既是普通顾客，更有多方面需求，比如会议秘书、旅游指南、就餐送餐和公务接待等多方面需求，甚至挑剔房型、空调的噪音、送餐不及时，等等。因此，高品质服务，在"少数但又是重要的顾客"面前就是一种极为高超的服务水平，甚至这样重要的顾客应由高层管理者亲自应对。

3. 把酒店的一切美好留给每位宾客

酒店的宗旨"宾至如归"这是最基本的前提，对待顾客就像对待自己家人一样，让顾客感觉来到酒店就像回到家里一样，"微笑与舒适"是酒店高品质服务的象征。正如本书第六章"超越宾客需求"所述，"顾客购买你的服务，并再次光临的原因，不是因为你提供了优质服务，而是因为顾客感知到了这种优质服务"那样，用精细化的服务，让顾客有一种自尊感和高贵感，锁住每位顾客在酒店经历一切的美好，做到"相同客人不同满意的经历"，培养顾客的忠诚度。

## 二、地域文化主题酒店应成为业界的新追求和研究之急

地域文化主题酒店是主题酒店的一种，是指以酒店所在地内涵深厚的地域文化为主题的酒店。随着全球经济的快速发展，酒店行业的规模迅速扩大，但很多酒店却只是片面地追求豪华，忽略了文化竞争，也忽略了文化性的经营。目前，国内主题酒店逐渐增多，但真正具有独特地域文化的酒店却是少之又少。所以如何发展具有独特地域文化的主题酒店成为当务之急。

### （一）国内主题酒店目前存在的主要问题

随着酒店行业的迅猛发展，酒店间的竞争也日益激烈，从价格竞争、质量竞争、服务竞争，现在已全面进入文化竞争时代。现代酒店不仅需要有高舒适度的服务设施，更需要渲染一种文化氛围，以一种特殊的、潜移默化的文化印记成为酒店竞争的最高境界。然而，在以“文化”为主题的酒店设计和经营管理中，还存在一些问题。

（1）在产品的策划当中，酒店的主题策划与酒店后续发展之间存在一些问题。

（2）区域文化、目标市场战略的认定，与主题的吻合方面还存在问题，很多主题酒店的市场表现并不乐观，主题的设计还尚不成熟完善便急急地搬上了消费舞台。这直接影响到酒店的主题效果和经营效果。

（3）中国主题酒店的发展过程中还缺乏经典。酒店这个行业最终是要走向经典、品位，甚至是具有神秘、情趣。但在这方面的探索过程中，中国还刚刚起步，也由于历史原因，大多酒店的主题创作还停留在模仿外国已经比较成熟的设计实践，或者直接以外国文化作为设计主题来表达，反而忽视了中国的本土文化，或者仅仅是停留在外形、装饰阶段。这种得不到整个本土地域文化系统支撑的主题往往生命力不强，也有悖于国内丰富文化传统的一种传承和发展。如何做到经典，如何做到有情趣，如何做到神秘，如何做到更有品位，如何做到本土化和国际化相结合，这是需要深入探讨的问题。

### （二）主题酒店是舶来品，可为本土化充分利用

对我国酒店行业而言，主题酒店本身就是舶来品。众所周知，主题酒店是在 20 世纪 40 年代产生于美国拉斯维加斯。目前世界上的主题酒店以美国的“赌城”拉斯维加斯最为集中和著名。拉斯维加斯的主题酒店具有规模大、层次多、变化快的特点，它们充分利用空间和高科技的手段，配以大型的演出，使酒店增色不小。拉斯维加斯是酒店之都，更是主题酒店之都。

（1）地域性是贯穿地域文化型主题酒店设计的灵魂，酒店的全部构成因素都应围绕“地域文化”展开，并且可使所选地域文化概念在酒店各个空间保持系统性和完整性的同时与周边人文环境相协调。

（2）地域文化型主题酒店用服务性产品满足消费者对酒店的基本功能需求，并通过体验性的设计为顾客提供难忘的精神收益，使人在酒店中消费文化、体验文化的同时了解当地文化。地域文化主题的选择需要具有一定的消费吸引力，使顾客对酒店体验产生美好的联想与共鸣，可以通过构建娱乐、教育等体验场所作为实现手段。

（3）我国众多少数民族在不同历史时期、不同疆域创造了各具特色的地域文化，对后辈的生活、审美、习俗产生了不同影响，并随时代变化而不断积淀，历久而弥新。在酒店设计中引入地域文化并不等于传统文化的简单重现；也并非为了保护民族特色而将优秀的外来文化拒之千里，目的将外来文化、传统文化、地域文化及国际化的审美观念相融合，在传承中创造具有 21 世纪时代特征的酒店设计风格。

（4）实用性和美观性是室内设计的两个重要组成部分。仅仅具有餐饮、会议、住宿等实用功能的酒店设计是索然无味的，合理地运用文化符号可以提升酒店空间的艺术品位与文化底蕴，使室内空间功能与形式达到完美统一。此时的酒店已不再是简单的驿站，而是顾客与整座城市的情感纽带。

### （三）充分利用主题文化酒店的异同做足地域文化酒店的大文章

1. 中华文化博大精深，它带给人们更多智慧与知识

高星级酒店都以尊尚文化为追求，在待客服务中做到"以和为美"，恪守古人所说"人不敬我，是我无才；我不敬人，是我无德；人不容我，是我无能；我不容人，是我无量；人不助我，是我无为；我不助人，是我无善"的待人原则。发掘"文化"主题，带给顾客全新视觉与体验。伴着人们的生活水平的提高，顾客对酒店的需求点不仅仅只停留在需要一个地方居住，而是越来越注重酒店的服务和特色，以及人文文化。为了解决酒店同质化问题，满足顾客更高的需求，各具特色的地域文化主题酒店应运而生。目前，国内主题酒店逐渐增多，但真正具有独特地域文化的酒店却是少之又少。所以，如何发展具有独特地域文化的主题酒店成为当务之急。

2. 文化和旅游有机融合，不为文化而文化

打造特色酒店就是为了增加效益，也是为了弘扬传承中华文化。目前，市场产品过剩和消费者需要多元产品的矛盾同步存在，各种类型的酒店又构成了一个完整的酒店业态。因此，定位很重要，应该因地制宜，千万不可盲目模仿，东搬西抄去复制别人的作品。文化具有地域性，要紧紧围绕顾客体验这一根本，开发建设何种类型、何种档次的酒店，则应视实际情况而定。酒店是载体，核心产品是关键，产品与文化不可脱节，应有机融合，千万不能为文化而文化。但可以这样理解，时代需要文化和旅游有机融合，市场需要主题酒店作为文化场所的另一种形式存在，创造不为文化而文化"文旅融合"发展的新模式。

3. 地域文化酒店是未来"文旅融合"发展的一个方向

地域文化酒店是主题酒店的一种，是指以酒店所在地内涵深厚的地域文化为主题的酒店。随着全球经济的快速发展，酒店行业的规模迅速扩大，但很多酒店却只是片面地追求豪华，缺乏整个本土地域文化系统性支撑，缺乏生命力，忽略了文化竞争，也忽略了文化性的经营。因此，发展地域文化主题酒店，是丰富地域文化传统的一种传承和发展，人们对传统文化的追求也随着经济的发展不断提高，加之国家提出许多文化遗产保护的相关政策，也取得了较好的成果。文化，尤其是地域性文化已然成为酒店设计创新及提升综合实力的重要因素。地域文化性主题在酒店中的生成、发展与相应的变化，为创建一个充满体验性特色的文化主题提供一种更优化的方法，也实现了市场对酒店提出的多元化要求，更是未来"文旅融合"发展的一个方向。

## 二、高品质酒店是"文旅融合"的最佳结合体

没有从事过高星级酒店经营和管理的人们，可能不会理解，高品质酒店怎么会是文化和旅游融合的最佳结合体呢？

### （一）酒店是旅游业的重要载体

1. 酒店是对外交往的窗口

酒店业属于原有旅游"六要素"中"住"的要素，是旅游业的重要组成部分，是人们在外旅

游和文化活动的主要栖息地。酒店是一个包罗万象的世界，提供顾客食、衣、住、行、娱乐及其他附加价值服务的行业。酒店业体现一个城市的外在形象，是对外交往的窗口。它更像是一个城市，基本功能全面，对内，有经营和职能管理部门；对外，有一切来宾，形形色色。

2. 酒店由内向外如同一个艺术品

外观，按照酒店星级标准，星级越高就越具有艺术设计美感和艺术感染力。因此，在一些国家和城市，酒店可以成为那里的"地标性建筑"。

内设，一套古朴、精美、有些禅意的茶具，可以在一定程度上缓解客人的心理紧张和乏味；一套大面包式的柔软沙发，可以让客人减少不安全感和冷漠感；一个悲观、迷失的朋友，在一个"面向大海，春暖花开"的小民宿里，重新找回了生活的勇气和激情……

格调，许多产品和服务，吸引顾客的，往往是其呈现出的整体格调，即风格特征。一套中式家具，使人感受到东方禅意；一辆 SUV 汽车，体现出自由、力量与激情；一个小区，有着异国的风情和调性；一个小旅馆，充满着人文气息和关怀……

意境，受中国文化的审美传统影响，中国消费者的"心理图景"往往与意境相关。所谓"意境"，是中国人特有的审美方式和情感方式，是"情"与"景"的结晶品，"是主观的生命情调与客观的自然景象交融互渗，成就一个鸢飞鱼跃，活泼玲珑，渊然而生的灵境"。

## （二）高品质酒店是"文旅融合"的最佳结合体

高品质酒店的"高"，要比一般酒店上一个更高的层次。在酒店业，品质是指酒店产品的质量，而产品的质量在于酒店业软硬件管理与服务的高低，是体现一个酒店区别于另一个酒店的不同之处。

(1) 从地域文化主题酒店的理论探讨上，"主题"一词源于文学作品，原意是指文学、艺术作品中所表现的中心思想，是作品思想内容的核心。而在主题酒店中，主题是其设计的精神内涵，是一种文化和意义的反映，是指酒店所在地所特有的以某种素材如历史故事、人文精神、城市文化及自然资源等作为创建和设计的主线。

(2) 从主题酒店内容分类上，主题酒店可以分为：自然风光主题酒店、城市特色主题酒店、名人文化主题酒店和艺术特色主题酒店。例如，受中国诗歌辞赋文化的影响，每个中国人都会积淀着"造化与心源合一"，代表、象征、折射多种情感、诉求、态度和哲思的"意境"："明月"代表怀念、思念；"红豆"表示爱情、相思；"飞鸿"是超然的生活态度……基于这样的文化背景，高品质酒店在产品（服务）的审美元素中导入这些"意境"，就可以直接与顾客有"心"的沟通，同时使产品（服务）具有象征意味。此外，还可以借助于顾客的自主联想和网络状的思维，使产品（服务）在顾客心目中具有丰富、深厚、悠长、鲜明的文化意蕴。

(3) 从酒店业的内涵发展上，由于酒店在装修设计、内饰摆放，在对客服务、对内管理，在客户需求的"文化"和"品位"等方方面面，高品质酒店更是一个"文旅融合"的最佳结合体的行业。他们在国际化和本土化相结合的实践中，已经走在"文旅融合"的前面。今天，深化"文旅融合"，酒店业仍需发挥自身已有的"品质设计与管理"优势，坚持在内涵式发展道路上做出示范，为"文旅融合"做出新的贡献。

### （三）高星级酒店高层管理者是“全才和通才”

高星级酒店的经营管理者，是既懂酒店经营管理，又有“文化品位”的鉴赏人。说他们有“文化品位”是源于他们既要精通行业标准，还要知晓酒店设施、整体装修设计和内部装饰；他们还是品酒师，客户消费的策划师、引导师，更是酒店最大的营销公关师。可以说，高品质的酒店高层管理者，应该是“全才和通才”。

1. 他们用“心”思考与用“心”经营，用“心”待客

顾客对酒店的情感需求十分纷繁复杂，不同的顾客对酒店有着不同的情感需求。用“心”为客人服务或许可以作为感情服务的定义，也是高品质酒店高层管理者把酒店当作艺术品来经营，把客人当作朋友相待，以及提高艺术品质和提升其价值的内在要求。在对客服务过程中，突出感情的投入，倡导“把客人当朋友、当亲人、当成远道而来的贵宾”（注意：他们不提“把客人当上帝”，因为那种提法是现代酒店管理者并不推崇的），使客人生活在酒店里比在家还要温馨。一家温泉度假酒店的总经理曾经就这样做，并身体力行地为员工倡导“四个精神”，即每位员工都是主人、凡事想在顾客前面、尊重每位顾客的独特性、绝不轻易说“不”，无不体现这种用心待客理念。

2. 时时处处为客人提供方便

他们突出“想客人之所想，急客人之所急”这一服务准则，时时处处给顾客提供方便，使客人足不出户就可以解决各种问题。所以，他们在进行酒店装修设计时，无论是在功能设计，还是在装修装饰及文化氛围塑造服务项目设计上，都是围绕“方便客人”这个主题，以满足特定兴趣群体的个性喜好，而每一种问题的解决又都充满了人情、友善和欢快。例如，一些做精致服务的酒店，培养员工为来店的客人，用“心”的欢迎、“诚”的介绍、“专”的解说、“问”的技巧、“送”的结束，来表达酒店时时处处为客人提供方便的理念和行动，在解决问题的过程中使客人得到高档次的精神享受。

3. 做酒店同客人的黏合剂与“文化”引路人

他们突出对客服务的“深度和广度”，也就是说，“客人想到了，我们替客人做到；客人没想到的，我们要替客人想到而且做到。”高品质酒店的高层管理者更像是客人在店期间的“大管家”，他们随时与客人交流，倾听意见，并且随时指导下属改进服务和对客服务方式。他们还是客人高品质生活的引领者，无论酒店是特色酒店还是主题酒店，他们都会围绕文化艺术、时尚新品等主题在就餐、品酒或书籍、艺术演出推荐与鉴赏上，深度介绍酒店主题和推介客人在酒店或这个城市深度消费的内容，加深酒店同宾客之间的黏度。

## 第三节　持之以恒地追求卓越的质量管理

无论“文旅融合”如何走向，无论酒店类型怎样多样，为了适应市场需求，增加国际化竞争能力，未来住宿或者酒店业要保持利润率，必须走高质量发展的道路。因此，持之以恒地追求卓越的质量管理，走高质量发展之路，应成为高星级酒店的内在追求和文化所在。

## 一、质量管理是酒店服务文化的永恒主题

### （一）酒店的核心是服务文化

（1）酒店竞争是产品与服务的竞争。未来，随着我国酒店业向着“文旅融合体”的不断发展，酒店之间的竞争也会愈加激烈。但是，无论何种类型的酒店竞争，首先是产品的竞争，这是一种基本的竞争。然后是服务的竞争，广义上来说，服务的竞争实质上也是一种无形产品的竞争。

（2）最终意义上的竞争还是文化的竞争。文化的竞争是更高层次、更高品位的竞争。我们看到，国际知名的酒店管理集团，无论是假日集团、希尔顿集团、还是雅高集团，其在全世界范围内的迅猛发展，无不在于其蕴藏着一种优秀而雄厚的酒店文化。用良好的酒店文化来提升酒店竞争力，应该成为我们今后的发展方向。所以，酒店最终意义的竞争还是文化竞争。

（3）酒店的核心应该是服务文化。酒店是提供服务的场所，因此酒店的核心应该是服务文化，而主题酒店的文化是以酒店文化为基础的。酒店是生产文化、经营文化的企业，客人到酒店来，有个很重要的心理预期，就是要享受文化和消费文化，获得最高的文化附加值。因此，酒店文化对酒店竞争力的强弱起着举足轻重的作用。

### （二）质量是酒店管理的永恒主题

虽说每家酒店都很重视服务质量，但如何塑造有特色的服务文化却没有具体模板和有效的措施。酒店质量管理应从知和行两个方面把握。

1.“知”上把握

知理论，有信念，是做好任何事业的基础。作为服务行业的酒店，“宾客至上”已被每个酒店经营管理者奉为真理的信条。然而，怎样真正体现“宾客至上”和真正的优质服务呢？这似乎又说不清，道不明。因为，服务的是顾客，而顾客是有思想、有情感、有比较的人，这就要求服务提供者在行业标准之外，增加“换位思考”，以“零容忍”的态度提供优质的服务。以情服务，用心做事，只要每一位员工都能按照此标准身体力行，留给顾客更多的美好回忆和可以流传的故事体验过程，相信酒店的服务必然能够成为酒店同行业的先行者。

2.“行”上到位

独特性、新颖性、文化性是主题酒店和特色酒店生存与发展的基础。从这个层面而言，主题酒店和特色酒店具有同质性，但都有“行”的行业标准。而高星级酒店的高品质管理注重“行”中“非行业标准”的到位，因为那是像“家”一般的感觉。“非行业标准”的到位，使酒店赢得良好口碑，才有品牌价值的产生。“行”上到位，应体现在以下几个方面：一是行为上“以人文精神”为核心，以内涵文化经营为灵魂，以超越品位服务为形式；二是从小事做起，例如发自内心的微笑，技术精湛地办理入店或离店手续，一个送餐服务，一句欢迎客人提出宝贵意见的问候，等等。服务人员不放过每个环节、小节，让顾客从细微处体验精细与高品质服务。

文化是人类的物质财富和精神财富的总和，所以主题酒店也可称为文化主题酒店。文

化主题酒店更加突出了酒店的文化性，这一“文化性”表现在质量管理的高品质，以及一贯性。所以，质量管理是酒店服务文化的永恒主题。

## 二、用酒店服务文化提升企业核心竞争力

大众旅游、全域旅游时代的到来，为酒店业高质量发展创造了巨大的消费市场和美好的发展前景。新旧动能转换，为酒店业高质量发展带来了重大机遇。制订完善的行业标准，确保标准落地实施；注重打造特色化、亲情化、精细化服务品牌，让客人住得安心，吃得放心，行得开心；在打造高质量服务上，用酒店文化提升企业核心竞争力是根本。

### （一）服务是要依靠人来提供或完成的

(1) 打造“酒店服务的黄金动线”。顾客在酒店消费体验过程中，会接触到各部门、各岗位，我们当然希望每一个服务提供者都能为顾客提供完美的服务，但是要达到这个目标是很难的，不是说不可能，但至少需要一个漫长的积累和磨炼过程。要在短时间内体现酒店的服务亮点，建议集中精力打造一条独具魅力的“酒店服务黄金动线”，通过设置“客户关系经理”这一岗位，将酒店的服务精华呈现给来宾，让体验的顾客对我们的“客户经理”留下深刻印象。

(2) 对“客户经理”的高标准岗位要求。由于“客户经理”是酒店服务文化的“主要卖点”和“总体印象”，所以许多酒店一般会设置“大堂经理”或“大堂副理”一职，尤其是国内单体酒店对这一岗位也提出了很高的要求。客户经理作为总经理的“化身”，基本上包括和赋予了两方面职责和权力：一是对外处理对客关系；二是对内享有酒店质检权。这是从酒店自身角度出发的一种岗位设置方式和职责确定。而现代酒店从客户角度出发，对类似岗位有了重新定义，将酒店质检功能全部归并到专门设立的质检部，并扩大了对客关系管理范畴，他们的工作岗位不仅仅是在酒店大堂，已经涉及酒店的各个对客经营部门，通过各个环节的配合，成为酒店服务的形象大使和综合代表，并且是酒店营销管理在店内的延伸。

### （二）塑造酒店服务文化的着手点“从基本服务点入手”

(1) 酒店服务的内容就像生态环境设计，涉及对内和对外、上个工序和下个工序、内外之间、部门之间，特别是每个员工的参与等方方面面。所以，正如本书第四章所述质量体系健康运行“三全一多”的基本要求（即全过程的质量管理、全员的质量管理、全面的质量体系管理、多方法的科学管理）那样，酒店服务是一个全方位的管理。这是酒店从上到下全员都要明确的一个基本要求，每个人都是这一生态链中的一环，是影响整体环境的一个部分。因此质量管理是每个人的事情，谁也不能置身之外。

(2) 在诸多的酒店服务内容中选择基本点。鉴于酒店服务与管理内容的方方面面，那么，塑造酒店服务文化从何着手呢？建议从最基本的服务礼仪入手。越是基础的东西，越能反映酒店的管理水平和管理文化。这个“基本服务点”主要是服务礼仪和酒店给予员工待客服务基本技巧与能力的培养，包括了仪容、仪表、仪态、心理、形体、动作、语言，尤其是让顾客感到高品质服务的酒店文化内涵，以及解决处理顾客在店所遇问题的化解能力等。

(3) 酒店需确定规定动作和非规定动作等细节的基本要求。其一，采取确立规定动作。

一方面是在岗前强化培训(这些均有行业标准等规则,已有对上述服务礼仪等的规范标准),另一方面是在日常工作中进行检查、督导,同时以图文的形式在酒店各部门后台、员工通道、员工食堂等区域张贴,以随时提示,督促员工自我整改。其二,重点做好非规定动作的培训与培养。一方面,非规定动作是没有标准的,因为顾客问题有一定的不可预知性,培养员工"应急应变处理"能力,应成为酒店管理层对员工进行重点培训的内容;另一方面,高品质酒店不同于行业规定标准的酒店,它是行业标准规定之外的更高水准的酒店,因此,针对高品质酒店客户的需求所开展的非标准规定培训又是一大特点与重点。

如果做到如上所述,一个具有鲜明文化特色,张扬个性文化,服务高质量顾客的高品质酒店会吸引更多的消费者、对生活有较高品位的顾客,让其体会高品质酒店文化特色,感受高质量酒店氛围成为他们购买酒店产品的重要动机。高品质酒店实际上就成为爱好相同、兴趣接近、具有共同语言的人群集聚地。人们到此消费,除满足基本的生理需求外,更注重精神上的享受与共鸣。为此,高品质酒店将有更深厚的忠诚客户,外部宾客和内部员工将成为酒店社会效益与经济效益的主要力量。

## 三、借鉴国外现成经验,走国际化高品质管理之路

### (一)取其精华,不是简单照搬

如第一篇基础知识篇所述,以及"六西格玛"作为一种衡量标准和全面质量管理思想的基础等,我们了解其"精华",就要善于取其精华,为我所用。程序已经制定,标准已经建立,是否就意味着服务质量的稳定和可靠呢?答案当然是否定的。服务最终是通过服务人员个体呈现给宾客的,我们常说"人无完人,金无足赤",每个服务提供者都会因为个人能力的千差万别而导致呈现的最终服务不同。同时人是有惰性的,在监管不到位的情况下或者对于服务理念掌握不到位的情况下,服务人员往往会擅自删减服务环节或降低服务标准,况且人的情绪易于受到周边环境的影响,不可控性很强,这些因素都会导致服务质量的不稳定。为此,结合"六西格玛"可用之处,开展可行性实践,总结可行性经验,建立适应性质量管理体系,应成为酒店高层管理者的重点思考。

### (二)借鉴学习,创新发展

在中国虽然这条路还很漫长,但在经济全球化、信息快速发展的今天,如果我们不去学习和追赶,我们就会被抛在进步时代的后边,何从谈及参与国际化竞争呢?因此,在借鉴学习和创新发展中,既要学习它的统计原理,又要结合本企业实际和顾客需求,创新管理模式,利用其管理工具的科学性部分,降低管理成本,在促进酒店提供高品质服务文化时,产生新的效益增长点,带来酒店的综合效益提升。这里,就塑造高品质酒店服务文化,除了培训外,重点还要从招聘环节开始,要招聘适合从事高品质酒店服务工作的人来担任相应的服务工作,再从服务理念和技能上进行深入的培训。国际酒店集团之所以领先于国内同行,就是因为他们很重视酒店人力资源开发及培训。当然,培训(主要是素质和技能培训)是酒店长期发展和稳定服务质量的需要,是一项长效工作,是酒店人才队伍建设的重要手段。酒店各级管理人员和员工都应按不同要求参加培训,特别是多为员工提供案例和情景培训,这是建立

完善培训机制、长期的培训计划，是高品质酒店管理的重要组成部分。

### （三）从“硬需求”向“软需求”转变

国际关系中有硬实力和软实力。硬实力是经济和军事实力，软实力是文化和价值观的实力。在“一带一路”倡议的推进中，投资固然重要，软实力也不可或缺。中国古人早有类似的智慧，《论语》中说：“远人不服，则修文德以来之。”

当中国经济发展到目前的阶段，对于物质的“硬需求”就会相对下降，而对服务、文化和环境这样的“软需求”相对上升。目前，服务业仅占中国经济的52%，还有很大的提升空间。服务业的发展，既能满足需求，又能拉动经济。

发展服务业，特别是文化产业的核心在于尊重多元。服务的质量只有在竞争中提高，思想也只有在碰撞中才能产生火花。当然，这也对政府提出了更高的要求。一方面，需要降低服务业的准入门槛，使得参与主体更加多元化。另一方面，也需要提供更好的公共服务，帮助解决老百姓所难。像弗朗西斯·福山所说：“对整个社会的利益做出回应”。酒店业属于服务行业范畴，尊重文化，创造文化和旅游融合的多种方式，为“人民日益增长的美好生活需要”精耕细作，才是酒店人应有的风范，更是“文旅融合”发展中酒店人的最佳选择。

## 思考题

1. 怎样理解“文旅融合”处于发展新时代？
2. 结合所学章节说说高品质酒店的特点有哪些。
3. “文化”带给顾客哪些高附加值？
4. 怎样理解“主题文化酒店”？它与地域文化酒店的异同是什么？
5. 如何理解质量管理是酒店服务文化的永恒主题？

# 第十三章 酒店服务质量精细管理基本模板参考

酒店服务质量管理是酒店经营管理的重要组成部分，日常工作具有较强的实操性，不存在一种对所有酒店都普遍适用的管理模式。本书前面所阐述的ISO 9000质量管理体系、星级酒店评定标准、全面质量管理方法、“六西格玛”理论，以及这些理论在酒店中的应用，仅是本书作者作为酒店管理者在大量实践中的一点总结、一些思路。比如，对质量管理团队组织架构的理解，就是放在与企业组织架构的同等重要的位置，也从中获益的体会。当然，其中展现的只是一个局部，仅供参考，相信会给学习者一些启发。

基于上述理念的思考，为使学习者在提高酒店质量管理实践中更加方便地使用本书提供的基本模板，尽可能地为大家带来更多直观的参考和便利，专设此章。同时，还有一部分图示，鉴于篇幅所限，放入二维码中按图索骥，希望能带给学习者更多的帮助。

## 第一节 质量管理团队的组建

### 一、质量团队组织架构图

质量团队组织架构的设计，决定企业管理者的认识高度。如果质量工作仅仅交给管理者代表去做，是可以的，但更多时候质量团队组织架构是该酒店质量管理理念的体现。总经理是这个酒店质量管理的第一责任人，将质量管理团队架构同企业组织架构形成统一体系，并据此逐层设计各级目标与责任，便于统一从上至下的领导及垂直指挥与管理，如图 13-1 所示。

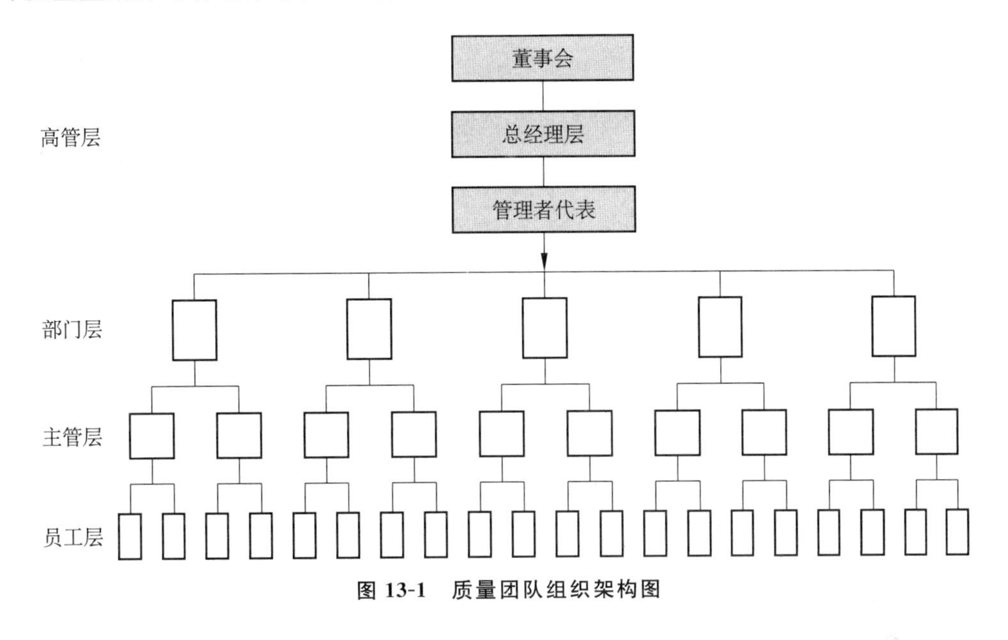


**图 13-1　质量团队组织架构图**

## 二、质量保证体系图

质量保证体系图，又称质量管理体系图；酒店的质量保证体系，其依据是 ISO 9000 族标准和“星级标准”编制的程序化文件。此图注重实际操作时监察体系至各个岗位及部位的全覆盖，如图 13-2 所示。

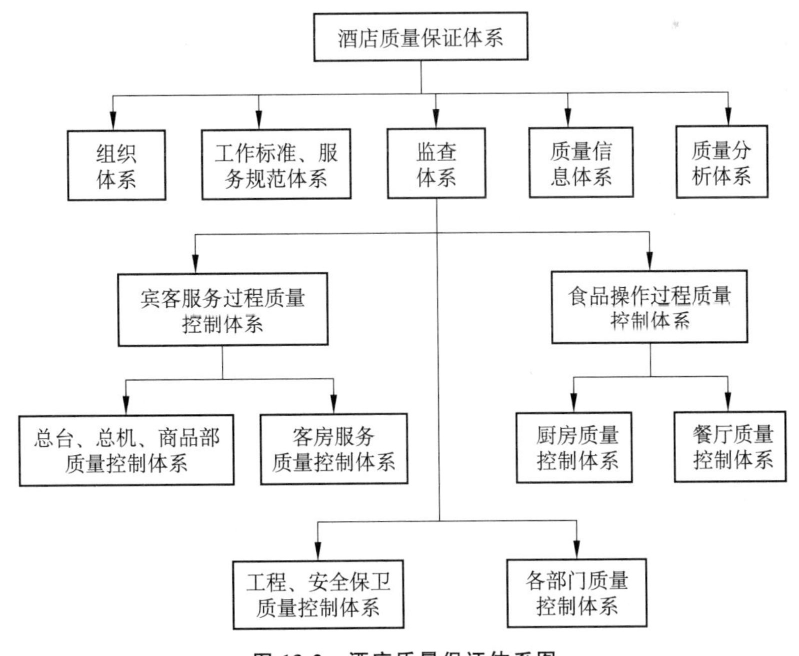


**图 13-2　酒店质量保证体系图**

## 三、最高机构和一线内审员职责

### （一）最高机构职责

**注**：以 ISO 9001:2015 标准中最高管理者的职责与作用改编为例。

（1）管理承诺要求。

（2）以顾客为中心。

（3）建立质量方针。

（4）建立质量目标并策划实现过程。

（5）确定职责权限并确保有效沟通。

（6）开展管理评审活动。

（7）确保质量管理体系的持续性。

（8）对质量管理体系的有效性承担责任。

（9）确保质量管理体系要求纳入组织的业务运作。

（10）推进过程方法及基于风险的思想的应用。

（11）确保质量管理体系实现其预期结果。

（12）鼓励指导和支持员工为质量管理体系的有效性作出贡献。

### （二）内审员职责和工作内容

**1. 职责**

（1）内审员在本部门和质检部双重领导下，履行质量检查和质量控制职责。

（2）负责本部门体系文件的管理，确保文件的一致性和有效性。

（3）有监督检查部门体系运行的义务和责任。

（4）对质量体系的保持和改进起参谋作用。

（5）在质量管理方面发挥管理者与员工之间的纽带作用。

（6）在质量体系工作落实方面起带头和指导作用。

**2. 权限**

（1）有权检查自己所在部门的各区域工作情况。

（2）有权对检查出的质量问题提出整改要求和意见。

（3）有权对发现的质量问题向部门负责人直接汇报。

（4）如部门负责人对自查中发现的问题不予处理和重视，内审员有权越级向质检部反映，通过管代协调，直至问题解决。

**3. 工作内容**

（1）对本部门作业指导书的内容每月进行有效修改和完善，检查修改不少于 4 项。

（2）对部门各项制度、流程标准的执行情况起到监督指导作用，确保文件实施的符合性。每月检查或提出修改制度、流程、标准建议不少于 4 项。

（3）督导部门自查工作，及时纠正不合格项，每月开具预防与纠正措施处理单不少于 1 份。

（4）对未达到体系文件要求的控制点制定有效改正措施。

（5）组织召开部门月度质量分析会，向部门经理和其他管理人员通报部门质量情况，针对问题提出整改意见，使质量工作有效提高和改进。

(6) 每月按时完成部门服务质量汇总表并报质检部。

(7) 保证每天对部门管辖区域巡视 2 次,以自查发现和解决问题为主。

(8) 根据自查发现的问题,每周向本部门经理至少进行一次汇报,由部门经理对新旧问题提出处理意见。

(9) 每周应通过质量团队建设,将发现的问题在会上通报,并提出有效的处理解决措施。

(10) 各部门内审员认真做好自查工作记录,积极配合质检部完成对部门的自查并对自查出的问题提出限时整改方案,做到发现并提出的问题在 4 小时内进行复查。

(11) 每月对部门发现的好人好事或客人投诉等,分别编制正反案例各一个,交质检部。

# 第二节　质量管理的主要文件

## 一、质量管理体系基础文本

质量管理体系基础文本如图 13-3 所示。

文件内容

饭店的质量管理体系(可含方针和目标)

活动或过程的途径

方法/服务、过程要求

记载活动及其结果提供客观依据

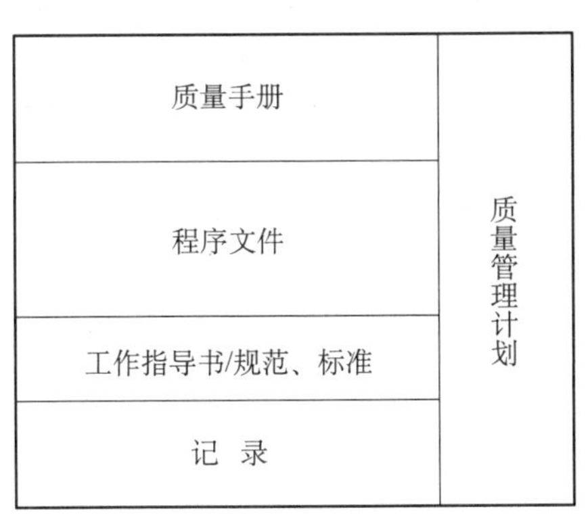


文件内容

特定产品、项目、过程或合同应用质量管理体系

图 13-3　质量管理体系基础文本

## 二、质量管理方案文本

××× 酒店

店字[　　年]第　号

签发人:总经理或管代

××× 年质量管理工作方案(简稿)

"质量是生命",当前酒店业的竞争就是服务的竞争。根据酒店工作计划,今年作为质量管理巩固年,在总结去年质量管理工作的基础上,进一步强化质量标准、增强质量成本与收

益的意识，在全体员工中形成高度共识，提高酒店整体形象。本着“坚决执行制度与流程，提高质量管理的有效性；坚持认真、较真、动真格；坚持严简单、宽复杂”的原则，制定××年质量管理工作方案。

一、沿用《×××年贯彻落实质量管理体系工作方案》中的工作原则、组织领导、质量管理体系组织架构及职责(参照手册，略)

二、修改完善制度，规范流程

随着市场环境、宾客需求的变化，各部门在加强内部工作自查的同时，在第一季度内将现行的制度、流程根据客观事实进行修改和完善，使之科学化、规范化，达到提高质量管理工作效率和质量效果的目的。

三、加大检查力度

1. 质检部门将根据酒店的质量与环境管理体系手册及各部门的质量工作手册、制度、工作流程，加大监督、检查力度。同时邀请专业人士适时暗访。

2. 部门经理对本区域质量工作负全责，主管副总负间接领导责任，强化所辖部门内部检查制度，责任落实到人。

3. 修改奖惩办法并严格兑现。将质量检查内容分类，在店级检查中，每查出一个问题，按奖惩办法扣减相应分数，每月汇总各部门得分情况并与部门经理的效益工资挂钩。

四、提高内审员业务素质和工作质量

1. 每月组织一次内审员学习和培训，同时交流工作体会。

2. 日常工作中加强对内审员体系专业知识的指导。

3. 每月质量分析会对部门质量工作要做出客观的分析，提高分析能力，找出存在的不足，制定改进措施。

4. 内审员要对员工质量工作的宣传、培训和店级检查把好第一道关，并形成文字材料呈报部门经理及质检部，增强内审员责任意识。

5. 以质量团队建设为契机，不断总结工作中的经验，提出改进工作的方法和召开团队经验交流会的建议。

附件：

1. 服务质量奖惩办法(修改版)

2. 服务质量检查表

3. 内审员职责

---

报：酒店董事长、总经理、副总经理、总经理助理

发：酒店各部门

---

×××酒店有限责任公司总经理办公室　　　　年　月　页数　印制

---

共印15份

## 三、质量动员范本

精细是指精密细致，例如考虑问题的精细化程度。酒店的精细管理，可以理解为“在具

体的工作过程中，注重细节，既精密细致，又精打细算，精细到点滴。”关注细节是区分好的酒店与一般酒店的关键。越细越好，因为细致代表卓越。精致是精巧细致，一般特指制造业。酒店的精致服务，则可以理解为“要像制造特殊的工艺品一样，精巧细致地做好对客服务的全过程。”这是国家倡导的“匠心精神”“工匠”在酒店业的体现。酒店业精细管理是通过设计内部精密细致的管理流程，从员工上岗开始到完成服务全过程、各环节的管理；是管理的高级层面；精致服务是精细管理的延伸，是精细管理的外在体现，反映在对客服务过程的精巧细致上。归纳两者关系，精细管理是基础，精致服务是结果，两者互为因果，互为条件，因此，两者是缺一不可的统一体。以此思想为前提草拟的质量动员稿，代表了酒店高层管理者的认识高度。

## 细致　精致　品质

——在质量管理全员动员大会上的讲话

### 一、为什么要进行全面质量管理工作和星级评定工作

1. 是企业发展的需要

服务质量是酒店的生命线。我们知道，酒店服务标准包括：设备设施水准、服务水准、管理水准。而这三个水准的高低与服务质量的优劣直接关系到酒店的声誉，关系到客源，关系到酒店经济效益和经营的成功与否。事实上，国内外许多酒店的良好声誉与经营成功，无一不是靠酒店自身的服务质量所创造出来的。这是当今文化和旅游业特别重视服务质量的重要原因。

提高服务质量是竞争的需要，竞争的关键是服务质量。谁能够为宾客提供全面的高质量的最佳服务，谁就能赢得更多的宾客，就能在竞争中取得先机，获得成功。

2. 为了酒店长远效益

酒店在各级管理者的高度重视和全体员工的共同努力下，目前，质量管理工作有了较大提升，三级质检体系和培训体系已经建立，质检员队伍和培训师队伍已经成立，各级管理人员的质量职责也已明确，质检工作已有了良好开端。但是必须清醒地看到，酒店的服务水平距四星级酒店标准还有一定差距，部分管理人员业务素质、管理水平有待提高，部分员工的业务技能与意识欠佳，工作流程执行不够到位。因此，我们要下大力气、花大功夫，紧紧围绕质量管理这一主题，使我们的质量管理工作和员工的服务意识、服务水平逐年提高，以赢得更加广阔的市场，维护老客户，开发新客户，使酒店的经营管理和经济效益持久攀升。

3. 为了树立酒店整体品牌形象

全面提高酒店服务质量，把优良的设备设施与完美的服务艺术有机地结合，是酒店赢得市场和信誉的根本所在。每一名管理者，每一位员工都要牢固树立服务质量是企业生命、以服务质量求生存、以服务质量求信誉、以服务质量求市场的质量观，树立酒店良好的品牌形象，提高酒店核心竞争力。

为把酒店经营管理纳入行业管理高标准序列，提升经济效益，站稳市场，酒店每一个管理者、每一名员工在服务工作中都要严格按照行业服务高标准、程序和工作流程，从我做起，从点滴做起，不放松每一个环节，把好质量关，不断提高酒店的经营管理水平和服务质量，在激烈的市场竞争中，赢得市场，创造更好的经济效益。

## 二、怎样开展全面质量管理工作和星级评定工作

首先,要制定一套酒店开展全面质量管理工作和星级评定工作方案或计划,分阶段、按步骤实施和落实。方案大体可分为三个阶段:动员阶段、自查与改进阶段和星级评定阶段。参照酒店全面质量管理方案,结合酒店实际制定。

1. 动员阶段

召开酒店全体员工大会,要让所有员工知晓开展全面质量管理工作和星级评定工作的目的、意义和计划,明确责任,调动全体员工积极性,积极投入到该项工作当中去。建议将今年命名为酒店"内强素质年",落实质量管理体系,将"工作一分钟,用心六十秒"的工作方针,"质量是生命,质量是效益"的思想,通过逐级培训灌输到每个员工,深化全员质量意识,提高酒店的整体服务水平。

2. 自查与改进阶段

酒店各部门、各班组对照国家和北京市旅游局《旅游饭店星级划分与标准》《星级酒店服务质量标准》、酒店《管理手册(修改稿)》及《员工手册》进行自查、互查、店级检查、暗访,对发现的问题分类分析,限期整改,为下一步进入星级评定工作打好基础。

3. 星级评定阶段

星级评定工作是在全面贯彻落实国家和北京市旅游局《旅游饭店星级的划分与标准》《星级酒店服务质量标准》的基础上进行的,是对酒店全面质量管理工作的最好检验。我们应当清醒地认识到,全面质量管理工作是一项长期而艰苦的工作,我们应以星级评定为契机,形成制度,明确责任,常抓不懈,把全面质量管理工作落到实处,为进一步提高酒店经营管理水平、创造更大经济效益建立长效机制。

## 三、如何保障计划实施

1. 提高对酒店全面质量管理工作和星级评定工作重要性的认识和专业素质

酒店的全面质量管理是酒店全体员工和各个部门,同心协力,综合运用现代管理理论、专业技术和科学方法,通过全过程的优质服务,全面满足酒店需求,由专业人员通过专业技术进行专业管理的活动。

(1) 全面质量管理的基本点和特征

全面质量管理的基本点:应以宾客的物质需求和精神需求为依据;以宾客满意为标准;以服务专业技术和各种适用的科学的方法为手段;以全员参加为保证;以最好的社会效益和经济效益为目标;以服务的实际效果、宾客的实际感受为最终评价。总之,酒店要致力于提供宾客满意的优质服务。

全面质量管理的特征(或特性):是全方位的(各项工作,一线与二线)管理;是全过程的管理,即服务前、中、后三个阶段及各环节的管理,是全员参加的管理,前一道工序要为下一道工序服务,为下一道工序负责;是科学的管理,要依靠科学管理的理论和方法去执行。

(2) 全面质量管理的方法

用过程的方法进行全面质量管理。即将管理职责、资源管理、产品意识、测量分析和改进,构成一个P(Plan 策划)—D(Do 实施)—C(Check 检查)—A(Action 改进)循环,对此循环的持续改进,又构成了螺旋上升,使 P—D—C—A 循环进入一个更高的层次。

用系统的方法进行质量管理。建立一个体系以最有效的方法实现组织的目标;了解系统过程之间(即工序、环节、接口间)的相互依存关系;确定体系内特定活动的目标及活动运作方式或目标考核方法;通过考核和评估持续改进和提高。

用PDCA方法、ABC方法、因果分析法、差距分析模型进行日常的质量管理(本书已有阐述,略)。

(3) 实现质量管理的有效形式

实现质量管理应建立书面文字的服务质量标准,建立酒店服务质量监督检查委员会。

(4) 构建现代酒店的质量管理意识(五个方面)

酒店管理只有好的质量与坏的质量之分,而不存在较好的质量与较差质量之分;我们在第一次做一件事情的时候,就要把这件事做好;开展零缺点运动;确定质量的成本与责任(或收益)意识;质量管理的领导作用;强调质量管理中80%的领导者作用。

2. 培训为先,体系保障

按照三级培训体系,结合《旅游饭店星级的划分与标准》《星级酒店服务质量标准》《酒店管理手册》及《员工手册》,酒店全面有效地运行二级培训体系,开展有针对性的逐级培训,以提高各级管理人员的管理能力和综合素质,提高员工业务技能和团队凝聚力,认真执行服务标准和程序,实现管理的无缝连接,达到持续改进工作的目的。

3. 明确职责,确保体系的落实到位

为把质量工作落到实处,总经理要亲自挂帅,成立以酒店副总、行政办主任为主的酒店质量检查小组;部门经理为小组成员,同时成立以部门经理、质检员为主的部门检查小组;主管、领班是执行者;层层检查,逐项落实,执行一级对一级负责制。即领班对主管负责,主管对部门经理负责,部门经理对总经理负责,责任明确,把工作落到实处。实行日日查、月月查,并坚持每月形成一次质量分析报告,把月工作中出现的质量问题如实地摆出来,并逐项分析,逐一进行整改。主管副总和部门经理既是管理者,又是执行者。员工是最直接的执行者,因此员工必须从岗位做起,自己检查是否真正按照标准和程序执行。要求员工做到的,管理者首先要做到,包括领班、主管、部门经理和主管老总。

4. 做好基础工作

准备星级评定工作的所有文字材料和服务流程,以各种不同的形式(包括请专业人士进行明察暗访)检查各项服务流程执行情况,包括预订流程,前台接待流程,商务中心、餐厅、客房服务流程等。

5. 开展部门团队建设

为了体现酒店全员管理和增强全员服务意识,建议酒店开展和推广团队建设工作,以部门为单位,以班组为单位,制定团队质量工作原则,实现团队目标,选拔优秀团队,使员工们在“爱起来、笑起来、干起来”这一良好的氛围中工作,同时将这种心情带到服务中,促进服务质量的提高,充分体现“以严治业,以情待人”的管理原则。

6. 建立质检体系,提高质检员队伍素质

为了落实酒店质检管理体系和酒店相关管理制度,建议酒店进一步加强对质量体系和质检员队伍的建设,将质检工作形成长效机制。加强培训与指导,提高质检员履行职责的能力,强化执行过程,增强管理力度,提高部门各级管理人员的督导能力。

总之,新的一年酒店业虽然面临的形势严峻,但是仍然充满希望,机遇与挑战并存,责任和使命召唤着我们,困难和风险考验着我们,相信在酒店管理层的带领下,酒店人会同心同德,迎难奋进。相信酒店全体员工一定会携手同行,共谋发展,共创辉煌,共创酒店美好的明天。祝我们的事业兴旺发达!

谢谢!

# 第三节 酒店服务质量管理常规工作主要表单

## 一、宾客意见统计表

宾客意见统计表见表13-1。

**表13-1　宾客意见统计表**

部门：　　　　　　　　　　　　统计人：　　　　　　　　　　年　　月　　日

| 序号 | 征询日期 | 征询地点 | 征询项目总有效数 | 满意项目得分数 | 满意率 |
|---|---|---|---|---|---|
| | | | | | |
| | | | | | |
| | | | | | |
| | | | | | |
| | | | | | |
| | | | | | |
| | | | | | |
| | | | | | |
| | | | | | |
| | | | | | |
| | | | | | |
| | | | | | |
| | | | | | |
| | | | | | |
| | | | | | |
| | | | | | |
| | | | | | |
| | | | | | |
| | | | | | |

## 二、宾客意见反馈表

宾客意见反馈表见表 13-2。

**表 13-2　宾客意见反馈表**

QT—8.1—02

| 宾客的信息反馈内容： |
| --- |
| 填表人：　　　　时间： |
| 相关部门处理意见：<br><br>签名：　　　　时间： |
| 处理意见跟踪验证及向宾客反馈的结果：<br><br>验证人：　　　　时间： |
| 备注： |

## 三、岗位自查表

岗位服务质量自查与考评表见表13-3。

**表13-3　服务质量自查与考评表**

自查人：　　　所在部门和岗位：　　　　　检查时间：　年　月　日　　　　依据标准ZB-8.3-01

| 序号 | 自 查 内 容 | 检查情况 | 自测分 | 直接上级复核评价得分 |
| --- | --- | --- | --- | --- |
| | | | | |
| | | | | |
| | | | | |
| | | | | |
| | | | | |
| | | | | |
| | | | | |
| | | | | |
| | | | | |
| | | | | |
| | | | | |
| | | | | |
| | | | | |

直接上级或其他抽查人签字：　　　　　　　　　　　　　年　月　日

## 四、部门检查表

部门检查表见表13-4。

**表13-4　部门日常服务质量检查表**

| 质量类别 | 检 查 内 容 | 整 改 措 施 | 复 查 情 况 |
| --- | --- | --- | --- |
| 硬件设施 | | | |
| | | | |
| | | | |
| | | | |
| | | | |
| 产品质量 | | | |
| | | | |
| | | | |
| 服务质量 | | | |
| | | | |
| | | | |
| | | | |

续表

| 质量类别 | 检查内容 | 整改措施 | 复查情况 |
|---|---|---|---|
| 管理质量 | | | |
| | | | |
| | | | |
| | | | |
| | | | |
| | | | |

检查时间：　年　月　日　　　　　　　　　　　　　　　　　　　　检查人：

说明：1. 根据全店质量总检查点中涉及本部门管理区域项检查、抽查。

2. 共检查服务质量____次/项，抽查、互查不合格____次/项，其中硬件设施质量____次/项、产品质量____次/项、服务质量____次/项、管理质量____次/项。

## 五、某项检查管理制度范本

以客房检查管理制度部分内容为例，某项检查管理制度范本见表 13-5。

**表 13-5　以客房检查管理制度部分内容为例**

| 制度 | 检查客房管理制度 | | | | | |
|---|---|---|---|---|---|---|
| 执行单位 | | 文件编号 | | 签发日期 | | 总页码 | |
| 内容 | 一、建立检查制度<br>1. 服务员自查：服务员在整理客房完毕并交上级检查之前，应对客房设备的完好、环境的清洁、物品的布置等作自我检查。<br>2. 领班查房：一个早班领班要带 10 名服务员，负责 100 间客房的区域，要对每间客房都进行检查并保证质量合格，鉴于领班的工作量较重，要求其对各客房、空房及贵宾房进行普查，而对住客房实施抽查。领班是继服务员自查之后第一道关，也是最后一道关，因此责任重大，要求领班有高度的责任心，训练有素。<br>3. 主管抽查：实施对领班的管理，主管除保证每天抽查客房数十间以上外，必须仔细检查所有的贵宾房和抽查住客房。主管通过查房，为管理工作的高速和改进、实施员工培训和计划人员调动等提供有价值的信息。<br>4. 经理查房：了解工作现状，控制服务质量。管家部经理通过查房可加强与基层员工的联系并更多地了解客人意见，对于改善管理和服务提供依据。客房部经理每年应至少进行两次对客房家具设备状况的检查。<br>二、检查客房的标准<br>1. 检查房时应有规律地绕客房一周，从天花板检查到地面每一个角落，发现问题应当写上记录，及时解决，防止耽搁和疏漏。<br>2. 日常检查标准<br>(1) 房间<br>① 房门：无指印，门锁完好、安全指示图等完好齐全；请勿打扰牌及餐牌完好齐全；安全链、窥镜、把手等完好。<br>② 墙面和天花板：无蛛网、斑迹，无油漆脱落和墙纸起翘等。<br>③ 护墙板、地线清洁完好。<br>④ 地毯：吸座干净无斑迹、烟痕。反之，则作洗涤、修补或更换的标记。<br>⑤ 床：铺法正确，床罩干净，床下无垃圾，床垫按期翻转。<br>⑥ 硬家具：干净明亮，无划伤痕迹，位置正确。 | | | | | |

续表

<table>
<tr><td>制度</td><td colspan="6">检查客房管理制度</td></tr>
<tr><td>执行单位</td><td></td><td>文件编号</td><td></td><td>签发日期</td><td></td><td>总页码</td></tr>
<tr><td></td><td colspan="6">⑦ 软家具：无尘无迹，反之则作修补、洗涤标记。<br>⑧ 抽屉：干净，使用灵活自如，把手完好无损。<br>⑨ 电话机：无尘无迹，指标牌清晰完好，话筒无异味，功能正常。<br>⑩ 镜子与书柜：框架无尘，镜面明亮，位置端正。<br>⑪ 灯具：灯泡清洁，功能正常，灯罩清洁，接缝面墙，使用正常。<br>⑫ 垃圾桶：状态完好、清洁。<br>⑬ 电视与音响：清洁，使用正常，频道应设在播出时间最长的一档，音量调到偏低。<br>⑭ 壁柜：衣架的品种、数量正确且干净，门、柜底、柜壁和格架清洁完好。<br>⑮ 窗帘：干净、完好、使用自如。<br>⑯ 窗户：清洁明亮，窗台与窗柜干净完好，开启轻松自如。<br>⑰ 空调：滤网清洁，运作正常，温控符合要求。<br>⑱ 小酒吧：清洁无异味，物品齐全，温度开在低档。<br>⑲ 客用品：数量、品种正确，状态完成，摆放合格。<br>(2) 卫生间<br>① 门：前后两面干净，状态完好。<br>② 墙面：清洁，完好。<br>③ 天花板：无尘无迹，完好无损。<br>④ 地面：清洁无尘，无毛发，接缝处完好。<br>⑤ 浴缸：内外清洁，镀铬件干净明亮，皂缸干净，浴缸塞、淋浴器、排水阀和水管开关等清洁完好，接缝干净无斑迹，浴帘干净完好，浴帘扣齐全，晾衣绳使用自如。<br>⑥ 脸盆及梳妆台：干净，镀铬件明亮，水阀使用正常，镜面明净，灯具完好。<br>⑦ 座厕：里外都清洁，使用状态良好，无损坏，冲水流畅。<br>⑧ 抽风机：清洁，运转正常，噪音低，室内无异味。<br>⑨ 客用品：品种、数量齐全，状态完好，摆放正确。<br>……</td></tr>
<tr><td>涉及抄报部门</td><td colspan="6">管家部、客房部</td></tr>
<tr><td>签发人<br>签名</td><td colspan="6">________部经理<br>现将《检查客房管理制度》抄发你部，请严格执行。<br>总经理：__________(签名)</td></tr>
</table>

## 六、内审员月评估表

内审员月评估表见表 13-6。

**表 13-6　内审员月工作评估表**

部门：　　　　　　　　　　　　　　　　　　内审员：

严格执行《2007 年质量管理工作方案》中《服务质量奖惩办法》，落实《内审员职责及工作要求》，酒店每月对各部门内审员的工作进行评估，评估内容如下。

| 项　　目 | 合　　格 | 不合格 | 说　　明 |
|---|---|---|---|
| 文件管理 | | | |

续表

| 项　目 | 合　格 | 不合格 | 说　明 |
|---|---|---|---|
| 内审员每日检查记录 | | | |
| 案例分析 2 项 | | | |
| 修改不少于 1 项 | | | |
| 开具纠正措施单<br>不少于 1 份 | | | |
| 内、外部协调沟通能力 | | | |
| 部门服务质量自查情况 | | | |
| 督办部门质量分析会情况 | | | |
| 月部门质量分析报告质量 | | | |
| 备注： | | | |

管代签字：__________　　　　　　　　内审员签字：________

## 七、酒店质量管理与服务标准检查表

酒店质量管理与服务标准检查表见表 13-7 和表 13-8。

**表 13-7　×××酒店质量管理与服务标准检查表 1**

| 日期： | 时间： | | | |
|---|---|---|---|---|
| 项目:公共项目服务标准 | | | | |
| 序号 | 内 容 标 准 | 标准分 | 实得分 | 备注 |
| 着　装 | | | | |
| 1 | 员工(上岗(班))应按酒店规定着装 | 1 | | |
| 2 | 着装干净、平整、挺括、无破损 | 1 | | |
| 仪 容 仪 表 | | | | |
| 3 | 上岗前整理仪表,女员工应化淡妆 | 1 | | |
| 4 | 上岗时面容整洁、自然,情绪饱满,面带微笑 | 1 | | |
| 5 | 佩戴服务工牌,领带(领花),胸花按岗位佩戴一致 | 1 | | |
| 形 体 动 作 | | | | |
| 6 | 站姿(立)自然平稳,身体正直 | 1 | | |
| 7 | 坐姿端庄 | 1 | | |
| 8 | 走动姿势端正,行进速度适中,两眼平视,身体平稳,遇有客人迎面走来,主动侧身让路;引导客人行进时,走在客人前方适当位置,需要转弯时,先伸手示意客人 | 1 | | |
| 服 务 语 言 | | | | |
| 9 | 讲普通话,语言清晰、简练、准确、柔和 | 1 | | |

续表

| 序号 | 内容标准 | 标准分 | 实得分 | 备注 |
|---|---|---|---|---|
| 10 | 熟练应用英语(必备外语语种)常用词语,直接为客人服务的员工能用英语准确流利对话 | 1 | | |
| 11 | 前厅服务台和电话总机岗位,员工应会两种外语与客人交流能力 | 1 | | |
| 礼节礼貌 | | | | |
| 12 | 使用礼貌用语:您好!欢迎您!请!谢谢!再见!欢迎您再来! | 1 | | |
| 13 | 熟练掌握问候礼节,在不同时间,不同场合,主动问候客人 | 1 | | |
| 14 | 熟练掌握称呼礼节,根据客人姓名、性别、职务准确地称呼客人 | 1 | | |
| 15 | 熟练掌握应答礼节,准确、亲切、灵活回答客人问题 | 1 | | |
| 16 | 熟练掌握和运用迎送礼节,欢迎客人和送别客人 | 1 | | |
| 17 | 行鞠躬礼或行握手礼(客人示意握手时行握手礼) | 1 | | |
| 18 | 服务中表情自然,举止文雅 | 1 | | |
| 19 | 服务中对后续客人,应在30秒钟之内,用热情目光接触或示意客人稍候 | 1 | | |
| 职业道德 | | | | |
| 20 | 遵守国家法律、法规、店纪店规 | 1 | | |
| 21 | 对客人谦虚、诚实、热情、面带微笑 | 1 | | |
| 22 | 对客人不分种族、国籍、贫富、亲疏,一视同仁 | 1 | | |
| 23 | 对老、弱、病、残疾客人,优先服务 | 1 | | |
| 24 | 尊重客人风俗习惯、宗教信仰 | 1 | | |
| 25 | 保护客人合法权益 | 1 | | |
| 26 | 遵循社会公德、创建健康、文明服务环境 | 1 | | |
| 服务知识 | | | | |
| 27 | 熟记酒店主要经营项目和各项目营业时间 | 1 | | |
| 28 | 熟悉酒店经营特点和饮食风味 | 1 | | |
| 29 | 熟记本岗位的服务程序和相关知识 | 1 | | |
| 30 | 熟记并遵守员工守则,规章制度和劳动纪律 | 1 | | |
| 合计 | | 30 | | |

总计:公共项目30项。

**表 13-8　×××酒店质量管理与服务标准检查表 2**

日期：　　　　　　时间：

项目：其他类（总办）

| 序号 | 内容标准 | 标准分 | 实得分 | 备注 |
|---|---|---|---|---|
| 公关销售服务 | | | | |
| 470 | 广告宣传（标识齐全） | 1 | | |
| 471 | 网络宣传稿件或网页登录信息真实准确 | 1 | | |
| 472 | 宣传品内容真实 | 1 | | |
| 473 | 在报纸、杂志、广播、电视等媒体的宣传内容无虚假 | 1 | | |
| 合　计 | | 4 | | |
| 大堂副理 | | | | |
| 474 | 大堂副理位置明显 | 1 | | |
| 475 | 掌握和了解酒店当日的主要经营活动 | 1 | | |
| 476 | 迎送 VIP 客人礼节周到 | 1 | | |
| 477 | 维护前厅的良好秩序，检查各岗位人员工作状况 | 1 | | |
| 478 | 热心解答客人问询，正确处理客人投诉，协调前厅服务工作，记录前厅服务情况 | 1 | | |
| 479 | 当班时间，因工作离开岗位，应告知前厅部主管以上人员，应在 5 分钟之内召之即到 | 1 | | |
| 合　计 | | 6 | | |
| 客人投诉处理标准与 VIP 接待 | | | | |
| 480 | 了解投诉者是否为酒店的直接服务对象 | 1 | | |
| 481 | 问清投诉者（单位）、投诉要求和事实根据 | 1 | | |
| 482 | 投诉人情绪激动时，避开公共场所 | 1 | | |
| 483 | 虚心倾听投诉者口诉或电话投诉 | 1 | | |
| 484 | 大堂副理向有关部门转达客人的投诉，责成有关部门立刻解决问题，在处理过程中与相关部门随时保持联系，直至问题解决 | 1 | | |
| 485 | 如有必要和可能立即对问题做出裁决 | 1 | | |
| 486 | 准确记录投诉者姓名、性别、国籍、单位、地址、电话号码及投诉事由、事实根据、投诉要求等 | 1 | | |
| 487 | 接受、了解书面（信函）投诉内容、投诉要求 | 1 | | |

续表

| 序号 | 内容标准 | 标准分 | 实得分 | 备注 |
|---|---|---|---|---|
| 488 | 调查核实情况，掌握事实证据，分清是非与责任，确定处理方法 | 1 | | |
| 489 | 对要求赔礼、道歉的投诉，查明事实，属酒店的责任，应当面向客人赔礼、道歉 | 1 | | |
| 490 | 对要求赔偿的投诉，查明事实，确认证据，分清责任，可在双方自愿的基础上自行协商处理，达成的书面协议双方签字 | 1 | | |
| 491 | 对信函、电话投诉，将核实情况、处理方案用书面形式(电话投诉用电话)回复投诉者，属于酒店的责任，及时反馈酒店领导，同时向客人道歉还要表示谢意 | 1 | | |
| 492 | 对无理投诉，故意损害酒店声誉，影响经营活动的投诉者应规劝其离店；规劝无效，可先上报酒店保安部协助 | 1 | | |
| 493 | 处理投诉的时限：在客人离店之前不能处理完或客人有急办事项要走，可推后两天内处理；客人离店后信函、电话投诉，应在接到信函、电话后三天内处理 | 1 | | |
| 494 | 酒店与投诉者没能协商解决的，酒店要及时报告上级主管部门，请上级主管部门协助处理 | 1 | | |
| 495 | 客人直接向上级主管部门的投诉或上级部门转来的投诉，酒店查明事实，确认证据，分清责任后如实反映情况或上报书面材料，协助上级主管部门做好相应工作 | 1 | | |
| 496 | 酒店自行解决不了的问题，可向公安部门报案的投诉，协助公安部门处理 | 1 | | |
| 497 | 涉及依法裁决的投诉，应按法律程序处理 | 1 | | |
| 498 | 掌握最新的 VIP 住店状态表，通过 VIP 住店状态表，了解预离 VIP 的姓名和房号 | | | |
| 499 | 依据计算机记录的当天 VIP 离店时间，通知前台结账处准备账单，通知行李部管理员注意 VIP 需要提取行李的时间 | | | |
| 500 | 必要时为 VIP 控制一部专用电梯；通知行李员注意将 VIP 将乘坐的车备好；对 VIP 的光顾表示谢意并祝其旅途愉快 | | | |
| 合计 | | 21 | | |

总计：总办 31 项。

## 八、预防与纠正措施处理单

见表 13-9。

**表 13-9　预防与纠正措施处理单**　　　　编号:ZB—8.6—01

| 存在(潜在)不合格事实陈述及责任部门:<br><br>填表人:　　　　日期: |
| --- |
| 原因分析:<br><br>责任部门负责人:　　　　日期: |
| 拟采取的预防与纠正措施:<br><br>责任部门负责人:　　　　日期: |
| 完成情况验证结果:<br><br>验证部门:　　　　日期: |

# 第四节 质量评估与分析范本

## 一、质量评估与分析报告

以月度报告为例

**一、本月检查情况**

（一）部门自查

本月各部门分别围绕绿色饭店和奥组委入住接待进行自查，共落实整改问题54项。其中，客房部针对原房间的细节卫生问题，逐一进行整改落实，将设施问题与工程部及时沟通加以完善；保安部通过自查发现个别保安员在工作中存在违纪现象及时纠正，并兑现绩效考核。今年，各部门高度重奥运接待工作，对自查工作的认识与重视有所提高，通过自查本月不合格率与上月相比有所下降。

（二）互查和抽查

本月抽查和互查共纠正不合格16项，整改有效率96%。

(1) 一月份由于新人的不断增加，质检部加强基础质量检查。一方面，通过人力资源部加强新员工的培训；另一方面，与质检部落实检查培训效果，对员工进行应知应会知识的检查，从而促进各部门员工"首问责任制"的落实与服务意识的提高。

(2) 为了展现新年新面貌，质检部加强对员工仪容仪表和着装的检查，及时采取提示与纠正方式，员工的自我检查意识加强了，不合格问题大大减少。

（三）体系运行维护

本月结合绿色饭店标准，质检部根据绿色饭店测评标准将《无烟楼层实施规范》纳入环境手册，并对《节电制度》和《节水、节气制度》进行修改；餐饮部、前厅部、工程部结合标准分别对部门工作手册进行修改完善；财务部严格落实部门手册制定的采购制度，对供应商进行每年一次的评估，并结合评估对名录进行修改，在各部门内审员发挥应有作用的前提下，使体系文件得到了有效维护，确保它的唯一性和有效性。

（四）绿色饭店测评情况

在全店共同努力下，在绿色饭店初评检查中，检查组对饭店从管理层到各部门积极配合，以及认真对待评审的态度，给予高度的评价。对饭店的整体环境良好充分肯定，在饭店的自评分的基础上加到246分，达到金叶级评分标准。但是根据目前饭店状况，各部门还需尽快解决和落实以下工作：

(1) 房间配备空气清洁设备、绿色植物及绿色宣传品；

(2) 制定本年饭店环境指标及各部门能源消耗考核制度和奖惩办法。

**二、本月存在的问题与分析**

(1) 本月共检查和纠正不合格17项，与上月相比下降21%：产品质量1项，占6%；服务质量问题6项，占35%；管理问题10项，占59%。管理问题是存在的主要问题。依据质量方案原则对重复出现和简单问题加大扣分。

(2) 各部门得分

前厅部　6 项占 35%，本月得分：93.5 分。

餐饮部　3 项占 17.6%，本月得分：98 分。

客房部　4 项占 23.5%，本月得分：97 分。

保安部　1 项占 5.8%，本月得分：99 分。

物业部　1 项占 5.8%，本月得分：99 分。

总办　1 项占 5.8%，本月得分：99 分。

工程部　0 项占 0%，本月得分：100 分。

财务部　0 项占 0%，本月得分：100 分。

市场部　1 项占 5.8%，本月得分：99 分。

人力部　1 项占 5.8%，本月得分：99.5 分。

(3) 存在问题与分析

① 各部门存在对店纪店规检查不到位，员工存在放松要求；

② 部门经理及内审员对专业工作流程，逐级检查不到位；

③ 员工责任心和积极性没有得到发挥，团队建设有待加强。

**三、宾客信息反馈**

(1) 大堂值班经理征询意见 142 项：满意率 85%。

(2) 餐饮部征询宾客意见 34 件，满意率 91.3%。

(3) 物业部征询宾客意见 106 项，满意率 94%。

(4) 客务部征询宾客意见 4 件，满意率 98%。

(5) 饭店总满意率 91.4%，与上月相比上升 0.4%。本月宾客主要意见：房间干燥、温度无法调节。

(6) 本月有效投诉 2 项。

① 1 月 8 日客人电话投诉：前厅部由于没有重视客人房卡的退款，延误承诺退款时间，客人感到有被欺骗的感觉。

② 1 月 16 日电话投诉：前厅部在客人电话咨询查找住店客人时，由于计算机输入错误，没有及时反馈，客人非常不满，强调四星级饭店是不应该出现这种错误的。

上述问题，质检部对情况进行核实，为有效投诉，并对处理结果进行验证，得到客人的谅解。

**四、本月奖励**

服务标兵奖二名：××部，××人。

宾客表扬奖八名：××部，××人；××部，××人××部，××人。

微笑奖二名：××部，××人。

**五、下月工作重点**

(1) 各部门在做好经营的同时，发挥质量团队作用，注重时时质量教育与引导，把问题解决在发生之前。

(2) 质检和人力部门结合新员工入职，开展酒店制度、质量管理手册的培训，提高新入职员工遵守制度、敬畏质量的自觉性。

（3）全面落实公安局、旅游局关于全面加强《安全生产的有关要求》，落实检查员工对“隐患治理年”及“六有”标准知晓。

（4）做好上月问题的复查与改进。

## 二、服务质量检查与分析表

服务质量检查与分析表见表13-10。

**表13-10　以月度检查分析为例**

| 问题类别 | 序号 | 检查内容 | 所属部门 | 复查情况 | 扣分数量 |
|---|---|---|---|---|---|
| 硬件设施 | 1 | 略 | | | |
| 产品质量 | 1 | 店值检查704、719房间卫生不合格 | 客务部 | 已整改 | −1 |
| | 2 | 员工餐厅菜品单一，质量下降 | 人事部 | 已整改 | −0.5 |
| 服务质量 | 1 | 前厅部员工将客人出生日期输入错误造成客人投诉 | 前厅部 | 已整改 | −1 |
| | 2 | 前厅部员工将客人英文名字输入错误造成客人投诉 | | 待查 | −1 |
| | 3 | 前厅部员工没有落实首问责任制造成客人投诉 | | | −0.5 |
| | 4 | 客人房卡退还，主管未及时为客人办理退款 | | | −1 |
| | 5 | 前台RC单未按时规范填写和登记 | | | −0.5 |
| | 6 | 大堂经理郭宏伟对客接待服务语言不礼貌造成客人投诉 | 总办 | 待查 | −1 |
| 管理质量 | 1 | 行李交接记录上有乱画现象 | 客房部 | 已整改 | −0.5 |
| | 2 | 五层西餐厅服务员张艳华未化淡妆 | 餐饮部 | 已整改 | −1 |
| | 3 | 西厨冷荤间（12月25日至1月3日）无消毒记录 | | 已整改 | −0.5 |
| | 4 | 二层佳苑厅隔板有灰尘、走廊沙发套不干净，应换洗 | | 已整改 | −0.5 |
| | 5 | 宿舍区走廊卫生不合格 | 客房部 | 待查 | −1 |
| | 6 | 防火梯B3—B2处有垃圾，墙皮脱落，清理不及时 | | 已整改 | −0.5 |
| | 7 | 前厅部办公室门口处地面有污渍 | | 已整改 | −0.5 |
| | 8 | 销售部员工王伟应知应会不合格 | 市场部 | 已整改 | −0.5 |
| | 9 | 保安员新员工违反规定使用客厕 | 保安部 | 已整改 | −0.5 |

## 三、案例解析范文

### 结账退房以后

事由：一位客人当天中午乘火车回乡，提早在某饭店总服务台办好结账退房手续，他认为虽然结了账，但在中午十二时以前客房的住用权仍属于他。因此，他把整理好的箱物行李放在客房内，没有向楼层服务员打招呼，就出去买东西逛街了。

过了一个多小时，那位客人回到饭店准备取行李离店，谁知进入原住客房一看，已经有新住客在房间内喝茶，而他的行李已不知去向。当找到楼层服务员以后，才知道他的行李已送到总台去了，楼层服务员反而责怪他为什么在结账后不和楼层联系。

客人听了以后很生气，"回敬"了几句便到总服务台提意见，谁知总台人员不记得他已结账，还不肯马上把行李交还给他。经过与楼层服务员联系与反复交涉未果，客人离店时已经快中午了。客人临行时说了句："如果下次再来这个城市，我发誓不住你们这里！"

分析：客人办理结账退房以后并未最后离店的情况并非罕见。通过以上案例，可以看出该饭店在客房服务的程序方面存在以下漏洞。

1. 有些饭店把房间钥匙交给客人保管使用，比较方便，当客人结账时即把钥匙交回，如果需要寄存行李也应交给总台，不再回客房了。该饭店是采用由楼层服务员为客人开房门的办法，由于总服务台和楼层服务台之间配合得不好，无法掌握客人的行踪去向，造成服务混乱无章。

2. 如果客人不通过楼层服务员而直接到总台结账，总台人员也应该同时和楼层服务员联系，如果客人不马上离店，那么房间也不可急于打扫，总台也不可把新客人安排入住该房间。假如客人想再进房间，而已把行李寄放到总台，那就另当别论了。

3. 上述案例中饭店的最大失误之处，在于客人虽已办理结账退房手续，但行李仍放在房间内，本人尚未最后离店。在客房未重新整理打扫好之前，马上又安排新的客人入住，这显然是错误的，因为这间客房还不具备重新出租的条件。

建议：

1. 酒店开展对入离店程序的复核。如是程序有误，要修改和完善流程。正确的做法是，楼层服务员应当对客人退房离店的时间心中有数，主动和客人联系以安排打扫客房、接待新来的客人的有关事宜。

2. 加强酒店相关部门的"接口"衔接与各自职责。

(1) 前厅服务员应该具备工作程序清晰、操作能力强、反应灵敏的职业素质；客房部员工具有"核实房态"的基本技巧，确保最短时间前后客人离店与入店的准确核审与"抢房"任务，缓解客人的不满情绪；人事部门在人员招聘和培训环节上应予以高度的重视。

(2) 加强对前厅和客房服务员的岗位技能培训。尤其是在工作环节衔接与责任心方面重点培训，同时注重逐级检查程序，并做好确认。

# 附　　录

附录 A　酒店重要岗位流程图

附录 B　酒店质量管理相关法律法规

# 参考文献


[1] 李任芷．旅游饭店经营管理服务案例[M]. 北京:中华工商联合出版社,2000.

[2] 于启武．质量管理学[M]. 北京:首都经济贸易大学出版社,2003.

[3] 宗薇璋．质量管理[M]. 北京:高等教育出版社,2003.

[4] 洪生伟．酒店服务质量管理体系[M]. 北京:中国计量出版社,2003

[5] 马林．全面质量管理基本知识[M]. 北京:中国经济出版社,2001.

[6] 宋彦军．TQM、ISO 9000 与服务质量管理[M]. 北京:机械工业出版社,2005.

[7] 陈宝江．ISO 9000 质量管理体系审核员培训教程[M]. 北京:机械工业出版社,2003.

[8] 常殿元,张莉莉．成功·借鉴·思考——旅游与饭店管理案例研究[M]. 北京:旅游教育出版社,1995.

[9] 谢文辉．领导力的 49 个执行细节[M]. 北京:北京科学技术出版社,2004.

[10] 蓝鸣．杰克·韦尔奇给领导者的 11 条执行准则[M]. 北京:群言出版社,2004.

[11] 查尔斯·B. 芬克．经理案头必备[M]. 苏亦工,译．北京:中国国际广播出版社,2001.

[12] W. 爱德兹,戴明．戴明论质量管理[M]. 海南:海南出版社,2003.

[13] Robert. Woods,Judy Z. King. 饭店业质量管理[M]. 李昕,译．北京:中国旅游出版社,2003.

[14] 周三多．管理学[M]. 北京:高等教育出版社,2002.

[15] 单凤儒．管理学基础[M].2 版．北京:高等教育出版社,2004.

[16] 徐哲一．质量管理 10 堂课[M]. 广东:广东省出版集团,2004.

[17] 胡铭．质量管理学[M]. 武汉:武汉大学出版社,2004.

[18] 于岩平,刘洪斌．六西格码在饭店服务质量管理中的应用[M]. 北京:中国旅游饭店,2008.

[19] 佟兆延．我国主题酒店发展现状分析及价值创新策略[J]. 北方经贸,2013(2).

[20] 张乔珍．用科学有效的制度保护历史建筑——武汉历史文化名城建设调查[J]. 中华建设,2013(2).

[21] 王一丹．主题酒店创意设计实录[M]. 成都:四川大学出版社,2009.

[22] 张妮．法式老建筑中的现代奢华——思兰公馆酒店探访[J]. 家具与室内装饰,2013(9).

[23] 卢志海,邓凤珠．地域文化主题酒店的设计理念和内容研究[J]. 广东农工商职业技术学院学报,2011(1).

[24] 徐平国,等．ISO 9000 族标准质量管理体系内审员使用教程[M].4 版.北京:北京大学出版社,2017.